"十二五"国家重点图书出版规划项目

中国消费文化研究丛书

王宁 张敦福／主编
张杨波 林晓珊／副主编

汽车梦的社会建构
——中国城市家庭汽车消费研究

THE SOCIAL CONSTRUCTION OF CAR DREAMS
A Study of the Car Consumption in Urban China Families

林晓珊 著

社会科学文献出版社
SOCIAL SCIENCES ACADEMIC PRESS (CHINA)

教育部人文社会科学研究青年基金项目
（项目批准号：10YJC840043）

浙江省社科联省级社会科学学术著作出版资金资助项目
（项目编号：2010CBB28）

序

　　从昔日壮观的自行车流到今日的滚滚汽车洪流，中国的交通模式发生了天翻地覆的变化。交通景观的这种变化，是中国社会结构变化的一个体现。从制度的角度看，整个计划经济时期，中国是不允许私人拥有轿车的。这个政策同当时的抑制消费的制度安排是一脉相承的。事实上，直到20世纪90年代中期，私人小轿车才得到我国政策的允许。20世纪90年代末期，私人小汽车纳入了我国扩大内需的战略之中。从此，私人小汽车的数量快速增长，其速度如此之快，以致一线大城市在高峰期统统出现了交通堵塞问题。汽车数量的增长成为引发城市病的一大原因。首都北京因为交通拥堵实在太厉害，甚至出台了摇号买车的政策。

　　在中国社会，汽车承载了太多的功能。允许个人拥有小汽车，本身就具有解放的意义，它使人们从国家所强加的消费需求（包括对小汽车的需求）的制度性抑制中解脱出来，人们可以按照自己的意愿决定是否购买小汽车。在这个意义上，私人拥有小汽车，是国家与个人之间的关系发生深刻变化的一个结果。国家不但不再抑制私人对小汽车的拥有，而且鼓励私人拥有小汽车，因为汽车工业正成为拉动经济发展的引擎之一。小汽车热的兴起，未尝不是国家与个人"合谋"的结果。在这个背景下，市场自然不会使消费者放任自流。汽车企业借助媒体，不断地制造关于汽车的迷思，使得汽车成为人们的"必需"。在汽车的迷思中，汽车成为自由的象征，成为社会参与的标志，没有驾驶证，或者没有汽车，多少具有"落伍"、"过时"，甚至"出局"的意味。不但如此，由于汽车品牌具有等级系列，它为人们参与炫耀性消费提供了绝好的竞技场。名车于是成为车主财富和身份地位的名片。"郭美美事件"的起因，就是郭美美在网上炫耀其所拥有的名车。拥有一部汽车，甚至成为进入中产阶级的标志。"有房有车"成为许多人的奋斗目标，被赋予终极价值的含义。

然而，汽车时代的到来，却给了许多城市一个下马威。汽车消费的悖论是，人们为了追求交通自由，却同时创造了交通的不自由——交通堵塞。但是，城市规划一旦纳入汽车社会的轨道，便没有回头路。这不但是因为城市的汽车化布局所造成的路径依赖，而且是因为消费欲求的不可逆转。而城市规划的汽车化考虑，恰恰是因为汽车消费需求的自然而然化和理所当然化。

这一切说明，汽车梦在某种程度上是社会建构的产物。从社会学角度分析汽车梦的社会建构过程，不但具有重大的现实意义，而且具有重要的学术价值。本书就是这样的一部专著。可以说，本书是国内第一部从社会学角度对汽车梦的社会建构过程进行经验研究的一部专著。它选择从社会建构的角度出发，在大量经验资料的基础上，对中国"汽车梦"的形成进行了深入细致的社会学分析。它的出版，是对汽车社会学、城市社会学、消费社会学和文化社会学的一个贡献，具有不同凡响的意义。作为作者博士论文的指导老师，我为本书的出版感到高兴和自豪。我衷心希望本书能引起读者对汽车文化以及与汽车相关的社会问题的兴趣和重视，并吸引更多的同人加入汽车社会学的研究中来。

王　宁

2011 年 11 月 21 日于中山大学

目 录
contents

第一章　导论 ·· 1
第一节　汽车：一个现代性的隐喻 ····································· 1
第二节　问题与视角 ··· 5
第三节　思路和框架 ··· 10
第四节　方法及意义 ··· 14
第五节　概念界定 ··· 27

第二章　汽车与消费：研究述评 ··· 34
第一节　汽车社会学 ··· 34
第二节　消费需要 ··· 54

第三章　社会变迁与汽车社会的来临 ···································· 69
第一节　交通工具的历史变革 ·· 69
第二节　日常生活的消费革命 ·· 74
第三节　汽车社会：一个新的社会形态 ······························ 78

第四章　汽车消费的政策转型与制度逻辑 ······························· 85
第一节　公车消费 ··· 87
第二节　私车消费 ··· 91
第三节　汽车消费与国家的现代化 ··································· 101
第四节　汽车消费与"需要"生产 ···································· 111
第五节　汽车消费与民生自由 ·· 119

1

第五章 汽车与生活世界的空间转型 ……………………… 124
- 第一节 生活世界的空间安排 ………………………………… 125
- 第二节 生活世界的空间错位 ………………………………… 133
- 第三节 城市空间的汽车化 …………………………………… 142
- 第四节 空间约束与汽车消费 ………………………………… 149

第六章 消费主义与汽车梦的神话 ……………………… 153
- 第一节 "方便"之外 ………………………………………… 154
- 第二节 市场转型与消费主义 ………………………………… 160
- 第三节 汽车广告的造梦策略 ………………………………… 166
- 第四节 汽车广告的内容分析 ………………………………… 172
- 第五节 汽车梦的神话：从启蒙到操纵 ……………………… 180

第七章 汽车消费与日常生活实践 ……………………… 190
- 第一节 汽车消费与身份认同 ………………………………… 191
- 第二节 生活风格的群体认同 ………………………………… 201
- 第三节 汽车消费与身体流动 ………………………………… 208
- 第四节 汽车消费与空间体验 ………………………………… 213
- 第五节 汽车消费与关系再生产 ……………………………… 222

第八章 结论与讨论 ……………………………………… 228
- 第一节 基本结论 ……………………………………………… 228
- 第二节 迈向生活政治的消费实践 …………………………… 238
- 第三节 几点余论 ……………………………………………… 244
- 第四节 创新、不足及未来展望 ……………………………… 251

参考文献 ………………………………………………………… 260

附录 ……………………………………………………………… 279

后记 ……………………………………………………………… 292

Part 1 第一章
导　论

　　几年前，加拿大国家电影公司拍了一部描写火星人入侵地球的动画片。火星人乘着他们的飞行器在现代城市的上空飞翔时，向他们的星球报告地球居民的行为。他们说，居统治地位的物种是一种金属般的矩形物，靠联系在身体上的四个轮子获得机动性。火星人报告说，这种生物能够沿着那些似乎是为了便利他们运动而建造的通道以极快的速度运动，他们常在那些将一种液体泵入他们系统的饲喂站吃饭，他们似乎显示了高速运动的高度技巧，尽管有时候他们会由于误判而受到灾难性的碰撞和破坏。在火星人向他们基地发回的报告中有一个莫明其妙的问题：与这些四轮物种相关联的似乎是另一种生物，一种生活在四轮生物体内的两腿动物，它显然是完全寄生的。

　　　　　　　　（引自萨夫迪《后汽车时代的城市》，2001：117）

第一节　汽车：一个现代性的隐喻

　　汽车被誉为"改变世界的机器"（沃麦克等，1999），它的诞生是人类工业文明的标志，它的使用是人类交通史上的一项伟大创举。法国著名社会学家亨利·列斐伏尔认为，作为现代文明的"领先物"（leading object），汽车不仅"建立了交通系统，也建立了交通的组织和机构；这些系统、组织和机构既利用汽车，汽车也利用它们"（Lefebrve，1984：101）。在这里，汽车似乎天然具备了现代性的两副面孔，它引领我们重新思索古典与当代社会学理论中的两个重要议题：一方面，作为现代科技理性的产物，汽车的发展是否将无情地走向韦伯的悲观预示——会在给人类带来物质生活的高度享受的同时建造一个"铁的牢笼"(iron cage),把人困于其中?另一方面,汽车的发展是否会如哈贝马斯所说的"现代社会虽然产生了科技理性的独断,但同时亦显示出人类解放之可能性"(转引自阮新邦、尹德成:1999:180)?汽车到底将带领人类驶向何方?

韦伯的悲观预示不是毫无道理的。根据海德格尔的理论,机械向人类"展示了一个明确的统治特征,一种明确的规训纪律和独特的征服意识"(转引自 Sheller & Urry,2000:737)。对列斐伏尔来说,正如开头动画片中出现的一幕,"曾经作为城市环境附属物的汽车,已经不仅变成城市的主要特征,而且也变成城市的主人了"(Lefebrve,1984:101)。就此而言,列斐伏尔的预示似乎更为悲观,在他的笔下,"所有空间几乎全部被汽车和高速公路所占领"(Lefebrve,1991:374),他指出,法国20世纪60年代和20世纪70年代的现代性的一个主要事实就是汽车对日常生活的殖民。谢勒尔和厄里也同样指出,任何一个由分立的人类主体构成的市民社会(civil society)都不能摆脱这些所向披靡的机械复合体的统治(Sheller & Urry,2000:739)。著名的汽车文化研究专家丹尼尔·米勒也认为,汽车甚至已经把我们与世界分离并威胁着我们为它服务而不是它为我们服务(Miller,2001:2)。种种迹象表明,汽车这一金属"四轮生物",或许正是对韦伯在一百多年前所指出的"铁的牢笼"的最形象的表达。

哈贝马斯的预示也不是一种主观臆断。生活世界虽然已经遭到了系统的殖民,但是,与韦伯及现代社会的批评者采用单向的理解模式去理解社会现象的角度不同,哈贝马斯认为,由这一角度研究或检视西方理性化的过程,是看不到人类其实有另一条可能的出路,看不到人类的存在并非是以独立的个人做基础,而是以"双向理解"的沟通做起点的(阮新邦、尹德成:1999:180~181)。自德国工程师卡尔·本茨制造出第一辆实用汽车以来[①],世界汽车工业已经走过了一百二十多年的旅程。在20世纪,人类社会总共制造出了10亿多辆汽车,今天,在地面上跑的汽车已超过了7亿多辆,而据预

[①] 德国工程师卡尔·本茨于1879年首次试制成功一台二冲程的发动机,1886年又制造了一辆三轮汽车,这辆车采用了一台单缸发动机、0.8马力的汽油内燃机,具备了现代汽车的一些基本特点,是世界上第一辆作为商品的实用汽车。由于戴姆勒用他的内燃机带动四轮马车试验成功也是在1886年,所以人们把1886年称作世界汽车的诞生年(参见曾南燕、刘立群,1996:4)。

第一章 导论

测，到 2030 年，地面上跑的汽车将达到 10 亿辆（Urry，2004a：25）。在过去的一百多年间，汽车从最初有钱人的昂贵炫耀品演变成发达国家现代生活中的普通之物，并在日常生活中发挥着愈来愈重要的作用。特纳指出："公共交通系统的发展带来了地理移动的民主化，拥有汽车如同拥有住房一道成为现代民主社会的一项基本目标。"（Turner，1994：128）有人断言，如果缺少了汽车，许多现代生活方式都将无法实现（Dant & Martin，2001：151）。

汽车曾被当做一个十分重要的话题而被知识分子广泛讨论，有人把汽车看做是走向美国化和消费主义社会的一个隐秘的工具，有人把它看做破坏自然的威胁之物，有人把它看做未来高度现代化的先驱，也有人把它看做是构成日常生活实践的因素（Inglis，2004）。在一些学者看来，汽车成为了现代性的一种隐喻（Miller，2001；Dant & Martin，2001；Carrabine & Longhurst，2002）。正是在现代城市中，社会学的创始人预见到了社会空间的收缩、交易的密集，以及社会距离的压缩构成了现代性（Sheller & Urry，2000：738）。同样，正是缘于这样一种现代性的思维，我们任由汽车狂潮肆虐 21 世纪的地球表面。如此规模庞大的汽车潮，不仅深刻地改变了我们的日常生活，而且极大地改变了我们生存的城市空间环境，它既带来了吉登斯所谓的"时空伸延"的丰富可能性，也是哈维意义上的"时空压缩"的一个基本条件。与此同时，汽车也带来了更多意料之外的后果（unintended consequence），它既是现代文明的标志，也是现代文明批判的对象。可以说，汽车在公共世界里最明显地展示了现代性的成就和麻烦。在平静、理性占上风的时候，汽车成了人们热爱的对象，而一旦出现骚乱，它就是人们发泄对现代性世界愤怒的首要目标（曹瑞涛，2005）。

其实，不管是韦伯等人对科技理性的悲观预示，还是哈贝马斯对科技理性彰显人类解放之可能性的判断，一个无法回避的问题是，在现代城市生活中，人类对作为当代科技理性结晶的汽车的依赖越来越深，对汽车的崇拜也与日俱增。甚至如萨夫迪（2001：117）所指出的，对于我们人类，驾车变成了第二天性。纵然汽车已经给人类自身带来了许多显而易见的严重后果，诸如环境污染、交通拥堵、道路死亡，以及城市公共空间的破坏等，人们还是不愿意松开手中紧握着的方向盘，事实上，人们对汽车的恨有多深，对汽车的爱就有多深，反之，亦成立。现代性的思维方式、工业化的生产模式、城市化的生活方式使汽车被建构成了人们日常生活中一个色彩斑斓的梦想，那就是"汽车梦"。

很显然,"汽车梦"不仅是个人的一种追求,同时也是一个民族国家走向现代化的追求。对于个体而言,"汽车梦"意味着一种现代家庭生活的幸福理想和个人的自由与成就,汽车构成了日常生活实践的最为核心的要素之一。古人"安步当车",今人"以车代步",在流动性日益成为现代社会的主要特征之时,个体的流动能力也被视为一种社会权力。对于大多数人来说,正是汽车象征着现代社会的流动性梦想,也正是汽车轮胎和沥青摩擦的声音奏响了人类自由之歌。从这个角度来看,汽车之于人类,正如翅膀之于鸟儿,是对一种飞向天空的梦想的实现,从"旧时王谢堂前燕",到"飞入寻常百姓家",汽车的普及使个体变成了弗洛伊德所说的"佩戴假肢的上帝",或者就像社会学家帕克所说的"纯粹的精灵"那样自由流动,那样生活在自己的精神和想象世界之中。

对于一个民族国家来说,实现"汽车梦"则是实现国家工业化、现代化和民主化的强国之梦。遗憾的是,由于历史的原因,中华民族虽然已经在汽车工业的道路上苦苦追寻了几十年,而真正能够享誉世界的民族品牌却寥若晨星,在许多业内人士看来,这是一个国家胸口永远的痛,是一个几代人心中未竟的梦。直到20世纪90年代中期,中国的汽车产业政策和汽车消费政策才发生了重大的变化,在政策的导向之下,老百姓被压抑多年的对汽车的需求被急剧释放,私人汽车消费获得了前所未有的合法性。这带来的积极结果是,汽车在现代国家经济和社会文化发展上都发挥了重大的作用。从经济层面来看,汽车工业已是国民经济的支柱产业,而且也是扩大内需、促进消费的重要推动力量。这一点通过2008年金融危机以来国家对汽车消费的一系列政策表现得格外显眼。从社会文化层面来看,汽车消费政策的变化,使汽车从20世纪80年代的一个满载政治性的话题转变成了20世纪90年代中期以来公共文化中的一个焦点,社会主义国家给人民幸福生活的承诺通过汽车等物质方面的自由得到了部分的实现。对国家来说,这是在消费领域让渡民生自由的重要表现。在这里,汽车所能承载的东西远远超乎我们的想象,它成为我们考察国家与个人之间的关系变迁的一个最佳的切入点。

而在现代性的发生路径中,市场转型作为现代化的一大动力机制,也如海潮般覆盖在国家与个人之关系的制度变迁上,并且重构着个体从一个生产者转变为消费者之后的生活世界。若说汽车是人类工业文明的标志,我们绝不能被蒙蔽的是工业资本与社会文化的联姻所营造出来的一个巨大的文化工业市场,它始终在不遗余力地打造和维系着当今时代的意识形态,那就是以制造无节制的消费欲望和满足无休止的日常需要为特征的现代消费主义意识形态。通过网络、电视等广告媒体，消费主义意识形态在今天已经获得了史无前例的胜利，它轻松地占据了日常消费中的文化主导权，并创造了有关"幸福"、"快乐"和"消费"的美好神话，将我们所有必要之外的消费理所当然化和正当化。因而，我们可以说，在"汽车梦"成为个人幸福生活的象征以及国家走向现代化的追求之外，"汽车梦"亦是市场转型过程中消费主义意识形态所建构的一个高级神话。值得深思的是，"汽车梦"的建构并不是一种停留在广告文案中的孤立现象，它在"启蒙"了人们的消费观念之后，又无情地操纵着人们的消费欲望，让人们满足于物欲享乐的同时，又在消费社会中感到焦虑与恐慌。

当然，汽车终究不只是现代性的美好"梦想"，它还是我们现今时代的一个"梦魇"。汽车也并不仅是现代社会的一个"便利装置"，它还是一个"作法自毙的怪物"，在汽车成就人类梦想的时候，它又为人类套上了沉重的枷锁，所有关于汽车的种种美誉，仿佛只是现代社会的一个超级神话。这里并不打算历数汽车的宗宗罪恶，然而，有一点令我们不得不对其作出更深切的反思，那就是我们今日的现实生活必须面对的一个事实，即随着汽车规模的不断扩大，一种新的城市形态被建立起来了，绝大多数城市的空间格局都呈现出一种复杂的汽车逻辑。汽车一步一步吞噬并支配着城市空间的发展格局，致使现代城市交通系统都是为了汽车而不是为了人而设计，城市的公共领域已经转变成管理混乱的专制交往领域。面对如此境况，我们不得不深思，在将来的某一天，汽车对城市的殖民，会不会造成城市生活的瓦解？而且，为什么人们已经清楚地知道汽车的广泛使用将给人类带来巨大的麻烦，但追寻"汽车梦"的激情却始终不见削减？

在当代中国，汽车已经成为城市家庭中仅次于房屋的一项大宗消费品，汽车也因为其火爆的销售市场及其带来的各种问题而成为国内个人消费生活和社会公共生活中的热点话题。汽车消费在中国城市的兴起，为我们的学术研究提供了一个非常值得深入探索的领域。本书就将从这里出发，探寻中国城市家庭中的"汽车梦"究竟是如何被建构出来的。

第二节 问题与视角

在中国走向市场经济改革的转型过程中，城市正在经历着一场史无前例的消费革命（参见戴慧思、卢汉龙，2003；郑红娥，2006；等等）。高速的市场化、商业化进程不仅增加了消费者的选择余地，提高了人们的物质生活水平，而且打破了国家对社会生活的垄断（戴慧思，2003：3）。自改革开放以来，中国社会在经济迅速增长的同时开始快速进入大规模消费（mass consumption，或大众消费）时代，并在城市中产生了一种对日常生活影响深远的消费主义倾向（陈昕，2003）。在这场消费革命中，城市居民的日常生活发生了巨大的变化，很多过去被当做奢侈品的东西，今日已"飞入寻常百姓家"。其中，汽车是最具有象征意义的消费品，它在消费领域的重要性意义是毋庸置疑的。从20世纪90年代中期的是否让汽车进入家庭的争论，到前不久关于汽车燃油税的讨论，汽车消费逐渐成为社会民生的一个重要议题。从社会学的学科关怀出发，在当前社会转型和汽车社会来临的背景下，城市家庭中的汽车消费成为我们亟须关注的一个研究现象。

（一）研究问题

在汽车消费的社会学研究领域，有许多问题值得我们思考，国外的很多学者也在这方面作出了有益的探索，但目前的研究成果却还不是那么令人满意。英国著名社会学家约翰·厄里（John Urry）提出，工业社会学、消费社会学和城市社会学这三个分支学科本来应该更加关注对汽车的研究，但是它们都没有成功做到（Urry，2000：58-59；Sheller & Urry，2000：738）。工业社会学中大量论述了福特主义（Fordist）和后福特主义的生产方式对社会关系的影响，而对汽车的大规模生产是如何改变社会生活的却几乎没有研究；在消费社会学研究中，主要议题是有关符号价值（sign-value）的，这种符号价值是车主用来提高其身份地位的一种方式，但人们却很少关注汽车的使用价值所带来的流动性（mobility）模式和新的汽车文化；城市社会学以"行走"的社会空间实践为中心，但是，"城市生活的社会学视角没有考虑到汽车在改变现代城市或郊区的时空景观（time-space scape）方面的巨大影响"。在厄里看来，汽车在工业社会学、消费社会学和城市社会学这三个社会学的分支学科领域中还有很大的研究空间，特别是汽车与社会生活的改变、汽车与流动性模式的变化，以及汽车与城市空间结构的转型这三个方面，还非常有待于学术界进一步探讨。

本书是从消费社会学的学科视角出发来探讨当代中国城市家庭的汽车消费。要研究消费行动，首先必须从消费需要开始（王宁，2001：18）。同样的，我们研究汽车消费，也要从"需要"开始。马克思在《资本论》开头，就讲到商品首先是靠自己的属性来满足某种需要的物，不管满足的这种需要是由胃产生，还是由幻想产生。我们在访谈中发现，当问及为什么要买车的时候，绝大多数受访对象的回答是因为生活的需要，或者是为了更"方便"，当问及"汽车给您的日常生活带来最大的变化是什么"时，大多数人的回答仍然是"当然是生活更方便啦"。汽车已经成为城市中产阶级家庭的生活必需品了，因为汽车能够满足他们日常生活中的多种需要。不管是对汽车作为一种代步工具的需要，还是对汽车作为一种符号象征的需要，这些需要是如何产生的，都便是我们研究的切入点。

"衣、食、住、行"是人类的基本需要。马克思认为，人类的需要具有历史性，随着人类社会的不断发展，满足人们基本需要的手段和对象越来越丰富。以"行"为例，在科技日益发达的今天，可供人们选择的交通工具越来越多样化。对中国城市的中产阶级来说，过去被认为是可望而不可即的汽车如今已被视为日常生活的必需品，汽车消费的动机被堂而皇之地冠以"满足日常生活的需要"。但是，从社会学的角度看，需要从来就不仅仅是个体层面的事，在马克思等人看来，需要具有社会性。需要的满足也不仅是个体心理层面的事，它还受到社会生产水平、社会发展状况和文化传统等因素的影响。尤其是个体的需要与技术进步、市场化、文明进程、价值观念、社会分层、生活方式和社会互动等外部因素联系非常紧密（参见王宁，2001：35~50）。

在消费社会中，丰盛的物品极大便利地满足了人们的需要，在消费者看来，"我买它是因为我需要它"。然而，通过物品来满足人的基本需要，其实只是消费主义文化意识形态创造出来的一个"神话"（myth）。在法兰克福学派的社会批判理论家们眼中，需要已经成为消费社会中的一种"新的控制形式"。后现代社会学家布希亚则进一步指出，需要本身就是一种意识形态的编码（Baudrillard，1988）。在消费主义意识形态下，一个人被赋予了需要，这种需要引导他去获取物品，从而他被给予满足感。布希亚认为，所有的需要都是社会建构的产物，所有的需要都已被消费主义意识形态自然化和理所当然化了。

基于上述研究背景和理论启发，本书所要探讨的基本问题是：在交通方式日益多样化的城市社会中，汽车作为一种现代生活的需要是如何被建构起来的？它受到哪些因素的影响？又将如何改变人们的日常生活？

(二) 理论视角

社会建构论是本研究所秉承的基本理论视角和方法论立场。社会建构论的一个基本预设就是现实的世界是社会建构的产物，这一理论所要探索的是看似理所当然的事情是如何被结构与行动（互动）建构起来的。秉承这一方法论立场，本研究的基本预设就是，在消费社会中，需要是被建构出来的。因此，本研究所要探讨的正是在日常生活中被视为一种理所当然的生活需要的汽车消费是如何被建构起来的。

"社会建构"（social construction）一词由现象学家伯格（Peter Bergger）和卢克曼（Thomas Luckmann）在 1966 年出版的《现实的社会建构》（*The Social Construction of Reality*）一书中明确提出。20 世纪 70 年代，英国爱丁堡学派最早将"社会建构论"作为一种研究策略或研究范式用于研究科学知识社会学（SSK）。在当代，社会建构论已成为社会科学中具有很大影响但也极具争议的思潮的统称，它包含分属不同学科、源于不同流派、具有表面的亲和性但在内部又有重大差异的各种社会研究（苏国勋，2002：12）。根据 1999 年《剑桥哲学辞典》的界定："社会建构主义，它虽有不同形式，但一个共性的观点是，某些领域的知识是我们的社会实践和社会制度的产物，或者相关的社会群体互动和协商的结果。温和的社会建构主义观点坚持社会要素形成了世界的解释。激进的社会建构主义则认为，世界或它的某些重要部分，在某种程度上是理论、实践和制度的建构。"（Audi，1995：855）

在社会学理论中，建构主义的理论传统可以追溯到齐美尔和韦伯，他们坚持认为，人的行为和自然客体有着根本的不同，人是积极主动地建构社会现实的行动者（沃特斯，2000：8）。现实的世界是社会的建构，这可以看做社会建构论的元理论假设。从这个元理论假设出发，越来越多的研究者赞成并运用社会建构论的观点和方法来认识、研究世界，社会建构论代表着一种认识论和方法论视角的转换，其影响力正在渗透到各个研究领域。

对于结构与行动、主体与客体、宏观与微观等之间长久以来的二元对立，早有许多社会学家试图超越它，其中成就最大的当数布迪厄和吉登斯二人。沃特斯（2000）将布迪厄和吉登斯二人所遵循的路径归并为建构主义的思路，他们对当代社会建构理论的发展作出了巨大的贡献。本研究所遵循的方法论立场正是基于结合布迪厄的结构主义建构论和吉登斯的结构化理论而作出的一种选择。

布迪厄认为，客观主义和主观主义、机械论和目的论、结构必然性和个人能动性这些对立都是虚幻的。为了超越这些二元对立，布迪厄的社会实践理论综合了"结构主义"和"建构主义"两种途径（布迪厄、华康德，2004：11），他在一次回答美国学生的提问时，把自己的学说称为结构主义的建构论和建构主义的结构论，并将结构主义物理学解释和建构主义现象学解释结合起来，承认世界的双重客观性并进行双重解析，提出了"惯习"、"场域"和"资本"等一些重要的概念。在布迪厄看来，惯习是一种生成性结构，它塑造、组织实践，生产着历史，但惯习本身又是历史的产物，惯习既为结构所制约，又不断产生新的结构。

布迪厄指出"在日常的实证主义看来理所当然的问题，都是社会的产物，体现在社会现实建构的集体性工作里，并通过这种集体性工作产生出来，维持下去"（布迪厄、华康德，2004：359），因此，"要避免受到我们拿来当做研究对象的那些问题的主宰，而成为它们的对象，就必须追溯这些问题的缘起，看看它们是怎么一步一步地建构出来的"（布迪厄、华康德，2004：358）。布迪厄这种结构主义建构论的方法论立场，为社会问题的事实与建构提供了一个非常好的分析工具，本书在分析汽车消费作为一种需要是如何被建构出来时正是基于这一方法论立场，并从这一立场出发去追溯这种需要是如何被一步一步建构出来的。

吉登斯也是在建构论的"规则"中再生产出了他的"结构化理论"。他的理论虽然与布迪厄的理论有所差异，但在对待社会建构论的方法论立场上却有着一致的看法，吉登斯同样认为社会现实是社会建构出来的，社会建构论的目的应该是去记录和分析社会现实被构造出来的过程。他曾经在《社会学》（第四版）一书中对社会建构论作出这样的评论：

> 在社会学中，有许多理论框架被用来解释社会现实。这些理论对社会现实的解释各不相同，但都接受共同的假设，即社会现实独立存在于人们的议论或置身其中的人们之外。
>
> 并不是所有的社会学家都同意这一假设，被称为社会建构论的理论方法认为，那些被个体或社会理解为现实的东西，本身正是个体或社会互动的产物。因而，试图"解释"社会现实，将导致这些现实被构造的过程受到忽视或被具体化（被当做既定事实）。因而，社会建构论者

认为，社会学家应该记录和分析这些过程，而不是给出他们的社会现实概念。

……社会建构论为理解社会现实提供了一个迥异于其他大多数社会学方法的理论取向。社会建构论不是假定社会现实客观存在，而是记录和分析社会现实被构造出来的过程，而这种构造有助于确认其本身作为社会现实的地位。（吉登斯，2003b：123~125）

吉登斯认为，社会学关注的不是一个"预先给定的"（pre-given）客体世界，而是一个由主体的积极行为所建构或创造的世界。人类社会性地改造自然界，而且通过"人化"自然改造着人类自身（吉登斯，2003a：277）。人类建造社会，但是他们是作为具体历史情境中的行动者建造社会的，而且是在并非可以由他们自己选择的条件下进行的。吉登斯想要解释的是，结构是如何经由行动构成的，反过来行动又是如何被结构性地建构的（吉登斯，2003a：278）。结构化理论的核心就是结构二重性：结构既为自身反复不断组织起来的行为的中介，又是这种行为的结果（吉登斯，1998a）。

可见，吉登斯的社会建构论不同于以前的社会建构论的最大的地方在于他没有偏重行动或者结构的任何一方，在他的结构化理论看来，在社会现实的建构中，结构的力量和行动者的能动因素都起到了非常的作用，它们都在不断建构着我们的生活世界。这些理论阐述给本研究带来了很大的启发，也就是说，我们可以从结构的因素和行动的因素这两个方面来考察汽车消费作为一种现代生活的需要是如何被建构出来的，其中结构性的力量有哪些，能动性的作用又表现在哪里，它们又是如何进行互动的。

第三节 思路和框架

正如前面指出的，本书所要探讨的基本问题是，汽车作为一种现代城市生活的需要究竟是如何被建构起来的？它受到哪些因素的影响？又将如何改变人们的日常生活？这些研究问题的提出，实际上已经隐含了本研究的方法论立场。社会建构理论认为，社会现象的问题性质，不是或不仅仅是被客观状况所决定，它同时也是被社会性地建构出来的（闫志刚，2006：29）。因而，本书认为，在消费社会中，消费需要是被社会建构和塑造出来的需要，至于这种社会问题本身是由哪些力量所建构出来的，消费者个体在这之中扮演什么样的角色，则是我们需要思考的关键点。

（一）研究思路

研究转型时期中国社会的消费问题，绝不能忽略对国家这个"宏观的行动者"的考察（王宁，2009）。国家的制度安排在居民的日常生活中有着非常重要的影响作用，我们可以以汽车消费为切入点，来考察国家与个人之间的关系是如何变迁的，及其背后隐含的制度逻辑。因而，本书首先关心的是国家的汽车消费政策和汽车产业政策在城市家庭汽车消费中的作用。与西方发达国家相比，我国大城市走向汽车社会经历了一段大为不同的历程。过去很长一段时间，汽车在中国是一件奢侈品，只有一定身份地位的官员才有资格享用。在国家意识形态之中，普通百姓乘用汽车是资产阶级享乐生活方式的体现，是受到严格禁止的；在国民经济生产之中，汽车是作为一种生产资料而非消费资料被人们所使用的。但是，改革开放以来，国家逐步退出对私人生活方式的干预，放松对消费生活的话语控制和制裁，并开始鼓励居民消费（王宁，2007：6）。国家制定汽车消费政策和汽车产业政策，一方面打破了汽车消费的道德禁忌和意识形态约束，另一方面使汽车产业的发展为汽车消费提供了丰富的产品，私人汽车开始大幅度进入城市家庭。可以说，国家的政策演变是推动私人汽车消费的制度基础，没有制度上的转型，就不会有我们今天走向汽车社会这一趋势。

我们考察国家的行动，不仅要描述这一过程的变化，还要去揭示国家之所以采取这种行动背后的逻辑。本书通过对1994年的《汽车工业产业政策》和2004年的《汽车产业发展政策》这两部最重要和最具代表性政策的详细解读，揭示了国家"鼓励汽车进入家庭"背后的行动逻辑，即基于经济主义意识形态的追求，将汽车作为新的经济增长点和拉动内需的重要力量，在鼓励消费的同时增强消费者的政治信任感。通过这些讨论，我们发现，在中国城市家庭的"汽车梦"中，国家的影子始终是若隐若现的，也就是说，汽车消费作为一种现代生活的需要在很大程度上是由国家作为一种主体而参与建构的。

汽车作为一种耐用消费品，不仅具有很高的使用价值，而且具有很高的符号价值（汽车的交换价值不在本书的讨论范围内），它不仅能满足人们的功能性需要，也能满足人们的社会性需要。布希亚的关于消费社会的理论也正是从物的"使用价值"和"符号价值"两个方面来对"需要的意识形态生成"进行批判。因此，本书接下来的分析将分别从这两条路径展开：一是在城市空间结构转型的背景下，汽车作为一种功能性的需要（使用价值）是如何被建构出来的；二是在市场转型过程中兴起的消费主义意识形态的影响下，汽车作为一种社会性的需要（符号价值）是如何被建构起来的。

我们先来探讨一下空间转型对汽车消费的影响。空间是人类存在的基本属性之一，我们的生活世界是由不同层次的空间组成的，实现在空间中自由流动是每个人的梦想（帕克，1987：153）。然而，自20世纪90年代以来，我国大城市的空间结构发生了剧烈的转型，这使我们生活世界的空间安排发生了极大的变化，同时也给城市交通带来了巨大的影响。而在空间转型的背后，我们仍然可以发现国家制度安排的身影。首先，住房制度和就业制度的改革造成了居住地和就业地的分离，使城市出现了严重的"空间错位"。"空间错位"使人们的通勤半径越来越大，对城市交通的需求量也越来越多，在公共交通不能满足人们需要的情况下，人们只能借助于私人交通工具以使生活更加"方便"。

其次，在汽车产业政策的推动下，城市汽车保有量急剧增加，导致交通拥挤成为一个普遍现象，为了满足汽车交通的需要，城市空间被不断地改造，汽车成为影响城市规划的关键词（利维，2003：5），我们的城市从"步行城市"逐渐过渡到"汽车城市"，形成了一种"汽车化空间"。"空间错位"与"汽车化空间"使城市空间呈现出扩大化、复杂化和碎片化等方面的特征，给日常活动带来了极大的不便，成为人们自由流动的一种结构性约束。在这种情况下，为了实现从"潜在可达的空间"到"真实可达的空间"的转变，增加自己的"操纵区域"的空间范围，人们只能越来越依赖于汽车这一自由、便捷的流动性工具了。我们在访谈中发现，很多人购买汽车的主要动机就是使生活更"方便"，并将汽车作为一种代步工具。而通过这些分析，我们会发现"不便"背后的结构性因素，即空间转型这一结构性的因素对汽车消费作为现代生活需要的建构作用。

然而，实际上汽车甫一问世，它就不仅仅以交通工具的角色来满足人们的需要，尤其在消费社会中，汽车是最显眼的消费符号之一，它满足的是人们社会性的需要。在布希亚看来，需要的满足成为了一种受符号操纵的消费行为。因此，我们的研究就是要去揭示需要是如何被操纵的。

第一章 导论

最后，我国在向市场经济转型的过程中，兴起了一股消费主义的浪潮，消费主义意识形态成为消费社会中最有影响的力量之一。布希亚所揭示的消费社会的真相是，在"需要体系"背后是一个巨大的意识形态陷阱，它掩盖了生产系统和交换系统的真相，并把意识形态所创造和强加的需要都自然化了，所有的本能在需要中被合理化、确定化和对象化。在消费社会中，什么东西可以充当如此重要的意识形态角色呢？是广告。在消费领域中，广告发挥着一种"意识形态"的功能（Goldman & Papson，2000：95）。广告以社会和文化的方式建构某个世界的话语，建造社会所需要的幻象，并把扭曲的沟通正常化。有不少学者敏锐地指出，广告已经成为一种复合的社会建制（谢勒德、伯格森，2005：168），成为建构社会现实的一种强大的力量。有鉴于此，本研究以1998~2007年这十年间《南方周末》所刊登的汽车广告为例，对其进行内容分析，以此来揭示汽车梦这一神话是如何诞生的，即汽车广告是采取哪些策略来建构人们的"汽车梦"的，进而将汽车消费建构为一种自然化的生活需要。

我们上面分别从三个方面论述了汽车消费作为现代生活的一种需要是如何被建构出来的，即国家现代化的制度转型、城市空间结构的转型和市场转型下的消费主义意识形态的影响，这三个方面可以统称为结构性的制约因素。那么，消费者个体在这之中扮演的是什么样的角色呢？

在吉登斯的结构化理论看来，在社会现实的建构中，结构的力量和行动者的能动因素都起到了非常重要的作用，它们都在不断建构着我们的生活世界。也就是说，对于现实的建构，行动者在面对结构性的制约时并不是无动于衷或者消极被动的，而是积极地参与到现实的建构中。汽车所带来的前所未有的流动性不仅极大地拓展了我们生活的空间边界，更重要的是，汽车亦改变了我们对世界、对他人和对自己的看法。随着流动的现代性的到来，人们越来越将汽车提供的流动性视为一种社会权力。因此，就汽车消费而言，它是人们重构生活世界的需要。对这一需要本书第七章主要是从以下几个方面来展开的：作为一种具有高符号价值的消费品，汽车消费是建构身份认同的重要材料，它既是个体身份地位的符号象征，又是个体在群体中确认自己身份边界，寻求一种生活风格的群体认同的象征；作为一种具有高使用价值的消费品，以汽车作为空间实践的方式，极大地提高了个体的流动能力，汽车就是现代社会流动性的一种象征。而且，汽车不仅给个体带来了全新的空间消费体验，如饮食、购物和旅游等，也拓宽了人们社会交往的范围，使人们可以在空间的"共同在场"中获得更多的社会资本。

可见，汽车成为现代生活的一种需要，不仅是外在力量建构和塑造的结果，也是消费者能动地重构生活世界的结果。作为一种消费实践，汽车消费需要的产生与满足实际上隐含着受控与自主的双重政治意涵，可以说是现代社会的一场生活政治。

（二）分析框架

通过上述对研究思路的整理与分析，本书的基本框架如下（见图1-1）。

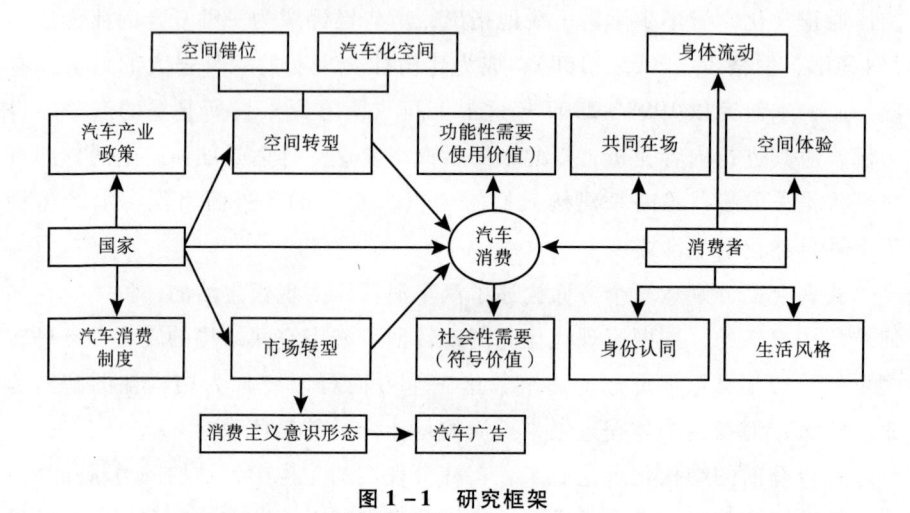

图1-1　研究框架

第四节　方法及意义

社会科学研究中，两种最主要的研究方法是量的研究和质的研究。在相当长的一段时间内，量的研究在主流社会科学界中一直居于统治地位，这主要是因为这两种方法依据的是不同的思维逻辑和理论范式，因而量的研究和质的研究之间长期分立。但是，两者相互之间的结合问题，早在四五十年前社会科学界就曾呼吁过。20世纪90年代以来，在世界范围内重视多元、强调对话的思潮推动下，社会科学界对多种方法之间的结合问题日益关注，"量的研究与质的研究之间的结合问题已经成为一个跨学科、跨范式的热门话题"（陈向明，2000：465）。量的研究和质的研究各有不同的优缺点，两者的结合可以使得同时在不同层面和从不同角度对同一研究问题进行探讨得以实现，可以弥补各自的缺点，使研究更具灵活性。

著名社会学家米尔斯认为，方法首先与提出问题和解决问题的方式有关，方法是针对一定问题的方法（米尔斯，2001：129~130）。任何有关方法的决定都必须以回答研究的问题为主要前提，而不是为了方法本身而选择方法（陈向明，2000：94）。本研究想要回答的问题是，汽车消费作为现代生活的一种需要是如何被社会性地建构起来的，它又是如何改变我们的日常生活的。为了分析这些问题，我们首先是从作为个体的消费者入手，通过个案的深度访谈，挖掘消费者内心所赋予汽车的意义和汽车对于他们日常生活的影响，以及他们是如何利用汽车来重构生活世界的。在分析国家汽车产业政策和汽车消费政策的转型是如何基于经济与政治的现代化逻辑而将生产者塑造成为消费者，以及作为消费主义意识形态的广告是如何把人们汽车消费的欲望建构成一个象征幸福生活的"汽车梦"时，我们又分别借助于对政策文献和汽车广告的内容分析来阐明。因此，对于本研究来说，主要的一种研究方法是以个案访谈为主的质性研究法，同时内容分析法也在本研究的资料处理、观点论述中起到了非常重要的作用。

（一）研究方法

1. 质性研究法

"质的研究"（qualitative research）与"定性研究"有许多相似之处，但在很多方面也存在差异（陈向明，2000：22~23）。虽然不同学科的研究者有着不同的对"质性研究"的认识，但在极大异质性的情况下，我们依然可以看到贯穿性的三个特点：多重方法（multimethods）、自然（naturalistic）和解释（interpretative）（王雅各，2004：27）。Miles和Huberman在谈到质性研究的特征时指出："进行质性研究，乃是密集地并长时间地与一个'现场'或生活情境做接触。这些情境基本上是很'平凡的'或普通的，它可以反映日常的生活，包括个人、群体、社会和组织等的日常生活。"（Miles & Huberman，2006：15）通常认为，质性研究用来收集资料的典型方法有参与、直接观察、深度访谈、资料档案或文献回顾，这些方法构成了质性探究的核心（Marshall & Rossman，2006：133）。在长达两年多的时间里，本研究主要通过与受访对象的深度访谈和对两个"车友会"组织的观察来了解汽车是如何改变人们的日常生活以及人们在日常生活中赋予汽车什么样的意义。

(1) 方法论依据

被作为意义探究的深度访谈（杨善华、孙飞宇，2005）有两个最重要的特征，第一，"它的问题是事先部分准备的（半结构的），要通过访谈员进行大量改进"；它的第二个特征是"要深入事实内部"（Wengraf，2001：3。转引自杨善华、孙飞宇，2005）。本书对个案的半结构式的访谈（semi-structured depth interview）正是遵循这两个方面的要求。深度访谈不同于日常生活中的谈话，它是一种带有特定目的和一定规则的研究性交谈，它的目的就是探究意义，即使是非结构性的访谈，它也不像日常生活中的谈话那样散漫，我们可以把访谈看做是"言语事件"。它不是一个一方客观地向另一方了解情况的过程，而是一个双方相互作用、共同建构"事实"和"行为"的过程（陈向明，2000：167~168）。这些正是本研究采用深度访谈的方法论依据。

(2) 访谈过程与类型

质性研究方法具有循环性的特点，随着资料的收集以及研究人员与资料的互动，研究问题变得越来越清晰，因此，原来拟定的访谈提纲往往要在实施过程中被不断地修改（王宁，2009：29）。本书的深度访谈时间跨度较长，在不同的访谈阶段，访谈提纲也有较大的变动。具体来说，本书的访谈主要分为四个阶段进行：第一个阶段的访谈时间是2007年6月至10月，此时尚处于初步访谈阶段，准备的问题较宽泛，笔者在访谈过程中是抱着一种非常开放性的态度。第二个阶段的访谈时间是2007年11月至2008年2月，在这一阶段，通过不同受访者的叙述，笔者对有车族的日常生活有了更多的了解。在调查的过程中，最初的研究问题发生了一定的变化，因而笔者调整了访谈提纲，但整个访谈仍然是较具有开放性的。第三阶段的访谈时间是2008年3月至2009年1月，在前面几次访谈和文献资料阅读的基础上，研究问题逐渐聚焦，因此这一阶段的访谈逐渐紧扣研究的问题而展开。第四阶段是从2009年2月一直到本书修改出版前，这一阶段主要的工作还是在不断地进行理论抽样，如果发现有资料缺乏或值得继续挖掘之处，就再去寻找受访者或对已经访谈过的受访者进行再次访谈。

本研究的访谈类型可以分为三类：一是个别访谈，即与单个受访者面对面的访谈，这是最主要的一种类型。在个别访谈中，访谈者与受访者有更多的交流机会，而且没有其他人在场，外界的干扰因素较少，可以让受访者更加轻松，使访谈的过程更为顺利、愉快。例如，有一次，与一位从事律师职业的先生在一家咖啡厅访谈，整个过程非常顺利，他十分详细地叙述了从想要买车、买车的经历到使用车的过程，笔者在认真倾听的同时，也追问了一些问题，获得了很多有价值的信息。还有一次是与一位在职读博的大学老师在他的宿舍里访谈，只有我俩在房间中，他非常生动地畅谈了他与车的一些故事和对车的一些看法，他的访谈资料很多都被引用到本书中。当然，不可否认，个别访谈也失败过，一次是在受访者的办公室，由于他工作较忙，时常接电话和有人来找他，访谈多次被打断。还有一次，受访者非要约在一起吃饭，访谈在餐桌上进行，但由于环境嘈杂，录音效果非常差，回来整理时丢失了很多有价值的信息，只得后来再花时间找他作补充访谈。

二是小组访谈，即同时与多个受访者进行的访谈，本研究总共组织过四次这样的集体访谈，人数基本都在三四个人（人数太多了则不易控制）。在集体访谈中，可以为参与者提供一个相互交流的机会，不同的受访者可以针对同一个问题表达不同的感受，不仅资料收集的效率较高，而且还可以通过相互补充，纠正不正确的、不是共同的或极端的观点，相互交流的小组访谈成为个人更恰当地重构个人意见的工具，保证命题和观点的效度，使讨论的内容比个别访谈更具有广度和深度。这也是本研究采用小组访谈的方法论依据。

小组访谈虽然有许多优点，但有时候也难以达到预期的效果。例如，有一次，一个朋友帮我约了两个受访者，一个在汽车 4S 店工作（刚毕业不久），一个还是在校学生，我们 4 人在中山大学校内的名典咖啡厅里坐着，她们接受了笔者将近 3 个小时的访谈，那个已经工作的受访者很健谈，但是其间那位在校学生都不怎么主动说话，只有问到她了才回答几句。后来朋友告诉我，这个女生比较不爱说话，尤其是在人多的时候。碰到这样的个案，要问出一些东西来还是比较困难的。上述个别访谈和集体访谈都是比较正式的，访谈之前笔者都已预约并说明了访谈目的，地点一般在咖啡厅、办公室和受访者家里。

第三种访谈类型是一种比较特殊的访谈，即通过网络聊天的形式来了解受访者的看法。通过熟人介绍，笔者加入了两个车友会的 QQ 群。在加入其中的一个车友会时，还有一段小插曲：那是在 2007 年 7 月下旬，我访谈了一位大学老师和他的爱人（职业为医生），他们在非常热情地接受访谈后，还给笔者介绍了其他两位车主。此次访谈最大的收获就是那位大学老师给笔者介绍了他爱人所在的车友会——"SY" 车友会，并让笔者加入了车友会的 QQ 群。但第一次加入时，两天之后就被管理员踢出来了。原因是笔者的 QQ 昵称后面没有加车牌号，群主不认得，以为是做广告的。后来，这位老师的爱人就让笔者在 QQ 昵称后面加上他们家的车牌号，并且在群里告诉大家笔者是她的表弟。这样，笔者才得以进入该车友会，并以她"表弟"的身份认识了许多车主，其中一个比较重要的人是该车友会的核心成员 L 先生，通过他的引介，笔者才得以"进入"他们的核心圈子。在后来的访谈中，笔者很快就公开了研究者的身份，并约了几个车主进行面对面的访谈，也得到了他们的积极配合。而采用网络聊天这种访谈方式主要是因为距离太远不便面谈，或者受访者抽不出时间来接受面谈。这种访谈方式有个好处，就是文本资料容易保存，不用再誊写录音，而且，在 QQ 上通过文字表达，语言会更加精确一些。有时候是单独跟其中的一个聊天，有时候是群聊。有趣的是，有时候会有许多陌生人加入进来，一起就某一个话题展开讨论。这两个车友会成员的素质都比较高，用语都比较文明，观点很丰富。因此，这些资料看似简单，但也有学术分析的价值。

(3) 访谈个案的选择

①理论性抽样。

质性抽样的主要特征是，质性研究者通常探究小样本，进行深度探究，而不像量化研究者，他们的目标是大样本，寻求它们统计上的意义。因此质性抽样通常都采用立意（purposive）抽样，而不是随机抽样（Miles & Huberman, 2006：58）。立意抽样是非概率抽样的一种，又称为判断抽样，或目的性抽样，是研究者根据自己的主观判断来抽选样本。但是，在质性研究中，样本的选择又不是完全随意的，而是要以一定的理论为指导，尤其是要根据研究问题、研究环境和理论导向有目的地选择个案。

因此，在本研究中，访谈个案是以理论性抽样（theoretical sampling）的方法获得的。理论性抽样也就是按照研究的目的和研究设计的理论指导抽取能为研究问题提供最大信息的研究对象（Patton, 1990：169；Glasser & Strauss, 1967；转引自陈向明，2000：103）。由于质性研究讲究的是动态循环，所以理论性抽样也并不是在研究进行之前就先决定好抽样方法，而是在研究过程中逐步形成的。在理论性抽样过程中，一方面要保证所抽取的样本跟我们的研究问题和研究目的有一定的关联性，另一方面也要保证能够从小样本中获得信息的最大化。依此看来，质性研究在运用理论性抽样的时候应该坚持以下两个原则。

一是关系性抽样原则（relational sampling）。正如陈向明指出的，不论我们的研究范围有多大（或多小）、不论我们的研究问题有多么宏观（或微观），抽样必须考虑到研究的目的、研究者所具备的条件、样本与研究者之间的关系等这类关系性的问题。从根本上说，质的研究是一种"关系"的研究，任何选择或衡量标准都必须被放到一定的关系中加以考量（陈向明，2000：116）。

二是最大差异抽样原则（maximum variation sampling）。即个案的选择要求有很强的异质性，在抽样时要注意个案的性别、年龄、职业背景的差异性，不能有太多的雷同，这样才能使信息获得最大化，也才能够了解不同群体的观点和态度，并保证研究个案所产生的结果可以最大限度地覆盖到各种不同情况的研究现象中。

②具体抽样策略。

有关理论性抽样（目的性抽样）的具体策略，派顿（M. Patton）列举了十四种方法，陈向明又将这十四种方法分为两大类，一类是关于样本本身的特性（如"典型性"、"同质性"、"异质性"等），另一类是有关抽样方式本身（如"机遇式"、"滚雪球式"、"方便式"等）（陈向明，2000：104~111）。基于上述对质性抽样的基本原理和基本原则的认识，本书在具体的抽样过程中是这么做的：

第一，在初步访谈阶段，本书以"机遇式抽样"为主。在笔者确定要做汽车消费这一课题时，便一边阅读文献，一边寻找访谈对象，只要碰到愿意接受我的访谈的车主，我都会跟他们预约时间。或者有时候偶然碰到一位车主，也会对他进行非正式的访谈。在这里，我比较赞同陈向明的观点，她说道："质的研究中对研究对象的确定是一个过程，其本质就是'偶遇式'的，甚至没有经过'选择'这个动作"（陈向明，2000：112）。

第二，笔者采用"关键个案抽样"的方式来寻找访谈对象。例如，在一次偶然的机会中，笔者接触到了"SY"车友会的一名成员，但她只是一名普通的成员。通过她的引介，笔者认识了该车友会组织的关键人物（创建人之一），这位关键人物是该车友会的创建人之一，也是目前该车友会的领导者之一，通过与他的访谈可以了解到车友会的运作状况。

第三，接下来笔者是通过采用"滚雪球"的方式来获得个案的。例如，在与上述车友会的关键人物（在田野调查中，也称为"守门人"）认识并熟悉之后，笔者才得以经过他的介绍认识了该车友会其他的成员并有机会参与他们的活动。此外，在与一些访谈对象接触之后，我们成为了朋友，他们也帮笔者推荐其他车主接受访谈。

第四，在研究的过程中，笔者也采用了"证实或证伪个案抽样"的方式，这是因为，在对前面搜集到的资料进行分析的基础上，笔者得出了一个初步的结论，这个时候需要更多的资料来证实这个观点或者证伪这个观点，因而就会采用这种方式有目的地去选择个案。

（4）个案类别与基本情况

本研究最初是在广州进行的，是以广州城市家庭的汽车消费为例来回答汽车消费的需要是如何被建构起来的，因此，本研究对访谈对象有一个基本的要求，那就是他们必须生活或工作在广州市行政区域内，居住时间满一年或一年以上。这个要求是确保访谈对象对广州城市交通等基本状况有一定的了解。

由于本研究的对象是广州城市家庭的汽车消费，因此笔者在选择访谈对象时主要是面向普通的城市家庭成员，他们一般属于城市"中产阶级"，具有最旺盛的汽车消费欲望，大多数具有汽车消费的能力。此外，本研究的访谈对象中还有个别属于高收入阶层的企业老板，也有暂无收入的在校大学生。

在本书中，访谈对象可以分为两类，一类是有车族（占绝大多数），另一类是无车族。对有车族的访谈，目的很清楚，就是想要知道他们为何买车、如何买车以及如何用车，这对于回答研究问题具有很重要的意义。对无车族进行访谈也是非常必要的，因为，在现代化城市中，汽车不仅对拥有汽车的人产生影响，而且也会极大地影响到无车族的日常生活。此外，无车族也是潜在的有车族，了解他们的这个转变过程对于研究"汽车梦"也是非常有意义的。

为了体现差异性原则，本研究所选择的访谈对象的职业背景呈现出多样化的特点，其中有大学教师、医生、律师、工程师、公务员、企业老板、个体户、护士、高校行政人员、大学生、国企职工和外企职工等。到本书初稿完成为止，总共访谈了41位。访谈对象的年龄介于20至46岁之间，其中男性为23位，女性为18位，已婚者所占的比例大一些。访谈时间最短的一个是25分钟，最长的有三个多小时，大多数都在一个小时以上（参考附录）。

（5）理论饱和问题

理论抽样与论文写作是同时展开的，因此，在实际研究中会碰到这样一个问题,即抽样要持续多久?一般性的原则是持续收集资料直到每个类别都达到饱和。Strauss & Corbin 认为,类别是否达到饱和可以从以下三点判断:①再也没有关于该类别的新资料或相关资料显现出来;②以该类别的属性和面向所呈现出来的变异情况而言,该类别已充分发展;③类别之间的关系建立起来,且经过验证(Strauss & Corbin,2001:216)。本研究主要根据理论分析的要求持续抽样,同时也考虑研究者的实际状况来决定抽样到底要持续多久。

(6) 资料的分析与呈现

完善收集到的质性资料,质性资料的特色之一就是注重在自然情境里自然地反复地出现的那些日常事件,这样的资料才能让我们稳固地掌握到"真实生活"的样貌(Miles & Huberman,2006:23)。本书收集到的质性资料包括通过访谈录音誊写出来的文本、撰写的观察笔记和拍摄的图片资料。在本书中,大多数的访谈都有录音,有几个是因访谈地点等环境因素的限制而没有录音。录音资料在访谈后的一两天内都基本上被誊写出来了,而对于没有录音的访谈个案在当天晚上就把主要的访谈内容记录下来。除了三十多篇访谈录音资料外,还有许多篇观察笔记和大量照片,本研究收集到的资料还算是相当丰富的(此外,还有大量的二手统计数据)。因此,如何对大量的调查资料进行分析和整理,也成为一个必须认真对待的问题。但是,"由于质的研究十分强调根据资料本身的特性来决定整理和分析资料的方法,因此我们很难在设计阶段对这个问题提出比较明确的想法"(陈向明,2000:97)。从研究设计的开始阶段,到论文形成的最后阶段,资料分析实际上是贯穿在研究的整个过程之中的。

Miles 和 Huberman(2006:24)认为,资料分析是由三种活动协力组成的,也就是资料简化(data reduction)、资料展示(data display)与结论引出/验证(verification)。资料简化是分析的一种形式,它将资料予以凸显、分类、聚焦、抛弃,并组织起来。我们在前面谈到访谈个案的理论性抽样,实际上,资料分析的编码阶段也需要采用理论性抽样,以达到资料的简化。扎根理论的创始人施特劳斯和科宾认为,编码程序中的理论性抽样是"以某些概念为基础来进行的,这些从分析中显现的概念必须和发展中的理论有所关联,它的目标在于争取最大量的机会来比较不同的事件,以决定某个类别在属性和面向上的变异情况"(Strauss & Corbin,2001:206)。如此通过理论性抽样,我们就可以把大量编码过的资料进行归类并提炼出一个概念框架图。例如，本书从访谈资料中发现一个鲜活代码："方便"，通过仔细审查方便的意涵，我对不同类别的方便进行了划分，进而找出了体现在不同生活领域中的方便，为下一步的资料展示做好了准备。

有效的分析需要资料的充分展示，而且要以资料展示来引出有效的分析（Miles & Huberman，2006：198）。资料展示包括许多形式，如矩阵图、图形、表单、网络状图等，这些展示物可以使读者了解究竟发生了什么事情，也可以使研究者清楚这些事情究竟是怎么发生的，并且引出证实过的（justified）结论。本书对访谈资料的展示基本上是以引用受访者的叙述为主，但是为了避免出现资料堆砌的情况，本研究主要不是直接将录音誊写稿中的问答记录照搬到正文中来，而是根据主题编码，以段落的形式将之较为完整地呈现出来，这样会更加忠实地表达受访者的意思。但对于从资料中引证出来的结论，我们既要保持开放性的接受态度，又要时刻保持反思性的质疑态度。

在资料分析中，资料简化、资料展示、结论的引出与确认三个流程其实是同时并行的，在资料收集的前、中、后阶段，互相纠结在一起，这三种活动与资料收集活动形成了一个穿梭、循环的过程，共同构成了一个领域（见图1-2）。

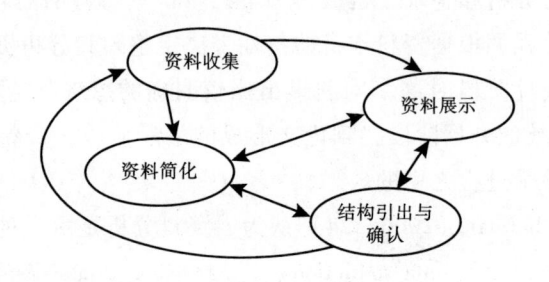

图1-2 资料分析的互动模式

资料来源：Miles & Huberman，2006：28。

（7）研究结论与推论问题

质性研究结论的推论问题，历来就是一个争论的焦点。本书不想卷入这场旷日持久的带有"陷阱性"的问题之中，本书没有将从访谈资料中得出的研究结论向外普遍推论的野心。因为"推论"实际上是一个定量思维的逻辑，它依赖于根据随机抽样原则所获得的大样本的"代表性"，而本文在前面已经指出了,本书访谈个案是以理论性抽样获得的,对于样本的选择具有"典型性",他们不是统计学意义上的样本。①

但这并不等于说本书的结论就没有借鉴意义。广州是一个商业非常发达的城市,也是改革开放的前沿阵地,因此对广州城市家庭的汽车消费进行研究就具有了很大的例示效应,研究结论是广州城市家庭的汽车消费具有一定的可外推性和一定的外部效度。王宁教授在他对广州居民消费观念的变迁的研究中指出:"至于这个可外推的范围或外部效度有多大,需要读者根据当地的实际情况来判断。它的普遍意义不在于它'代表'了总体,而在于它典型地例示了中国所存在的某种现象和过程。"(王宁,2009:32)陈向明则指出了质的研究结论的"外部推论"可以从两个途径来完成:一是通过对研究结果的认同来达到推论,也就是期待读者阅读时在思想和情感上与作者产生共鸣,那么就起到了推论的作用;二是通过建立有关的理论来达到推论,因为这个理论会对类似的现象产生阐释的作用,可以在理论层面上发挥"推论"的作用(陈向明,2000:410~411)。本书努力沿着这两条途径来尽可能地实现研究结论的例示效应和借鉴意义。

(8)研究中的伦理道德问题

在质性研究中,经常会碰到如何保护受访者个人隐私这样的伦理道德问题。本书在这方面主要采取以下两个做法:第一,访谈录音之前一定要征求受访者的意见。当受访者对现场录音有顾虑的时候,就暂停录音。大多数受访者在录音这方面还是非常配合的。第二,在资料展示时,资料来源以匿名形式呈现出来。例如,某段访谈内容是来自与何先生的访谈时,文中会注明资料来源:(访谈资料:20-M-H),其中数字表示访谈序号(第20个访谈对象),M 表示男性(F 表示女性),H 表示案主的姓氏。由于本研究关涉的是日常生活中的消费问题,比较少涉及个人的私密性事务,因而在伦理道德方面的反响其实并不突出。

2. 内容分析法

内容分析的使用有近一个世纪之久,而且广泛应用在文学、历史、新闻学、政治科学、教育学和心理学等许多不同的领域内。在1910年德国社会学学会的首届年会中,韦伯建议使用内容分析法来研究新闻报纸(Krippendorff,1980:13;转引自纽曼,2007:391)。内容分析可以用于

---

① 关于"代表性"与"典型性"的关系请参见王宁,2002:123~125。

多种目的，例如，研究流行歌曲的主题、诗歌中的宗教表征、报纸的标题走向、社论带有的意识形态色彩、性别角色的刻板印象、广告词中的主题等（纽曼，2007：392）。在本书中，我们通过内容分析法来分析国家汽车产业政策和汽车消费政策以及报纸媒体中的汽车广告是如何建构"汽车梦"的。

(1) 内容分析简介

内容分析并不是一种纯粹定量分析，它是以传播内容"量"的变化来推论"质"的变化，因此可以说是一种"质"与"量"并重的研究方法（杨国枢等，2006：651）。著名社会学家艾尔·巴比（2002：271~272）也指出，并非所有的内容分析都需要计算，有时对资料进行定性评估是最恰当的。但有学者指出，在定量研究领域，内容分析也许是发展最快速的一项技术（Neuendorf，2002：1），其最大的优点是成本低，而且对于分析对象来说，可以不受干扰地进行重复研究，这是其他研究方法所不能比拟的。此外，内容分析还可以允许研究者对一段历史时期内发生的过程进行定量研究。Kimberly A. Neuendorf（2002：1）简要地把内容分析定义为一种对信息特征的系统、客观和量化分析，它包括对人类互动的细致审查，对电视、电影和小说中的人物描写的分析，对新闻稿和演讲稿中的用词的电脑分析等。简单地说，内容分析的操作方法是使用随机抽样，精确测量，并对抽象的观念下操作性定义。编码将那些表示代表变量的内容转换成数字。经过内容分析后，研究者完成资料搜集，接着他们把这些资料输入电脑，然后使用与实验者或调查研究者相同的方法，对这些资料进行统计分析（纽曼，2007：392）。

(2) 政策文献的内容分析

政策文献分析是当前国内外学者采用比较多的一种研究方法，它也是内容分析法中最常见的一种。研究者通过对政府相关政策文献的分析发现政策制定背后的制度逻辑（张杨波，2008：52）。

本书之所以把政策分析法作为内容分析的一种研究方法来讨论和使用，主要是基于研究问题的需要。本研究要想知道，国家在建构"汽车梦"的过程中发挥了什么样的作用，就必须把国家作为一个"宏观的行动者"来看待。但是，国家本身并不是一个行动者，国家的行动不过是行驶国家权力的人群的行动（陈那波，2006：205），而这些人群的行动的影响力主要体现在制度安排和政策决定上。国家的制度安排和政策决定，会对整个社会产生重大、深刻和全局性的影响。因此,研究正式制度其实就是研究国家的政策性行动,在某种意义上就是对国家的研究(王宁,2009:24~25)。对国家制定相关政策的背景、内容和影响进行分析,我们就可以揭示出国家行动的逻辑。这也是本研究使用政策分析法的方法论依据。

自1986年在"七五"计划中汽车工业第一次被我国政府明确为支柱产业以来,国家在政策上就不断对汽车产业加以扶植。国家把产业政策当做经济发展过程中的优化手段而对市场进行主动干预(臧旭恒等,2004:496)。根据统计,1994~2008年,我国政府总共制定了1129项与汽车产业相关的政策法规(王晶晶,袁健红,2008:82)。颁发政策法规的主要部门包括原交通部、原机械工业部、原证券委、原工商行政管理局、财政部、原国家环保局、发改委、原税务局和国务院等,其中,最具有全局性意义的两部产业政策分别是1994年由原国家计划委员会颁布的《汽车工业产业政策》和2004年由国家发展和改革委员会颁布的《汽车产业发展政策》,从时间上看,这两部产业政策分别对应着我国汽车消费的两次转型:第一次是国家明确鼓励让汽车进入家庭,第二次是私人汽车消费开始超过公务汽车消费。这两部政策不仅仅是对汽车产业的规划、调解和布局,而且在汽车消费方面是非常有贡献的制度安排,对我们走向汽车社会产生了深远的影响。因而,对这两部政策制定的背景、内容、意义和影响作用进行详细的分析,非常有助于我们理解国家在经济发展中的行动逻辑以及国家在"汽车梦"的建构中所发挥的作用。

(3) 汽车广告的内容分析

用内容分析方法对广告用语的变化进行研究,在国内外学术研究中已有许多先例(例如,多恩伯切、希克曼:1988;陈胜,2003)。本书以1998~2007年《南方周末》这十年间刊登的汽车广告为例,运用内容分析的方法来对汽车广告用语的变化进行分析。研究的目的是通过分析广告用语的变化来揭示汽车厂商建构"汽车梦"的策略。

本研究运用内容分析法对汽车广告进行分析的方法论依据是:首先,汽车厂商建构"汽车梦"的手段有多种,如车展、新闻发布会、电影等,其中最重要的手段就是广告投放,广告是市场营销的最主要工具。汽车厂商通过广告的渲染,让消费者对某种品牌的汽车产品产生深刻印象,是汽车厂商常用的策略。而通过汽车广告的内容分析,我们可以清楚地了解汽车厂商这一市场行动者建构汽车梦的策略。

其次，内容分析是非反应的，因为分析内容的研究者不可能影响到原作者通过文本中文字、信息、符号的安排运用与读者或接收者交流的过程（纽曼，2007：391），也就是说，内容分析的对象——作为图片资料的汽车广告，它的性质不会因为研究者的介入而发生变化，因而能够保证研究不受到干扰，保持一定的客观性。

再次，由于分析对象（1998~2007年《南方周末》上的汽车广告）的可获得性和完整性，研究者可以进行纵贯性的研究，而且也可以比较不同汽车品牌的广告策略。此外，内容分析可以揭露文本内容中难以一眼洞悉的内容，可以用客观、定量的术语证明你自己的无系统观察的模糊感觉是否真实。它能形成可复制的、有关这个文本的精确结果（参见纽曼，2007：392）。

内容分析中的抽样、编码等问题，将在第六章进行详细的说明。

（二）研究目的和意义

马克斯威尔认为，研究者的目的可以分成三种类型：个人的目的、实用的目的和科学的目的（Maxwell，1996：15~16。转引自陈向明，2000：84）。本书也包含了这三类目的。首先，从个人的角度而言，法国著名的社会学家莫兰曾说，汽车是男人的一种玩具，它是男人游戏的一部分（莫兰，2001：249）。笔者毫不掩饰内心对汽车的喜好，小时候曾用木头制作过小汽车，在论文选题的缘由上，对汽车的浓厚兴趣至少占了很大的一部分。因此，个人的目的就是希望通过对汽车消费的研究，加深对汽车文化和汽车市场的了解，同时也希望从社会学的视野来透析当前社会上"有车族"的生活方式。其次，从实用的角度而言，本书一方面希望通过对建构汽车梦背后的国家消费制度转型、城市空间结构转型、消费主义意识形态以及消费者个体的深入分析，揭示汽车是如何改变我们的生活世界以及人们是如何利用汽车来重新组织日常生活；另一方面通过对汽车消费的批判性反思，为政府的汽车工业政策、汽车消费政策乃至城市交通规划的制定提供一点参考。再次，从科学的角度而言，作为一项探索性和解释性的研究，本书旨在探讨汽车消费这一现代"神话"是如何被社会性地建构起来的。本书的目的就是要去解构这一神话，还原被掏空的现实性，揭示建构汽车梦背后的真相。在这三个目的中，科学的目的是本书最重要的目的。

就研究意义来说，对汽车消费进行深入的研究具有十分重要的理论和现实意义。从现实上的意义来看：首先，2008年虽然经历了自20世纪30年代以来危害最严重的一场金融危机，但从2008年11月的广州车展中，我们可以看出，我国汽车消费的市场潜力仍不可低估。在这场金融风暴中，国外的汽车业巨头遭受了巨大的损失，他们纷纷把目光转向中国。在这种现实背景下，研究中国城市家庭的汽车消费无疑具有十分重要的现实意义。其次，在中国社会转型的过程中，汽车消费关乎的不仅是个人层面的消费活动，而且还牵涉到宏观层面上的一些政策制定与改革，如汽车工业政策、汽车消费政策等。再次，汽车给人们的日常生活带来了巨大的变化，居住、工作、消费、旅游、购物等方方面面，都因为汽车的介入而改变，人们对汽车的依赖程度也越来越深。因此，研究汽车是如何改变人们的日常生活的也具有非常深刻的现实意义。

从理论上的意义来说：首先，在以往的社会学的文献中，很少单独把汽车作为一个研究对象来加以探讨，正如米勒（Miller，2001）和费舍斯通（Featherstone，2004）等人所说的，社会学在很大程度上忽略了对汽车的研究，作为改变世界的机器，汽车在社会理论中从没有获得过同其现实重要性相称的地位。因此，本书所致力于的汽车消费研究，有助于弥补汽车社会学研究的缺失，并进一步拓展社会学的研究领域。其次，本书深化了对消费社会学中"需要"建构的探讨。在消费社会理论中，布希亚的"需要的意识形态生成"继承了马克思和法兰克福学派的批判意识，不仅指出需要的社会性，而且通过符号学的分析方法阐明了需要是如何受到意识形态的建构而趋于自然化。本书在揭示建构"需要"背后的意识形态力量后，也对布希亚的"需要"理论进行了回应，即尽管"需要"不可避免地会受到意识形态的操纵，但消费者本身的自主性和能动作用在需要的建构中也发挥了很大的作用，现代城市日常生活中的汽车消费在很大程度上是一种迈向生活政治的消费实践。

第五节　概念界定

（一）汽车、汽车消费、汽车梦

1. 汽车

国际上通常将汽车车型归并为两大类：乘用车（Passenger Car）和商用

车（Commercial Vehicle）。从2002年3月1日起，我国也采用了国际通行的分类方法，将过去的8种汽车类型重新划分为乘用车和商用车两大类。乘用车指私人购买作为代步工具的车辆，包括基本型乘用车（等同于旧汽车分类标准中的轿车）、多功能乘用车（MPV）、运动型多用途车（SUV）和交叉型乘用车四类。"乘用车"概念的推出，改变了传统的将轿车视为奢侈品的观念，将轿车纳入私人消费的范畴。本研究所说的汽车消费是指城市家庭对乘用车的消费，不包括用于商业目的的商用车消费。世界上的汽车有四分之三以上是轿车（杜雷，2006：8；曾南燕、刘立群，1996：82），因此，本书所指的汽车主要是指"乘用车"中的家庭轿车。

从表1-1可以看出，2010年我国乘用车在汽车产品的总产销量中所占比例均已经超过75%，包括客车、货车、半挂牵引车等在内的商用车所占的比例不到25%。而且在乘用车当中，基本型乘用车（即轿车）产销量所占的份额也达到七成。可见，我国汽车产品中主体也是家用轿车。

表1-1 中国2010年汽车产销量统计

车型分类	生产量(辆)	所占比例(%)	销售量(辆)	所占比例(%)
汽车产品总计	18125466		17934363	
一 乘用车合计	13724301	75.72	13606098	75.87
1. 基本型乘用车(轿车)	9636510	70.21	9573862	70.36
2. 多功能乘用车(MPV)	427733	3.12	421900	3.10
3. 运动型多用途车(SUV)	1114239	8.12	1096676	8.06
4. 交叉型乘用车	2545819	18.55	2513660	18.47
二 商用车合计	4401165	24.28	4328265	24.13

资料来源：《中国汽车工业年鉴（2011）》（中国资讯行）。

我国的轿车级别，是以发动机排量为依据划分的。按照国家规定，轿车现分为微型、普通、中级、中高级和高级5个级别。排量小于或等于1升，为微型轿车；排量大于1升且小于或等于1.6升，属普通轿车；排量大于1.6升且小于或等于2.0升，属中低级轿车；排量大于2.0升且小于或等于2.5升，属中级轿车；排量大于2.5升且小于或等于4升，属中高级轿车；排量大于4升的，属于高级轿车。

从表 1-2 我们可以看出，2008~2010 年，在我国汽车市场所占份额最多的是排量为 1.0~1.6 升的普通级轿车，全部 2.0 升以下的轿车所占的市场份额达到 90% 左右，2.0 升以上的中高级轿车所占比例不到 10%。这就意味着，虽然我们会经常听到或是看到一些豪华轿车，但实际上在城市道路上行驶的中高级以上轿车还是少量的，绝大多数还是属于经济型轿车，它们占有绝对的主体地位。而这些处于主体地位的适合于城市中产阶级家庭消费的经济型汽车正是我们主要研究的对象。

表 1-2 中国 2008~2010 年轿车排量档次销售及其市场份额统计

单位：辆，%

年份 轿车	2008 5048522	份额	2009 7476021	份额	2010 9573862	份额
V≤1.0 升	254542	5.04	426749	5.71	702892	7.34
1.0 升 < V≤1.6 升	2829115	56.04	4755885	63.62	6164597	64.39
1.6 升 < V≤2.0 升	1400582	27.74	1679934	22.47	1965399	20.53
2.0 升 < V≤2.5 升	523425	10.37	561962	7.52	639869	6.68
2.5 升 < V≤3.0 升	29727	0.59	48152	0.64	98741	1.03
3.0 升 < V≤4.0 升	10721	0.21	3278	0.04	2273	0.02
V>4.0 升	410	0.01	61	0.00	91	0.00

资料来源：2009~2011 年《中国汽车工业年鉴》（中国资讯行）。

2. 汽车消费

消费首先是人们为了满足某种需要，对产品的选择、购买、维护、修理或使用的过程，但是，消费不仅是一个实体意义上的消费过程，而且是一个符号意义上的消费过程（王宁，2001）。汽车消费这一概念可以从两方面来看：一方面，人们为了满足交通需要而消费汽车，即是对汽车使用价值的功能性消耗。汽车消费又不停留在消费者购买汽车的行为上，它与其他普通的消费品不同，汽车消费不是一种消费的结束，购买汽车之后正是各种消费的开始，如汽车使用过程中的保险费、维修费、路桥费、停车费、油费以及随之攀升的交际费用等。另一方面，布希亚认为，我们不能仅仅从生理需要或者社会地位的角度去解释和定义消费，消费是一种"符号的系统化操控活动"（布希亚，2001：223），也是建立关系的主动模式，而且不仅仅是人和物之间的关系，也是人和集体与世界之间的关系。从这个意义上说，人们对汽车的消费更主要地是包含着对汽车符号价值所蕴含的社会意义的消费。因此，汽车消费本身也是一种社会实践活动，它不纯粹是一种功能性的消费活动，其包含着复杂的社会关系，在汽车符号消费背后，还隐藏着消费主义意识形态的秘密。

3. 汽车梦

源于汽车所具有的使用价值和符号价值，汽车不仅被看做是一种现代生活的"便利装置"（Shove，1998：10；Urry，2006：19），亦被当做现代文明的"领先物"（Lefebve，1984：101）。人们热爱汽车，因为汽车是独立、自由、力量、冒险，甚至罗曼蒂克等感觉的根源，它不仅仅是一种交通工具，而且是当今社会我们最热心追求和保护的价值的一种物质体现（北村隆一，2006：1）。因此，人们对汽车的梦想，不仅包括对流动速度的渴望，还包括对附加在汽车身上的社会意义的向往，也包括对汽车所具有的符号象征意义的追求。作为一种象征性物品，美国社会学家约翰·奥尼尔（1999：95）曾感慨地说："汽车不仅承载着它所承载的东西，它也承载着个人的意识形态。"本书认为，"汽车梦"是一种占有和使用汽车的强烈欲望，包括对汽车的使用价值和符号价值的消费欲望。

然而，汽车所承载的也不仅仅是个人的意识形态，在市场上，它为生产商和经销商带来了丰厚的利润，正是因为汽车的商业价值，我们身边才会有铺天盖地的汽车广告。在国家的立场上，汽车是一个国家走向工业化和现代化的梦想，大多数的发达国家都把汽车工业作为支柱产业进行扶植。因而，汽车不仅是个体追求幸福生活的梦想，也是商人追逐利润的梦想，还是一个国家现代化的梦想。由此可见，"汽车梦"是现实生活的一种呈现，是意识形态的一个缩影，"汽车梦"的建构，必然交织着个人、国家与市场等各种现实力量的相互渗透，透过"汽车梦"的斑斓外衣，我们可以看到一个既丰富多彩又引人深思的消费世界。

（二）需要、欲望、需求

1. 需要

需要（needs）是人类行动与互动的先决条件（Doyal and GouGh，2000：38），也是人们的消费行为以至一切行为的动机和驱动力，因此，要研究消费行为，首先必须从消费需要开始（王宁，2001：19）。那么什么是需要？马克思（1979：164）指出："需要是人对物质生产资料和精神生活条件依赖关系的自觉反应。"国内较早研究消费需要的专家尹世杰（1993：43）认为："需要是在一定生产力水平和一定生产关系下，人们为了满足自己的生存和发展对物质财富和精神财富的一种有意识的、可能实现的愿望或欲望。"王宁（2001：24）认为："需要作为人的行动的一种动力，说的是人的一种存在状态，即生理存在、社会存在和精神存在的状态，人的这三种状态始终处于匮乏与充实之间交替循环。当人的这三种状态处于被感觉到的匮乏状态时，便构成了人的需要，即消除匮乏以进入满足状态。"也就是说，需要是人的一种匮乏状态，包括物质匮乏状态、社会匮乏状态和精神匮乏状态。

人的需要具有多样性和多层次性。关于需要分类，不同的学者有不同的划分标准，例如，尹世杰曾根据满足需要的途径、需要的实际内容和实现需要的形式，将需要分别分为个人消费需要与社会公共消费需要、物质需要和精神需要、商品性需要和非商品性需要等（尹世杰，1993：35~36）；关于需要的层次，最经典的划分是马斯洛的需要层次金字塔理论，马斯洛提出了人类需要的五个层次：生理需要、安全需要、归属和爱的需要、尊重的需要和自我实现的需要。恩格斯也把人们的消费需要划分为生存、享受和发展三个层次。

需要还具有社会性和历史性，这在第二章介绍马克思的需要理论时将提到，在此不再赘述。综合需要的上述几种特征，本书认为，随着我国城镇居民生活水平的提高，人们的需要越来越丰富，而且一大部分人正逐步摆脱低层次需要的困扰，追求更高层次需要的满足。例如，过去人们为了满足交通需要，骑自行车、摩托车或挤公交和地铁，而现在越来越多的人开始购买家庭汽车，家庭汽车逐渐从奢侈品变为必需品。马克思认为，商品是以某种属性来满足人们的需要的，而商品的基本属性包括使用价值和交换价值，布希亚在此基础上又提出了符号价值。因此，本书根据研究目的，将人们对汽车消费的"需要"分为功能性需要（使用价值）和社会性需要（符号价值）。

然而，消费本身不仅是一个需要的满足问题，而且是一个社会与文化问题，正是需要的这些特征，使得人们以什么样的对象、方式和手段来满足人们的需要不仅受到个体因素的影响，而且也受到社会文化结构的影响。在消费社会中，需要的满足极易受到外在力量的操控。从马斯洛的心理学理论来看，需要是人类真正的内在本质，但它们都很脆弱，很容易被扭曲，并被不正确的学习、习惯及传统所征服（戈布尔，1987：40）。我们在第二章"需要"理论中将谈到马克思、马尔库塞和布希亚三人对资本主义社会中消费需要生成的批判，他们都明确指出，需要已经成为资本主义操纵的对象，需要是被资本主义意识形态所建构起来的。

2. 欲望

鲍曼认为，传统心理学把"需要"界定为这样的一种紧张状态：一旦需要得以满足，这种紧张状态就会最终消失。在消费社会中，社会成员的需要恰恰相反，它即使在得以满足之后也不会消失——如果可能的话，它将变得更加强烈。在这里，需要以欲望的形式表现出来（鲍曼，2005b：190）。尤其是当消费需要成为一种新的社会控制形式时（马尔库塞，2006；布希亚，2006），不断被创造出来的需要必须转化为人的内在欲望才能实现人对其的依赖，欲望成为需要的异化表现。

欲望（want or desires）是一种主观的、感觉到的并常常是强烈的希望、愿望和倾向，它是动态和多变的。它具有以下几个特征（参见王宁 2001：29~30）：第一，欲望具有主观性，是人们意识到的渴望和希望；第二，欲望具有无限性，一种欲望满足之后，又会生出新的欲望；第三，欲望具有想象性，有些欲望由于没有现实性，人们只能在想象中得到满足；第四，欲望具有可塑性，欲望可以通过宣传或广告等手段的作用而得到加强、扩张或膨胀。在消费社会中，商业机构正是利用欲望的主观性和无限性等特征，通过媒介传播对消费者的欲望进行塑造，从而生产出符合市场利益的"消费者"。消费已经不是为了实际需要的满足，它的目的是不断追求被制造出来、被刺激起来的欲望的满足（黄平，2003：7）。而欲望要得到满足，必须具备一定的支付能力，这便是需求。

3. 需求

需求（demands）指的是在商品经济条件下的有支付能力的需要，它反映的是一种经济能力，需求必须以货币为基础，必须掌握交换手段，具有支付能力（尹世杰，1993：43）。在经济学上，需求总是与供给联系在一起，大多数时间里，供求规律在发达的现代经济中发挥着非常完善的作用（斯蒂格利茨，1997：105）。由于历史原因，我国的国民经济在相当长的一段时间内，都可以说是属于短缺经济，供给不足长期存在着。国家在制度安排上相应地采取了抑制消费的政策，再加上低工资收入，国民需求无法得到真正的满足。随着市场经济改革的深入，我国逐渐从生产型社会转型为消费型社会。然而，我国在走出短缺经济的困境后，很快又进入了过剩经济的怪状，有效需求不足成为影响我国经济发展的一个重要因素，国家在制度安排上也相应地采取了刺激消费、拉动内需的政策。可见，需求的满足，不仅仅是个人的消费决策，它还与国家的制度安排和经济发展水平紧密相关。

从以上三个概念的关系来看，需要是一个由欲望到需求的过程或区间，它是介于欲望和需求二者之间的状态。由欲望到需要再到需求的演进，体现了人的消费要求由主观状态（欲望）到社会文化状态（需要）再到经济状态（需求）的实现过程（王宁：2001：29~31）（见图1-3）。

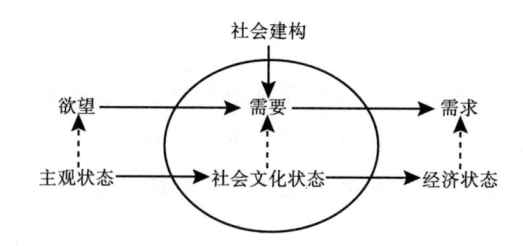

图1-3 需要、欲望与需求的关联

第二章 Part 2
汽车与消费：研究述评

作为现代性的一种隐喻，汽车深刻地改变了我们的日常生活。然而，以往的社会学却在很大程度上忽略了对汽车的研究，直到近几年汽车成为了社会学的一个新的研究领域，它才引起了学者们的注意。本章第一节较为系统地梳理了海外近年来汽车研究的相关文献，并从汽车的文化逻辑、汽车与城市空间、汽车与流动性、汽车与日常生活实践等几个方面回顾了布迪厄、法兰克福学派、巴特、布希亚、列斐伏尔、雅各布斯、北村隆一、厄里、费瑟斯通、米勒，以及其他一些后现代理论家对汽车的相关阐述。同时，对国内有关汽车消费研究的争论也做了一些简要的评论。鉴于本研究所秉持的方法论立场和理论视野，以及为了对"汽车梦"生成逻辑的理论脉络有一个更为清晰的了解，本章第二节将对"消费需要"这一批判性的理论视野进行述评，追溯从马克思以来，至法兰克福学派与马尔库塞等人对消费与人类需要的深入分析，尤其将重点考察布希亚对消费社会的批判逻辑以及他的"需要的意识形态生成"理论。

第一节 汽车社会学

美国经济学家斯蒂格利茨（1997：3）认为，对于一个经济学家来说，一辆汽车可以用来解释经济学的几乎全部内容。同样，对于一个社会学家来说，一辆汽车也几乎可以把社会学的全部内容解释殆尽：汽车的生产和消费不仅具有重大的经济意义，而且还包含着丰富的社会、文化意义。作为一种交通工具，汽车的诞生是一种新的人类文明，它为人们的出行带来了革命性的变化，使人们的出行更加便捷、舒适、自由；作为一种昂贵的消费品，汽车是身份地位的象征，好车彰显着个人品位和财富，代表着成功、荣耀、富贵和时尚，汽车是一种"地位符号"和"身份名片"（王宁，2005a：170）。作为一种人造物，汽车已成为城市生活中不可分割的一部分，甚至是人体的一部分，是身体功能的一种延伸（Urry，2004a：31；Dant，2004；Beckmann，2004）。

（一）汽车社会学的缺失与兴起

然而，令人惊奇的是，如果考虑到曾经有10亿辆汽车驶过20世纪的大道，那么，有关汽车研究的学术成果就是相当惊人的有限（Koshar，2004：121）。1975年MIT（麻省理工学院）的一位荣誉教授曾说："如果给予对汽车的学术研究以与汽车在美国人生活中的重要性相适应的篇幅的话，它将至少占据我们图书馆的40%。"（转引自曾南燕、刘立群，1996：102）但是，与食物、服装和房子等其他的物质文化的大量研究相比较时，汽车社会学的研究文献显得格外缺乏（Miller，2001：5-6）。尽管汽车对社会生活产生如此重大的影响，而以往的社会学却在很大程度上忽略了对汽车的研究（Miller，2001；Dant，2004；Carrabine & Longhurst，2002；Dant & Martin，2001）。英国当代著名的社会学家迈克·费瑟斯通不无抱怨地说："近些年来，有关社会生活中的流动（flows）、运动（movement）和移动（mobile）的意义的研究受到了很大的关注。但是，在社会学、文化研究等其他相关学科内，一种主要形式的流动性——汽车，很大程度上却被忽略了。"（Featherstone，2004：1）人类学家丹尼尔·米勒（Daniel Miller）认为，大西洋两岸关于汽车的学术研究鲜有把汽车当做一个文化的过程来研究，而是把汽车当做一种设计工艺品、技术实体、特殊商品、消极的、外在的东西来对待。甚至在社会历史学中，人们也只是把汽车的重要性放在汽车所产生的后果上，而不是在特殊的文化背景下详尽地描述汽车消费（Miller，2001：8）。米勒对相关文献的梳理后发现，有关汽车的文献资料主要有两种：一是汽车生产和设计的历史，一是汽车的后果和影响。在这里，汽车通常是作为工业生产的历史、设计的历史和环境主义者批判的案例而出现的。

所幸的是，近年来在一些西方学者的努力下，汽车研究已经被引入社会学、人类学和文化研究等领域之中，被多方位地系统探讨（Shove，1998；Sheller and Urry，2000；Miller，2001；Wollen & Kerr，2002；Featherstone，2004；Urry，2002，2004a，2004b，2006；etc.），有关汽车研究的文献资料也越来越丰富，研究的视角也呈现出多元化的趋势。例如，由费瑟斯通主编的《理论、文化与社会》杂志曾专门开辟一期（2004年总第21期），详细地介绍了在现代性的框架下，汽车与民族（认同）、汽车文化、汽车系统、汽车安全、汽车与城市、汽车与情感、汽车与音乐、汽车与机动性以及人车关系等不同的主题；由米勒主编的《汽车文化》（Car Culture）一书也结集了许多专家深入探讨了汽车在不同领域的表现和影响；由Wollen和Kerr主编的《驶车天地：汽车与文化》（Autopia：Cars and Culture）一书图文并茂地介绍了汽车对日常生活和我们生存的环境的改变，且富有学术分量。可以说，汽车社会学作为一个新的研究视域，正在发展成为一个十分引人瞩目且富有学术生命力的社会学分支学科。本节对国外近年来有关汽车消费社会学的研究文献进行梳理，并主要集中在以下几个方面进行介绍。

（二）国外汽车消费相关研究

1. 汽车的文化逻辑

美国社会学家约翰·奥尼尔曾说："汽车是一种象征性物品……汽车不仅承载着它所承载的东西，它也承载着个人的意识形态。"（奥尼尔，1999：95）作为一种消费品，汽车在制造和使用的过程中，形成了一整套行为、态度、符号、价值观、信念和体制，人们通常把它们称作汽车文化。而自汽车诞生以来，在每个不同的历史阶段和不同的国家地区总会形成不同的汽车文化。Gartman指出，汽车文化在20世纪经历了三个阶段，每一个阶段都有着特殊的文化逻辑。与之相对应的背后理论分别是布迪厄的"阶级区隔"理论、法兰克福的大众文化批判理论和后现代主义的文化多元论。此外，对于汽车的符号批判也是汽车文化研究中的一个重要逻辑。

（1）"阶级区隔"阶段

在"阶级区隔"（class distinction）阶段，汽车被当做一种地位符号的象征。汽车是在19世纪末进入美国社会的，当时昂贵的汽车价格使汽车远非其他阶层的人能够获得，除了那些上层中产阶级外。这种昂贵的价格包含了复杂的技术和工艺进程，使汽车的审美功能比实际功用更为重要。这些漂亮的、昂贵的汽车常常不是用来满足日常交通需要的，而是被当做一种休闲活动和公共炫耀的消费品。底层阶级对汽车可以说是又羡又妒。

汽车的这些特征与布迪厄在《区隔》（Distinction，1984）一书中所阐述的观点相吻合。布迪厄认为，消费是一种制造区隔的游戏，不同的阶级为获得文化资本和荣誉而竞争。作为一种地位符号，汽车是阶级社会不平等的标志，通过汽车消费，社会再生产出不平等。他认为，文化客体携带的社会建构的意义验证了个体的阶级地位。有钱人更注重的是物品的审美价值，而非实际用途。上层中产阶级的文化资本证明了其高雅的文化品位，并且创造出了上层阶级的人士比其他阶层的人更具优越性的幻象（Gartman，2004：171-172）。

（2）"大众个体性"阶段

在"大众个体性"（mass individuality）阶段，汽车是一种"物化"（reified）的消费品。美国汽车工业在20世纪20年代晚期试图探寻到底什么样的消费品能够补偿工人们不断增长的异化和被剥削的劳动。在这个时期，美国的工人阶级开始用他们的高额工资在家庭里建构一个相对独立的消费王国，使他们可以暂缓和补偿工作领域的异化。但是，工人阶级不仅要逃离工作的枯燥和异化，还要满足他们被拒绝的需要，其中最重要的就是个体性（individuality）。社会改革家和资本主义慈善家认为，汽车就是消费主义迷幻大厦的关键基石，汽车可以通过提供给工人阶级逃离城市的拥挤到乡村消遣娱乐的机会而解决劳动力和社会问题，他们也希望通过把工人变成汽车所有者而克服阶级之间的紧张关系。

然而，法兰克福批判理论家默克海默和阿多诺认为，大众消费文化使阶级差异合法化，这种合法化不是像布迪厄那样把符号等级显示出来，而是把它们都隐藏起来。阿多诺指出，像汽车这样的消费品模糊了商品背后的阶级关系，它给消费者带来平等的幻觉（Horkheimer & Adorno，1972：137）。这些消费品提供了一种满意感（但却不是真实的），来替代被一种异化的生产过程所拒绝的需要的满足感，用马尔库塞的话来说，汽车是由资本主义国家创造的一种虚假的需要。各个阶层的消费者有自由选择不同商品的幻象，但背后的物和人之间却存在着本质的差别。大众文化通过隐藏人与商品背后的社会关系，通过物化阶级结构，而使阶层结构合法化（Gartman，2004：180-181）。

在法国知识分子眼中，汽车并不像在美国那样被理所当然地认为是科技现代性的利益的先驱，而是首先被看做某种异化之物（Inglis，2004：201）。对许多左翼思想家来说，汽车看似是国家现代化进程中的具有破坏效力的有力符号。汽车似乎是"法国通向美国化的大道"（Lefebrve，1971：67）的结构的使者，这是左翼思想家带着不安的眼神看到的发展。作为那个时代的一个主要的左翼思想家，列斐伏尔表达了许多左翼知识分子的观点："汽车是物的缩影（epitome），是领导物（the Leading-Object），是快速吞没自1950年代以来的法国社会的消费主义精神世界的精华和典范（Lefebrve，1984）。"

这种对汽车的批判的版本也可以在情境主义国际（Situationist International）的观点中找到。情境主义国际的一个主要人物——居伊·德波（Guy Debord），从1950年代以来就从把汽车当做"异化生活的至善之物"（supreme good of an alienated life）的角度来思考。一方面，汽车成为遍布当代发达资本主义社会的幸福观念的突出的物质符号；另一方面，汽车成为延长剥削劳动人民的一种工具。在上班往返途中所耗费的时间，以及伴随着汽车使用的增多而导致的日益拥挤的道路交通所带来的种种困扰，工人们把一天中的大部分时间都用在与工作有关的活动上。如德波所见，汽车在增加榨取剩余价值的过程中扮演着十分重要的角色，这一点连马克思也未能完全预料。交通时间是一种多余的劳动，它相应地减少了驾驶者可利用的自由时间。结果是，一种原本代表给工人闲暇的恩惠的交通形式，实际上是在经济统治利益之下榨取时间和劳动的一种伪装了的工具。从这一视角看，当汽车被用来作为交通工具时，它所起的作用是为剥削阶级服务的"特洛伊木马"（Inglis，2004：204）。

可见，在批判理论家们看来，汽车并不能带领人们驶向幸福的康庄大道，而是资本主义社会中的一种"异化"之物。作为一种消费品，汽车掩盖了资本家与工人之间的剥削关系，对资本主义国家来说，汽车是一种新的统治工具，而对消费者来说，汽车则是异化生活中的虚假需要。

（3）"亚文化差异"阶段

在"亚文化差异"（subcultural difference）阶段，汽车表达的是一个多元化和多层次的消费文化中的生活风格群体的认同。后现代主义理论家认为，消费品的多样性和个体性通过形成碎片化的亚文化基础，破坏了过去的阶级认同。在后现代主义理论家看来，汽车的制造、购买、使用不是用来表达阶级区分和大众个体性的，而是多种生活风格圈中的身份认同，没有高低优劣之分（詹明信，1997）。在这样的市场上，汽车制造商销售的不仅是车本身，还有"品牌"，是对生活的认同、意义或想象。

20世纪六七十年代，美国的汽车制造商推出了大量新型风格的汽车，如紧凑型的、半紧凑型的、适中型的、强劲型的、小型的、运动型的，以及个人豪华型的，等等。与先前不同的是，每一款式都不是针对广泛的高收入群体，而是针对小规模的、更加独特的市场群体，这些群体是以非阶级的特征如年龄、性别和家庭状况为基础的。20世纪八九十年代，一些新富的"雅皮士"（yuppies）涌向汽车市场，寻找能够表达他们个性和能够把他们与老一代的商业人士区分开来的符号特征，不仅仅是为了显示财富，更主要的是为了显示一种生活方式。市场上出现了大量各种款式的汽车类型，每一种都验证一种"生活风格的选择"（lifestyle choice）。这样，那些模糊了真正阶级差别的表面上分化了和等级化的大众市场，就变成了大量的多层次的、有差别的小市场。于是，一种被称为"精益生产"（后福特主义）的生产方式出现了，并替代了"福特主义"的生产方式。"伯明翰当代文化研究中心"的 Stuart Hall 和 Dick Hebdige 认为，后现代主义文化是与一种被称为与"后福特主义"相对应的新的生产方式。对这些理论家来说，在先进资本主义国家出现的后现代主义社会"是以多样性、差异化和碎片化为特征的，而非与现代大众社会相一致的同质性、标准化"（Gartman，2004：191－193）。

Gartman 指出，以上三种汽车的文化逻辑并不是相互独立的，而是辩证的，每个阶段不是代替而是发展前一阶段的理论，而且三种也都可能存在于同一个社会中。三个阶段的文化逻辑存在着共同的主题：在资本主义社会里寻求个体认同。这种社会坚持自主的承诺，但同时又在经济异质性上予以否认（Gartman，2004：193）。

除了 Gartman 指出的汽车文化的三种逻辑之外，还有一种关于汽车研究的文化逻辑是巴特和布希亚对汽车符号的文化批判。

（4）汽车的符号批判

巴特从符号学的角度对汽车的符号意义进行了解读，他评论道："我认为，今日之汽车几乎可与宏大的哥特式大教堂相提并论。我指的是一个时代的最佳产物。汽车是无名艺术家们热情专注的结晶，它被所有的人在想象中消费——如果不是在使用中消费——他们把汽车当做一个纯粹的想象的物体。"（Barthes，1972：88）巴特这里的评论回应了马克思的商品拜物教理论，马克思认为，商品的拜物教形式掩盖了其真正的本质。而对巴特来说，汽车设计是商品拜物教的最极端的表达，这种商品的平庸状况被完全改变成流线型的完美之物，其历史内涵已被完全抽空，成为一个纯粹的符号。

到20世纪60年代晚期，汽车已成为法国日常生活中的一件普通之物，

汽车梦的社会建构

布希亚在其消费社会理论中进一步发展了巴特首先提出的对汽车设计的符号分析。在《物体系》一书中,布希亚单独拿出一部分来讨论汽车在法国社会生活中的意义。他认为,对普通的消费者来说,汽车与家是一样重要的。吸引布希亚注意力的是汽车的"翅翼"这一特征。布希亚写道:

> 一旦由过去的交通工具外形中解放出来,并且依它自己的功能来结构各个部分,很快的,汽车便只是在表达此一成果的延伸意义,使它自己成为一个大获全胜的功能的延伸义。这时物品真是得意洋洋:汽车的翅膀成为战胜空间的记号——纯粹的记号,因为它本身和这个胜利无关(甚至造成阻碍,因为它增加汽车的重量,而且增多拥挤)……翅膀并非真实速度的记号,它表达的是一个超卓的,无法衡量的速度。它暗示的是一个奇迹般的自动主义、一个恩典,在想象中,好像是这个翅膀在推动汽车:汽车以它自己的翅膀在飞行,它在模仿一个高级的有机体。(布希亚,2001:58~59)

布希亚对汽车翅翼的讨论意味着汽车的设计是与鸟的翅膀和鲨鱼的鳍等自然之物一致的。如此一来,汽车这一商品起着破坏古老的和自然的环境的作用,产生出一种人造的情境。其中,自然现象只是作为典型的拙劣的模仿对象。布希亚的主题思想是,一个社会的建构和运行是以"仿真"(simulacra)为基础的,符号失去了所有与他们意图表征的外部现实的联系,而只能指代他们自身。布希亚关于汽车设计的评论的意涵是,"Automobile"的前缀 auto 不仅指汽车能够自己移动,而且也指一种自我指涉的符号形式,这种符号形式创造出他们本身的普遍意义。运动中的审美因素与动物有机体的联系越来越少,更多的是与汽车的机械体相联系。汽车机械体反过来表征着比真正的自然更为完美的形式。在这种时尚之中,自然越来越从存在中消失,取而代之的是一种自我意识的人造的想象之物,汽车在人造的想象物中成为动态力量的符号典范(Inglis,2004:203)。

单从上面这段话,也许我们还不能完全理解布希亚的意思,我们只有把布希亚对汽车的符号分析放在他的消费社会理论中才能明白他所要批判的对象。布希亚认为,现代社会中的商品系统是一个符号系统,商品形式已经让位于物的符号形式,只有符号价值的差异逻辑才是真正的消费逻辑,消费的过程就是一个解码的过程,是"一种符号的系统化操控活动"。要成为消费对象，物必须成为符号，然后进入需要体系这一符号系统，在这一过程中，需要的意义是由抽象的符号所赋予的，需要的满足成为一种受符号操纵的消费行为，作为满足需要的物的有用性也具有了"拜物教的性质"，消费主义文化意识形态掩盖了需要的真相，使这种需要不再有真实和虚假之分了，满足需要的消费行为已经被理所当然化了。

2. 汽车与城市空间

法国当代著名思想家米歇尔·德赛都（Michel de Certeau）在其《日常生活实践》（1984）一书中详细地论述了作为城市空间实践的步行（walking），但是"步行"这种城市空间的实践方式越来越受到汽车驾驶的挑战（Thrift，2004）。在历史上，大多数的中心城市通常有着非常明显的边界，如城墙、河流等，城市的规模一般都不大。法国学者马克·韦尔认为，这种历史形成的按步行交通的逻辑发展起来的城市可以称为"步行城市"；而近代以来，随着汽车交通的发展，城市的空间范围进一步扩大，在中心城市以外的边缘地区按汽车交通的逻辑发展起来的城市化郊区可以称为"汽车城市"。当代城市社会变迁的一个最明显的特征就是城市重心从"步行城市"向"汽车城市"迁移和过渡（转引自卓健，2005：72）。汽车城市包括一套与德赛都的"步行"完全不同的城市空间实践逻辑（Thrift，2004：41）。随着汽车规模的扩大，一种新的城市空间被建立起来了，绝大多数欧美城市空间格局都呈现出一种复杂的汽车逻辑（Beckmann，2001；Sheller & Urry，2000；Urry，2004a）。而汽车对城市空间的影响乃至对公共空间的破坏作用也越来越显著。

（1）城市交通与城市空间

城市空间是城市的社会、经济、文化、历史以及各种活动的物质载体，同时城市空间也在上述各种因素的作用下不断地发生着变化。自工业革命以来，城市空间结构已经发生了剧烈的变化，交通技术的发展对于改变城市空间结构的影响日益显著。国内外已有不少研究指出，城市交通与城市空间之间存在着耦合性，城市交通与城市空间演化之间存在着动态的、互馈的相互作用关系（例如，阎小培等，2006；王春才，2007；费移山，2003；单刚等，2007；等等）。皮埃尔·梅兰（Pierre Merlin）在《城市交通》一书中指出，在一定的历史时期内，一些特大城市的空间规模与支配着交通发展水平的技术之间有着密切联系。这些大城市的半径等于人在一小时内所能达到的距离（梅兰，1996：1）。他以罗马为例：

当步行为行路主要手段时，其城市半径就是4公里；在19世纪的伦敦，行路靠公共马车和有轨马车，城市半径为8公里；到20世纪，当人们利用市郊铁路、地铁或公共汽车行路时，城市半径就达到25公里；而到本世纪末，在发达国家，当汽车即使没有普及但至少也十分常见时，城市半径就达到50公里。（梅兰，1996：1）

在步行和马车时代，由于交通工具落后，城市半径非常狭小，城市空间呈现出一种紧凑的同心圆形态，城市外围多呈现团状，这种形态一直延续了几千年；随着蒸汽机的发明和应用，新的交通工具给城市发展注入了新的活力，铁路运输改变了工厂必须依靠水运布置在河流沿岸的原则，人类进入了通勤电车火车时代，城市空间呈现出放射性的定向指状扩展形态，城市内部不同区位开始形成均质的区域；20世纪以来，随着私人汽车的日益普遍，西方社会进入了游憩型汽车时代，城市化进程不断加速，并以非常快的速度向郊区蔓延。由于汽车交通不受轨道限制，早期放射性扩展之间的空地迅速发展成为新的城市用地，城市外部空间形态又向集中型的团状形态发展（柴彦威，2000：144），几千年不变的人类生活方式开始发生重大的变化；20世纪中后期以来，我们迎来了高速公路时代，通畅、发达的快速交通网络日渐形成，城市空间出现了更松散的城市化区域形态。

交通技术的发展，也展示了空间进一步缩小的可能性，即戴维·哈维所说的"时空压缩"。哈维（2003：301）勾勒出了一幅"通过时间消灭空间"在交通方面发明的世界缩略地图，从马车和帆船到蒸汽机车和汽船，直到螺旋桨飞机和喷气式客机，空间上的各种障碍不断得到克服，"以至于世界有时显得是内在地朝着我们崩溃了"，"空间显得收缩成了远程通信的一个'地球村'"（哈维，2003：300）。吉登斯也指出，交通的机械化是导致时空交会形式发生显著变化的主要因素。（1998a：211）

（2）汽车与城市空间的重构

厄里（Urry，2000：59）指出，汽车的重要意义在于它通过汽车化的时空重构文明社会的不同的居住、旅行和社交方式。费瑟斯通等人也认为，汽车作为一种大规模生产和大众化消费的关键物（Key Object），其显著性和影响力在道路空间结构、城市规划设计、郊区住房和大型购物中心等方面的影响是不可置辩的（Featherstone，2004：1；Kennedy，2002：459）。实际上，正如美国著名的城市规划大师约翰·M.利维（2003：5）所说的"如

第二章　汽车与消费：研究述评

果一个人想对美国20世纪的规划找到一个核心题目的话，那么汽车就是关键词"，该书贯穿始终的一个主题就是美国私人小汽车的普遍拥有对居住模式和规划工作的巨大影响。

日本学者北村隆一（2006a：1）认为，由于汽车的发展，我们的社会从物理上、制度上被改造成汽车导向型社会。事实上，我们周围的大部分地区现在是由与汽车相关的环境构成。在伦敦，大约四分之一的土地是专供汽车使用的，在洛杉矶，将近一半的土地是专供汽车使用的（Sheller & Urry，2000：746）。可以说，汽车已经蚕食了我们的城市。简·雅各布斯（Jane Jacobs）痛心地写道：

　　今天，每一个热爱城市的人都让汽车搅得心烦意乱。交通干道、停车场、加油站和汽车旅馆等成了使城市支离破碎的强大的、持续的因素。城市给这些东西提供了一席之地，但城市自己却被分割肢解了，东一块、西一块，四处蔓延，互不相关且到处空空荡荡，让步行者吃尽苦头。（雅各布斯，2006：309）

在列斐伏尔笔下，"所有空间几乎全部被汽车和高速公路所占领"（Lefebrve，1991：374），法国20世纪六七十年代的现代性的一个主要标志就是汽车对日常生活的殖民。他认为，"城市生活的瓦解"在许多公共场所（如会议厅、公共停车场、市场等）是缘于城市高速公路的建立、城市街道的扩建，以及乘车者在他私人的汽车空间中所营造的"茧"。对列斐伏尔来说，这是"几何空间"（geometric space）大获全胜，在这种几何空间的想象中，空间的构成仅仅是根据驾车的需要和交通问题而设。在当前社会条件下，交通流通已成为一个社会的主要功能，它包括停车空间、街道和车行道等（参见 Inglis，2004：206）。

列斐伏尔把当今空间的再造看做是这样的一种情境，在这种情境中，由于高速路、停车空间、车库成倍扩大，以及随之而来的沿途有树街道、绿色空间、公园和花园的减少，城市往往是碎片似的、堕落的并最终被破坏殆尽的（Lefebrve，1991：359）。这种汽车物理空间的争夺被看做是美国化进程的典范，法国的城市环境越来越像美国大都市中由混凝土和沥青构成的道路风景。对列斐伏尔来说，曾经作为城市环境附属物的汽车，已经不仅变成城市的主要特征，而且也变成城市的主人了（Lefebrve，1984：101）。

(3) 汽车与公共空间的衰退

汽车的使用已重构了生活的许多重要方面（Inglis，2004：205），其中一个重要的方面就是对城市公共空间的破坏。城市公共空间为人们的相互交流创造了条件，它是一个人们进行社交并相互影响的场所。街道是研究公共空间和日常生活的理想对象，也是城市最重要的公共空间。雅各布斯（2006：25）认为"在城市里，除了承载交通外，街道还有许多别的用途"。但是，汽车化把道路从一个进行各种活动的公共空间改变成一个完全服务于汽车交通的功能型空间，剥夺了孩子们的游戏场所，减少了邻居之间来往与聊天的机会，分裂并破坏邻里关系，还恶化了都市景观（北村隆一，2006a：1）。

雅各布斯用独特的现代主义术语赞美了街道，然而，现在人行道的这些功能都因为汽车驶入街道而被粗暴地破坏了。从表面上看，汽车使人们的移动更加方便，但是，另一方面，汽车以其物理上的优势单方面地排斥了其他人使用道路，路也就不再是公共空间了。道路曾经是人们交流、活动的场所，现在为了汽车通行量最大的单一目的而被管理、使用起来。北村隆一曾悲观地说：

> 在战后的商业化与汽车化过程中，人们退回到家庭里，公共空间转变为商业空间，私有领域扩大，过去曾是交流场所的道路演变成汽车这一私有财产相互竞赛的场所，城市逐渐失去了公共领域。公共领域的衰退意味着社区人的生息地不断被消灭，而经济人的领地不断扩大。……这反映了城市的凋落。（北村隆一，2006b：175）

雅各布斯等人所说的有吸引力的城市是适宜步行的城市，是人们可以安全、安宁、实在地生活的城市，但是，现今已经很难找到这样有吸引力的城市了。哈贝马斯（1999：185~186）指出："现今，由于交通原因，街道和广场的功能改变了，街区设计也随之改变。街区再也不能确保一个空间上受保障的私人领域，也无法为公共交流和交往创造出能够引导私人成为公共的自由空间。"城市的公共领域已经"转变成了管理混乱的专制交往领域"（巴德，1958：644。转引自哈贝马斯，1999：186）。同样的，在研究公共生活中堪与哈贝马斯相比肩的美国著名理论家理查德·桑内特（Richard Sennett）认为：

> 我们将不受限制的个人流动当做一项绝对权利。私家车自然是享受这种权利的工具，这给公共空间，尤其是城市街道的空间造成了影响，

使得这一空间变得毫无意义，甚至变得令人发狂，除非它能够允许人们在其中自由流动。现代流动的技术以一种消除地理条件限制的欲望改变了街道的性质。（桑内特，2008：16）

3. 汽车与流动性

随着科技进步和社会发展，现代化的交通工具和快速的生活节奏使当今城市的交通速度空前地加快了，新的信息通信技术使即时的信息交换成为可能，城市的流动性特征越来越明显（卓健，2004：88）。流动性不仅是现代社会的重要特征，也已经成为当代社会科学中的一个最重要的概念（Beckmann，2004：81-83）。在21世纪之前，有关流动性的跨学科研究在社会科学中仅仅处于有点意思但却相当边缘的地位，但现在已经完全不一样了，流动性丰富而深刻的意义在约翰·厄里（Urry，2000，2004a）、齐格蒙特·鲍曼（Bauman，2000/2002）、乌里奇·贝克（Beck，2004）和曼纽尔·卡斯特（Castells，1996/2006）等当代一些著名学者的著作里都得到了详细的阐述。流动性与现代性理论的相互交织不断地激发越来越多的社会学家、人类学家及其他学科的专家学者共同致力于研究这种构成新型社会组织的日常生活的流动性。

由于流动性是一个跨学科的概念，到目前为止，对它的界定仍然不是十分明晰，仍存在很大的争议，不同学科的学者对流动性的理解常常相去甚远。在一种情境中，它可以指涉身体的运动（Physical Movements）；而在另一种情境中又可以指涉隐喻式的运动（Metaphorical Movements），包括人、物、信息和思想等方面的流动（Urry，2000；鲍曼，2002；卡斯特，2006）。Bonss和Kesselring是这样定义流动性的：行动者在活动的过程中实现一定计划的能力。他们强调流动性的现代含义在于把身体（空间）移动当做创造和自我实现的工具（Bonss and Kesselring，2004：12）。本研究所关注的也正是这种意义上的流动性。

实际上，早在20世纪20年代，芝加哥学派城市社会学的早期代表性人物帕克（Park）、伯吉斯（Burgess）等人就已经开始关注流动性的社会本质了。帕克把个人的流动性置于理解城市社会生活的中心，他认为，尽管每个人都有一个安家栖息的强烈愿望，但人类"另有一个特有的雄心，即：自由流动，超脱于凡俗世界之外，像纯粹的精灵那样生活在自己的精神和想象世界之中"（1987：153）。在帕克看来，正是流动这个事实规定了社会的根本性质（1987：156），正是在不断变换环境、变换地点的移动过程中，人类才逐渐具备了那种为人类所特有的脑的功能，亦即进行抽象思维的能力和习惯。而且也正是在移动的过程中，我们称之为"社会"的那种特殊组织形态才得以发展起来。（1987：154）伯吉斯则把流动形象化地想象成"社区的脉搏"，认为流动是衡量城市新陈代谢状态的最好指标（1987：58~9）。

现代社会的流动性与交通和通信技术的发展有密切关系。技术化的交通和通信系统的广泛运用，带来了不可估量的速度潜力，使流动性不断增强，产生了新的时空压缩（Kaufmann，2002：1）。如帕克（1987：23）所说的："近年来，城市交通和通信的新方法——电车、汽车、电话和无线电——已经不知不觉而又飞速地改变了现代城市的社会组织和工业组织。这些新方法是商业区中密集的沟通手段，它们改变了零售商业的整个性质，使郊区居住区逐渐密集，并使大的百货商店诞生于世。"麦肯齐（1987：69）亦指出，电车以及稍后汽车的出现，使人类社区的发展出现了进一步扰动性的因素，其后果主要表现在改变了小城镇的生活方式，使一些小城镇人口消减，而另一些则陡然上升。汽车的使用是美国当时历史中富有潜势的力量，它重新分布美国人口，并使美国的农业小镇式的组织机构解体，这种组织形势和人口分布是在原有的"马拉车辆"式的流动水平上确立起来的。汽车独具的特征已经激发了社会理论家把汽车看做"流动性"的隐喻，看做流动性的化身。对这些理论家来说，更为重要的是，汽车所反映出的流动性本身的方式说明了现代化是如何等价于流动化（Mobilization）的。在这种背景之下，流动性与现代性进行联姻，我们现在可以说是流动性—现代性连接（关系）（Beckmann，2004：83）。

对于个体的流动而言，流动性包含以下四种形式：住所流动（Residential Mobility）、迁移（Migration）、旅行（Travel）和日常流动（Daily Mobility）（Kaufmann，2002：35）。其中，后两者是我们最为常见的流动性的形式。然而，城市空间的碎片化，给人们的出行增加了难度。法国欧洲职业建筑师竞赛联盟主席迪迪耶·何布瓦（Didier Rebois）说道："城市扩展，人口增加，交通速度越来越快……这种种因素交织重叠在一起，使都市空间发生了深刻的变化。欧洲传统的连续城市一去不复返了，取而代之的是支离破碎的城市……各种交通出行网络把城市空间分割成不同的岛屿：住宅区、服务区、商业区、工业区、休闲地、文教等公共设施……"

(Rebois、卓健，2005：105~106）改善出行条件，提高城市的流动性和空间可达性成为城市发展的一个重要课题。在城市交通规划领域，城市流动性的概念提供了一个横向考虑分析交通和城市发展各种问题的工具。从空间上提高城市的可达性、从时间上探求可持续的机动性，是城市规划和交通规划专家改善城市流动性的两个重要方面。法国学者冉-弗郎索瓦·杜雷（2004：91）指出："为了对付当今出行管理方面的挑战，我们比以往任何时候都更加有必要重视流动性对于城市的重要性。"

近七八年来，在众多理论家的推动下，欧洲理论界有关流动性的研究正形成一股方兴未艾之势，欧洲的社会科学理论中也呈现出了一种"流动性转向"（Urry，2004a：25）。流动性研究会聚了来自欧洲各国的不同学科的专家学者，他们创建了一个全球性的公共网络交流平台（The Cosmobilities Network）①，每年都会在巴黎、慕尼黑等地召开理论工作坊（workshop）或研讨会，发表相当数量的文章和专著，影响日渐扩大。流动性如火如荼的研究趋势，表明了这样一个事实：流动性作为一个内涵丰富的社会科学概念，正成为观察和理解社会的一个新维度。

4. 汽车与日常生活实践

对于汽车驾驶者来说，汽车的使用可以帮助他们突破各种空间限制，使生活世界的"操作区域"（zone of operation）（Schutz & Luckmann，1973：42）进一步扩大。居住、社交、出行、购物、旅游、物流到日常生活实践中的方方面面，都因为汽车的介入而发生改变，同时也加深了人们对汽车的依赖程度。费瑟斯通指出，汽车使家庭与工作地点的分离、商业与工业的分离、商店与城市中心的分离成为可能，这就鼓励和要求人们在安排他们日常生活、工作、家庭和休闲旅行时采用更加灵活的态度，而不是依照一张固定的时刻表（Featherstone，2004：2）。因而，汽车在现代城市中已经不仅仅是一种交通工具了，作为一种现代生活的"便利装置"（Shove，1998：10；Urry，2006：19），汽车也是一种现代化的生活方式的象征。在西方发达国家中，如果缺少了汽车，许多现代生活方式都将无法实现（Dant & Martin，2001：151）。

在购物方面，日本学者正司健一（2006：51）考察了汽车化对道路沿途商业发展的影响，他指出，与急剧增加的汽车出行相对应，商业布局的变化是一种必然的现象，这导致了道路沿途商店的形成。拥有大型停车场的郊外

---

① 详见 http://www.cosmobilities.net。

购物中心的建设，在日本各地引起了商业中心布局的变化，这被认为是使市中心传统商业街衰退的重要原因之一。汽车化大幅度地增加了我们消费活动的选择范围，促进了过去稳占垄断地位、旧态依然的商业的淘汰，提供了道路沿途商店这样的新空间（正司健一，2006，68）。在旅游方面，汽车旅游的最大特点是不受火车、公共汽车等交通工具的时刻表和路线的束缚，旅游者可以自由选择时间和地点。驾乘汽车的旅游活动有两种情况：在以乘汽车为目的的行驶路线上有旅游点（本源性交通）；为了前往旅游点这一目的而以汽车作为交通工具（派生性交通）（土井勉等，2006：90）。但是大量地使用汽车旅游就会导致交通拥挤，尤其是在景区游览路线上行人和汽车混行的情况下，步行就会失去舒适性，驾驶员则陷入堵车之中，其结果将使行人和汽车争夺景区内有限的道路空间（土井勉等，2006：108）。在物流方面，货物运输的汽车化，彻底改变了过去依赖于牛车、马车或海运和铁道的产业活动及国民生活的结构，它在加快产业以及生活的变化速度的同时，在质的方面也带来了极大的变化，使社会进入了大众消费时代（长峰太郎，2006：74）。

但是，汽车的增长与高速公路的扩建也严重破坏了日常生活的安宁。噪声污染、汽车尾气等都在威胁着人类的健康，也给人们的心理带来混乱。马歇尔·伯曼在《一切坚固的东西都烟消云散了——现代性体验》一书中以非常深刻的笔触写道：

> 沿着公路望去，只见连续不断的巨型卡车车队滚滚而来，车上的司机一个个脸色阴沉、满脸不悦；小汽车野蛮地在巨型卡车之间穿梭超越；这种情形就像是路上的每一个人都有一种绝望的不可遏制的冲动，只想凭着车轮所能达到的最快速度，尽快逃出布朗克斯地区……事实上，当建设工程完工时，布朗克斯地区的真正灾难才刚刚开始。在数英里长的一段高速公路周围，邻近的街道上全部尘土飞扬，烟雾弥漫，并且充斥着震耳欲聋的噪声……（伯曼，2003：386）

汽车对日常生活的影响不仅仅是上述那些，更重要的是，正如列斐伏尔所说的，"它（汽车）把自己的法则施加在日常生活之上，并且它通过把自身确定在某一些层面上（把它层次化）确立了日常生活。最为可怕的是汽车已经征服了日常生活，今天日常生活的绝大多数方面都已被机械的噪音所环绕"（Lefebrve，1984：101）。

（三）国内汽车消费相关研究

上面介绍的汽车消费的相关文献基本上是来自国外学者的研究，国内学者在这一领域所作的研究相对要少很多，这跟国内汽车消费的历史状况有很大的关系。与西方发达国家进入汽车社会已有几十年甚至近百年的历史相比，我国走向汽车社会的时间要短很多。但是，在当前中国城市中，汽车消费已经成为一个与百姓生活息息相关的热点话题，学术界对这一现象不可能视而不见。具体来说，国内的汽车消费的相关文献主要可以分为以下几块：一是"轿车文明"的争论（其中包含了轿车消费的外部性的相关争论）；二是"公车改革"的争论；三是汽车产业和汽车消费政策（包括汽车信贷政策）的一些争议；四是汽车消费与身份符号的论述；五是关于汽车与城市交通的研究（郑也夫 1994、1996；樊纲，1994；谷中原，2002；张仁琪等，1997；陈清泰等，2004；钱振为，2004；贾新光，2004；李春林、天舒，1998；王蒲生，2001；王再祥、贾永轩，2006；庄蔚敏、庄继德，2006；南辰，2007；张承耀等，2007；王宁，2005，2009；田毅鹏，2007；等等）。此外，还有一些文献是介绍和普及国外汽车文化方面的（曾燕南、刘立群，1996；凌永成，2005；林平，2005；宋景芬，2005；等等）。本节主要就郑也夫和樊纲等人的轿车文明论战进行简要的回顾。

1989 年 1 月《瞭望》周刊发表了专论《但愿不是一个梦——关于轿车私有化的思考》，这是在中国中央一级权威刊物上最早刊登的推动轿车进入中国人家庭消费的文章。文章中写道："是否该发展轿车，在中国争论了多年。争论声中，35 万辆外国轿车涌入国门，花费外汇 20 亿美元之多。中国，成了'万国汽车博览会'的陈列馆。1987 年夏，国务院作出决策，建立中国轿车工业，用国产轿车挡住进口。"（转引自李春林、天舒，1998：135）。然而，当时发展私人轿车仍然是禁区。直到 1994 年 2 月，原国家计划委员会颁布了《汽车工业产业政策》，此项产业政策把汽车产业确立为支柱产业，并且首次提出鼓励汽车进入家庭，这一政策在社会上引起了强烈的反响。发轫于 20 世纪 90 年代中期的一场关于是否要发展私人汽车的争论就是在这个背景下出现的，争论吸引了诸多学者的参与，其中包括郑也夫、樊纲、徐友渔、茅于轼、胡鞍钢、黄平、何祚庥、赵忠贤等一批社会学家，经济学家，文化学者和社会名流①。

  这场争论最早始于1994年8月9日郑也夫在《光明日报》上发表的《轿车文明批判》一文，郑也夫在文章中从社会学的视角给国家鼓励和民众渴望的"家庭轿车梦"敲响了警钟，对发展私人汽车的经济战略构想提出了否定性的意见，并对西方社会的"轿车文明"予以猛烈的抨击，整篇文章气势磅礴，却也忧心忡忡。他之所以对轿车文明进行严厉批判和持否定的态度，理由在于买车者是出于虚荣、炫耀和粗俗的占有欲，卖车者是为获利而进行诱骗，他认为"汽车文明是人类历史上罕见的由商人与富贵者为了赚钱和炫耀财富酿成的一种灾难性潮流"，从我们的国情来看，鼓励私人汽车消费将意味着交通拥挤、停车无处、环境污染和能源危机。郑也夫在文章的最后呼吁："如果汽车文明注定将成为夕阳文明，我们为什么要随它走入死亡的港湾。如果汽车所代表的功利哲学和黑色文明注定将融进绿色思潮中，我们为什么不及早为它谋划。"

  针对郑也夫的观点，樊纲于1994年11月8日在《光明日报》上发表了《轿车文明辨析》一文，对之进行商榷和辩驳。作为社会学家的郑也夫注重统计数据、中国社会的日常生活和普通人的行为动机，对轿车文明进行的批判具有较多的现实性；而作为经济学家的樊纲则注重普通的经济功利和抽象"人"的本性，为轿车文明进行了辩护，体现了较多的理想性（张祥平，1996：44）。樊纲认为轿车的确是一种"文明"，给人以特殊的享受，我们无法制止人们追求一种文明。"否定轿车文明，相当于否定人类本身"。对于郑也夫所说的发展私人汽车将导致能源危机，樊纲认为"人类发展的极限不是外在世界或自然资源，而只是他自己"。樊纲对郑也夫的观点提出了尖锐的批评，他说："我们应该做的，不是告诉别人怎么活着，不是批判人们追求一种文明，该用这种交通工具而不是用另一种交通工具，而是进行改革和创新，建立起一种使不同的人都能自由去选择交通工具并使各种交通工具在交通这一目标上达到的效果相互平衡的社会机制。"

  对于樊纲的反驳，郑也夫又于1994年11月24日在《中国市场经济报》上发表了《轿车文明再批判》，进一步阐明自己的观点，在此不再赘述。此后，又有许多学者加入了论战，提出了许多新的问题。例如，黄平在《私

---

① 这次论战的文章后来收入一本书中，参见郑也夫等著《轿车大论战》，1996，经济科学出版社。

人轿车与消费主义》（1996）一文中指出，汽车或者轿车在消费主义文化背景下，已经不只是某一种具体的科技成果和物质产品了。它更是一种符号和象征，既象征着财富、地位和荣耀，同时也象征着跨国财团对中国市场的长驱直入。在商品市场和广告市场上，对于大力发展汽车工业的一个主要理由，并不是什么现代文明、客观规律、历史潮流之类的大道理，而是这样一个说法：以汽车产业带动相关行业并因此大量解决严重的就业问题（黄平，1996：153）。

徐友渔（1996：54）总结了这场讨论的三个特点：第一，各种不同意见中，没有一种意见占压倒优势，没有人以权威身份或权威架势发表定论；第二，参加讨论的人大大超出了汽车行业，这对于最后得到客观、科学的结论至关重要；第三，讨论不仅在技术和经济层面进行，而且涉及了对文明和进步的理解，涉及环保意识和社会公正等各个方面，不是就事论事，而是视野开阔。这场讨论尽管意见纷呈，但也有一些共识。尽管学者们就是否应该鼓励汽车进入家庭争论得热火朝天，私人汽车进入家庭的步伐却一天也没有放慢。当滚滚车流已成为我们这个时代的一个突出现象时，再来争论是否接受或者拒斥汽车文明就有点儿不合时宜了，留给我们思考的一个更重要的问题或许是，汽车的普及为什么是一个无法阻挡的趋势。

（四）小结与评论

上述文献介绍了国内外汽车消费研究的一些主要领域和研究现状，接下来本研究重点对国外汽车消费研究进行总结和评述。

在国外汽车消费的相关研究中，我们主要从汽车的文化逻辑、汽车与城市空间、汽车与流动性、汽车与日常生活实践等方面进行综述。从这些文献中，我们不管是从汽车作为一种交通工具来看，还是从汽车作为一种文化现象来看，汽车在西方国家现代生活中所扮演的角色都已经越来越重要，可以说，西方发达国家经过上百年的发展，其汽车化社会的特征已经非常明显。因而，上述这些理论在揭示汽车给西方社会带来的深刻影响方面也就不足为奇了，而如何用西方社会学的理论和西方国家发生的现象来观照中国的现实就需要我们进一步的考察了。其中有一点非常不同于西方国家的是，在我国走向汽车社会的发展过程中，国家的力量发挥了重要的作用。

在西方发达国家中，私人汽车消费一开始就得到国家与市场的鼓励，因而汽车普及的过程是非常迅速的。而在中国，私人汽车消费则遭遇了一番大为不同的情景。国家政策方面的限制和汽车工业市场的约束使中国的汽车化程度与西方相去甚远，汽车一度与私人消费无缘。然而，在1994年后，国家汽车产业政策和汽车消费政策①发生了重大转型，国家开始鼓励汽车进入家庭，汽车市场开始出现激烈的竞争，我国迅速进入了汽车大国的行列，因而才有了今天汽车消费的热闹景象。所以，研究中国城市家庭的汽车消费，不同于西方已有理论的是，我们首先必须从国家制度安排入手，揭示汽车消费的制度转型及其背后的国家制度逻辑。

在阐明国家视角的重要性之后，本节接下来对上述四个研究领域中的汽车消费现象进行述评。从汽车作为一种消费物品的本身属性来看，汽车不仅是一种交通工具，也具有丰富的社会文化意义，人们在汽车消费中消耗的不仅是汽车的使用功能，也满足了某种社会文化方面的意义需求。消费是从需要开始的，汽车消费在日常生活中满足了双重需要：一个是功能性的需要，另一个是社会性的需要。而需要的满足既受到个体自身因素的影响，又受到宏观的结构和文化因素的影响。因此，根据需要的这两个维度，以及影响需要的这两个因素，我们把上述西方汽车消费的相关文献做一个简要的分类（见图2-1），从图中可以看出这几个研究领域的相互关联之处。

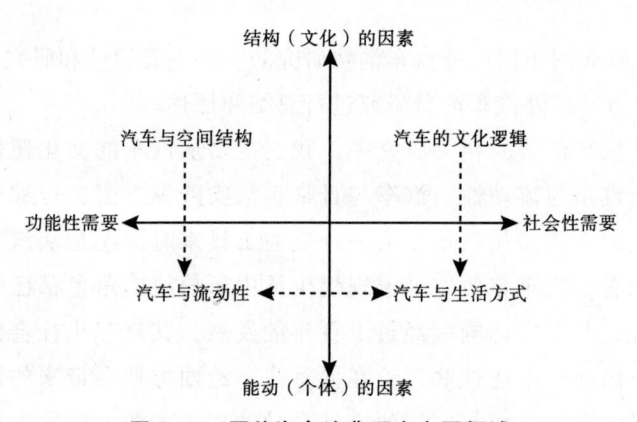

图 2-1 国外汽车消费研究主要领域

---

① 这里需要指出的是，我国一直未曾单独颁布汽车消费政策，关于汽车消费政策的一些主要规定主要包含在1994年的《汽车工业产业政策》和2004年的《汽车产业发展政策》中。除此之外，本研究所指的汽车消费政策还包括一系列与私人汽车消费有关的法规政策。

第二章 汽车与消费：研究述评

首先，个人的日常生活流动深受空间结构安排的影响。近现代以来，我们生活的时空环境发生了巨大的变化，人类活动的空间范围得到了极大的拓展。在哈维看来，造成"时空压缩"的关键因素是交通和通信技术的发展。通过汽车与城市空间这部分文献，我们知道，城市交通与城市空间有着互动的关系，尤其是汽车的发展对改变城市空间结构产生了深远的影响，许多城市从过去的"步行城市"变成今天的"汽车城市"，致使城市空间呈现出一种复杂的汽车化逻辑。城市空间结构的复杂化和扩大化又增加了出行的距离和通勤的时间，而在当前生活节奏日趋加快和流动能力日益成为一种社会能力的情况下，流动性具有重要的现实意义，如何提高城市生活的流动性就成为一个重要的问题。然而，在汽车化的空间之中，"缺少汽车，就像少一条腿一样"，人们对汽车的依赖越来越深。从个体的角度来看，选择汽车作为一种交通工具是消费者在空间结构变化的情况下的一种必然选择，是提高个体流动性的需要。就此而言，在城市居民汽车消费研究中，我们必须把日常流动性的加快和中国城市空间结构的转型联系在一起，因为城市空间结构的转型影响了日常生活中的流动，而选择汽车作为交通工具是个体为了适应变化了的空间环境和提高自身流动能力的一个重要策略，这里面存在着一种结构和能动的相互制约关系。

其次，个人的生活方式同时也是深受文化观念的影响的。在汽车的文化逻辑中，我们看到了汽车作为一种身份区隔、作为"大众个体性"、作为一种生活风格的文化逻辑根深蒂固地并存于我们的生活世界中，大众媒体（广告、报纸、电影、网络等）的宣传形成了一套话语霸权，赋予汽车丰富的社会文化意义，直接渗透到人们的日常生活中，汽车成为特定文化的符号象征。在消费社会中，所有的物都具有文化意义，没有物只具有功能，甚至物的功能也是由文化决定的（王宁，2001）。因而，对于人们的生活而言，汽车也成为一种消费主义文化—意识形态建构出来的社会性需要。但是，在后现代主义的一些文化学者和思想家们看来，个体并非如此屈服于消费主义文化意识形态的摆布，后现代多元化文化的形成是个体寻求一种生活风格群体的认同，是个体生活的差异化、风格化的一种主动表达。因而，在消费文化和生活风格之间也存在着一定的张力。

再次，汽车化的生活方式是与汽车所提供的流动性紧密相关的。对个体消费者而言，功能性需要（空间流动性）和社会性需要（生活方式）都是现代社会生活中的需要，它们在日常生活中已经很难区分彼此。然而，通过上面的文献我们知道，作为一种功能性的需要，汽车消费是城市空间结构变化和个体提高流动性之间互动的结果；作为一种社会性的需要，汽车消费是消费主义文化意识形态的操纵和个体建构一种生活方式之间相互影响的结果。也就是说，从理想类型的区分上看，这两种需要的满足实际上遵循着不同的行动逻辑。而在现实生活中，它们的差别被掩盖了，并被简化为汽车以其功能性特征（物的使用价值）来满足生活中的基本需要。然而，通过物来满足人的基本需要的理论，是布希亚在他的一系列著作中不断抨击的对象。"我买它是因为我需要它"，这只是一个消费社会的神话，在现代消费社会中，使用价值也是一种社会的规定物，是一种拜物化的社会关系（Baudrillard，1988：64），"使用价值拜物教"以一种更为隐蔽的方式存在于日常消费之中，操纵需要应该得到满足的力量被蒙蔽起来，所有的需要都被自然化和理所当然化了。因而，我们需要一种新的视角，才能拨开汽车消费背后隐藏着的意识形态迷雾。

第二节 消费需要

与对消费社会的批判一样，学术研究从来也没有放弃过对消费需要的批判。自马克思以来，一直到布希亚，中间还有法兰克福学派的马尔库塞等人，都对人类的消费需要进行了深入的研究。在马克思看来，需要具有社会性和历史性，但由于劳动的异化，人在消费层面的需要也随之被异化了；在马尔库塞眼里，资本主义社会中的需要是被意识形态制造出来的，是虚假的需要，需要的满足已经成为消费社会中的一种新的控制方式了；而在布希亚的论述中，已经没有真实需要和虚假需要之分了，在消费社会中，所有的需要都是社会建构出来的，都被自然化、神话化了，用来满足人们需要的物也包含着一种拜物教的性质，并被消费主义意识形态深深地隐藏在物的表面之下，掩盖"需要"的社会本质。布希亚的"需要的意识形态生成"理论既是本研究用来审视汽车消费的一个理论视角，也是本研究尝试进行的一个理论对话点。

（一）马克思：异化的需要

"需要"是马克思主义唯物史观的一个重要范畴。马克思对人的需要的考察实际上就是对人的本性的探寻，马克思在论著中多次谈到了人的需要的丰富性、多样性，尤其是需要的社会性和历史性。然而，在资本主义现实状况下，人的本性已经被异化了，因而人的需要也被异化了。

1. 需要的社会性和历史性

人的需要与动物的需要最大的差异在于人的需要具有社会性和历史性。

需要具有社会性。在《1844年经济学哲学手稿》中，马克思从人的需要入手，对资本主义社会进行批判分析，对社会需要、肉体需要、工人的需要、文明的需要、货币的需要、交往的需要、自然的需要等十三类需要给予关注，从而揭示出了人的需要的丰富性。人的需要的丰富性、多层次性决定了人无法通过个体创造性的劳动来满足自身的需要，尤其是随着社会分工的发展，人们只能在不同形式的社会交往中互相交换自己的劳动成果才能满足需要，人们又在满足需要的生产活动中结成了普遍的社会关系。在《政治经济学批判大纲》中，马克思全面阐述了人的需要与社会、社会生产的关系问题，将人的需要与生产、交换、分配、消费联系起来考察，使"人的需要"得以在社会生活领域中进一步展开。因此，需要具有普遍的社会性。马克思（1960：368）认为，"我们的需要和享受是由社会产生的，因此，我们对于需要和享受是以社会的尺度，而不是以满足它们的物品去衡量的，因为我们的需要和享受具有社会性质"。

需要具有历史性。一方面，人们是通过特定的生产劳动方式来满足人的需要，而一定时期的生产劳动方式具有特殊的历史性，人的需要因而受到了满足人们需要的生产方式的制约，即人们需要什么、消费什么，不是取决于个体意识的，而是受制于社会历史条件的；另一方面，人的需要不是一成不变的。随着生产力的发展以及生产关系的变革，人的需要也不断发生变化。新的需要使人们对新的活动方式和生活方式又有新的选择，生产出满足新需要的新对象。

2. 异化的需要

马克思认为人的需要即人的本质，然而，在资本主义社会中，异化的劳动直接地导致了异化的需要。异化需要的满足不但没有成为人的本质的实现，而且使人的本质被异化了。异化的需要不仅是异化劳动的结果，它反过来又操控人的劳动，使人处于受奴役状态。在资本主义私有制条件下，由于劳动者与生产资料发生分离，原本为人的生活的真正目的和需要的自由自觉的劳动仅仅成为维持工人肉体生存需要的手段，在这里，目的与手段发生了根本的颠倒，人与人的社会关系就成为一种相互奴役的异化关系。马克思从异化的需要出发，对资本主义社会人际关系的异化进行了深刻的揭露和批判：

> 每一项急需都是一个机会，使人能够摆出一副格外殷勤的面孔走向自己的邻人并且对他说："亲爱的朋友，你需要什么，我给你，但是你知道，有先决条件；你知道，你应当用什么样的墨水给我写字据；既然我给你提供了享受，我也要敲诈你一下。"（马克思，2000：121）

满足他人"异化的需要"成为资本主义社会中，生产资料的占有者对无产者进行支配和控制的一种重要力量，满足需要也成为一种统治手段。在满足需要的商品交换中，人与人的关系被颠倒为物与物的关系，这是马克思商品拜物教的理论核心。物原本是人际关系的派生物，但是在资本主义社会中，物与物的关系却获得了"客体性"，掩盖了人与人之间的关系，人与人的关系是"隐蔽在物的外壳之下的关系"。（马克思，1962：22）

（二）马尔库塞：虚假的需要

马克思的有关异化的理论成为后来社会批判理论的一个十分重要的理论渊源。马尔库塞沿着法兰克福学派的批判精神，以马克思的异化思维为理论工具，深刻地揭示了发达资本主义国家中技术的合理性是如何成为更有效的统治工具，以及资本主义社会中需要的社会意识形态特征。马尔库塞认为，在现行的资本主义社会中，需要已经成为一种"新的控制形式"。需要是一种匮乏状态，而"免于匮乏的自由是一切自由的具体实质"（马尔库塞，2006：3）。在标榜自由的资本主义社会，免于匮乏的可能性越来越大，人们的物质生活越来越丰富。但是，为满足这种需要，个人却付出了惨重的代价——"似乎越来越能满足个人的需要时，独立思考、意志自由和政治反对权的基本批判功能就逐渐被剥夺"（马尔库塞，2006：4）。新的需要成为了资本主义政治操纵与社会控制的工具。

1. 真实的需要和虚假的需要

与马克思认为人类的需要是受到特定历史条件和生产方式的制约一样，马尔库塞也认为，人类的需求，除生物性的需求外，其强度、满足程度乃至特征，总是受先决条件制约的。他指出：

第二章　汽车与消费：研究述评

对某种事情是做还是不做，是赞赏还是破坏，是拥有还是拒斥，其可能性是否会成为一种需要，都取决于对现行的社会制度和利益是否可取和必要。在这个意义上，人类的需要是历史性的需要。社会要求个人在多大程度上作抑制性的发展，个人的需要本身及满足需要的权利就在多大程度上服从于其上的批判标准。(马尔库塞，2006：6)

当需要被社会意识形态所控制和引导时，人们的消费需要就发生了异化。这在马尔库塞笔下的发达工业国家中尤为明显，马尔库塞因此把真实的需要和虚假的需要加以区别。什么是虚假的需要？他说：

为了特定的社会利益而从外部强加在个人身上的那些需要，是艰辛、侵略、痛苦和非正义永恒化的需要，是"虚假的"需要。满足这种需要或许会使个人感到十分高兴，但如果这样的幸福会妨碍（他自己和旁人）认识整个社会的病态并把握医治弊病的时机这一才能的发展的话，它就不是必须维护和保障的。因而结果是不幸之中的欣慰。现行的大多数需要，诸如休息、娱乐、按广告宣传来处世和消费、爱和恨别人之所爱和恨，都属于虚假的需要这一范畴之列。（马尔库塞，2006：6）

从这里我们可以看出，马尔库塞所谓的虚假需要是资本主义社会的产物。虚假的需要有两个特征：一是超出必要需要的范围，二是被制造出来的需要。在意识形态的蒙蔽之下，即使是被制造出来的需要，仍然会"使个人感到十分高兴"，虚假需要的流行成为一个可以让个人感到"幸福"的事实，"小轿车、高清晰度的传真装置、错层式家庭住宅以及厨房设备成了人们生活的灵魂"。这种需要的满足似乎让人们看到了消费生活的平等性，但实际上却掩盖了真实的阶级差异。在琳琅满目的商品面前，人们的选择似乎更多更自由了，但事实上，"决定人类自由程度的决定性因素，不是可供个人选择的范围，而是个人能够选择什么和实际选择的是什么……在大量的商品和服务设施中所进行的自由选择并不意味着自由。何况个人自发地重复所强加的需要并不说明他的意志自由，而只能证明控制的有效性"（马尔库塞，2006：8~9）。

在这里，需要的发展和满足是受外界支配的，取决于个人所无法控制的外力。马尔库塞（2006：6~7）指出："无论个人怎样与这些需要相一致并感觉到自己从中得到满足，这些需要始终还是它们从一开始就是的那样——要求压制的势力占统治地位的社会的产物。"为了促销资本主义工业化大规模生产出来的大量消费品，电视、广告等媒体充当了强大的消费主义意识形态宣传工具，刺激了人们的消费欲望，并构建了一个理想的资产阶级生活方式，而这种生活方式的实现是依赖于消费建构起来的，人们在消费中得到了满足，虚假的需要已经完全变成了客观的事实，合理性的"虚假意识"变成了真实的意识。马克思所说的"异化"状态被深深地隐藏起来而无从察觉，这其实并非是异化消失了，而是这种现实构成了异化的更高阶段，"异化了的主体被其异化了的存在所吞没"（马尔库塞，2006：12）。

马尔库塞指出，这一切的根源在于科学技术已经成为发达工业社会新的意识形态统治工具并完成了对现代社会的全面控制，使人丧失否定、批判和超越的能力，变成单向度的人。那么，如何判断什么是虚假的需要，什么是真实的需要？马尔库塞指出："归根结底，什么是真实的需要和虚假的需要这一问题必须由一切个人自己来回答。"然而，在资本主义社会中，人的本质已经异化了，人还是处于不自治的状态，资本主义意识形态仍然在灌输和操纵人们的需要，因而"他们对这一问题的回答就不能认为是他们自己的"（马尔库塞，2006：7）。

2. 对"虚假的需要"的几点批评

马尔库塞所揭示的"虚假的需要"以及需要被意识形态所操纵的背后真相具有相当重要的理论意义和批判价值。但是，尽管马尔库塞在这里提出了一个判断什么是真实的和虚假的需要的历史性尺度，这个尺度仍然是很模糊的。也正是这一尺度的难以具体操纵性，以及其理论预设的脆弱性，使马尔库塞的虚假需要理论本身遭到了布希亚、费瑟斯通和鲍曼等人的质疑与批评。

一方面，马尔库塞指出了"大众文化"的欺骗性和控制性，在这里他预设了一个前提，即消费者被动地接受了统治阶级所推销的商品，而处于被控制之中，致使他们失去了反抗和辨别分析的能力，似乎只有社会精英才能将虚假的需要和真实的需要区分开来。包括马尔库塞在内的大多数法兰克福学派的代表人物都持有这种精英主义的论调，这一点遭到了当代英国著名学者迈克·费瑟斯通等人的批评。费瑟斯通认为，马尔库塞等人的方法取向"是通过对今天看来已经站不住脚的关于真实个体与虚假个体、正确需求与错误需求的区分，对大众文化进行精英主义式的批评。普遍的看法是他们瞧不起下里巴人式的大众文化，并对大众阶级乐趣中的直率与真诚缺乏同情"（费瑟斯通，2000：前言第2页）。学者约翰·菲斯克也在《解读大众文化》中指出："大众文化是从内部和底层创造出来的，而不是像大众文化理论家认为的那样是从外部和上面强加的。"（菲斯克，2006：4）实际上，文化商品一经"编码"产生，"解读就全由消费者决定了"，也就是说，消费者具有解码的能力。"尽管有广告推广，但是，尽管有着所有这些压力，最终是民众来选择他们要哪种商品。"（菲斯克，2006：4）

另一方面，马尔库塞假定有一种真实需要的存在，并将其与"虚假的需要"区分开来，这种观点遭到了布希亚的批驳，布希亚认为这仅仅是一种理论抽象。尽管马尔库塞最后也指出，在资本主义意识形态的操纵之下，虚假的需要已经构成了异化的更高阶段，虚假意识变成了真实意识，即虚假的变成真实的，真实的反而被隐藏起来了，这个批判看起来类似于布希亚对消费社会符号"仿真"的意识形态操纵的批判。但是，布希亚却拒绝了"真实的需要"这一假定，并对其进行了更深层的反思，他从符号学的分析方法出发，指出了需要的神话性，即不管是真实的需要还是虚假的需要，都是意识形态建构出来，并且完全自然化了，所以就不存在真实和虚假之分，所有的需要都是社会建构的产物。这一点，鲍曼有同感，他认为，"真正的"或合法的需要同"虚假"的或应谴责的"伪"需要"之间的神圣的界限已经被取消。所有的需要——不管是我们知道的目前的需要，还是我们甚至无法想象的未来的需要——都是真实的"（鲍曼，2005a：144）。

（三）布希亚：需要的意识形态生成

1. 布希亚及其"需要"批判

在消费社会的诸多批判性理论中，布希亚的著作无疑是最具分量的。当然，引用布希亚的思想并不是追寻一种时尚，而是他确实对现代生活提出了许多质疑和挑战，并开启了许多新的研究方向（Kellner，1989：2）。早期布希亚在西方马克思主义理论构架的影响下，以消费作为批判的视角，深刻地揭露了现实社会的种种矛盾，尤其是，作为一个"挑衅者"，他对马克思主义政治经济学所作的批判和补充对学术界产生了十分重要的影响。布希亚并非第一个研究消费社会者，但他对消费社会的批判却是最深入的，并且是走得最远的。晚期的布希亚的思想发生了重大的转型，他认为马克思主义对资本主义社会的批判还不够激烈，因此要求一个更加鲜明的决裂（凯尔纳，2005：8）。他对"真实"、"仿真"、"诱惑"等的研究使他被贴上了"后现代主义的牧师"这样的标签，虽然他自己一再加以拒绝（参见 Gane，1993：21－22）。需要说明的是，本书关注的是早期布希亚的思想，主要作品包括《物体系》、《消费社会》和《符号的政治经济学批判》。

布希亚早期的作品属于在批判社会学的框架内所作的尝试（凯尔纳，2005：5），他在很大程度上承接了马克思以及法兰克福学派对异化社会的消费需要的批判。但是，与马克思对商品拜物教的政治经济学批判不同，布希亚批判了使用价值的拜物教，他认为现代社会中的商品系统是一个符号系统，物的使用价值在需求体系中被抽象为某种符号，在消费社会中遵循的是符号的差异性逻辑，因而他走向了符号的政治经济学批判。与法兰克福学派把技术看做是资本主义最大的意识形态不同，在布希亚看来，"需要"这一概念已经成为资本主义国家意识形态的支撑物。作为使用价值的需要其实只是由资本主义特有的意识形态制造出来的特殊的需要，它实质上是一种意识形态的编码。

布希亚否认了马尔库塞"真实的需要"这一假定，他认为，纯粹的需要理论以及由此而来的消费理论的存在依赖于资产阶级意识形态的符号编码过程，在"自然需要"的背后，真实运行的恰恰是一种政治秩序与权力系统，消费的过程就是在平等与自主的幻觉下发生的社会身份区分与权力区分的过程（仰海峰，2004：166）。当人们把某种需要的满足看做是真实的需要的时候，这时"他正好将交换与意指过程自然化了"（Baudrillard，1981：72）。也就是说，布希亚把需要看做是意识形态神话学的建构，操纵需要应该得到满足的力量被蒙蔽起来，需要的过程被自然化了。那么，布希亚是如何揭示这一过程的呢？他是如何将符号的政治经济学批判与需要的意识形态结合起来的呢？在这里我们要从他对消费社会批判的起点——物的批判开始说起。

2. 消费社会的神话：丰盛的物

布希亚在他的第一本主要著作——《物体系》一书中指出："我们生活在一个物（Objects）的时代……正是这些物今天看着我们出生，并伴随着我们成长……还将在我们死后继续存在。"（布希亚，2001）。在该书中，他描述的是一个物体系的结构和环境。凯尔纳（2005：6）曾对此评论说："早期的布希亚描述了体现在日常生活中的物的意义（如一个人因驾驶的汽车所表现的身份而获得的权力）以及物被组织成为一个新的现代社会所依照的结构体系（如一种新款赛车的威信或符号价值）。"布希亚（2001：2）指出，他所要分析的对象"不是只以功能决定的物品，也不是为分析之便而进行分类之物，而是人类究竟透过何种程序和物产生关联，以及由此而来的人的行为及人际关系系统"，他所要回答的问题是"人对物的真实生活体验问题，及物如何回应功能性需要以外的其他需要的问题"。在布希亚看来，物的功能不再简单地是物体本性的展示，而是一种社会关系的编码，在物体的功能身上，折射的是社会文化的意义结构，功能的变化呈现的正是社会关系与文化系统的变化（仰海峰，2004：81）。

今天，"日常生活中的物品不断地繁衍，各种需要也一直增加"（布希亚，2001：1），围绕在我们身边的是由物堆积起来的丰盛的消费社会。消费社会是怎样的景象？布希亚在《消费社会》一书中开篇就指出：

> 今天，在我们的周围，存在着一种由不断增长的物、服务和物质财富所构成的惊人的消费和丰盛现象。它构成了人类自然环境中的一种根本性的变化。恰当地说，富裕的人们不再像过去那样受到人的包围，而是受到物的包围。（布希亚，2006：1）

丰盛的"物"，已经成为当代消费社会最为显眼的一大特征，也是今天资本主义消费社会中最大的神话。从总体上看，物质财富的急剧增长已经使人类社会从匮乏经济时代走向了普遍富裕的经济时代，物、服务和物质财富"构成了人类自然环境中的一种根本性的变化"。正是在这丰盛社会的语境下，消费的意义已经超越了生产的意义，社会批判的视角从生产转向消费，消费异化也就取代了生产异化成为当代西方马克思主义理论家们关注的焦点，物已取代了商品而成为政治经济学批判的逻辑起点。在布希亚那里，满足消费需要的"物"也同样成为他批判消费社会的逻辑起点。他首先揭示了隐藏在丰盛的"物"背后的使用价值拜物教，补充了马克思商品交换价值拜物教的缺憾，之后又超越物的使用价值，走向物的符号价值，直到最后完成了消费社会符号价值体系的建构与批判。

3. "使用价值"拜物教

我们知道，马克思在《资本论》中对资本主义社会的批判是从对"商品"的分析开始的，并创造性地将商品的基本属性分为价值和使用价值。

交换价值是价值的表现形式，价值是"无差别的人类劳动的单纯凝结"，商品之间的交换，其实质是人们劳动与劳动相交换，所以商品的交换关系，表现为人和人的关系，是一定社会关系的体现。但是，在资本主义社会中，人与人的关系被"人与物的关系"所掩盖。这就是马克思的商品拜物教理论。在马克思看来，商品拜物教是交换价值的拜物教，与商品的使用价值无关。因为价值是可以抽象的、概括的，相互之间是可以量化衡量的，而使用价值是具体的、特定的，失去了具有一般性与普遍性的可能，也不具有可比性（正如一支枪和一头牛的使用价值是不可比的）。"在这严格的拜物教分析中，使用价值似乎不是作为一种社会关系也不是作为崇拜的场所而存在"（Baudrillard, 1988: 64）。因而，使用价值逐渐淡出了马克思批判理论的视野。

然而，在布希亚那里，使用价值却被赋予了"政治经济学的王冠和节杖"的称号（Baudrillard, 1988: 72）。他试图以此来扩展马克思的政治经济学批判，认为只有使用价值的拜物教和交换价值的拜物教结合在一起才能组成完整的商品拜物教（Baudrillard, 1988: 65）。而且，使用价值的拜物教比交换价值的拜物教更加深入、"神秘"（Baudrillard, 1988: 72）。布希亚强调指出，现在必须注意的是，与认为在人类需要物品有用性的简单关系中消耗掉有用性这一人本主义的幻想相反，使用价值恰恰是一种社会关系。马克思揭示了隐藏在交换价值背后的异化了的社会关系，布希亚则进一步揭示了"拜物化"的使用价值的社会关系，他说：

> 使用价值——实际上就是有用性本身——是一种拜物化的社会关系，正像商品的抽象等价物一样。使用价值是一种抽象，它是需要系统的一种抽象，这一系统掩盖在虚假的具体目的和用途的证据中，掩盖在物品和产品的内在的终极性中。如同社会劳动的抽象，使用价值是隐藏在商品的"先天"价值之下的等价交换逻辑（交换价值）的基础。（Baudrillard, 1988: 64 - 65）

布希亚一反马克思认为使用价值具有"不可比性"的规定，认为尽管使用价值在严格的数学意义上是无法量化的，但它仍然包含着等价交换性。如果将所有商品视为有用的价值，它们之间就可以比较了，因为它们具有相同的有理函数的公分母，具有相同的抽象规定性。商品的使用价值就是以其有用性来满足人们的需要，这个"有用性"就是它的一般等价物，它所表征的并非仅仅是人与物之间的关系，还表征着人与人之间的社会关系。因而，他的假设就是，需要，亦即"需要体系"（The System of Needs），是抽象的社会劳动的等价物：使用价值系统正是基于这些需要之上，就像抽象的社会劳动是交换价值系统的基础一样（Baudrillard，1988：65）。这种需要体系是资本主义生产体系生产出来的一个同质化、理性化、等级化的子系统，"个体的需要"便是由这种"需要体系"生产出来的。

由此，布希亚推论说，物品的功能性，它的效用的道德语码，完全被等价物的交换逻辑统治着，如同它们的交换价值地位一样，功能性也直接地落入了政治经济学的权限。相同的逻辑（和相同的拜物教）在马克思所详细说明的商品的两个方面即使用价值和交换价值中发挥着同样的作用（Baudrillard，1988：68）。正是这样，布希亚拓展了马克思的批判视阈，揭开了使用价值拜物教的神秘面纱。

马克思的交换价值拜物教到布希亚的使用价值拜物教的转变，实际上表明了社会现实与批判视角的转变。随着消费社会的来临，社会不平等与对立不再仅仅表现于生产与交换领域，更为重要的表现在消费领域之中，因而社会批判的视角也从生产转向了消费。使用价值拜物教以一种更为隐蔽的方式存在于消费之中，从表面上看来，在极大丰盛的物品面前，对使用价值的消费似乎是人人平等，它变成了在上帝面前人人平等的世俗化：需要的民主制。但实际上，这只是一个幻觉。布希亚告诫说："使用价值不再被看做物品的先天功能，而是社会（直接作用于主体、物以及两者之间的关系）的规定物。换句话说，就像商品的逻辑冷漠地把自己延伸到人和物，并且使人类只表现为交换价值一样，有用性的这一受制的终极性将自身强加于人身上，也强加于物品世界。"（Baudrillard，1988：69）

因而，布希亚所揭示的消费社会的真相是，使用价值是社会的规定物，有用性是强加在人身上的需要，在"需要体系"背后是一个巨大的意识形态陷阱，它掩盖了生产系统和交换系统的真相，并把意识形态所创造和强加的需要都自然化了，所有的本能在需要中被合理化、确定化和对象化。那么，需要是如何被意识形态化的呢？布希亚引入了符号学的方法来揭示需要的神话建构。

4. 走向符号："需要"的神话

在《符号的政治经济学批判》中，布希亚指出，"需要的意识形态生成"

(The Ideological Genesis of Needs)假定了四个不同的价值逻辑：①使用价值的功能性逻辑；②交换价值的经济逻辑；③符号价值的差异性逻辑；④象征交换的逻辑。这四种逻辑分别对应着不同的原则：效用原则、等价原则、差异原则、矛盾原则（Baudrillard, 1988: 57）。前面我们介绍了布希亚是如何揭示使用价值拜物教，扩展和补充了马克思的交换价值拜物教，但至此他还没有完成对消费社会的批判，他的目标是要从政治经济学批判扩展至符号及符号系统的批判，从而更加深入地揭示消费社会的意识形态根源。

凯尔纳认为，布希亚关于这四种逻辑的区分想要说明的是：马克思关于商品社会分析的理论存在着局限，至少马克思没法理解符号价值，因此需要用符号学理论加以补充（Kellner, 1989: 22；转引自仰海峰，2004: 162注1）。对布希亚来说，现代社会中的商品系统是一个符号系统，商品形式已经让位于物的符号形式，只有符号价值的差异逻辑才是真正的消费逻辑，他说：

> 一个物只有将自己从作为象征的精神确定性中解放出来，从作为工具的功能确定性中解放出来，从作为产品的商品确定性中解放出来，它才成为消费物；这样它作为符号被解放出来，被时尚的形成逻辑所抓住，例如被差异逻辑抓住。(Baudrillard, 1981: 67)

因此，对消费需要的分析就不能仅停留在使用价值的分析上，必须深入到符号价值的批判之中。布希亚在这里完成了对物的使用价值的超越，认为极大丰盛的物已经被凝结为一种符号系统，物和需要本身都被符码编织了，消费的过程就是一个解码的过程。实际上，他早在《物体系》（2001: 222~223）中就已经指出了，消费的对象并非物质性的产品，它们只是需要和满足的对象，消费的对象不在于我们所消化的食物、不在于我们身上穿的衣服、不在于我们使用的汽车，也不在于影像和信息的口腔或视觉实质，而是在于把所有以上这些"元素"组织为有表达意义功能的实质。所谓消费，是"一种符号的系统化操控活动"。要成为消费对象，物必须成为符号，最终被消费的不是它的物质性，而是符号的差异性。因此，物的使用价值首先必须抽象为符号，然后进入需要体系这一符号系统，最终才能以符号意义的形式被消费。在这一过程中，需要的意义是由抽象的符号所赋予的，需要的满足成为一种受符号操纵的消费行为。

第二章 汽车与消费：研究述评

布希亚在引进符号价值的同时，在符号的两个构成要素（能指与所指）和商品的两个基本要素（交换价值和使用价值）之间建立起了这样的关系：

交换价值／使用价值 ＝ 能指／所指

上述公式所表达的意思是：交换价值与使用价值之比等于能指与所指之比（Baudrillard，1988：62）。

布希亚在物的价值体系与符号学的语言体系中找到了同构性，价值的这种同构性对意识形态的重构产生了极大的影响。意识形态不再被理解为物质生产和符号生产之间的基础结构—上层建筑的关系，它既贯穿于符号生产，又贯穿于物质生产。意识形态既存在于使用价值与交换价值之间的关系（即商品的逻辑），又存在于能指与所指之间的关系（即符号的内部逻辑）（Baudrillard，1988：76）。对商品的分析，必须从交换价值与使用价值两个层面开始；对符号的分析，也必须从能指与所指这两个层面开始。在这里，对符号学原理的运用，成为布希亚进行符号的政治经济学批判的最为核心的方法。而在符号学的相关阐述中，罗兰·巴特的《神话学》对布希亚的影响是最为清晰可见的。[①]

巴特认为，神话是一种纯粹的表意符号系统（Barthes，1972：127），但是他的整个分析过程却相对复杂。简单地说，神话学"就是研究符号的附魅与祛魅的过程。被神话的过程就是符号化的过程，因此神话学最终不过是在对符号的阐释中揭示符号是如何产生并最终被还原的可能途径"（夏莹，2007：224）。巴特指出，神话的一个任务就是要赋予某一历史意图以自然化的证明，这个过程正是资产阶级意识形态形成的过程，神话在形式上是定义这个社会的意识形态反转的最适合工具。在人类交流的所有层面，神话运作将反自然反转为伪自然（Barthes，1972：142）。神话是用一种过度正当化的言语来扭曲现实、改变现实，将历史转化为自然，并把现实掏空（Barthes，1972：129、143）。作为符号学系统，神话就其形式科学而言，它是符号学的；就其历史科学而言，它又是意识形态的：它研究的是形式中的理念（Barthes，1972：112）。因此，神话分析的目的就是要揭示符号是如何产生的以及如何被赋予意义的，最终揭示出消费意识形态的形成过程。

巴特的符号分析过程为布希亚揭示消费社会的神话奠定了方法论的基

[①] 有学者认为，布希亚的第一部著作《物体系》明显是模仿巴特的《流行体系》而做，并在其对审美化的日常生活的方方面面体现出巴特的分析风格（夏莹，2007：223，注释2）。

础,现在我们可以重新回到布希亚的符号消费的批判上来。他说:"在今天,消费——如果不是在庸俗经济学所赋予的意义上讲——所界定的恰恰是商品作为符号、作为符号价值被直接生产,以及符号(文化)作为商品被直接生产的阶段。"(Baudrillard,1988:80)我们已经指出,布希亚在商品的交换价值与使用价值之间和符号的能指与所指之间找到了同构性,意识形态既存在于商品的逻辑之中,又存在于符号的内部逻辑之中,意识形态支配着所有的生产,不论是物质性的生产还是象征性的生产。因而,消费其实不过是物在不断地符号化过程中由意识形态所构建出来的一个"高级神话"。在这一神话中,需要并不是主体激励性的和原始的表现,而是通过与交换价值紧密相连的使用价值系统对主体的功能性简约(Functional Reduction)。通过现实使符号合法化并且通过符号建构现实,这样的一个循环,严格地说是非常不道德的,但是这种循环正是所有形而上学(意识形态)运行的秘密所在(Baudrillard,1988:87)。

正是在这些理论逻辑之上,布希亚认为,通过物品来满足人的基本需要这样的观念其实只是资本主义消费意识形态创造出来的一个"神话",所有消费话语就是通过寓言化的神话系统明确表达出来,一个人被赋予了需要,这种需要引导他去获取物品,从而给予他满足感(Baudrillard,1988:39)。消费需要被纳入了"符号的操作系统之中"。人们对物品的消费,已经不仅仅是物品功能的使用或拥有,还是符号意义的消费;也就是说,人们消费某项物品绝不仅仅是对其基本需要的满足,更是某种社会身份的确认和意义的满足。布希亚在需要的意识形态生成中指出,符号价值所遵循的是差异性(或者是社会区分的)逻辑,体现的是差异原则。这一点,他早在《物体系》中就已经指出了,消费者在消费中通过存在于差异秩序中而占据一席之地,由于每个人都在维系这一秩序,因而都只能在该秩序中处于一个相对的位置。可见,消费并非为了满足基本的功能需要,而是基于对符号的差异逻辑的遵循,即对意义区分逻辑的追逐,因此消费的欲望具有了无限的特质。而这一切实际上都只不过是意识形态打造出来的消费社会的神话。

(四) 小结与评论

上面分别介绍了马克思的"异化的需要"理论、马尔库塞的"虚假的需要"理论和布希亚的"需要的意识形态生成"理论,这三者具有一些共同点,也存在一些差异。他们的共同点在于,都具有意识形态批判的精神,都认为需要是社会的产物。虽然他们没有直接使用社会建构这一词，但从他们批判的过程，我们可以看出，他们一致认为，在资本主义社会中，需要是资本主义意识形态建构的产物，需要的满足成为一种新的控制方式。他们的差异也是很明显的，马克思是从生产异化的视角来看待需要的异化，而马尔库塞和布希亚则是从消费异化的视角来看需要的生成，后两者是在消费社会的背景下来考察需要是如何被操纵的。当然，马尔库塞和布希亚之间也有很大的差别，正如我们前面所指出的，布希亚否认了马尔库塞关于真实需要和虚假需要的区分，他进一步指出，真实和虚假的界限已经消失，所有的需要都是社会建构的产物，都被意识形态自然化和理所当然化了。接下来，本节重点评述一下布希亚"需要的意识形态生成"的分析逻辑及其对本书的启发。

从上面分析中我们可以发现，布希亚对需要的批判实际上是从一个起点、两条路径展开的。一个起点就是"物"，他对消费社会的批判的逻辑起点就是围绕在我们身边的丰盛的"物"，他认为，丰盛的"物"已经使人类社会从匮乏经济时代走向了普遍富裕的经济时代，消费的意义已经超越了生产的意义，社会批判的视角应当从生产转向消费。接着他从两条路径展开对需要的批判：一是"使用价值"拜物教，二是"符号价值"的差异性（见图2-2）。

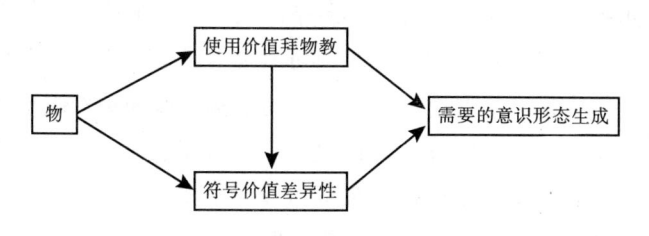

图2-2 需要的意识形态生成

一方面，是对"使用价值"拜物教的批判。物是以其使用价值来满足人们的需要，但使用价值在马克思的分析中被忽略掉了，布希亚又把使用价值拉回到了政治经济学的批判框架内。他认为，使用价值也是一种拜物化的社会关系，使用价值是社会的规定物，也就是说，人们以什么样的物来满足自身的需要，实际上是社会规定的产物。例如，汽车首先是一种交通工具，但人们为什么不选择其他的交通工具，而只选择汽车呢？布希亚的理论给了我们很大启发，以汽车来满足交通需要，这并非一种自然的需要，其背后也隐藏着深刻的社会关系，也是一种社会规定的产物，即以使用价值来满足人的需要也是被社会力量建构起来的,在"需要体系"背后是一个巨大的意识形态陷阱,它掩盖了生产系统和交换系统的真相。

另一方面,布希亚从对"使用价值"拜物教的批判延伸到了对物的"符号价值"的差异逻辑的分析,这也是他整个消费社会批判理论的核心和目的。他认为,消费是"一种符号的系统化操控活动",丰盛的"物"已经被凝结为一种"符号系统",消费的对象已经不再是物质性的产品,而是符号的差异性。"物"的使用价值首先必须抽象为符号,然后进入需要体系这一符号系统,最终才能以符号意义的形式被消费。因此,需要的满足成为了一种受符号操纵的消费行为。在现代社会,汽车是一种具有高符号价值的消费品,其显著的符号差异性逻辑成为了身份地位区隔的表征。在汽车市场上,商家通过对汽车符号的演绎,刺激人们对追求差异性的欲望,把汽车从一种欲望变成了需要。而需要被符号编码之后,被神话化和自然化了,其背后的意识形态根源也被掩藏起来了。

在上述文献中,我们梳理了布希亚对"需要的意识形态生成"的批判理论,它为我们分析汽车消费作为一种需要是如何被建构起来的提供了一个非常独特的研究视角。然而,布希亚在揭示消费社会中需要产生的真相时,又过于强调外部力量对需要的影响,而忽略了消费者产生自主需要的可能性。正如凯尔纳在对布希亚的批评中所指出的,布希亚主张一切需要和使用价值都是资本主义经济系统的产物,一切消费都是资本主义实施社会控制的具体方式,其结果是完全取消了一种对立的消费实践和消费政治的可能。事实上,商品的使用有不同的方式,其中一些是为政治经济学体系规定,另一些则可能是消费者和使用者创造出来的(罗纲,2003:24)。而且,随着中国消费文化的兴起,在市场化和商品化的发展过程中,消费者的自主程度越来越高(参见卢汉龙,2003)。

从社会建构论的角度来看,人总是积极主动地建构社会现实的行动者(沃特斯,2000:8)。在吉登斯的结构化理论中,现实的客体世界是一个由主体的积极行为所建构或创造的世界,在结构性条件的约束之下,行动者是具有能动的作用的。结构和行动之间并不是二元对立的,而是一种"二重性":结构既作为自身反复不断组织起来的行为的中介,又是这种行为的结果(吉登斯,1998a)。因此,我们在考察需要的社会建构时,既要注意到需要是如何被外在的结构性力量所建构起来的(也就是布希亚所说的"需要的意识形态生成"),同时也要注意行动者是如何参与到需要的建构中去。

Part 3 第三章
社会变迁与汽车社会的来临

社会转型不仅仅是一个时代背景,而且更是一个时代变革的巨大推动力,恰如汽车的引擎,我们不仅坐于其上,而且它还将带领我们驶向新的远方。在引擎的轰鸣声中,社会转型总是呈现出多维度的面孔,当我们还没来得及告别农业社会的时候,许多地区已经进入了后工业的时代;当我们还徜徉在熟人社会的时候,信息的爆炸已经将我们推向了一个没有边界的网络社会之中;当我们刚刚艰难地走出短缺经济时代的时候,消费社会的来临已经将我们环绕在商品的海洋之中;而在我们刚刚准备将自行车放入储物间的时候,汽车社会的到来已经扰乱了城市生活的秩序,并重建了一种基于汽车逻辑的生活世界。作为中国消费制度转型、城市空间转型和市场结构转型的一个必然结果,汽车社会的到来对城市居民的日常生活产生了剧烈的冲击,对城市家庭"汽车梦"的建构起到了巨大的孵化作用。因而,为了更为详尽地考察中国城市家庭"汽车梦"的建构历程和生成机制,我们将把对城市家庭汽车消费的研究置于中国社会转型的时代背景之中,本章的内容也可以看做对本书研究背景的一个介绍,并为下面章节的讨论做好铺垫。

第一节 交通工具的历史变革

据《周礼·考工记》记载:"车自轮始"。人类最早的交通工具是"轮"。世界科技史家把人类发明轮子看做文化理性化和器物创建发明的第一标志,发明轮子的人们第一次突破对自然已有之物的模仿,而能从球体、滚动等现象中抽象出"轮子"、"传递"等理念(顾晓鸣,2007:109)。马克思曾经说过，人是会制造工具的动物，制造和使用工具是人区别于动物的根本特征。在原始社会，人类在陆地上移动的唯一方式是步行，而仅靠身体来移动物品的重量、数量、速度和距离是极其有限的，因而当时人们的生产活动只能局限在一个狭小的空间范围之内。轮子的发明成为了人类在日常生活实践过程中克服自身的局限性、提高流动的能力和效率的一项伟大发明。接下来，我们首先将在一个长时间的历史进程中，考察交通工具的历史变革与当代汽车消费的血脉关联。

　　轮子的使用为车辆的发明奠定了基础，而车辆的使用则使人类从步行的有限速度中解放出来，使人类的"行"不管在"速度"上还是在"舒适便捷"上都得到了极大的提高。速度的飞跃意味着对时间和空间的征服——跨越空间障碍一直都是人类的梦想。在中国文化中，"车"字的象形到"疆"字的象形，不但说明了"车"在我国文化发展中的突出地位，而且表明中国古人对于"车"对人的活动空间的拓展和社会关系的放大，以及对其所起的无可替代的作用的深刻认知（顾晓鸣，2007：109）。在我国古代，流传着各种各样的有关"车"的神话和传说。例如，黄帝为打败蚩尤而造的"指南针车"，三国时诸葛亮设计制造的"木牛流马"，能够记录里程的"记里鼓车"，等等。从"轮子"到"马车"，畜力逐渐替代了有限的人力，车子的运行速度和运载能力获得了明显的改进，不仅使人类的流动能力得到了很大的提高，促进了人类活动的空间范围的不断扩大，而且解放了人类的身体。在机械牵引的现代交通工具发明之前，以"马车"为代表的传统交通工具成为了过去数千年内最重要的交通工具，在人类生产、生活乃至战争中发挥了重大的作用。

　　然而，工业革命的爆发使社会的生产和消费发生了急剧的转型，马车所能承载的重量和速度远远满足不了社会发展的需要。随着机械化大生产和殖民地贸易的迅速扩展，一方面需要运送大批的原料，另一方面大量堆积如山的产品要及时运往各地销售，交通运输工具的改革问题突出地摆在了世人的面前（刘世恺、刘宏，2005：15）。而且，马非机器，马力也非"永动机"，饲养马需要细心照料，马也需要休息，不能长时间使用；且现代城市也不适合大量饲养和使用马，因为马粪会使城市变得污秽不堪（贾新光，2004：418）。现实的需求促使了人们设法改变车辆的动力，从17世纪开始，人类开始探索以机器为动力的交通工具，使用机械能、电能和自然能源为动力的现代交通工具应运而生（如滑轮车、蒸汽汽车、电动车、火车、汽油汽车、

第三章 社会变迁与汽车社会的来临

柴油汽车等)。当年发明这些现代交通工具的先驱们大概永远不会料到这些新式交通工具的广泛使用会给当代世界带来如此超出人们的想象的种种后果。

火车的发明或许是推动工业革命的最伟大的引擎之一,它在历史上的地位显然是无可置疑的。然而,相对于轻盈、灵活的汽车来说,火车多少显得有些笨重和刻板。早在1902年汽车刚刚问世不久的时候,一位德国作家在谈到汽车的灵活性时就已写到,与汽车相比,火车"使我们服从于固定的时刻表,使我们成为由他人制定的计划表中的囚徒,把我们关在一个无法打开的铁笼之中,更不用说我们可以随意上下车……无论是谁,如果将这称为旅行的话,那么这同样也可以称为是一列军队在木头上列队前进"。(Shove, 1998:5)

现代意义上的汽车最早诞生在欧洲。作为一种更先进的现代交通工具,它为人们所接受的过程并不是一帆风顺的。以内燃机为动力的早期汽车,模样怪里怪气,在路上轰鸣而过的噪声更是令人无法忍受,使行人和马匹备受惊扰,致使在机动车出现的早期岁月中,许多人认为它散播着危险和公害,因此应当被排斥在公共街道之外。虽然人人都有平等使用道路的权利,但是政府很快就颁布了法令,对机动车的运行和机动车司机的行动加以约束。例如,针对这个问题,英国在1858年就开始实行最早的道路交通法规——"红旗法"。"红旗法"规定蒸汽车在郊外限速4公里/小时以下,市内限速在2公里/小时以下,而且在蒸汽汽车前方几米远的地方要有一手持红旗的男人先行,以使人们知道将有危险物接近。这一法律实行到1896年(贾新光,2004:37;曾南燕、刘立群,1996:20~21)。当时的人认为,机动车的行驶会给驾驶马车者的安全带来严重的危害,早期美国人甚至把汽车称为"魔鬼之车"。绝大多数这些20世纪早期施行的法律、法令和条规都企图限制机动车的发展。在这些数不清的甚至几近幽默的条规中,美国宾夕法尼亚州成立的反机动车团体拟出的条规,兴许算是在问题显露端倪之前草拟出的最野蛮的条规。据记载,那里的农民决定,任何夜间驾驶非马拉车辆的人,都必须每英里停车一次发出信号火箭,停留十分钟以待路面空无一人。假如一群马车将沿公路驶过的话,机动车司机将被强制赶下公路,并用一块大帆布或与周围环境相融的彩布盖住车身。假如马群仍然不肯通过,那么机动车主就不得不把他的车拆成碎片,并把碎片藏在最近的丛林中(转引自索斯沃斯、本-约瑟夫,2006:60)。

但是，历史前进的车轮是任何人都无法抵挡的。美国早期的汽车期刊《无马时代》创刊号在第一页上写道：

> 在时代潮流深处，辛勤探索的人知道一个巨大的工业正挣扎着要出现，所有迹象显示汽车作为火车的必然后续这一点已确立并被证明，我们文明增长的需要要求它，公众相信它，并以强烈的兴趣等待它应用于世界日常事务。（曾南燕、刘立群，1996：17）

汽车的使用完全迎合了美国人的价值观：强调个体，尊重个人的隐私，强调个人选择自由和行动自由，并希望有机会扩大自己对自然和社会环境的控制。因而，汽车遭受顽固势力的质疑的同时，美国的新闻媒介从一开始就不遗余力地欢呼"无马时代"的来临并详细介绍汽车的各种消息（曾南燕、刘立群，1996：19）。在美、日等发达国家，汽车很快就成为了普及型的交通工具。1930年，每5.3个美国人中就有一辆车，1949年，在美国进入一段长期的经济繁荣之前，49%的美国家庭拥有汽车。到1970年的时候，这一比例又上升到82%，1988年，平均每个美国家庭拥有1.8辆汽车，其中，600万的家庭拥有3辆或3辆以上的汽车，270万的家庭拥有4辆或4辆以上的汽车。在21世纪初，4050万的美国家庭或38.4%的美国家庭拥有两辆汽车，17.1%的家庭拥有3辆或以上的汽车。只有10.7%的家庭因为不想要或没钱而没有车（Walsh，2008：377-378）。较早走向现代化的日本，在20世纪60年代也开始了真正的汽车化，掀起了私家车发展的热潮，并逐渐形成了汽车化社会。从1955年到1995年的40年间，日本的汽车保有量飞速增长了69倍（北村隆一，2006a：1）。

可以说，每一次经济增长的背后，都会伴随着交通技术的剧烈变革；每一次社会转型的过程之中，都会出现交通需求的急剧增加。20世纪早期，福特主义的批量生产模式造就了一大批早期的汽车工业巨头，从流水线上源源不断地生产下来的廉价汽车也满足了发达国家中普通百姓对汽车的渴望。第二次世界大战之后，兴起于日本的后福特主义的精益生产方式则拯救了当代的汽车工业，它不仅使汽车业日益繁荣起来并成为国民经济的重要支柱，而且多样化的生产产品也为汽车消费者提供了更多的选择，满足了人们构建个性化生活风格的需要。

从中国的情况来看，鸦片战争之后，中国出现了"三千年来未有之大

第三章 社会变迁与汽车社会的来临

变局"（李鸿章语），传统的社会结构发生了剧烈的转型。新式交通工具从国外陆续传入中国，先是轮船，接着是火车，然后是汽车和飞机。在20世纪初，民族轮船业有了较快的发展，尤其是在广东等沿海一带，航运成为了当时对外交流和贸易的主要交通工具。但就当时陆路交通而言，火车当之无愧是交通工具中的老大。汽车虽然很早就从国外登陆中国[①]，但数量零星，且只有达官贵人才能享用；在战乱的年代，民族汽车工业的发展举步维艰。在新中国成立之前，中国几乎没有真正的汽车工业。1953年，第一汽车制造厂在长春破土动工，中国汽车工业开始起步。从1953年至1984年的三十年间，中国虽然也曾生产过少量的轿车，但客观地说，中国汽车工业基本上是卡车工业（凌永成，2005：22）。

自1978年起开始进行的由计划经济向市场经济的体制改革中，中国发生了一场更为剧烈的社会转型。乘着改革开放的东风，中国汽车很快就进入了第一轮合资高潮。1984年1月，中国汽车的第一个中外合资企业——北京吉普汽车公司诞生了。在1986年的全国六届四次人大会议上，"把汽车制造业作为重要支柱产业"被写进了"七五"计划。从1984年至1994年这十年间的探索发展阶段，为20世纪90年代中后期中国汽车的快速发展奠定了坚实的基础。1994年，《汽车产业发展政策》出台，这一政策将汽车与家庭联系到了一起，私人汽车消费不再受到限制，这是中国汽车史，特别是轿车史上值得纪念的一件大事。在2001年的"十五"计划中，汽车进入家庭已经被明确提出，新的合资项目越来越多，同时也出现了一些进军轿车生产领域的民营汽车企业，一大批经济型的家庭轿车涌入市场。随着国民经济的发展、消费水平的提高以及汽车工业政策的调整，中国逐渐从"自行车王国"走向"汽车社会"，城市居民的交通方式也随之发生了巨大的变革。法国知名畅销书作家伊兹拉莱维奇在《当中国改变世界》这一曾在欧洲引起轰动的书中说道：

> 十几年前，作为中国首都的北京还是个巨大的自行车停车场，上百万辆自行车到处横冲直撞，一片混乱。今天，类似的混乱还在继续，只

[①] 据说，中国第一辆进口汽车是1901年（清朝光绪二十七年）在慈禧太后66岁寿辰的时候，直隶总督袁世凯从外国购买来献给慈禧的寿礼。同年，上海商人进口了两辆汽车，这是中国使用汽车的开始。1912年，中国汽车保有量达300辆，1920年，全国汽车保有量达2279辆（凌永成，2005：18~19）。

不过换成了上百万辆汽车和出租车而已。中国的明信片过去印的是自行车（一半的中国人都有自己的自行车），但这一切已经结束了，汽车把自行车推到旁边（伊兹拉莱维奇，2005：203）。

的确，中国素来有"自行车王国"的称号，一百多年来，自行车与中国人的日常生活结下了不解之缘，在一些寻常百姓家庭中至今它仍是一种重要的交通工具。但是，如伊兹拉莱维奇所描述的，今日中国确实已经发生了巨大的变化，昔日马路上熙熙攘攘的自行车流现在已被川流不息的汽车所取代。马路上，自行车道和人行道越来越不显眼，倒是专供汽车通行的道路和桥梁被拓展得越来越宽阔了，并且吞噬了城市相当大的一部分空间。中国在"自行车王国"上停留了很长的一段时间，但是向"汽车社会"的过渡速度快得惊人，尤其是在最近几年，这种变化的势头来得越来越猛。

第二节　日常生活的消费革命

从短缺经济到过剩经济，从抑制消费到鼓励消费，社会结构转型对城市居民日常生活带来了巨大的变化，而从最深层次的影响来看，首先受到影响的是人们消费观念的变化，一场静悄悄的消费革命同时也在中国城市社会的市场化进程中发生。的确如一些学者的观察所发现的，改革开放以来在中国城市社会中产生了一种对日常生活影响深远的消费主义倾向（陈昕，2003）。消费主义的浪潮不仅席卷了城市生活的每一个角落，剧烈地冲击了人们的消费观念，而且消费主义意识形态的"召唤"作用，使城市居民主体结构从苦行者转变成为了消费者。中国社会结构也由此实现了从生产者社会到消费者社会的转型。汽车消费成为这一转型过程中最为显著的标志之物，在揭开神秘的面纱之后，汽车从过去普通家庭从来不敢奢望的昂贵消费品，一跃而转变成为日常生活中的一项家用必需品。

消费主义兴起的背后是有着坚强的经济基础为后盾的。消费革命首先意味着城市居民在物质生活方面发生了巨变：城市居民的可支配收入与支出获得了显著增长；大规模的生产方式使得冰箱、彩电、洗衣机以及汽车等商品从家庭生活中的奢侈品转变为日常必需品（Davis，2005：692）。我们可以先从改革开放以来全国城镇居民家庭平均每人可支配收入和恩格尔系数的数据变化来看（见表3-1）：20世纪80年代以前，全国城镇居民家庭平均每人可

第三章 社会变迁与汽车社会的来临

支配收入没有超过500元，即使是沿海发达城市的广州也仅在600元左右。改革开放数十年之后，1992年全国城镇居民家庭平均每人可支配收入已经达到两千多元了，2005年全国城镇居民家庭平均每人可支配收入开始超过一万元，2010年的可支配收入已经快要达到两万元。从恩格尔系数来看，改革开放之初，城镇居民可支配收入绝大部分是用在食物方面；20世纪90年代以来，恩格尔系数开始不断下降，城镇居民花在食品之外的开销所占的比重越来越大。这些变化反映了人们物质生活水平正在不断提高。

表3-1 1978~2010年中国城镇居民家庭人均可支配收入和恩格尔系数统计

年 份	城镇居民家庭人均可支配收入		城镇居民家庭恩格尔系数(%)
	绝对数(元)	指数(1978=100)	
1978	343.4	100	57.5
1980	477.6	127.0	56.9
1985	739.1	160.4	53.3
1990	1510.2	198.1	54.2
1991	1700.6	212.4	53.8
1992	2026.6	232.9	53.0
1993	2577.4	255.1	50.3
1994	3496.2	276.8	50.0
1995	4283.0	290.3	50.1
1996	4838.9	301.6	48.8
1997	5160.3	311.9	46.6
1998	5425.1	329.9	44.7
1999	5854.0	360.6	42.1
2000	6280.0	383.7	39.4
2001	6859.6	416.3	38.2
2002	7702.8	472.1	37.7
2003	8472.2	514.6	37.1
2004	9421.6	554.2	37.7
2005	10493.0	607.4	36.7
2006	11759.5	670.7	35.8
2007	13785.8	752.5	36.3
2008	15780.8	815.7	37.9
2009	17174.7	895.4	36.5
2010	19109.4	965.2	35.7

资料来源：《中国统计年鉴2011》（中国资讯行）。

在人们收入水平快速增长的同时，城市家庭中耐用消费品的拥有量也不断上升，王宁教授认为，从改革开放到现在，中国城镇居民先后经历了从追求"老三件"（自行车、手表、收音机）、"新三件"（彩电、冰箱、洗衣机）加"两小件"（收录机、照相机）再到今天的"新新三件"（房子、汽车、等离子电视机）的过程，耐用消费品的增长共经历了4波热潮，昔日的"奢侈品"统统变成了今日的"必需品"并已基本普及（王宁，2009：320～325）。我们以20世纪80年代中期以来中国城镇家庭平均每百户耐用消费品拥有量统计情况来看这种变化（见表3－2）。改革开放初期，一些主要耐用品，如洗衣机、电冰箱、照相机、黑白电视机、自行车、缝纫机、手表和收音机等，开始进入人们的消费领域，这是第一波耐用消费品热潮；到了90年代，开始出现了第二波热潮，被人们称为新的"三大件"的洗衣机、电冰箱、彩色电视机等新兴家用电器开始加速进入城镇居民家庭，并得到了迅速的普及，基本上每个家庭都有一台，自行车的拥有率在90年代中期达到了高峰。到2000年以后，这些耐用消费品的拥有率在城镇家庭中已经达到或基本接近饱和状态，它们在日常生活中已经失去了"奢侈品"的地位，而变成了"必需品"。第三波家电耐用消费品出现于90年代中后

表3－2 中国主要年份城镇居民家庭平均每百户年末耐用消费品拥有量统计

指标＼年份	1981	1985	1990	1995	2000	2005	2009	2010
摩托车（辆）		1.04	1.94	6.29	18.8	25	22.4	22.51
洗衣机（台）	6.0	52.83	78.41	88.97	90.5	95.51	96.01	96.92
电冰箱（台）	0.2	9.57	42.33	66.22	80.1	90.72	95.35	96.61
彩色电视机（台）	0.6	18.43	59.04	89.79	116.6	134.8	135.65	137.43
组合音响（套）				10.52	22.2	28.79	28.21	28.08
照相机（架）	4.3	12.09	19.22	30.56	38.4	46.94	41.68	43.7
空调器（台）		0.08	0.34	8.09	30.8	80.67	106.84	112.07
淋浴热水器（台）				30.05	49.1	72.65	83.39	84.82
家用电脑（台）				9.7	41.52	65.74	71.16	
摄像机（架）					1.3	4.32	7.77	8.2
微波炉（台）					17.6	47.61	57.18	59
健身器材（套）					3.5	4.68	4.13	4.24
移动电话（部）					19.5	137	181.04	188.86
固定电话（部）						94.4	81.86	80.94
家用汽车（辆）					0.5	3.37	10.89	13.07

资料来源：《中国统计年鉴（2010）》、《中国统计年鉴（2011）》（中国资讯行）。

期，空调器、热水器、微波炉、摩托车、移动电话、组合音响、家用电脑等增长非常迅速，数字技术化成为这一波的一个重要特征；在第三波耐用消费品的拥有率还没有达到顶峰，第四波耐用消费品也在21世纪来临时开始酝酿，如家用汽车、摄像机、健身器材等开始逐步进入城市消费者家庭，房子、汽车、等离子电视机到今天又成为了时尚的"新三件"了，其中，汽车成为了这一波消费热潮中增长速度最快的耐用消费品。随着人们收入水平、支付能力的提高以及价格的不断下降，耐用消费品的普及呈现出由点到面、由示范到模仿的过程，也逐渐被界定为日常生活的"必需品"，而这些耐用消费品在二十多年前却是很多人可望而不可即的奢侈品。

虽然在20世纪80年代中期以后，国家开始允许私人购车，但是由于当时特殊的历史情况，私人购车主要是用来作为运输和经营工具的，而非用来作为日常生活的代步工具，只有小部分"先富起来的人"（如商人、文体明星）开始享受轿车带来的便捷；直到1994年前，中国汽车市场一直处于严重的供不应求状态，不但数量少，品牌更是缺乏，特别是能够适合私人购买的汽车产品更是凤毛麟角，汽车市场绝对是以集团消费（政府机关、企事业单位）为主，百姓根本无缘轿车（贾新光，2004：422）。在20世纪90年代之前，整个社会处于"生活必需品时代"，大多数城市居民的工资主要是用来购买柴米油盐等生活必需品的，生产支配着经济生活，勤俭节约仍是社会主流的消费观念。

在20世纪90年代以后，随着日常生活领域的消费革命，情况开始发生了巨大的变化，我们的城市社会开始进入了耐用消费品时代，消费开始支配着经济生活，人们的消费观念也随之发生改变。汽车已经从昔日难以企及的奢侈品变成了今天城市中产阶级日常生活中的耐用消费品之一。孙立平曾指出："一个社会从生活必需品阶段转向耐用消费品阶段，整个经济和社会生活会发生一系列的重大变化。"（孙立平，2003：36）改革开放30多年来的经验告诉我们，市场经济的发展和政治体制的转型是中国进入消费社会的两大前提条件。工业化的大规模生产是使过去的奢侈品走下神坛，进入城市大众消费领域的物质基础，国家消费政策的改变则是使消费者获得更多的消费自主权的政治前提。

有学者指出，消费者自主性的增加是市场化发展的结果（卢汉龙，2003：10）。消费主义在中国的兴起是伴随社会结构转型而来的国家让渡民生自由的结果，也是国家在意识形态上从"乌托邦主义"转向"经济主义"的副产品

（王宁，2007b：5）。当工业化大生产带来了过剩的产能、"内需不足"成为制约国民经济增长的一个重要因素时，国家一改过去抑制消费的政策，开始鼓励消费者进行大胆的消费，并在贷款、税收等方面提供政策支持；而消费主义的兴起则刺激了人们的消费欲望，从观念上改变了人们的消费行为，促使了人们"欲望阶梯"的逐级上升。事实上，不管是在西方国家还是在我国，消费主义的兴起都是与工业化大生产和政治体制的逐步民主化转型紧密相随的，因而消费主义也是不同时代主导的国家意识形态的反映，甚至消费主义本身就是一种意识形态———一种控制日常生活的消费主义文化—意识形态。

第三节 汽车社会：一个新的社会形态

汽车社会的到来引发了一场深刻的社会变革，它预示着一个全新的社会结构形态的出现。以近现代以来私人交通工具的变革来看，我们已经渐次走过了"自行车王国"和"摩托车时代"，"汽车社会"与消费社会、风险社会交织在一起，并正以一种前所未有的速度向我们驶来。从日常生活的流动性到城市空间的汽车化，从生活世界的扩大化到社会组织的多样化，从消费欲望的阶梯化到汽车文化的多元化等，城市生活已经变得越来越离不开汽车，而汽车对城市日常生活的影响也在日益加深，汽车导向型的社会生活已呈现出了一系列新的社会形态特征。

20世纪90年代中期，当西方国家早已普遍进入汽车社会时，我们还在为是否应当让汽车进入普通家庭而争论不休（参见郑也夫，1994、1996；樊纲，1994；孟悦，2004；王蒲生，2001）。然而，从目前的发展情况来看，迈向"汽车社会"已经是大势所趋。在总体保有量上，我国已经可以称得上是一个汽车大国。早在2006年我国的汽车保有量已达到3690万辆[①]，包括乘用车和商用车在内的新车销量双双超过700万辆，首次超过日本成为世界第二大新车销售市场。根据《中国汽车产业发展报告（2008）》，2007年我国汽车产销量在世界各国中的排名分别上升到第3位和第2位，已经成为名副其实的世界汽车产销大国。[②] 而截至2011年8月，全国机动车保有量

[①] 资料来源：《中国统计年鉴2007》（中国资讯行）。
[②] 资料来源：《中国汽车汽车产业发展报告（2008）》，http://hi.baidu.com/psh125/blog/item/88580dd3caf7db063bf3cf0f.html。

已达到2.19亿辆。其中，汽车保有量占机动车总量的45.88%，刚刚超过1亿辆。这是中国汽车保有量首次突破1亿辆大关，仅次于美国的2.85亿辆，位居世界第二。[①]而且，在国家汽车产业政策和汽车消费政策的宏观调整下，我国汽车保有量还将呈现出快速增长的态势。可以说，我国迈向汽车社会的大门已经敞开，这些引发的一系列变革，将带领我们走向一个新的时代。

随着汽车保有量的突飞猛进，越来越多的城乡居民表现出了强烈的汽车购买欲望。在多年前，当国人还在惊羡大洋彼岸的"美国梦"（一所房子、两辆车、一年一度假，参见 Schor，1998）时，谁曾料到，时至今日这个梦想也会实现在自己身上。"有车有房"成为大多数城市家庭生活的幸福理想。根据一项大规模家庭汽车消费意向的问卷调查数据，在京、沪、穗地区回答"马上购买"、"一两年内购买"、"三五年内购买"、"五年到十年内购买"和"已有车"的调查对象已占到总人数的70.3%，在省会和沿海发达城市也达到65.7%，即使是在内陆县及农村地区也已达到51.6%（胡小军等，2007）。近年来，随着城镇居民收入、消费水平的提高和消费欲望的攀升，汽车消费作为日常消费领域中的一大热点将继续引领城市社会新一波的消费风潮。

所谓"汽车社会"（Auto Society）是工业化发展到一定阶段，特别是随着轿车大规模进入家庭后出现的一种经济与社会现象。国际上通常认为，一个地区进入"汽车社会"的重要标志是每百户拥有汽车数量达到20辆左右（陈清泰等，2004：142）。尽管与欧美日等发达国家早已进入汽车社会相比（见表3-3），我国的汽车社会还处于初级阶段，要在整体上进入汽车社会还要走很长的一段路，但从目前汽车产销量的增长速度来看，我们很快就将具备超越的可能性。据统计，1997年我国城镇居民每百户平均拥有家用汽车0.2辆，2007年时已经上升到6.06辆，而在2010年时已经发展到了13.06辆，几乎是1997年的六十多倍，增长速度可见一斑（见图3-1）。尤其值得注意的是，目前在我国经济比较发达的长三角和珠三角地区，很多城市每百户家用汽车保有量都已经达到或接近这一标准。例如，2008年广州、上海、杭州的每百户汽车保有量分别为16.0辆、11.0辆和17.8辆，深圳

---

① 资料来源：《至8月底保有量突破1亿辆大关 中国汽车世界第二》，2011年9月19日《新华日报》，http://news.xhby.net/system/2011/09/19/011685863.shtml。

则早在2003年就达到了每百户21.5辆，2008年是27.9辆，佛山和东莞在2008年已分别达到每百户40.5辆和47辆①。按照国内目前一些大中城市汽车产销量的增长情况来看，我们完全可以看到，在未来5～10年内，我国将会有更多的城市进入"汽车社会"。

表3-3 2000年世界主要国家轿车保有量及相关数据

国 家	人均年收入	人口（万人）	千人汽车保有量（辆）	百户家庭汽车保有量（辆）
美 国	35066.24（美元）	28155	478	148.45
日 本	405404.8（日元）	126743	395	122.67
德 国	24656.12（欧元）	8215	508	157.76
英 国	15816.87（英镑）	5974	373	115.84
韩 国	11039746（韩元）	4728	167	51.86
法 国	23915.78（欧元）	5889	469	145.65
意大利	20190.67（欧元）	5769	539	167.39

资料来源：陈清泰等，2004：41。

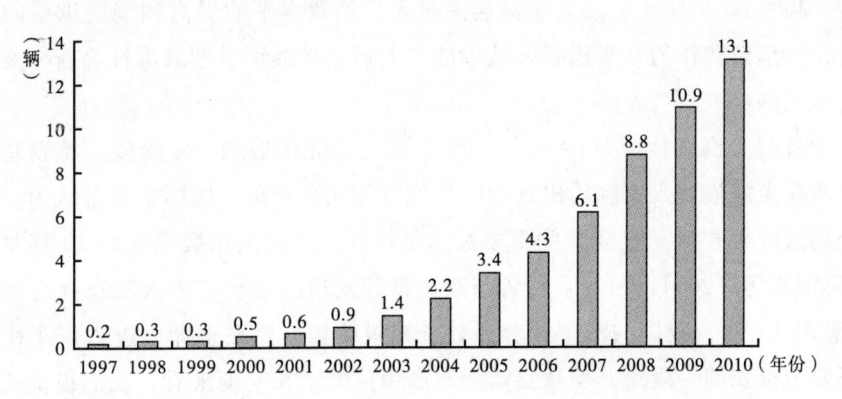

图3-1 1997～2010年中国城镇居民平均每百户家用汽车拥有量

资料来源：《中国统计年鉴》（1998～2011年）（中国资讯行）。

按照发达国家的经验来看，当人均GDP达到1000～2000美元时，开始进入大众汽车消费时代，人均GDP超过2000美元，轿车增长进入高峰期（王世军，2005：80）。2003年，我国人均GDP首次超过1000美元，这标志着经济增长进入一个重要阶段。在这一阶段，消费结构向发展型、享受型

---

① 资料来源：《长江和珠江三角洲及港澳台统计年鉴（2009）》（中国资讯行）。

第三章 社会变迁与汽车社会的来临

升级,汽车开始加速进入家庭,由此推动产业结构升级。在长江三角洲和珠江三角洲等沿海发达城市,人均 GDP 早已超过 3000 美元,部分城镇居民已具备汽车消费的经济能力。

不可否认,汽车数量的多寡以及人均 GDP 的高低是衡量一个社会是否已经进入汽车时代的非常重要的指标,但却不是唯一的评价标准。汽车社会的到来,不仅需要一定的经济基础,还需要与之相配套的工业发展基础、交通设施基础和能源供应基础等条件。以交通基础设施为例,为了适应汽车交通的需要,我国与汽车相关的市政设施数量不断攀升,城市道路面积从 1978 年的 22539 万平方米迅速增长到 2009 年的 481947 万平方米,道路长度也从 26966 公里增长到 269141 公里,人均道路面积从 1978 年的 2.93 平方米发展到 2009 年的 12.93 平方米,2009 年城市桥梁数已达到 51068 座,其中立交桥达 3480 座,道路照明灯数为 16942776 盏,安装路灯道路长度 194916 公里。[①] 这些方面的变化,使整个城市空间结构呈现出一种复杂的汽车逻辑(Beckmann,2001;Sheller & Urry,2000;Urry,2004a)。

汽车社会的来临还必须建立在一系列的政策和制度基础之上。我国政府在 1994 年颁布的《汽车工业产业政策》表明我国要在 2010 年把汽车工业作为国民经济的支柱产业。近年来,中国的汽车产业得到了迅猛的发展,汽车工业作为国民经济的支柱产业不再只是理论性的推导,而已成为现实(杜蕾,2006:1)。据国家统计局测算,2003 年上半年,汽车工业已经成为我国第五大支柱产业,位居通信设备、计算机及其他电子设备制作业、电力行业、黑色冶金行业和化工业之后(杜蕾,2006:1)。目前全国与汽车相关产业的就业人数,已经占到了社会就业总人数的 1/6。[②] 中国民用汽车的拥有量从 1978 年的 135.84 万辆猛增至 2010 年的 7801.83 万辆,增长了 56 倍多。其中,私人汽车 1985 年为 28.49 万辆,2010 年已遽增至 5938.71 万辆,是 1985 年的两百多倍。从表 3-4 中我们可以看到,2003 年,我国民用汽车保有量为 2382.93 万辆,其中私人汽车已经达到 1219.23 万辆,所占的比例为 51.17%,私人汽车保有量首次突破总保有量的"半壁江山",汽车市场的主体从公车转为私车。如果说把 20 世纪 90 年代中期的"让轿车进入家庭"看做是我国汽车社会的第一次重大转型,那么,2003 年以来汽车市场

---

① 资料来源:《中国城市建设统计年鉴 2009》。
② 资料来源:《三联生活周刊》,2007 年 10 月 8 日,第 26 页。

主体的改变则标志着近十年的第一次转型已经初步完成，同时，我国汽车社会正面临着从"公车"到"私车"的第二次重大转型的考验（南辰，2007：195）。到2010年，我国的私人汽车保有量已经超过民用汽车总保有量的四分之三强。从"公车"到"私车"的转型，不仅激活了中国这个巨大的潜在私人汽车消费市场，使汽车工业开拓了一个新的发展空间，也使汽车市场逐步由公款购车为主转向以私人购车为主体的消费结构。

表3-4 1978~2010年中国民用汽车与私人汽车拥有量统计

单位：万辆

年 份	民用汽车总计	私人汽车总计	私人汽车占民用汽车的百分比
1978	135.84	—	—
1980	178.29	—	—
1985	321.12	28.49	8.87
1990	551.36	81.62	14.80
1991	606.11	96.04	15.85
1992	691.74	118.20	17.09
1993	817.58	155.77	19.05
1994	941.95	205.42	21.81
1995	1040.00	249.96	24.03
1996	1100.08	289.67	26.33
1997	1219.09	358.36	29.40
1998	1319.3	423.65	32.11
1999	1452.94	533.88	36.74
2000	1608.91	625.33	38.87
2001	1802.04	770.78	42.77
2002	2053.17	968.98	47.19
2003	2382.93	1219.23	51.17
2004	2693.71	1481.66	55.00
2005	3159.66	1848.07	58.49
2006	3690.40	2333.32	63.23
2007	4358.36	2876.22	65.99
2008	5099.61	3501.39	68.66
2009	6280.61	4574.91	72.84
2010	7801.83	5938.71	76.12

资料来源：2007~2011年《中国统计年鉴》（中国资讯行）。

第三章 社会变迁与汽车社会的来临

2005年,"汽车社会"这一概念第一次出现在《汽车产业"十一五"发展规划》中,这意味着政府对汽车可持续发展战略的考虑,已从汽车产业层面上升到了汽车社会层面。在"汽车社会"中,我们看到的不仅仅只是汽车数量上的增加,更为重要的是汽车的普及给人们的日常生活、城市交通和当下的城市化和现代化进程等方面所带来的广泛影响。

2008年6月11日,北汽福田汽车股份有限公司、零点研究咨询集团联合在京发布了"2008福田指数"。"福田指数"也可以看做是一个衡量中国汽车社会发展程度的指数,它表明了中国居民在进行社会经济活动时多大程度上可以借助于汽车,用量化的方式展示了汽车影响人民生活的程度与方式。"2008福田指数"测量了三个方面的内容:一是中国城镇居民拥有汽车数量的增长情况;二是中国城镇居民汽车生活质量状况;三是中国城镇居民文明驾驶的素质状况。"2008福田指数"分值为61.42分(100分为满分),首次跨过了60分大关,比"2005福田指数"提高了3.09分。有关专家认为,这一数字表明,中国汽车市场这几年的高速发展,给中国居民的生活带来了巨大的变化。有关专家指出,从日本和韩国的经验来看,举办奥运会的1968年和1988年都成为这两个国家的"汽车元年",此后日本和韩国都加速进入了汽车社会,人均汽车拥有量大幅度提高。[①] 2008年北京奥运会成功举办,中国也将加速进入汽车社会。

汽车社会的来临具有划时代的意义。从上述数据资料所呈现的城市汽车社会的发展状况来看,我们可以发现,汽车社会作为一种新型的社会结构形态,它具有许多新的特征,例如:

第一,在汽车社会,汽车逐渐占据了城市生活的核心,成为一种具有支配性地位的交通工具。尽管在交通方式越来越多样化的城市社会中,可供人们选择的交通工具非常多,但汽车却有着其他交通工具所不可比拟的优势。汽车的支配性地位不仅体现在其作为一种交通工具的绝对优势,而且也体现在它开始日益主导我们的生活世界,致使我们的日常生活与城市空间都呈现出一种汽车化的逻辑。正如日本学者北村隆一(2006a:1)所指出的,我们的社会从物理上、制度上被改造成汽车导向型社会。

第二,汽车社会是一个高度流动的社会,城市生活的节奏变得越来越

---

① 资料来源:《"2008福田指数"显示中国迈进汽车社会门槛》,新浪网,http://auto.sina.com.cn/z/fontonmi/index.shtml。

快。汽车为我们提供了一种自由、灵活和私密化的交通工具，它在极大提高我们的身体流动能力之外，又把我们推进了一个高速流动化的生活环境之中，因而又给我们带来了一种全新的空间体验，人们通过汽车来重新组织碎片化的日常生活。对人类自身而言，为了适应高速流动的社会，驾车似乎变成了我们的第二天性（萨夫迪，2001：117），仿佛在变成了一个"佩戴假肢的上帝"的同时，又是一个不得不更加依赖于汽车流动的"四轮生物"。

第三，汽车社会是一个欲望膨胀的消费型社会。从世界发达国家的经验来看，汽车社会与消费社会存在着令人惊讶的亲和性。大众化消费时代的来临，使汽车从一件昂贵的奢侈品变成一项现代民主社会中的普通家用必需品，直接带动了城市家庭的消费升级。而汽车社会的到来又推动了消费革命，改变了人们的消费观念、消费模式和日常消费行为，促使人们的消费欲望进一步膨胀，我们的生活世界出现了大量的与汽车关联的消费场所，如汽车旅馆、大型购物中心等，因而汽车实际上可以说是消费社会的发动机。

第四，汽车社会是一个全新的系统世界。在汽车化的城市社会中，我们不得不面对来自复杂的"技术系统"、"道路系统"、"交通管理系统"、"销售与维修系统"、"能源系统"等新的专家系统对生活世界的殖民化。法国著名社会学家列斐伏尔就曾指出，汽车不仅"建立了交通系统，也建立了交通的组织和机构；这些系统、组织和机构既利用汽车，汽车也利用它们"（Lefebve，1984：101）。当汽车系统使我们的生活世界陷于被动之中的时候，我们的确需要好好地去反思人类文明的走向。因而，汽车社会的来临实际上也要求我们的社会必须是一个反身性的社会。

第五，汽车社会同时也是一个高度风险的社会。汽车绝不仅仅是可以让人类自由驾驭的温驯良马，它还可能是人类文明的杀手。从著名社会学家埃利亚斯的"文明化理论"来看，汽车同时具有文明化和去文明化这两幅面孔（Elias，1995：15）。在道路上车辆越来越多的情况下，人的生命和身体健康所受到的威胁也就越来越大，道路交通事故导致的死亡已经成为全球日益严重的重要公共安全问题。可以说，交通风险已成为城市日常生活的一部分，并严重威胁着个体安全。

Part 4 第四章
汽车消费的政策转型与制度逻辑

人类学家和历史学家在对物品进行研究时发现，物与人一样具有社会生命，他们为物的生命立传。著名学者阿尔君·阿帕杜莱（Arjun Appadurai）就在文集《物的社会生命：文化视野中的商品》中指出，追踪一种商品在社会关系中的运行轨迹，可以揭示出社会生活中制度上的变化（Appadurai，1986；转引自汪大卫，2003：333）。汽车正是这样的一种商品，作为现代社会的领先之物（leading object），它在中国有着一段跌宕起伏的社会生命，它为我们考察国家与个人的关系提供了一个非常好的切入点。毫不夸张地说，汽车在当代城市生活中所承载的东西已经远远超过了其本身的范畴，它是国家与个人关系的一个缩影，通过考察汽车在日常生活中的消费轨迹，我们可以清楚地看到国家制度的变迁及其背后的逻辑。

中国大城市走向汽车社会经历了一段与西方发达国家大为不同的历程。在改革开放以前相当长的一段时间内，汽车是作为一种生产资料由国家实行集中管理、统一平衡分配的，私人不能拥有汽车。在 20 世纪 80 年代至 90 年代中期，汽车仍然被视为一种奢侈消费品，政府公务用车（以下简称"公车"）在汽车消费市场中占有绝对的优势，汽车成为了政治特权的一种象征。20 世纪 90 年代中期以来，情况发生了巨大的转变，汽车开始迅速进入城市家庭，在 21 世纪初，私人汽车（以下简称"私车"）消费开始超过公车消费，成为中国汽车消费市场的主力军，中国汽车消费结构完成从以"公车"为主体到以"私车"为主体的转型。

在从公车消费到私车消费的转型背后，尽管存在着复杂的消费市场等多种因素的共同作用，但其中最不能忽略的是一个现代化国家的产业政策和消费政策在这之中所扮演的极为重要的角色，在一定程度上甚至可以说，是国家政策在主导着私人汽车消费的走向。这一章主要探讨在走向现代化的中国消费制度转型背景下，汽车产业政策与汽车消费政策对城市家庭汽车消费的影响。本章要回答的问题是：国家作为一个宏观的行动者为什么以及怎么样将汽车消费建构成为现代生活的一种需要？

在描述从公车消费到私车消费的历史转型之后，本章后三节将致力于揭示其背后深刻的制度逻辑：①国家基于经济主义意识形态的追求，把汽车工业确立为国民经济的支柱产业，使汽车工业成为一个新的经济增长点。在这里，汽车承载着国家走向现代化的重要使命。②在内需不足的情况下，把鼓励汽车消费作为拉动内需、扩大消费的一驾马车，从这里我们可以看到，城市家庭汽车消费的"需要"是如何被创造出来的。③通过鼓励私人汽车消费的政策，提升因不合理的公车消费而被削弱的政治信任感。在这里，汽车绝不仅是一项普通的家庭消费品，它还包含着强烈的政治意涵，它是迈向日常消费生活民主化的标志之物。

本章主要是想透过对政策演变的逻辑分析，从宏观层面揭示国家这只"看得见的手"是如何从产业政策、消费政策方面对城市家庭汽车消费进行干预与刺激。本章想要表明的是，个人的消费生活，不仅仅是个人的私事，而且与一个国家经济转型和现代化过程紧密相关，从生产者到消费者的主体建构，是一个现代国家经济转型的内在需求与必然趋势。因而，汽车消费不仅仅是个人生活的需要，而且还是国家工业发展、扩大内需让渡民生自由的一种需要。"汽车梦"不只是个人的生活理想，同时也是一个国家追求现代化的远大理想。本章框架见图4-1。

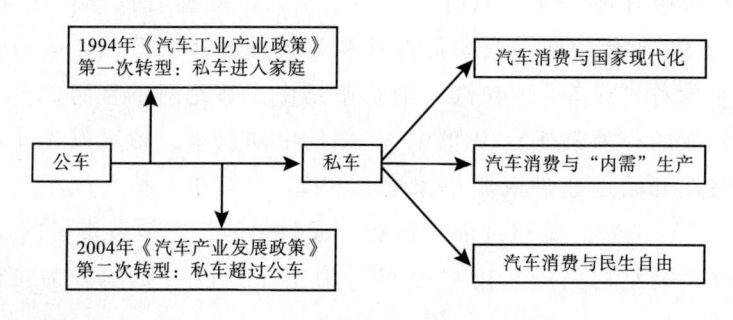

图4-1　汽车消费的制度转型与制度逻辑

第四章　汽车消费的政策转型与制度逻辑

第一节　公车消费

在相当长的一段时期内，公务用车是我国汽车消费市场的主体，国家不仅从制度上抑制私人汽车消费，而且对公车的使用也有诸多的限制。公车制度的形成，实际上是我国传统"轿"文化的等级观念的延续，同时也与我国当时的经济发展战略有着密切的联系。

（一）公车："轿"文化的延续

就在小汽车（car）驶入中国的时候，国人形象地将小汽车称为"轿"车，轿车一词不仅仅是指一种交通工具，而且还包含着深刻的传统观念。"轿"车，源于中国古代轿子的形象比喻，从这一概念中我们可以看出它深受古代"轿"文化的影响，暗含了与身份等级相适应的乘用制度。在中国封建礼制中，车占有重要的地位。《隋书·礼仪志》曰："舆辇之别，盖先王所以列等威也。"对于古代官员来说，什么级别的官员在什么场合坐什么车都有严格的规定，不能逾越。例如，皇帝的车用四马驾车，皇太后、皇太子等用三马驾车，三公九卿、公主、贵人、二千石以下官员只能用两马驾车；车上的旗帜、车身花纹、颜色、装饰用的材料等，礼仪中都有详细的规定（贾新光，2004：417）。

中国古代的轿子，其前身为肩舆或步辇，在中国历史上起源甚早，但只是少数贵戚大臣与南方士大夫的乘具。直到宋代把肩舆和步辇上的乘椅、躺椅改制成厢式，"轿子"正式出现，其独特性是在于西方未曾有过类似的东西（巫仁恕，2008：66）。到明代，轿子有官轿和民轿之分，官方对乘轿的规定非常严谨，并形成了一套等级序列非常明显的乘轿制度，如《大明会典》规定，官轿方面限定官员品级及身份的差异，先是在装饰、颜色与质材上需要配合官员品级，而庶民的车轿的颜色只能用黑漆等。这套制度的建立反映了官方赋予乘轿特殊的意涵，表明官员身份地位的来源并不只是政治上拥有权力，而且在生活方式上也享有乘轿的特权，乘轿因而成了这些人的特权消费领域（巫仁恕，2008：79）。这种历史上所形成的一整套乘轿礼仪制度和文化观念对近现代的新式交通工具产生了非常深远的影响。

今天的轿车传承了古代的"轿"文化，轿车所彰显的身份地位等级成为了一个鲜明的社会代码。这一点，我们可以从中国轿车工业的发展历程中找到它的身影。1958年5月5日，作为共和国汽车"长子"的长春第一汽车制造厂（一汽）试制出中国历史上第一辆轿车——东风牌71型轿车，从而拉开了新中国轿车工业的帷幕。1959年，一汽开始新一轮红旗CA72型轿车的设计，并小批量试制出43辆。但是，红旗轿车在当时不是商品，没有买卖，而是国家每年下计划，由一汽生产调拨，使用者是党和国家领导人，后来延伸到全国省部级以上的高级官员。从1958年到1981年，前后23年，红旗轿车一共只生产了1500多辆（李永钧，2008：14）。

稀缺的资源更容易成为一种权力的象征。在20世纪90年代之前的中国，并非所有的官员都可以坐上轿车，它是一种政治上的奢侈品，只有一定身份地位的官员才有资格享用。从50年代初起，为国家领导人特别制造的汽车，以及一些生活必需品，都是严格按照干部的身份等级来分配的，只有党内、军队和政府部门的高级干部才能坐上豪华的红旗轿车。在国家意识形态中，普通百姓乘用汽车是资产阶级享乐生活方式的体现，是受到严格禁止的；在国民经济生产之中，汽车是作为一种生产资料而非消费资料被人们所使用的。在社会主义计划经济时代，国家对生产资料实行集中管理、统一平衡分配的制度，生产资料不是商品，不能实行市场交换，而只能实行实物调拨。汽车作为生产资料，只能分配给各全民所有制单位使用，私人不能拥有汽车。

（二）公车消费：汽车市场的消费主体

在改革开放以前，政府对发展公用轿车进行严格的控制，基本只注重发展公务轿车，这种公车制度源自苏联，是传统"官本位"的分配策略的延续。按照规定，轿车只能配到县级以上单位，供这些单位的领导人员进行公务或业务活动乘用，并且是按干部的不同级别来配置不同级别的轿车：轿车由高级干部享用，县团级以下的官员，只能配用吉普车。企业套用相应行政级别。因此，轿车保有量的增长十分缓慢。这个时期的轿车，除外形由自己设计外，都是仿制生产，而且只有红旗、东方红、上海等寥寥数种自行研发的国产车型独撑门面，款式老旧，产量也低得惊人，1972年，轿车最高产量为600辆，1980年，轿车最高产量也只有4000辆（李永钧，2008：15）。国家对于汽车工业的发展政策一直是"重卡轻轿"，卡车作为一种能够创造价值的生产资料而备受政府推崇，中国汽车工业基本上成了"中国卡车工业"。

第四章 汽车消费的政策转型与制度逻辑

细数欧、美、日、韩等发达国家的家庭汽车普及之路，无一不与他们国家轿车工业的大力发展紧密相关。而中国汽车产业格局，严重地阻碍了中国轿车工业的现代化发展和国人汽车梦的实现。国外研究资料显示，在1966年"文化大革命"的前夜，北京市总共只有11辆非国家分配的私人汽车，任何乘坐私人小汽车的人都会被怀疑是国外派来的间谍，或是走资派成员（Barme，2002：182）。到1978年，全国轿车保有量才达15万辆（张仁琪等，1997：149），而且基本上都是单位公车。直至改革开放以来很长一段时间，我国仍然是以发展公用轿车为主，公费买车、干部乘车已经形成制度和传统，私人轿车进入家庭受到很多条件的限制。20世纪80年代中期，中国的千人汽车保有量为0.5辆，在全世界140个国家中排名倒数第一（李永钧，2008：15）。

1984年，对中国的汽车工业发展来说也是非常关键的一年。这一年，中国政府决定发展轿车，试图改变"重卡轻轿"的局面，并正式开始审批项目，各地各行业纷纷上马轿车项目，北京吉普、广州标致和上海大众这三个合资轿车生产企业就是在1984～1986年获得批准的。尤其是在1984年，上海大众的桑塔纳轿车———一款虽然在海外已停产多年的但却是第一款合资引进生产的国产轿车，出现在中国街头时，引起了强烈的震撼，获得了前所未有的成功，给国人带来了很大的刺激。1986年前的数十年间，轿车年产量一直徘徊在5000辆左右，而在1986年，这个数字翻了一番，第一次突破了10000辆（资料来源：李永钧，2008：16）。这一局面也刺激了其他跨国汽车巨头进军中国市场的欲望，紧随上汽集团之后，一汽集团与东风集团也分别与海外车商进行了合资，一汽、上海与东风成为国家规划的三大轿车生产集团。此后，通用、本田、福特、日产、丰田纷至沓来，中国汽车产业的合资格局逐步成型（李永钧，2008：16）。

但是，当时产业格局的变化并没有改变以公车消费为主体的轿车市场格局，而是进一步刺激了公车消费的膨胀，轿车在中国基本是政府和国有集体企业的"公家财产"。到了20世纪80年代，干部配车逐步突破规定，向量多、高档发展。在1984年，县团级以下单位官员与同级别企事业领导不得配用轿车的规定撤销，干部用车的基础数陡然上升。尽管按规定，只有省部级正职以上官员才能配以专车，但是实际上，许多地方和部门都突破了这一规定，许多科长一级的干部也配有专车，单位的轿车往往就是"一把手"或其他实权人物的专车，而且越是基层单位，这一趋势越明显。国家解除县团级以下单位不得配用轿车的规定引发了一股急剧膨胀的轿车需求浪潮。与改革开放前相比，公用轿车保有量增长了13.3倍，年均增长率为17.6%，到1994年，全国公用轿车保有量达160万辆左右，占轿车总保有量的约80%，其中还有17%左右的轿车是属于经营用的出租汽车，而剩下的私人家庭轿车的保有量却寥寥无几，约3%（张仁琪等，1997：150）。

长期以来我国之所以以发展公用轿车为主，而抑制私人购车，原因主要有以下几个方面。

第一，国家的汽车工业发展状况及汽车产业的相关政策规定使轿车无法成为一种大众消费品。改革开放前，国内汽车生产企业数量有限，产量不多，技术相对落后，很多公务用车也是利用外汇从国外进口。在20世纪60年代，根据国民经济"调整、巩固、充实、提高"的方针，同时考虑到我国轿车主要用于公务的指导原则和"轿车是资产阶级腐朽享乐的象征，不应该大量发展"的思想，国家仅保留了作为国宾礼仪车的"红旗"高级轿车和作为普通干部使用的"上海"牌中级轿车的生产，其他的新生汽车被迫停产（曾南燕、刘立群，1996：142）。而即使是作为当时最响亮的民族品牌的"红旗"轿车，在1958~1981年的23年里，也一共只生产了1500多辆（李永钧，2008：15）。这种状况，给我国轿车工业的发展壮大带来极其不利的影响，更谈不上私人汽车的发展了。

第二，当时的消费观念严重地束缚了轿车进入家庭消费领域。在相当长的时期内，国人把轿车看成高级奢侈品，或说成资产阶级的享乐品，在提倡节俭消费的价值伦理下，即使有的家庭具备了轿车消费的能力，也不敢贸然购买和使用。美国的中国问题研究专家费正清在20世纪70年代的一篇文章中指出："中国正在建立一种新的模式，在如何运用科学技术为现代生活服务的难题上，得出新的解决方案。例如，由于人口众多，不可能大量生产小汽车供个人消费，这样，中国就避免了汽车文明带来的破坏性后果……鉴于中国的人口、资源和传统，中国人不得不创建一种全新的反个性主义的社会。"（费正清，2002：102）汽车作为一种最先进的现代科学技术之一，没能广泛运用到中国现代生活服务之中，虽然在一定时间段内避免了汽车文明带来的破坏性后果，但是从上一段的分析中，我们知道真正的原因并不仅仅是费正清所说的人口众多问题，他所指出的"中国人不得不创建一种全新的反个性主义的社会"，虽然并不是直接针对汽车而言的，但却对当时的中国为什么限制汽车发展提供了一个很好的注解。汽车是个性化消费的一个重要方面，但对于一个崇尚集体主义的社会主义国家来说，强调"个性"就是资本主义的个体主义思想，是无法被社会主义国家的人民接受的。因而，为数不多的汽车只能是供有身份、权力和地位的官员使用。很长一段时间里，在中国的汽车文化中，作为个人财富象征和生活奢侈品的小汽车仍然是和特权等联系在一起的（Barme，2002：177）。

第三，轿车能否进入家庭的一个最基本的因素当然是和经济状况紧密相关的，而当时的经济发展水平决定了社会上绝大多数的家庭买不起车。在以社会主义公有制为主体的经济体制和平均主义的分配体制中，财富基本为国家和集体所有。国内长期实行低工资政策，对单位实行工资总额控制，工资调整由国家统一安排，而居民家庭收入主要来源于有限的劳动工资，这些工资收入根本就达不到购买和使用轿车。而且，许多地方限制性的规定，使购买和使用汽车的成本大大提高，居民家庭对汽车消费只能是望而却步，只有各级政府机关和企事业单位的公款消费才能成为轿车消费的主体。

第二节 私车消费

如果说豪华公车是20世纪80年代充满政治性的话题之一，那么家庭私人汽车则成为20世纪90年代中后期公众文化的一个焦点（孟悦，2004：371）。自1994年以来，国家颁布了许多关于汽车产业和汽车消费的有关政策法规，这些政策法规一改之前对私人汽车消费的种种约束，并在推进汽车工业产业格局的调整、促使私人汽车消费的兴起中起到了非常巨大的作用。根据王晶晶和袁健红（2008）运用文献计量法统计的结果，在1994~2008年这15年的时间中，我国政府总共颁布了1129条与汽车相关的政策法规，这些法规对我国汽车产业和私人汽车消费产生了重大的影响。其中，影响最大的是1994年颁布的《汽车工业产业政策》和2004年修改后新颁布的《汽车产业发展政策》。在这一节中，我们将通过政策分析法，仔细考察这两部政策出台的背景、与汽车消费相关的内容以及其对中国汽车消费转型所产生的影响。

（一）第一次转型：轿车进入家庭

1. 1994年《汽车工业产业政策》出台的目的和背景

1994年2月，由国家计划委员会颁布的《汽车工业产业政策》终于面世，这是中国汽车史，特别是轿车史上非常值得纪念的一年。汽车产业政策是一项指导汽车工业健康发展的政策，也是带动其他相关产业乃至整个经济发展的指导性政策。汽车产业政策的政策目标是"2000年汽车总产量要满足国内市场90%以上的需要，轿车产量要达到总产量一半以上，并基本满足进入家庭的需要，摩托车产量基本满足国内需要，并有一定的数量出口"。

《汽车工业产业政策》的制定有着非常深刻的政治、经济和社会背景。首先，在20世纪80年代中后期，鉴于汽车工业的重要性，国家已经意识到必须制定一个比较全面稳定的政策，创造一个良好的市场环境，才能从根本上改变中国汽车工业发展的被动局面，也才能实现把汽车工业建成国民经济支柱产业的目标。1986年4月在《中华人民共和国经济和社会发展第七个五年计划（1986~1990年）》中，汽车工业第一次被中国政府明确为支柱产业，汽车产业在政策上更加受到政府的关注，国家领导及各部委，都非常重视制定民族汽车工业的发展总纲。

其次，改革开放以来，尤其是在1984年国家解除了县团级以下单位不得配用轿车的规定之后，国内轿车需求急剧膨胀。汽车消费主体由原来单一的企事业单位购车占主导地位转变为多种需求主体共存的局面，三资企业、乡镇企业及一些先富裕起来的个人的购车欲望越来越强烈，对汽车产品需求的数量和质量要求都有了一个很大的变化。但是，国内原有的汽车企业的生产能力和水平远远满足不了人们的需要，大量的汽车需要靠进口，耗费了大量的外汇，也增强了国内汽车工业的危机感和迫切感。在这种情况下，制定产业保护政策也成为全行业最为关心的问题。

再次，中国汽车工业长期存在着投资分散、项目审批乱、重复低水平引进和国产化速度慢（"散、乱、低、慢"）等问题。到20世纪80年代至90年代初期，汽车产业结构的矛盾已经非常突出了，尤其是汽车零部件工业严重滞后，配套能力差，成为合资企业引进产品提高国产化水平的重大障碍。在这种情况下，亟须国家从宏观上调整不合理的产业组织结构。

汽车产业政策的出台是政府引导和干预经济发展的一项重要举措。政府运用行政手段和经济手段加速汽车工业的集中化进程，以获取规模经济效益。通过项目审批制来进行宏观调控，通过审批来控制新的企业进入，控制产业的散乱，控制非国有资金进入。这种行政干预式的产业政策其实并非中国独有的现象，在凯恩斯主义的影响之下，第二次世界大战以后，世界各国

第四章 汽车消费的政策转型与制度逻辑

政府纷纷运用产业政策形式干预经济发展,产业政策成为现代经济发展过程必然存在的政策变量,是为各国政府所执行的一项基本经济政策。日本经济学家下河边淳和管家茂在《现代日本经济事典》中认为"产业政策是国家或政府为了实现某种经济和社会目的,以全产业为直接对象,通过对全产业的保护、扶植、调整和完善,积极或消极参与某个产业或企业的生产、营业、交易活动,以及直接或间接干预商品、服务、金融等的市场形成和市场机制的政策的总称"(下河边淳、管家茂,1982)。

本章不打算详细讨论产业政策的定义,这里想说明的是,作为一种较新的经济调控手段,产业政策自 20 世纪 70 年代以来已引起人们的高度重视。在中国经济体制改革的实践中,产业政策也成为了政府管理经济的一个重要的手段,1989 年颁布的《国务院关于当前产业政策要点的决定》是我国第一部独立的产业政策文件。1994 年 4 月又颁布了《90 年代国家产业政策纲要》,中央又进一步强调要坚持以适应国内外市场需求为导向,强化产业政策的引导作用,有效提高资源配置效率。"纲要"提出,20 世纪 90 年代国家产业政策的主要目标是:大力发展农村和农业经济,切实加强基础设施和基础工业,积极振兴机械、电子、汽车、石化、建筑等支柱产业,优化产业组织,促进技术水平的提高和促进产业合理布局。《汽车工业产业政策》可以说是政府引导汽车工业发展、优化汽车产业组织的一个非常突出的例证。就产业政策的性质而言,实际上与政府的其他政策一样,都是对市场经济的干预(臧旭恒等,2004:501),也正因为如此,《汽车工业产业政策》也带有很浓厚的计划经济和政府行政管理为主的色彩。

2.《汽车工业产业政策》对私人汽车消费的影响

《汽车工业产业政策》共有十三章六十一条,分别从政策目标和产品发展重点、产品认证、产业组织、产业技术、投融资、利用外资、进出口管理、国产化,消费与价格以及相关工业和社会保障等方面提出了提倡、鼓励、支持的政策和限制、约束规范的政策。这些不同的条款构成了一个政策群,对 20 世纪 90 年代中后期的汽车产业发展产生了深远的影响,尽管它有许多局限之处,但还是解决了汽车产业发展中的许多问题。尤其是第十章"消费和价格政策"中几个条款的规定,首次在中国将"汽车"和"私人"联系到了一起,对私人汽车消费的兴起产生了重要的作用。例如,其中第四十六条、四十七条和四十八条规定:

第四十六条　逐步改变以行政机关、团体、事业单位及国有企业为主的公款购买、使用小汽车的消费结构。

　　第四十七条　国家鼓励个人购买汽车，并将根据汽车工业的发展和市场消费结构的变化适时制定具体政策。

　　第四十八条　任何地方和部门不得用行政和经济手段干预个人购买和使用正当来源的汽车，应采取积极措施在牌照管理、停车场、加油站、驾驶培训学校等设施和制度方面予以支持和保障。

　　第四十六条的规定，预示着中国汽车消费市场上以公款购买和使用小汽车为主的消费结构将发生重大的变化。此前虽然也有少量的汽车进入家庭，但在第四十七条中明确提出"国家鼓励个人购买汽车"却还是第一次。而对于这句话是否应该写进产业政策，其实在中央高层、各部委、汽车界以及学术界争论了很久。当时有两种针锋相对的观点（参见郑也夫，1994；樊纲，1994），一种认为中国不应该鼓励轿车进入家庭，理由是轿车大规模进入家庭会造成许多灾难性的后果，如土地浪费、资源耗尽、空气污染、交通拥挤等；另一种观点认为私人拥有轿车是生活富裕的体现，是现代化的表现，支持轿车进入家庭的人反问："为什么官员可以坐车，老百姓就不能有自己的车呢？"虽然到目前为止仍然存在很大的争论，但是后一种观点还是占了上风。在产业政策中，尽管只有"国家鼓励个人购买汽车"短短这十个字，但却是长期争论的一个结果。

　　《汽车工业产业政策》第四十八条"任何地方和部门不得用行政和经济手段干预个人购买和使用正当来源的汽车"的规定授予了个人购买和注册汽车的合法性权利，以国家政策的形式为私人汽车消费之门打开了一个口子，从而松动了轿车在普通老百姓心中"可望而不可即"的政治性约束，公众舆论中对公车的愤愤不平开始转化为对私人轿车的强烈欲望。这不仅大大改变了轿车在公众生活中的意义，也是我国的汽车产业第一次发生重大转型，汽车工业被列为我国经济新的增长点。此后，在2000年的《中共中央关于制定国民经济和社会发展第十个五年计划的建议》中，国家再一次提出，鼓励轿车进入家庭，大力发展公共交通事业。这是我国第一次将有关汽车消费、轿车进入家庭的话题列入国家发展规划。中国人已经有了一个买车的梦。

　　私人汽车消费的兴起使得轿车产业的发展出现质的飞跃，市场竞争渐渐激烈。《汽车工业产业政策》的出台也极大地激发了国内汽车大企业开展行业重组、扩大企业规模的热情，而重组或并购之后的汽车产业的生产能力迅猛扩张。为了满足私人购车者对实用性、个性化以及经济性的要求，轿车车型品牌也日益丰富，大量适合家庭消费的经济型小车渐成购车的主流。对消费者的争夺使得车市从卖方市场开始向买方市场转变，过去凭借集团购车不愁销路的汽车厂商们尝到了竞争的痛苦，降价、升级、改款渐渐成为车市持续的焦点（李永钧，2008：16）。随着汽车企业生产能力的提高，如何把生产出来的汽车卖出去、如何刺激消费者的购车欲望也成为了重要的问题。

（二）第二次转型：私车超越公车

1. 2004 年《汽车产业发展政策》出台的背景和目的

2004 年 6 月 1 日，国家发展和改革委员会颁布了新版的《汽车产业发展政策》。新的产业政策共 13 章 78 条，主要包括：政策目标、发展规划、技术政策、结构调整、准入管理、商标品牌、产品开发、零部件及相关产业、营销网络、投资管理、进口管理、汽车消费等方面的内容。我们先来看一下这项政策出台的背景。

第一，2001 年中国加入 WTO 后，给中国的汽车工业带来了巨大的冲击，原有汽车工业产业政策中的部分条款与世贸规则产生了明显冲突，迫切需要全面的修订。1994 年的《汽车工业产业政策》为了保护国内产业，在投资、技术、服务、贸易等多个领域限制国外企业的进入。WTO 的条款与这一产业政策形成了强烈的冲突，其焦点在于市场准入。加入世贸组织之后，中国政府为实现加入承诺，大幅度地减少对于汽车工业的规制与保护政策，逐年下调汽车进口关税，增加进口配额，并在 2005 年取消配额，基本上实现轿车生产领域的自由竞争。在这种情况下，1994 年颁布的《汽车工业产业政策》已经名存实亡。

第二，进入 21 世纪以来，汽车工业国际竞争格局和竞争趋势发生了新的变化，全球性的大规模兼并重组，强强联合，导致企业规模进一步扩大，市场集中度明显提高。世界汽车跨国公司开始加速进入中国，中国市场逐步成为其"全球战略"的一部分。国内民间资本也不断涌入汽车工业，使中国汽车工业的产业组织结构发生了巨大变化，并开始全面融入世界汽车工业体系。我国原有的汽车产业政策已经难以适应汽车产业发展的变化了。

第三，随着中国汽车工业的快速发展，汽车产业内部也出现了新的问题。20世纪90年代中后期，市场化改革进程不断加快，而原有汽车产业政策对此后汽车市场形势的严峻性估计不足，过分强调了规模经济的重要性，对汽车产业的开发能力及其形成方式考虑较少，对汽车产业未来发展的指导性出现了一定的偏差，致使带有计划经济时期色彩的《汽车工业产业政策》所起的作用逐渐削弱。《汽车工业产业政策》虽然在一段时间内对中国汽车工业的发展起到了积极的作用，但在实施过程中也导致了汽车企业集团为了追求规模经济而产生了行业内盲目投资、盲目并购重组，加剧了企业经营的恶化。部分汽车企业为了自身生存和市场竞争的需要，采取变通手段，突破了《汽车工业产业政策》的政策性限制，又在很大程度上降低了产业政策的权威性（杨帆，2003：25）。在这种背景之下，颁布一部新的汽车产业政策就显得尤为迫切了。

第四，国家发展和改革委员会有关负责人在答记者问时也指出："我国步入汽车社会之后车与道路、环境、能源的矛盾也日益尖锐，社会使用环境的容纳程度已经成为中国汽车产业能否长期、持续、健康发展的关键。面对新的矛盾和问题，必须有一个具有创新性、前瞻性、科学性的并对中国汽车产业发展具有指导意义的政策。"此外，制定新的《汽车产业发展政策》，也是"加快汽车产品法制化管理进程的需要。汽车工业是国民经济发展的支柱产业，汽车的使用涉及千千万万消费者，并对社会每一位公民的利益产生影响。因此，汽车生产、制造、销售、使用及报废的全寿命周期的管理涉及多个政府部门，是一项复杂的系统工程。但是，在由计划经济向社会主义市场经济转变的过程中，我国对汽车产品实行法制化管理缺乏必要的法律法规。在此过程中，汽车产业发展政策承上启下，一方面引导企业的发展，另一方面可以指导政府有关部门制定必要的规章制度开展法制化管理"。[①]

因此，"为适应不断完善社会主义市场经济体制的要求以及加入世贸组织后国内外汽车产业发展的新形势，推进汽车产业结构调整和升级，全面提高汽车产业国际竞争力，满足消费者对汽车产品日益增长的需求，促进汽车产业健康发展"，新的《汽车产业发展政策》终于出台。

2.《汽车产业发展政策》对私人汽车消费的影响

在新的汽车产业政策的政策目标中，第二条是值得注意的，即要"创

[①] 王政《新〈汽车产业发展政策〉有何新意——国家发改委有关负责人答记者问》，参见2004年6月2日《人民日报》。

造良好的汽车使用环境，培育健康的汽车消费市场，保护消费者权益，推动汽车私人消费"，与1994年的汽车产业政策相比，新的产业政策更加关注私人汽车消费的使用市场和消费环境，说明我国私人汽车消费市场逐渐走向成熟。实际上，21世纪以来，轿车进入家庭的速度越来越快，私人汽车的保有量日益壮大。1985年，私人汽车的保有量是28.49万辆，仅占全部民用汽车总量的8.87%，也就是说，在全部民用汽车中，有90%以上是姓"公"的。而到了2003年，我国民用汽车保有量为2382.93万辆，其中私人汽车已经达到1219.23万辆，所占的比例为51.17%，私人汽车保有量首次突破总保有量的"半壁江山"，汽车市场的主体从公车转为私车。到2010年，私人汽车已经占到总保有量的76.11%，超过了民用汽车总量的四分之三。随着汽车产业政策的调整和人民收入水平的不断增长，在可预见的未来，私人汽车的保有量还将持续上升，汽车市场中的私人消费成为了一个新的经济增长点。

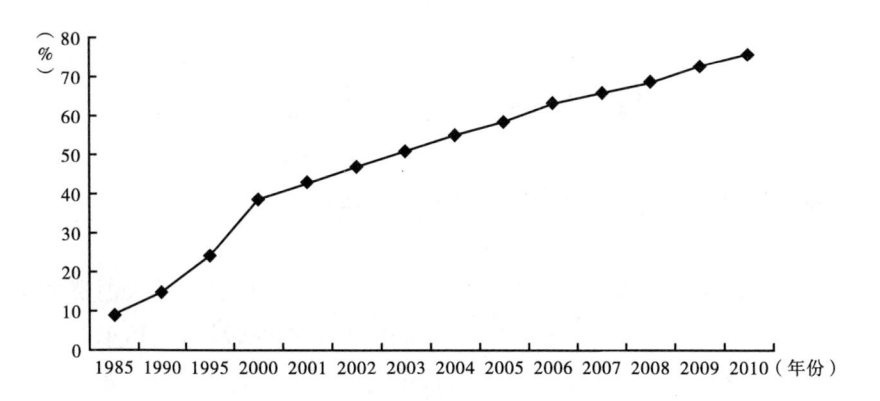

图4-2　1985~2010年私人汽车占民用汽车百分比的变化趋势

资料来源：根据2007~2011年《中国统计年鉴》计算。

如果说把"让轿车进入家庭"看做是我国汽车社会的第一次重大转型，那么，2003年以来，汽车市场主体的改变标志着近十年的第一次转型已经初步完成。可以说，1994年版的产业政策提出的"逐步改变以行政机关、团体、事业单位及国有企业为主的公款购买、使用小汽车的消费结构"的政策目标基本上已经实现了。同时，我国汽车社会正面临着从"公车"到"私车"的第二次重大转型的考验（南辰，2007：195）。从"公车"到"私车"的转型，不仅激活了中国这个巨大的潜在私人汽车消费市场，为汽车工业开拓了一个新的发展空间，也使汽车市场逐步由公款购车为主转向以私人购车为主体的消费结构。

因此，2004年的《汽车产业发展政策》更加关注私人汽车消费也在情理之中。新版的产业政策首次将汽车工业产业政策与汽车消费政策合二为一，其中关于汽车消费的条款单列一章，与1994年版的汽车产业政策关于汽车消费的内容只有6条、不足13行相比，这次的篇幅明显增多，共有14条。从篇幅上的差别我们就可看出，在私人消费已经成为国内汽车消费主导力量的背景下，未来国家对汽车消费市场的管理和指导将进一步加强。

从与私人汽车消费相关的内容上看，相比1994年版，2004年的新政策也有许多新意，有以下几条与消费者紧密相关的是特别值得我们注意的。

第一，关于汽车消费主体和汽车产品（排量）问题，在"汽车消费"这一章的第一条（即第六十一条）就明确地提出：

> 培育以私人消费为主体的汽车市场，改善汽车使用环境，维护汽车消费者权益。引导汽车消费者购买和使用低能耗、低污染、小排量、新能源、新动力的汽车，加强环境保护。实现汽车工业与城市交通设施、环境保护、能源节约和相关产业协调发展。

这一条政策中包含着三个层面的内容：首先，"培育以私人消费为主体的汽车市场"，在前面已经指出了，我国在2003年的时候，"私车"消费已经突破了半壁江山，而要成为汽车消费市场的主体，则需要进一步改善汽车使用环境，减少一些限制性的政策影响；其次，以往国内不少城市以种种借口限制消费者购买和使用低能耗、小排量的汽车，致使小排量汽车受到很多歧视，而新的产业政策则提出"引导汽车消费者购买和使用低能耗、低污染、小排量、新能源、新动力的汽车，加强环境保护"，因而在新政策出台后，购买和使用小排量汽车将不再受到歧视，各地对小型车的限制已经有了很大松动；最后，关于汽车工业与城市交通设施、环境保护、能源节约和相关产业协调发展的关系，这一点这里不再赘述。

第二，关于汽车购买和使用过程中的税费问题。在汽车消费过程中，最令汽车消费者头痛的也许就是乱收费了，名目繁多的费用让消费者苦不堪言。新的汽车产业政策在第六十三条对这一点作出了明确的规定：

第四章　汽车消费的政策转型与制度逻辑

第六十三条　国家统一制定和公布针对汽车的所有行政事业性收费和政府性基金的收费项目和标准，规范汽车注册登记环节和使用过程中的政府各项收费。各地在汽车购买、登记和使用环节，不得新增行政事业性收费和政府性基金项目和金额，如确需新增，应依据法律、法规或国务院批准的文件按程序报批。除国家规定的收费项目外，任何单位不得对汽车消费者强制收取任何非经营服务性费用。对违反规定强制收取的，汽车消费者有权举报并拒绝交纳。

在第六十四条中，新产业政策还对汽车使用过程中所涉及的维修保养、非法定保险、机动车停放费等经营服务性收费等作出规定，指出应以汽车消费者自愿接受服务为原则，由经营服务单位收取。其收费标准和管理办法由国务院价格主管部门或授权省级价格主管部门制定、公布并监督实施。公路收费站点的设立必须符合国家有关规定等。针对乱收费问题，上述两点在维护消费者权益方面提供了政策上的保证。在新产业政策颁布后，相关法律法规也陆续制定出台，如最新的《道路交通安全法》、《汽车贷款管理办法》以及2006年7月1日颁布的《机动车交通事故责任强制保险》等。这些法律法规一定程度上刺激了消费者的购买热情，保证了消费者的消费权益和生命安全。

第三，随着中国汽车消费市场的不断扩大，汽车消费信贷也成为一个备受关注的话题。关于这一点，第六十五条规定"国家支持发展汽车信用消费"，并指出"从事汽车消费信贷业务的金融机构要改进服务，完善汽车信贷抵押办法。在确保信贷安全的前提下，允许消费者以所购汽车作为抵押获取汽车消费贷款"。同时按照新政策，企业可设立服务于汽车销售的非银行金融机构，外资可也将允许开展汽车消费信贷及租赁业务。在这些政策的鼓励之下，消费者将可以享受到更多形式的，更优质的汽车消费信贷服务。

除了上述三点之外，新的汽车产业政策中还作出了许多有利于消费者的规定。例如，第六十六条提出"国家鼓励二手车流通"的规定，使二手车的交易更加规范和更少风险；第七十条提出以保障交通通畅、方便停车和促进汽车消费为原则，"鼓励个人、集体、外资投资建设停车设施"；第七十二条规定："实行全国统一的机动车登记、检验管理制度，各地不得自行制定管理办法。"按照这项规定，如果消费者提供的手续符合国家规定，公安交通管理部门不得拒绝办理注册登记和年度检验，减轻了汽车使用者的负担，等等。在新产业政策的刺激之下，汽车消费的市场环境相对过去更加诱人，汽车需求出现了爆发性增长，中国汽车市场成为全球最有发展潜力的市场。特别是在加入WTO之后，轿车行业的激烈竞争导致了轿车价格的持续下降，价格的下降以及上面提到的一些鼓励和保护性的政策，则无疑使轿车进入城镇居民家庭的门槛越来越低。如果说，过去是汽车昂贵的价格及相关制度规定把人们排斥在驾驶室之外，那么，今天只要中等收入以上者愿意，就可以把车开回家，正所谓"旧时王谢堂前燕，飞入寻常百姓家"。

从以"公车"为主体的消费向以"私车"为主体的消费这一转型的过程，我们看到，私人汽车的发展纵然还存在一些税费政策不合理、不规范，但总体上汽车消费已经突破了政治因素的限制，购买和使用汽车与否，更多的是取决于个人的经济能力和爱好。对于整个社会来说，汽车作为一种代步工具已不再只是某些社会阶层的特权了，"有车阶级"——当年被鲁迅先生习惯性地用来讽刺暴发户和官员——这一概念的内涵已经发生了很大的转变，拥有了更多的群众基础。汽车对社会的影响，已经远远超出了汽车产业本身。

（三）两次转型的制度逻辑

通过上面对我国汽车消费主体演变的政策分析，我们发现，国家对汽车工业的大力扶植和对汽车消费的不断鼓励，对国人实现"汽车梦"起到了十分重要的作用，国家实际上已经成为建构汽车消费需要的主导力量。

那么，在近些年来汽车数量的持续增长已经导致交通拥堵、环境污染和能源危机等问题日益严重的情况下，国家和地方政府为什么要不断鼓励私人汽车消费呢？1994年，《汽车工业产业政策》颁布后不久，时任机械工业部部长的何光远先生在一次如何贯彻这一产业政策的座谈会上谈道：

> 中国的汽车市场与世界汽车市场最大的区别就在于购买者绝大部分是社会集团。如果我们现在的市场理论还是停留在过去那个框子里，不能及早认识轿车进入家庭对汽车工业发展的重要性、必然性，不积极着手培育个人购车的市场，把汽车工业建成支柱产业就只能是一个良好的愿望。按照我们的规划设想，到2000年，小轿车产量达到100多万辆。

第四章　汽车消费的政策转型与制度逻辑

如果不适量进入家庭，其结果要么车子生产出来卖不出去，要么还由集团消费包下来，那对整个国家财政来说无疑是一个灾难。不仅要限产，恢复"社控"也在所难免。培育轿车市场牵涉面很广，关联到社会生活诸多方面，需要得到各有关部门的支持与配合。因此，我们正着手研究制定鼓励轿车进入家庭的有关政策，特别是随着销售对象逐渐向个人转变对非公款购车要给予政策上的支持，私人购车逐步取代公款购车占据主导地位。新的市场体系构成应以私人购车为基础。买方市场为目标。①

在这段谈话中，我们可以发现，从国家的角度来说，制定汽车产业政策，鼓励轿车进入家庭，主要是基于以下三点考虑的。第一，汽车工业具有很高的附加值，让轿车进入家庭是为了把汽车工业建成支柱产业。正如何光远先生说的，如果不积极培育个人购车市场，那么把汽车工业建成支柱产业只能是一个无法实现的愿望，而支柱产业对国家经济发展的影响是非常深远的。随着汽车工业被确定为支柱产业，国内汽车生产能力迅速提升，按照规划生产出来的汽车数量越来越多，这些新增的汽车不可能全部由社会集团购买，因而必须转变汽车消费的主体、鼓励私人购买。第二，"制定鼓励轿车进入家庭的有关政策"的目的是为了刺激消费、扩大内需。20世纪90年代后期国内消费疲软、需求不旺的市场局面严重地影响到国家经济的发展，扩大内需、促进消费成为经济发展的战略方针，而鼓励私人汽车消费是扩大内需策略的重要决策。第三，让轿车进入家庭是为了减轻国家财政的负担。国家历年来为购买公车支出了大量的财政，致使公车消费成为一个无法回避的问题，批评与指责不绝于耳，鼓励家庭购买轿车既是减轻国家财政负担的需要，也是国家提升消费者政治信任感的策略。这三点我们将在下面三节中具体展开分析。

第三节　汽车消费与国家的现代化

改革开放的30年间，经济主义可以说是中国发展的主题，经济发展就

---

① 《制定长远规划　实现汽车业腾飞——何光远部长在机械工业部贯彻〈汽车工业产业政策〉座谈会上，畅谈我国汽车业的规划与发展》，《机电新产品导报》1994年第12期。

是一切（郑永年，2009）。

在这种新的观念的指引下，发展经济具有了某种正义性和神圣性，能够推动经济发展、创造国民财富的产业，国家均从政策上对之予以大力扶植。汽车工业可以说是国家现代化中的一个关键议题。从 1994 年的《汽车工业产业政策》到 2004 年的《汽车产业发展政策》，国家把汽车工业作为支柱产业便是这种经济主义意识形态的一个典型体现。本节主要分析我国汽车消费从"公车"到"私车"的政策转型背后所隐含的经济逻辑，即从国家的角度而言，汽车工业是一个新的经济增长点，它不仅带动了相关产业的发展，而且为国家创造了大量的利税，国家基于这一经济目的，从政策上对汽车工业进行大力扶植，结果是使汽车产能不断提升，在此情况下，鼓励私人汽车消费就成为了国家工业现代化和经济发展的必然选择。

（一）经济战略、产业政策与汽车工业

新中国成立后，第一代国家领导人面临着选择何种发展道路和管理体制组织经济建设，迅速实现强国富民理想的问题。为了能够快速、有效地实现强国富民的目标，国家领导人根据当时国内外的政治、经济环境，在经济发展战略上选择了以优先发展重工业为目标的发展战略。这种不顾资源的约束而推行超越发展阶段的重工业优先发展战略，是一种"赶超"战略（林毅夫、蔡昉、李周，2002：38）。自此，中国的工业化进程，走了一条与大多数发展中国家不同的道路。为了适应这一发展战略，从 20 世纪 50 年代到 70 年代末的相当长的时期内，以全面扭曲产品和要素价格为内容的宏观政策环境形成了，国家在重工业的发展上实行倾斜式的投资和保护，从而奠定了中国工业化的基础，工业尤其是重工业构成了经济增长速度中起主导作用的因素，成为了支撑国民经济增长的关键作用。在这一阶段，国家在生产和消费领域实行降低劳动成本和抑制消费的措施。这一阶段，汽车是作为生产资料而由国家行政部门统一配置的，低工资收入和抑制消费的政策使汽车无法成为人们的日常消费品。

改革开放之后，随着人们工资收入和生活水平的提高，中国的消费品市场开始逐步复苏。然而由于受到前一阶段国家优先发展重工业战略的影响，个人消费品市场短缺。为了满足人民群众日益增长的物质生活需求，国家实行了鼓励发展轻工、纺织行业和耐用消费品的政策，20 世纪 80 年代以来，

我国的服装、家电等行业得到了迅速的发展。进入20世纪90年代以后，带动我国经济增长的是基础产业和基础设施，包括新一代的家电产品。这些行业生产的各种消费品95%以上出现了供大于求的局面，我国经济开始逐步进入买方市场。这些情况表明，当前基础工业和消费品产量扩张的空间日益缩小，我国的工业发展面临着新一轮的转型。其中一个主要的问题是我国原有的支柱产业开始乏力，新的支柱产业还未兴起。中国的经济增长正在由过去的加速增长周期转向经济调整周期，我国经济能否从有效需求不足和生产能力过剩的形势中走出，进入一个新的加速过程，很大程度取决于是否形成新的产业推动力。从工业化进程的一般规律和中国经济发展的实际状况看，20世纪90年代初已从以发展劳动密集型产业为主和资源密集型的重工业为主的阶段开始转向资本和技术密集型的深加工业为主的新阶段（周叔莲、吕政、卢世琛，1997：75）。在这种背景下，根据经济增长带动率、技术进步的促进作用、产业关联度和市场需求弹性等几项因素，我国政府将机械工业、电子工业、汽车工业、石油化学工业和建筑业（房地产业）作为跨世纪的支柱产业，重点对它们加以扶持。

其实，任何国家，包括实行市场经济的国家，为了谋求国民经济的对内和对外的平衡，都会运用一系列的政策工具，实现一定时期内具体的政策目标（臧旭恒等，2004：496）。从产业政策的性质作用来看，国家是把产业政策当做经济发展过程中的优化手段而对市场进行主动干预。第二次世界大战后，日本、韩国等都曾经运用产业政策干预经济的发展，使各自经济出现了极大的飞跃。发展中国家一般都是处于市场经济尚欠发达的阶段，普遍市场机制不够健全、市场体系尚未完善。政府面临着双重的现实问题：不仅需要运用政策去弥补或修正市场在资源配置中固有的缺陷，而且更要运用各种政策去调节市场不完善所带来的资源配置不合理的状况（臧旭恒等，2004：500）。对于中国这样的发展中国家来说，虽然自改革开放以来已经从"计划经济"走向"市场经济"，但市场机制的失灵仍然需要靠政府来调节，而且，面对我国落后的工业状况，如果完全放任市场调节，其生存必将面临极大的困难。为了把汽车工业建成支柱产业，从产业政策角度对其进行扶植是必不可少的。

目前经济学界对支柱产业这一概念也有不同的见解，大体上，我们可以把它理解为一个国家（或地区）在一定的时期内，在国民经济体系中占有重要的战略地位、在产业结构中占有较大的份额，是经济发展所依托的重点产业，能够对整个经济发展和其他产业具有强烈的前向拉动或后向推动作用的产业部门。那么，汽车工业为什么能够成为一个国家的支柱产业呢？我们知道，评价一个国家是否实现了现代化，主要内涵之一是工业化与城市化是否完成，汽车产业是工业化发展的重要内容，也是城市化不可缺少的条件（刘方棫，2005：115）。汽车工业之所以能够成为支柱产业与汽车工业的产业链长有很大的关系，汽车工业是科学技术发展水平的一个重要标志，它是资金密集、技术密集、人才密集型的产业，是一个需要有自己的基础结构的巨型产业，包括能源、技术、电子、电脑程序工程和各种科学，以及许多不同的系统与材料，如塑料、橡胶、石化材料、机床、金属压铸、输送设备和油漆装潢系统。从研制、生产销售的各个运营环节来看，汽车工业都与其他的产业部门密切联系。另外，在就业方面，包括零部件企业在内的汽车产业和相关产业的就业比例关系是1∶7。也就是说，汽车产业每增加1个就业机会，就会给社会带来7个就业机会。

库茨涅茨（1985）在对20世纪60年代以前西方发达国家长期产业结构的变化进行综合分析后认为，汽车工业是工业化结构变动的核心力量，也是现代生产率高速增长的源泉。发达国家的经验表明：汽车工业每增值1元，会给上游产业带来0.65元的增值，给下游产业带来2.63元的增值。以美国为例，美国汽车工业使用了本国25%的钢铁、60%的橡胶、50%的锻铁、33%的锌、17%的铝和40%的石油消耗量。在商业中，经销汽车商行的收入占美国批发商业的17%和零售商业的24%（李连友、韩冰，2003：70）。日本经济高速发展的15年间国民经济增长了36倍，汽车工业产值增长了57倍，汽车工业对国民经济的带动作用是显而易见的（刘喜云，2003）。从历史上看，发达工业国家的经济发展与汽车产业的发展密不可分，没有哪一个发达国家的工业化进程能够离开以轿车工业为核心的汽车工业的发展和带动，汽车工业是推动发达国家经济增长的主导产业群落当中无可替代的重要一环（杜蕾，2006：90）。伊兹拉莱维奇在《当中国改变世界》一书中指出：

  汽车是通向现代市场经济的必经之路。中国的领导人对日本和韩国所走过的道路，以及其他工业强国所走过的发展路径印象深刻，在20世纪90年代初，他们就决定要发展汽车工业……他们已经很清楚，汽车除了可以带来自由与舒适以外，还是经济增长与就业的珍贵源泉。政

第四章 汽车消费的政策转型与制度逻辑

府的研究表明,汽车装配线上每增加 1 个工作岗位,就可以带来另外 7 个就业机会!对政府来讲,这是不可忽视的数量。因为政府每年都需要为 1000 万到 1500 万的人提供就业,以防止失业人数的过快增长。(伊兹拉莱维奇,2005:204)

从表 4-1 中,我们可以看出汽车工业在各个发达国家国民经济中所占的地位。在 20 世纪 90 年代中期时,汽车及其相关工业中的就业人口占全国全部就业人口的比例,在德国为 14%,在欧盟为 10.2%,在日本为 11.5%,在比利时为 9.6%,几乎平均每十个人中就有一个人从事与汽车相关的行业;汽车工业增加值占制造业的比例为 5.3%~10.6%,汽车的出口额占各国总出口额的 9.1%~24.1%;汽车工业是各国财政收入的主要组成部分,以各种方式从汽车行业得到的收入占全国财政收入的 9.5%~18.6%(刘方棫,2005:116)。

表 4-1 20 世纪 90 年代中期各国(地区)汽车工业在国民经济中所占的地位

单位:%

国家或地区	法国 1995	德国 1995	英国 1995	意大利 1995	比利时 1995	西班牙 1992	瑞典 1995	欧盟 1995	日本 1997	美国 1995
汽车及相关产业就业人口占全国就业人口的比例	12	14	4	7.5	9.6	14.5	9.3	10.2	11.5	8.1
汽车工业增加值占整个制造业增加值的比例	8.2	10.6	7.9	5.3	9.7	8.3	10.7	8.8	9.2	5.9
汽车及零部件固定资产投资占全部制造业投资的比例	13.8	13	12	7.1	5.3	32	16.6	13.7	14.4	13.4
国家从汽车业得到的收入占全部财政收入的比例	14.5	16	13.6	18.6	11.9	14.6	10.1	15.1	9.5	10
汽车及零部件出口额占总出口额的比例	12	18	11.6	9.1	24.1	22	14.1	15	18.6	11.8

资料来源:OICA《国际汽车制造商协会》,1998 年日本汽车工业协会。转引自刘方棫,《关于扩大汽车消费的政策环境的研究》,载《消费:拉动经济增长的引擎:刘方棫文集(1999~2004)》,北京大学出版社,2005。

改革开放后,我国内地走上了和日本及亚洲"四小龙"一样的以引进技术为主导的快速增长的道路(林毅夫、蔡昉、李周,2002:17),发展经济成为国家最主要的中心任务。在 20 世纪 80 年代中期,虽然我国

105

长期以来没有重视培育私人汽车消费市场,但也已逐步认识到了汽车工业对国民经济发展的重要意义。实际上,在1986年的《中华人民共和国经济和社会发展第七个五年计划(1986~1990年)》中,汽车工业已第一次被我国政府明确为支柱产业。1987年我国政府批准了"三大三小"("三大"即一汽、东风、上海大众,"三小"即北京吉普、天津夏利、广州标致)轿车工业生产布局。1994年国家制定了第一部《汽车工业产业发展政策》,从国家政策上对汽车工业进行干预和扶植,之后又连续出台了一系列的相关政策。

(二)汽车工业作为支柱产业

随着我国经济的快速发展,汽车工业在经济发展中的地位越来越突出,对经济的发展和社会的进步产生了巨大的作用和深远的影响。通过表4-2,我们看到,自20世纪90年代之初,我国的汽车工业增加值占全国GDP的比例、汽车工业总产值占全国工业总产值的比例、汽车工业利税总额占全国机械行业的比例都比较低下,但至90年代中后期以来,这些数据都呈现出快速发展的趋势。尽管与发达工业国家之间,还存在较大的差距,但对于我们这样一个工业基础落后的国家来说,从汽车工业被确立为支柱产业起只经历了这短短二十几年,取得这样的成就已经很不错了。以汽车工业增加值来看,1991年仅为170多亿元,而在21世纪之初,已经增长了十多倍,到2010年时已经达到6759多亿元了。其占全国GDP的比例,也从1991年的0.79%上升到了2010年的1.70%。汽车工业的快速发展,已经基本上实现了它作为国民经济支柱产业的目标。

表4-2 1991~2010年汽车工业在我国国民经济中所占的地位

单位:亿元,%

年份	汽车工业增加值	汽车工业增加值占全国GDP的比例	汽车工业总产值	汽车工业总产值占全国工业总产值的比例	汽车工业利税总额	汽车工业利税总额占全国机械行业的比例
1991	170.1	0.79	704.5	2.49	74	19.9
1992	296.7	1.11	1191.1	3.21	133.2	40.3
1993	402.9	1.16	1792	3.4	178.8	22.6
1994	515.5	1.1	2183.1	2.84	135.7	15.9

续表

年份	汽车工业增加值	汽车工业增加值占全国GDP的比例	汽车工业总产值	汽车工业总产值占全国工业总产值的比例	汽车工业利税总额	汽车工业利税总额占全国机械行业的比例
1995	540.7	0.92	2216.5	2.25	226.8	26.8
1996	576.2	0.85	2399.1	2.41	211	26.2
1997	594.1	0.8	2668.7	2.35	232.7	26.5
1998	661.3	0.84	2787.3	4.11	226	25.1
1999	748.9	0.91	3122.7	4.29	318.5	28.1
2000	864	0.97	3612.6	4.22	402.4	27.7
2001	1055.6	1.08	4433.2	4.64	502.1	29.8
2002	1518.8	1.44	6224.6	5.62	752	41.1
2003	2153.4	1.83	8357.2	5.87	1032.8	39.2
2004	2187.8	1.6	9463.2	4.69	1063.6	32.8
2005	2209.9	1.2	10223.3	4.06	981.9	26.3
2006	3362.7	1.61	13937.5	4.4	1482.3	29.1
2007	4141.4	1.66	17242	4.5	1916.9	26.3
2008	4104.1	1.36	18780.5	3.7	1821.6	18.9
2009	5378.7	1.58	23437.8	4.3	3033.5	25.5
2010	6759.7	1.70	30248.6	—	4205.5	—

注：利税总额为全年产品销售税金及附加（主营业务税金及附加）、利润总额和应缴增值税三项之和。

资料来源：根据《中国汽车工业年鉴（2011）》《中国资讯行》相关统计项目整理。

从表4-2这些数据我们可以看出，汽车工业已经成为促进我国经济增长的一支重要力量。根据李显君、庞丽（2008：4）的统计研究，1979~2006年我国汽车产业对服务业增长的贡献率为36.9%，拉动服务业增长9.3个百分点；对工业增长的贡献率为34.5%，拉动工业增长8.6个百分点；对我国GDP的贡献率为28.6%，拉动增长7.2个百分点。他们的统计结果表明，近30年来我国汽车产业对经济增长发挥了重要作用，且具有明显的放大趋势。2001~2006年，汽车产业的产出每增长1%，带动增长0.708个百分点，带动工业、服务业增长0.683和0.574个百分点（见表4-3）。

表4-3 1979~2006年中国汽车产业对经济系统增长的贡献

项目	年增长率(%)	产出弹性	汽车产业对经济增长的贡献(%)	汽车产业对经济增长的拉动作用个百分点
汽车产业	22.7			
GDP	9.7	0.7415	28.6	7.2
工业	11.2	0.7722	34.5	8.6
服务业	10.5	0.8838	36.9	9.3

资料来源：1985~2007年《中国汽车工业年鉴》，2002~2007年《中国统计年鉴》；转引自李显君、庞丽《中国汽车产业对经济增长效应的考证》，载《汽车工业研究》2008年第8期。

我们以广州市汽车产业发展为例。广州市委、市政府已经把汽车产业定位为广州经济发展的支柱产业，并力图将广州打造成东方"底特律"。2006年，广州规模以上汽车制造业完成总产值和增长速度均居广州三大支柱产业之首，汽车制造业首次超过石油化工制造业而成为广州第一大支柱产业，成为拉动全市工业增长的最大引擎（杨再高，2007：5~6）。全年广州规模以上汽车制造业完成工业总产值1162.23亿元，占三大支柱产业总量的37.9%，汽车制造业对全市规模以上工业增长的贡献率达26.5%，拉动全市工业增长4.6个百分点，对三大支柱工业的贡献达64.6%，拉动三大支柱产业增长12.1个百分点[1]。汽车产业的税收总量也是稳居全市各行业之首，2005年广州汽车全行业税收收入达52.92亿元，是2000年的7.09倍，年均增长速度达48%，是广州税收增速最快的行业[2]。根据《中国汽车工业年鉴2007》的统计数据，广州市汽车工业主要企业的利税总额已从2002年的43.60亿元增长到2006年的168.77亿元，占广州市财政收入的比例也从16.20%上升到35.40%（见表4-4），仅广州本田、广州丰田和东风日产三大公司在2006年创下的利税总额就高达159.81亿元，占广州市财政收入的33.52%。

汽车工业作为支柱产业既能带动经济产业链的发展，也能为政府带来巨额的财政收入，因此，不论是中央政府还是地方政府，都加大了对汽车工

---

[1] 杨再高：《2006~2007年广州汽车产业发展形势分析与预测》，李江涛等主编《2007年：中国广州汽车产业发展报告》，社会科学文献出版社，2007，第6页。

[2] 杨再高：《2006~2007年广州汽车产业发展形势分析与预测》，李江涛等主编《2007年：中国广州汽车产业发展报告》，社会科学文献出版社，2007，第13页。

第四章 汽车消费的政策转型与制度逻辑

表4-4 2002~2006年广州市汽车工业主要企业利税总额及其占广州市财政收入的比例

汽车工业主要企业利税额（万元）	2006年	2005年	2004年	2003年	2002年
广州本田汽车有限公司	952369	820670	934789	556201	408273
广州丰田汽车有限公司	230010	—	—	—	—
东风日产乘用车公司	415815	323063	—	—	—
广州摩托集团公司	24320	33658	37513	37100	27744
广州提爱思汽车内饰系统有限公司	36724	31622	30510	25640	—
广州电装有限公司	28511	—	—	—	—
广州斯坦雷电气有限公司	—	17656	12400	—	—
广州爱机汽车配件有限公司	—	14129	—	—	—
广州骏兴汽车零部件有限公司	—	—	13013	11007	—
汽车企业利税总额	1687749	1240798	1015212	629948	436017
广州市财政收入	4767231	4088545	3384477	3005475	2690984
利税总额占财政收入的比例（%）	35.40	30.34	29.99	20.96	16.20

注：利税总额为全年产品销售税金及附加（主营业务税金及附加）、利润总额和应缴增值税三项之和。

资料来源：广州市汽车工业主要企业利税额参见2003~2007年《中国汽车工业年鉴》，广州市财政收入参见2003~2007年《广州统计年鉴》（中国资讯行）。

的投资力度，把汽车工业当做是一个新的经济增长点。改革开放初期的"六五"时期，我国汽车工业完成投资总额仅为44.4亿元，"八五"期间，为756.1亿元，而"十五"期间，汽车工业完成投资总额已经达到2351.6亿元。2006年汽车工业完成投资总额是2001年的4倍（见表4-5），增长速度非常快。

表4-5 中国历年汽车工业完成投资总额统计

单位：亿元

时　期	汽车工业完成投资总额	年份	汽车工业完成投资总额
"五五"（1976~1980年）	18.3	2001	194.3
"六五"（1981~1985年）	44.4	2002	283.2
"七五"（1986~1990年）	172.4	2003	498.6
"八五"（1991~1995年）	756.1	2004	641.3
"九五"（1996~2000年）	967.7	2005	734.2
"十五"（2001~2005年）	2351.6	2006	780.9

资料来源：2007年《中国汽车工业年鉴》（中国资讯行）。

汽车梦的社会建构

投资的加快促进了我国汽车工业生产能力的大幅度提升，尤其是自20世纪90年代以来，我国的汽车产能明显提高，1990年汽车总产量为70万辆，1995年，又翻了一倍，2000年的产量已超过200万辆了，而2009年的产销量纷纷突破1000万辆大关。2010年，我国的轿车产销量也已经逼近1000万辆的关口（见表4-6），家庭汽车消费呈现出新一轮的井喷现象。预计过不了多久，我国的汽车总产量将超过2000万辆，短短十多年，增长将近十倍。然而，这个数字已经远远超出了我国市场的实际需求，"产能过剩"成为摆在中国汽车业面前的一个重要问题。

表4-6　1998~2010年中国历年汽车产销量统计

单位：辆

年份	汽车总产量	汽车销售量	轿车产量	轿车销售量
1998	1627829	1603054	507103	508284
1999	1831596	1832976	566105	570777
2000	2077371	2091305	612376	613974
2001	2341528	2371089	703525	721463
2002	3262947	3224911	1103258	1106607
2003	4443744	4397049	2022935	1984217
2004	5079356	5068242	2322992	2322458
2005	5707688	5758189	2365276	2380722
2006	7279726	7215972	3549615	3509150
2007	8882456	8791528	4693294	4625910
2008	9345101	9380502	4923252	4929288
2009	13935668	13840009	7474443	7476021
2010	18125466	17934363	9636510	9573862

资料来源：1999~2011年《中国汽车工业年鉴》（中国资讯行）。

关于汽车工业产能过剩的判断早已被多次提出，在2006年年初，国家发改委就频频发出中国汽车产能过剩的信号，根据当时公布的统计数据，我国汽车业产能已达800万辆，超过需求200万辆。2006年12月26日，国家发改委公布关于《汽车工业结构调整意见的通知》，在《汽车产业发展政策》的基础上，进一步提高了再投资门槛。《汽车工业结构调整意见的通知》明确表示，部分汽车生产企业市场预期较高，不断投资扩大产能，导致产能增长超过市场需求增长。"产能过剩的苗头已经显现，并有可能进一步加剧"。今后几年,基数的扩大,以及能源、交通、环境的压力日益增大,我国汽车市场增幅将逐渐放缓,汽车产能的迅速扩大,有可能导致大量产能放空,造成资源的浪费。

实际上,"产能过剩"是一个相对概念,即相对于消费需求生产能力过剩了。在我国的汽车消费市场上,曾经历过几次"井喷"现象,从总体上看,我国汽车消费的市场潜力仍是巨大的。但是,从目前我国的宏观经济来看,消费不旺、内需不足已经成为我国经济发展的一个重要制约因素。因此,单纯依靠投资是不行的,投资过热导致产能过剩和资源浪费,经济增长点只有转变为消费热点,才能更好地推动经济发展,在投资和消费对经济增长的作用中,消费的贡献更为明显。那么,汽车消费能否为拉动内需、刺激消费,创造又一个增长点呢?下一节我们就将讨论,城市家庭汽车消费的"需要"是如何被生产出来的。

第四节 汽车消费与"需要"生产

在摆脱了"短缺经济"的困境之后,我国逐渐从生产社会过渡到消费社会,消费的角色发生了根本性的转变。在国家意识形态中,消费也从长期遭到抑制转变为刺激、鼓励的对象,刺激消费已经成为我国政府宏观经济政策的主调。通常认为,消费、投资和净出口是拉动经济增长的"三驾马车",在这三大需求中,消费需求和投资需求的关系是国民经济中最重要的关系之一,历来是国家宏观调控的核心变量(刘方棫,2005:95),特别是在出口的外部需求不畅的情况下,对我国这样一个发展中大国而言,投资和消费的内部需求对经济增长的拉动作用尤为重要。然而,我国在近十年的经济发展中遭遇到了内需不足的情况,内需不足成为我国经济发展中的一个重要影响因素。因此,如何扩大内需成为了政府、企业和学术界的一个焦点问题。

扩大内需的有效动力源自于消费需求和投资需求。我们在上一节中分析了国家把汽车工业作为支柱产业进行扶植,从中央政府到地方政府都加大了对汽车工业的投资。但是,消费是经济发展的最终目的,只有把投资放在消费的有效需求之上,共同拉动经济的增长,才能有效地扩大内需。因此,国家增加对汽车工业的投资必然出现对私人汽车消费的鼓励。本节所要分析的是,国家鼓励私人汽车消费的政策几乎与我国应对内需不足所采取的刺激消费的政策遵循着同样的历史轨迹，在内需不足的经济环境下，随着城镇居民家庭消费结构的升级，汽车消费成为拉动经济增长的另一辆"马车"，从某种程度上可以说，私人汽车消费发展是国家"扩大内需"政策所催生出来的一种"消费需求"。

（一）扩大内需与消费升级

我国的国民经济从新中国成立后一直到1995年，都可以说是属于短缺经济（魏杰，2000：1）。也就是说，在国民经济的总供给和总需求的关系中，供给不足在相当长的一段时间内存在着，但在改革开放之前，由于国家采取了抑制消费的制度安排，短缺并没有以需求膨胀的方式表现出来。国家通过对产品流通和价格进行管制，实行购买的票证化，对消费品分配采取了计划配给的方式。即使是日常生活中普通的油、米、布等消费品也需要统一按票证分配，更不用说汽车这样的大宗消费品。我们在前几节曾讨论过，在这一时期，汽车是作为生产资料由国家统一划拨给各单位使用的，汽车产量极少使其本身成为一种稀缺的资源，计划经济下的资源配置方式抑制了汽车消费需求膨胀的出现。

改革开放之后，我国由计划经济体制转向市场经济体制，逐步取消了票证和价格管制，加上收入水平的提高，人们初尝改革开放的甜头，短缺才以真正意义上的总需求膨胀在1985年开始表现出来，城乡居民的消费热情也开始迸发，消费需求为推动国家经济发展作出了重要贡献。从图4－3我们可以看到，自改革开放以来的30年间，最终消费率（包括居民消费率和政府消费率）在整个20世纪80年代相对来说是比较高的了。我国在1985年、1988年及1993年三次对总需求膨胀进行大规模的调节，到1995年我国经济基本上已经走出了短缺的困境（魏杰，2000：2）。

然而，我国在几乎走出短缺经济的困境的同时，又陷入了过剩经济的困境。1995年，我国的主要工业产品基本上都出现了供过于求的局面。全国第三次工业普查资料显示，生产能力利用率在80%以上的只有35%，在50%以下的竟有37%。自1996年起，我国经济开始出现了严重的内需不足、市场疲软等问题。尤其是2000年以来，我国的最终消费率在持续下降（见图4－3），2006年最终消费率为49.9%，其中居民消费率为36.2%，政府消费率仅为13.7%，皆降到历史最低点。与发达国家相比，我国最终消费在拉动经济中所起的作用要小得多。根据国际货币基金组织（IMF）的数

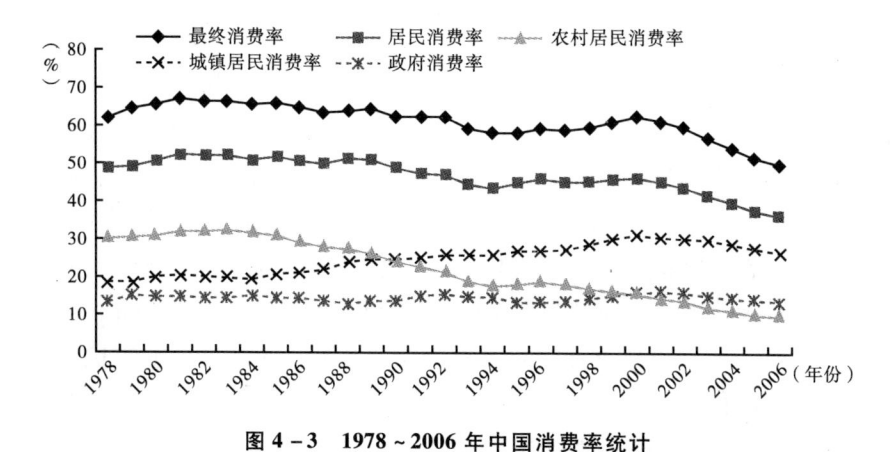

第四章 汽车消费的政策转型与制度逻辑

图 4-3 1978~2006 年中国消费率统计

资料来源:《中国统计年鉴(2007)》(中国资讯行)。

据,近年来,发达国家最终消费支出占 GDP 的比例平均在 80% 左右,发展中国家平均约为 74%,而我国则要低很多,1978 年到 2006 年的平均最终消费率仅为 61.3%。

经济学家钱纳里的实证研究表明,人均国内生产总值(GDP)达到 1000 美元之后,一国经济才开始步入相对加速增长的时期,大约在人均 GDP 超过 2100 美元的加速时期结束后,才可能形成经济过剩。从世界经济发展实际情况来看,许多国家在人均 GDP 超过 3000 美元后才步入过剩经济阶段。而我国在人均国民总收入不到 800 美元的水准、占总人口 70% 多的农村消费群体消费水平还处于相当低的条件下,便迈入了过剩经济阶段(袁国帧,2001:18)。我国经济发展的主要矛盾从供给约束转向需求约束,这种现象具有体制性和结构性的特点。由于特定的体制转轨烙印,我国过剩经济表现为一种相对过剩经济,即相对于生产供给能力和消费者的内在需求满足,有支付能力的需求显得不足。

消费需求的不足在很大程度上已成为制约经济发展的最主要障碍之一,特别是到了 1997 年,亚洲金融危机给我国的国内外市场带来了更为不利的影响,在外贸需求受挫的情况下,如何扩大内需成为拉动经济增长的关键。1998 年,为了应对亚洲金融危机带来的负面影响,扩大内需政策首次被提出来,此后几乎在每一年的经济会议上国家都会重申这一政策,扩大内需已经成为我国经济发展的长期战略方针和基本立足点。

拉动消费和加大投资都是扩大内需的有效方式,但相比较而言,消费在拉动经济增长中所作的贡献比投资更大。根据经验分析，投资每增加1%可以拉动GDP增长0.22个百分点，而消费需求每增加1%却可以拉动GDP增长0.87个百分点（刘红刚，2004：11）。可见，消费增长的快慢直接影响经济的增长速度，开拓市场、刺激消费对于扩大内需具有十分重要的意义。从西方宏观经济理论看，经济增长通常是以投资需求增长为先导，投资优先于增长，并在乘数和加速数的作用下带动经济快速增长，再由经济增长拉动居民消费需求增长。在投资预期收益的刺激下，经济又进入新一轮的投资高潮。1998年以来我国政府加大对基础设施、高新技术产业、城镇民用住宅建设等项目的投资，这对启动经济具有十分有效的作用。2008年底，为了应对国际金融风暴所带来的消极影响，国务院出台了进一步扩大内需、促进经济增长的十项措施，确定4万亿元的投资计划，从不同方面扩大内部需求，以期刺激经济。这是自金融海啸发生以来，中国作出的最重大经济决策，亦是继美国和欧盟之后，全球第三大规模的政府救市行为。但是投资需求是引致需求，消费需求才是最终需求，是经济增长的核心和最根本的动力（袁国帧，2001：45）。

目前，我国居民储蓄率居高不下，最终消费率却持续下滑，面对这种情况，国家如何刺激消费、扩大内需呢？从国家出台的一系列政策措施来看，提高城乡人民的收入水平、完善社会保障制度、扩大消费信贷市场等是每一次促进消费、扩大内需政策的保留节目，当然，还有一个非常重要的措施是"积极培育新的消费热点，促进消费升级"。根据国家统计局公布的数字，2003年中国人均GDP达到1090美元，按照国际的经验，人均GDP超过1000美元，消费结构向发展型、享受型升级，过去的奢侈品将转化为居民的必需品。消费升级在目前的情况下对拉动国民经济持续健康发展具有十分重要的意义。

今天我们正在进入一个新的时代，这个时代就是耐用消费品生产和消费的时代，耐用消费品的生产和消费开始成为我们日常生活的主要内容，而生活必需品的生产和消费则退居次要地位（孙立平，2003：36）。这可以通过城乡恩格尔系数的变化得到体现（图4-4）。通常认为，消费升级是居民生活质量提高的一个表现。例如，在20世纪70年代，城镇居民消费重点主要是满足基本的生活需求，"三转一响"的"老四件"（即自行车、缝纫机、手表和收音机）成为人们的主要追求；从80年代中期开始，城市居民经历了以家用电器普及为主要内容的第一次消费结构剧变期，以彩电、洗衣机、电冰箱、录音机为主要代表的"新四件"成为消费热点,并迅速普及;到90年代中后期,家用电脑、空调器、移动电话等耐用消费品开始兴起;在21世纪初,城镇居民的消费热点开始转向以住房、汽车为主要消费品的享受型和发展型消费阶段,这一轮的消费升级对于拉动我国经济增长的作用尤为重要。

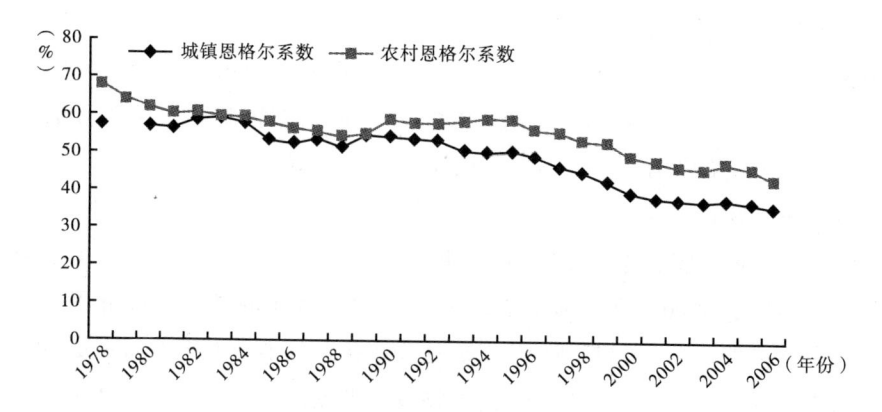

图 4-4　1978~2006 年中国城乡居民家庭恩格尔系数统计

注:本图城镇居民家庭恩格尔系数按 2002 年口径进行了调整。
资料来源:《中国统计年鉴(2007)》(中国资讯行)。

(二)汽车消费作为拉动内需的手段

毫无疑问,汽车消费的兴起与一定的经济发展水平有着密切的关系,同时,汽车消费的发展又将进一步推动经济的发展。汽车是仅次于住房的一项大宗消费品,从我国城镇居民消费升级的轨迹来看,随着家电产品的广泛普及,人们的消费热点从千元级的产品跨越到十万元级的产品上来,也就是汽车和住房。住房在20世纪90年代就成为消费热点,据统计,2004年时我国房改政策对住房需求的拉动效应就已经基本释放,城镇居民中有82.1%的人拥有了自己的商品房(严先溥,2004:46)。2008年以来,房地产市场和汽车消费市场虽然由于受到金融风暴的影响而不景气,但它们作为拉动内需的巨大作用仍然没有减少。不过,住房消费近十年来已取得很大进展,不少住房消费需求已经逐步得到实现,加上当前大量空置的商品房,短期内住房消费呈现平稳增长态势。

在城镇居民耐用消费品的保有量上,家庭汽车的数值相对来说是最低的，这也就意味着家庭汽车保有量的扩展空间是最大的，这是一个非常具有潜力的扩大内需的市场，对于急于寻找新的消费增长点来促进经济增长的政府和企业而言，在启动汽车消费市场时机逐渐成熟的时候，这绝对是一个不可错失的机会。而且，中国目前的汽车出口量占全年生产量比例仍很小（2007年全年汽车产量889.24万辆，出口总量虽较2006年有所突破，但也仅为61.27万辆，占不到全年产量的7%，其中轿车出口为18.86万辆[①]），国家的扩大内需政策，不可能忽略汽车这个几乎以国内销售为主的庞大产业。根据《三联生活周刊》报道，2007年全国汽车消费超过了2万亿元人民币，其中仅842万辆新车所缴纳的车辆购置税就高达800多亿元，按照平均每辆车5%的消费税计算，总共缴纳消费税超过1000亿元；按照平均17%的增值税计算，总共缴纳超过3400亿元。2007年新增车辆直接缴纳的税费就超过了5000亿元。如果按照每辆车1.5万元的维护运行费用算，全国汽车直接带动消费6343.5亿元[②]。这2万亿元的消费对于内需不足的中国市场来说可是一笔不小的数目。汽车将成为继家用电器之后，满足居民消费需求、回笼货币的主要手段。

随着国家财政体制的改革和我国汽车产量的增加，生产出来的汽车不可能全部靠国家来消费，转变消费主体成了一个关键问题。我们前面引用过曾任机械工业部部长的何光远先生的一段谈话，他说："如果不适量进入家庭，其结果要么车子生产出来卖不出去，要么还由集团消费包下来，那对整个国家财政来说无疑是一个灾难。"这句话道出了我国汽车消费主体由社会集团向个人转变的一个主要原因，即只有变国家掏钱为"社会出钱"、变公款消费为"公众消费"，只有让汽车成为一项大众消费品，才能真正起到拉动内需的作用。

我们以2008年出台的一些扩大内需政策为例，来看看汽车消费在国家经济工作中的重要性。2008年12月8~10日，中央经济工作会议在北京召开，此次中央经济工作会议的一大亮点，便是突出扩大内需对2009年经济增长的重要意义。会议指出，把扩大内需作为保增长的根本途径。在这次会议提出的2009年经济工作的五项任务中，"保增长"被列为头号经济任务，

---

① 人民网，《中国2007年出口轿车18.86万辆 同比增长1倍多》，http://finance.people.com.cn/GB/6871915.html。

② 李伟：《2万亿元汽车消费的背后故事》，载2008年11月28日《三联生活周刊》。

第四章 汽车消费的政策转型与制度逻辑

在保增长的各项举措中,最大的看点之一是,"稳定住房消费和汽车消费,发展服务消费和旅游消费",汽车消费的重要性可见一斑。为应对国际金融危机的冲击,贯彻落实党中央、国务院关于进一步扩大内需、促进经济增长的十项措施,国务院办公厅于2008年12月13日又发布了关于当前金融促进经济发展的若干意见,在其中第十条"落实和出台有关信贷政策措施"方面又提出了"支持汽车消费信贷业务发展,拓宽汽车金融公司融资渠道"。此前,商务部也出台了七项措施促进消费,其中第二项谈到要"促进热点消费",第四条提出"扩大赊购赊销,促进信用消费",这两点都与刺激汽车消费紧密相关。

过去十几年,汽车多是在中国的大中城市中快速普及,而农村却一直受到经济发展滞后、道路硬件欠缺等各种因素的制约,汽车进入农村家庭非常缓慢。2009年1月14日,国务院总理温家宝主持召开国务院常务会议,审议并原则上通过了《汽车产业调整振兴规划》,该规划提出:"从2009年1月20日至12月31日,对1.6升及以下排量乘用车减按5%征收车辆购置税。"会议还决定"从2009年3月1日至12月31日,国家安排50亿元,对农民报废三轮汽车和低速货车换购轻型载货车以及购买1.6升以下排量的微型客车,给予一次性财政补贴"。在这项被称为"汽车下乡"的产业政策的鼓励之下,汽车大规模进入农村家庭将成为可能。"汽车下乡"作为振兴我国汽车市场,拉动内需的一项重要政策,对于"汽车梦"从城市到农村的蔓延将起到十分有力的推动作用。

除了国家出台各项政策的鼓励,一些部门领导和地方政府的领导也在不同的场合提出要鼓励汽车消费。工业和信息化部部长李毅中在2008年12月12日国新办举办的新闻发布会上建议,各地要清理不利于或者影响私人买车、用车的规定,鼓励大家进行汽车消费。他认为,汽车消费拉动起来了,会有更多的带动效应。广州市政府的领导已经不止一次表态,非但不限制汽车上牌,还大力鼓励汽车消费。早在2003年,广州市时任市长张广宁就透露说,广州每天都有200多辆私家车上牌,一年就有七八万辆。对于"私家车是否会被限制上牌"的疑问,他非常肯定地回答:"广州不限制私家车,市民买车是好事,应该鼓励才对","应该让市民享受改革开放的成果,享受轿车文明"[①]。

[①] 《谈交通问题 张广宁明确表态:广州不限制私家车》,http://www.southcn.com/news/gdnews/nanyuedadi/200303061030.htm。

尽管国家在鼓励汽车消费的同时，也有所顾虑（考虑到能源危机、环境污染、土地浪费等方面），因而仍然存在许多与鼓励汽车消费相抵触的政策；但是，在国家"经济主义意识形态"引导下，经济增长成为国家和地方政府追求的一个首要目标。为了维持经济的增长，大量生产出来的汽车必须被消费掉。尤其是在内需不足的情况下，拉动内需、刺激消费成为保持经济增长的一个重要手段，国家必须创造出人们的消费需要。因此，在某种意义上我们可以说，鼓励汽车消费的政策实际上是国家在拉动内需、刺激消费的过程中所创造的一种"有效需求"。

（三）汽车消费信贷制度

国家为了拉动汽车消费，不仅建设了大量相配套的基础设施，而且也推出了相应的制度安排，尤其是金融方面的制度支持。就像住房商品化和私有化改革过程中推出的住房消费贷款一样，汽车消费贷款也是国家配合"鼓励汽车进入家庭"这一政策的重要举措。毕竟汽车和住房不像普通家电一般，人们的当期收入无法立即满足汽车和住房这类大宗耐用品的消费需求。为了把潜在的需求释放出来，国家就必须在金融方面予以支持，而汽车消费贷款正好有助于将私人汽车需求引导并释放出来，使私人汽车消费成为拉动经济和内需高速增长的重要动力。

在汽车的普及过程中，汽车消费信贷起到了重要作用，它已经成为国外汽车消费的主要购买方式。汽车消费信贷起源于美国1907年汽车购买中的分期付款方式，1919年，福特汽车公司65%的汽车是通过分期付款方式销售出去的。目前美国汽车销售额中有70%是靠分期付款方式实现的，日本和德国也分别达到50%和60%（王再祥，贾永轩，2006：1）。

我国在1994年《汽车工业产业政策》出台后不久，1995年上海汽车集团首次与国内金融机构联合推出汽车消费贷款，为国内机构和个人购车分期付款，这是国内汽车消费信贷机构服务业务的起点。但起初的几年内，我国汽车消费信贷发展得并不顺利。一直到1998年10月，中国人民银行出台的《汽车消费贷款管理办法》和随后于1999年4月出台的《关于开展个人消费信贷的指导意见》，才使我国汽车消费信贷有了较大的发展。这两个文件就汽车消费信贷的条件、贷款期限与利率、贷款程序、贷款担保等进行了规定，允许四家国有独资商业银行（中国银行、中国工商银行、中国建设银行和中国农业银行）在经济比较发达、金融服务好的地区试点开办汽车消费信贷业务。从 2001 年到 2003 年上半年，我国私人汽车购车出现"井喷"现象，各商业银行大力开展汽车消费信贷业务。截至 2003 年底，我国个人汽车信贷总额超过了 2000 亿元，在新增的私家车中有近 1/3 是贷款购车（王再祥、贾永轩，2006）。然而，从 2003 年下半年到 2004 年 8 月，由于车价不断降低，征信体系不健全，出现了大量坏账，全国各大银行的汽车消费信贷业务开始急剧萎缩。从 2004 年 8 月 18 日开始，中国首家汽车金融公司——上海汽车金融有限责任公司在沪开业，这是个具有里程碑意义的日子，标志着中国汽车金融业开始向汽车金融服务公司主导的专业化时期转换（王再祥、贾永轩，2006）。此后，我国汽车消费信贷开始进入有序竞争阶段。

由于受到传统的消费观念和消费习惯的束缚，以及一些制度层面和经济环境的影响，我国的汽车消费信贷制度将潜在需求转变为现实有效需求还有很长一段路要走。但是，汽车消费信贷制度对于推动汽车消费需要却具有非常重要的意义。汽车消费信贷制度是物质主义的一种制度性的"助推器"，它使得消费本来是作为当期收入的函数演变成跨时收入的函数，它的出现使得一些本来是遥远的物质占有梦想，变得不再遥不可及，使人们的物质占有欲望上升了一个大的梯级（王宁，2009：341）。对于渴望购车的城市居民来说，汽车消费贷款可以助其以明日的钱实现今日的"汽车梦"。

第五节 汽车消费与民生自由

我们在本章第一节中分析过了，在自新中国成立后到改革开放初期的很长一段时期内，个人是无法问津汽车消费的，轿车作为生产资料是由国家统一划拨给一定级别的行政官员的。其主要原因在于人们经济水平有限、轿车工业生产能力太小以及国家采取抑制消费的政策。这些因素与当时的社会发展状况有关。为配合"重工业优先发展"的赶超战略，国家在人民生活上推行了抑制消费的制度安排。在人们普遍渴望过上好日子的时候，国家为什么敢于推行抑制消费的制度呢？王宁的研究指出，这同国家的合法性资源有密切的关系。在新中国成立初期，党和政府尤其是党和国家的最高领导人毛泽东在人民心中获得了很高的声望。这种声望构成了国家的政治资源，即合法性资源。正是由于国家拥有丰厚的合法性资源，国家才敢于放手实行抑制消费的制度安排（王宁，2009：51）。

然而，经历了十年"文化大革命"抑制消费的政策再也不能适应社会发展了。在汽车消费方面，以"公车"为主体的消费结构带来了严重的财政和社会问题，为了增强消费者的政治信任感，国家渐渐退出了对日常生活的干预，改变了过去在意识形态上批判消费的做法，进而采取刺激消费的做法，并在很大程度上成为了在今日中国盛行的消费主义的同谋。本节想要分析的是，从公车到私车的政策转型逻辑，与中国社会转型时期的消费制度演变具有内在的一致性，鼓励汽车消费，实际上是国家在消费领域让渡民生自由、把对"公车"的批判转移到对"私车"的憧憬以提升消费者政治信任感的一种有效手段。

（一）公车消费及其社会影响

20世纪80年代末，遍布公众空间的豪华轿车已经是如此触目地代表着领导干部阶层的特权，以致轿车成为寄托当时普遍存在于民众之中不满情绪的敏感形象（孟悦，2004：371）。可以说，配备公车成为"官本位"思想的最典型体现之一，许多"专车"都豪华超标、超编和变相装修，致使公款浪费非常严重。"八五"期间，买车耗资720亿元，每年递增27%，大大超过了国内生产总值的增长速度。以1994年为例，中国销售公用轿车约30万辆，保有公用轿车160万辆，经测算，购车费支出约为600亿元；年使用费支出约为640亿元，合计1240亿元，占同年国民生产总值的2.7%，其中购车费用支出占1.3%，使用费支出占1.4%（张仁琪等，1997：152）。到了20世纪90年代后期，我国约350万辆公车，包括司勤人员在内耗用约3000亿元人民币，已经成为财政的大包袱。

当时国内汽车生产的数量和质量都满足不了豪华高档公车消费的需求，这种产需脱节的现状使得几十万辆外国轿车在几年间通过合法或非法的渠道，源源不断地涌入国门。这一状况带来的直接后果，就是购买公车耗费了国家大量的外汇储备，直到现在，汽车进口数量与产品总金额也在不断上升。在表4-7中，我们看到，2010年的进口汽车产品总金额已经高达5817052万美元。另据中国机械工业联合会的统计，汽车在政府采购物品中始终占据前三位，2005年全国政府采购公车花了500多亿元，2006年则一举突破700亿元，占财政部预计实现的3000亿元全国政府采购规模的近四分之一（转引自季明、张泽伟，2006）。中国公车消费的规模和费用支出如此之大，在世界上实属罕见。

第四章 汽车消费的政策转型与制度逻辑

表4-7 中国历年汽车进口量及汽车产品进口金额统计（1984~2010年）

年份	汽车（辆）合计	载货车	轿车	汽车产品总金额（万美元）
1984	88743	28047	21651	104821
1985	353992	11492	105775	293689
1986	150052	64570	48276	195459
1987	67182	17554	30536	121431
1988	99233	14201	57433	161240
1989	85554	12587	45000	132732
1990	65430	18395	34063	120293
1991	98454	18578	54009	165992
1992	210087	42005	115641	353523
1993	310099	72935	180717	535143
1994	283060	68269	169995	471482
1995	158115	12037	129176	257549
1996	75863	6256	57942	250018
1997	49039	7424	32019	207821
1998	40216	4373	18016	205789
1999	35192	2685	19953	258018
2000	42703	3085	21620	404750
2001	71398	3138	46632	470326
2002	127513	6692	70329	659985
2003	171710	9862	103017	1483964
2004	175480	8078	116085	1686001
2005	161324	3032	76542	1543392
2006	227773	5582	111777	2127410
2007	314130	7980	139867	2676775
2008	409769	10171	154521	3222993
2009	420696	8201	164837	3419834
2010	813345	14977	343653	5817052

注：①进口汽车数量中含散件数，不含挂车及半挂车数；②载货车含底盘数；③轿车不含9座及以下小客车及轻型越野车；④2004年、2005年汽车产品进口总计中不含未列名非机械驱动车辆。

资料来源：2007~2011年《中国汽车工业年鉴》（中国资讯行）。

公车消费还带来了一个严重的后果是单位及官员之间的相互攀比。公务用车越买越高档，反正是公款购买，那些深刻影响私人汽车消费的政策和油价等因素，对公车来说都几乎不会产生什么样的影响，许多单位能买到高等级的轿车就不买低等级的轿车，轿车的等级成为权力与地位的象征。干部用车特权和国家财政的大量耗费不断引起新闻舆论和百姓的注意，批评和不满充斥于街头巷尾，直到现在，公车仍然是大众愤怒、抗议和损毁的流动靶子，"公车改革"的呼声此起彼伏，几度处于舆论的风口浪尖。然而，公费买车、干部乘车，已经形成了一套制度和传统，每一次羞羞答答的公车改革都难以见效，越改越出问题，成为了中国行政体制改革的一道艰难的门槛。

（二）汽车消费与消费者选择的自由

在国外，拥有汽车同拥有住房一道成为了现代民主社会的一项基本目标（Turner，1994：128）。对于中国这样一个社会主义国家来说，以汽车消费来提升民众对国家的政治信任感，是政府在鼓励汽车消费方面的一个隐性诉求。我们前面已经谈到了，在20世纪80年代末，一方面，私人汽车消费受到严格的限制，导致普通老百姓根本与汽车无缘，另一方面，豪华轿车代表着领导干部阶层的特权，"公车"成为让民众产生不满情绪的敏感形象。而且，国家耗费大量的外汇储备进口汽车，大量的"公车私用"现象和"私车公费"现象，更是激起了人们强烈的不满，在新闻媒体和百姓眼里，"公车"不可避免地与"腐败"和"特权"等一些负面形象联系在一起。直到现在，"车轮腐败"仍然是一个社会的热点话题。

改革开放以后，国家逐步退出了对私人生活方式的干预，并逐渐放松对消费生活的话语控制和制裁，改变了过去对贪图享乐进行道德鞭挞的做法，开始鼓励居民进行消费（王宁，2007：6）。20世纪90年代以来，随着生活水平和消费能力的提高，人们对于解禁私人汽车消费的呼声也越来越高。国家一方面加大公车改革的力度，另一方面则在政策中明确提出了私人汽车消费的合法化，开始鼓励私人汽车消费。这不仅在一定程度上转移了人们对"公车"不满的视角，而且使私人汽车消费成为了一大社会焦点。在政治上，人们有了汽车消费选择的自由；在道德上，汽车消费不再被贴上资产阶级奢侈享乐的标签；在经济上，汽车消费拉动了内需并促进了汽车工业的发展。公车改革制度也在很大程度上刺激了私人汽车消费，例如，汽车由私人出资购买，但单位给予补贴的做法相当普遍。汽车消费迅速成为中国消费主义浪潮中的一朵硕大的浪花。

王宁指出，消费主义是国家让渡民生自由的结果，是国家用来转移居民注意力、疏导居民过剩精力的安全管道，是社会转型期间国家与市民的一种

第四章 汽车消费的政策转型与制度逻辑

隐性契约，国家不再干预市民的私人生活和消费选择自由，而市民则十分默契地满足于消费所带来的快乐，并沉溺于"去政治化"的消费主义（王宁，2007：6）。通过鼓励汽车消费的政策，国家为消费者建构了一个"汽车梦"，从某种意义上可以说，汽车消费是国家在消费领域让渡民生自由的最为有效的策略之一。因而，从汽车所承载的符号信息来看，汽车绝不仅是一项普通日常生活中的家用之物，它还隐藏着巨大的能量，汽车是消费主义意识形态的一个缩影，是从解放政治走向生活政治的一个重要台阶，也是迈向日常生活民主化的标志之物。

第五章 Part 5
汽车与生活世界的空间转型

第四章我们分析了国家汽车产业政策和汽车消费政策对于私人汽车消费的影响,实际上说明了我国走向汽车社会所经历的一段不同于西方国家的道路,同时也揭示了国家在建构汽车消费成为现代生活的需要的过程中的重要作用。接下来的两章中,我们要从汽车作为一项消费品的本质属性出发,分别通过对汽车的使用价值和符号价值的分析来探讨汽车消费需要是如何被建构起来的。在这一章中,我们先要重点探讨汽车用来满足人们实际交通需要的使用价值是如何被建构出来的。在此,我们要从汽车与城市生活世界的空间结构转型之间的互动关系开始分析。

20世纪90年代以来,我国大城市的空间结构发生了剧烈的转型,这种空间转型对城市交通产生了深远的影响。在很大程度上,城市空间转型可以说是国家与市场共谋的产物。首先,住房制度和就业制度的转型造成的居住地和就业地的分离使城市出现了严重的"空间错位"。在很长一段时间内,我国城市实行的是住房福利制度,就业地和居住地基本上是就近安排,通勤现象不十分明显。但改革开放后城市的就业制度和住房制度改革全面深入,居住地、工作地和商业中心相互分离,使人们的通勤半径越来越宽,出行的频率也越来越高,通勤日益成为一个严重的问题。其次,在汽车产业和汽车消费制度转型的推动下,城市汽车保有量急剧增加,为了满足汽车交通的需要,城市空间被不断改造,致使城市空间格局呈现出一种复杂的汽车逻辑,并形成了一种"汽车化空间"。由于汽车的发展,我们的社会从物理上、制度上被改造成汽车导向型社会(北村隆一,2006a:1),汽车成为了影响城市规划的关键词(利维,2003:5)。我们的城市形态也从步行城市过渡到汽车城市(卓健,2005:72)。在这种背景下,人们越来越依赖于汽车交通。

第五章　汽车与生活世界的空间转型

本章所要着重探讨的问题正是，汽车消费作为现代生活的一种需要是如何被城市空间结构转型所建构起来的。为了分析这一问题，本章第一节从生活世界的空间安排开始谈起。空间是人类存在的基本属性，而我们的日常生活是由不同层次的空间组成的，为了把"潜在可达的空间"变成"真实可达的空间"，人们就必须借助一定的交通工具，如此才能自由穿梭于不同层次的空间，使生活变得更"方便"；而现代城市空间结构的改变使生活世界的空间安排也随之发生改变，城市空间的扩大化、复杂化、碎片化造成了生活的"不便"。因此，本章第二节和第三节着重探讨了当前城市空间的转型，即上面提到的"空间错位"和"汽车化空间"及其对城市交通的影响。在此基础上，本章第四节分析了空间约束的形成机制，即从结构与行动的角度阐明，汽车消费的增长导致城市空间结构呈现出汽车化的逻辑，而汽车化的空间逻辑又反过来制约着人们对交通工具的选择。面对城市空间的转型，人们为了提高自身的流动能力，只能依赖于汽车了。通过以上分析，本章试图阐明，汽车消费作为现代生活的一种需要，很大程度上是由作为一种强大的结构性力量的现代城市生活世界的空间转型所建构起来的。本章的分析框架如图 5–1。

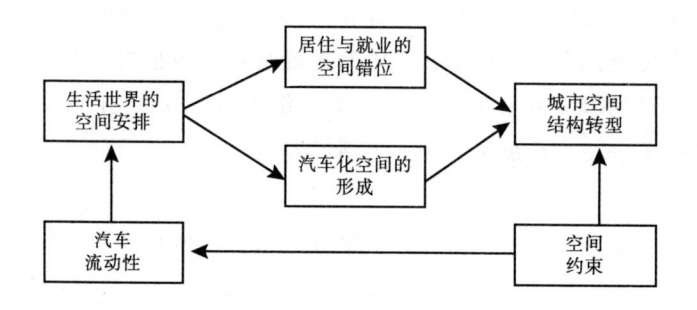

图 5–1　城市空间转型下的汽车消费

第一节　生活世界的空间安排

日常生活是由不同层次的空间组成的，从现象学的角度来看，全部现实的核心是个体可以直接行动来影响、改变的那部分区域。对于一个普通人来说，他最感兴趣的是他可触及的那部分世界，以及以他为中心的时空安排。然而，在现代性的背景下，我们生活的时空环境发生了巨大的变化，城市在

125

不断地蔓延，人类活动与交往的空间范围越来越宽广，而人们可直接操纵的那部分空间相对来说却越来越有限，突破空间的障碍、穿梭于不同的空间层面是获得生活现实感的一个关键因素。本节首先从现象学社会学对生活世界的空间安排说起，然后分析汽车是如何改变了现有的空间安排，使个体可以直接操作的区域变得更大，进而扩大自己的生活半径，使日常生活变得更加方便。

（一）生活世界的空间安排：现象学的分析

空间和时间是人类存在的基本范畴（哈维，2003：252）。但是，也正是空间和时间构成了人类活动的最基本的制约因素。著名的人文地理学家赫格斯特兰德在考量人类活动的时空特质时，举出了几项基本限制（转引自王志弘，1998b：235）：①人类身体的不可分割性；②人类个体的存在有一定的时间界限；③同时参与一件以上事务的能力限制；④所有事务都花费时间，而投入某件事，将会减少个体的有限时间资源；⑤移动需要时间；⑥两样物体（包括人）无法在同一时间占有相同空间；⑦任何空间都有一定的外在界限和容纳物体的能力限制；⑧任何存在的物体都根植于过去。

赫格斯特兰德的上述八项人类存在的物质性限制，指明了人类活动的时空性质。在传统社会中，以上几项限制的确是难以违犯的，人类的生存空间极其有限。丹尼尔·贝尔在《资本主义文化矛盾》中援引了一段话描述了美国社会汽车普及之前那种封闭的生活状况：

> 我们今天的人很难理解，以前当人们完全依赖于铁路和马路来进行运输时，各社区之间是如此分离和遥远。不挨着铁路的城镇真的很偏僻。对住在离县城五英里的农夫来说，周六下午带全家进城是件大事儿；去十英里以外的朋友家，那就是一天的运行，因为马需要休息和喂食。每个小镇、每个农庄都主要依靠自己的资源来娱乐和交际。人的视野是封闭的，个人生活在熟悉的人和事物中间。（贝尔，2007：67）

但是，恰如贝尔指出的，汽车扫除了封闭小镇社会的许多约束。随着交通和通信技术的变革，时空上的障碍不断得到克服，时间与空间的分离也成为可能，这预示着人类生活的时空环境发生了重大的转变。接下来，我们从日常生活的空间安排来看人们是如何利用现代交通技术来突破空间限制与重新组织日常生活的各项活动。在此,我们首先需要从舒茨等人对空间安排(spatial arrangement)的现象学分析开始讲起。

舒茨(Schutz, A.)和卢克曼(Luckmann, T.)的现象学分析指出,一个抱着自然态度的完全清醒的普通人,他最感兴趣的就是在他可触及范围之内的那部分日常世界以及环绕在他周围以他为中心的时空安排(Schutz and Luckmann, 1973:36)。对于普通人来说,日常生活的现实感首先体现在日常生活这个"至尊现实"(paramount reality)上,尤其体现在他可以直接触及的那部分生活区域。

但是,日常生活世界又是由不同层次的空间组成的。舒茨和卢克曼把这部分"我"可以直接体验的世界称为"真实可达的世界"(the world within actual reach)。它包含着根据各种意义形态而作出的空间安排(spatial arrangement)(Schutz and Luckmann, 1973:37)。与此同时,舒茨和卢克曼也指出了一种与其相对应的"潜在可达的世界"(the world within potential reach)。"潜在可达的世界"是可以转变为"真实可达的世界"的,当然,这是需要一定的技术手段。他们还进一步分析到,在可以触及的区域中,又有一部分是"我"可以通过直接行动来影响、改变的区域,他们称之为"操作区域"(zone of operation)或"操纵区域"(manipulative zone),它构成了全部现实的核心。在操作区域中,舒茨和卢克曼又把它分为无须通过中介行动的"初级操作区域"和建立在其上的受社会技术条件限制的"次级操作区域"。从操作区域这个核心往外推,就是"我"可以潜在触及的区域和不可能直接触及,但却可以通过间接行为影响的区域。这些区域加在一起,就构成了个体的工作世界。因此,从空间上看,日常生活就是具有不同"层"的工作世界(李猛,1999:21)。

从舒茨和卢克曼上面的现象学社会学分析来看,"真实可达世界"中的"操作区域"是全部现实的核心,人们的现实感便是源于日常生活中可以直接触及的那部分区域,这也是一个普通人最感兴趣的地方。然而,一个客观存在的事实是,现实生活中,"潜在可达的世界"与"真实可达的世界"之间还存在着一定的差距,尤其是在现代城市空间结构的安排中,社会活动的空间范围日益膨胀,如果缺少适当的技术手段,前者更是不易向后者转换,人们可以影响和改变的"操作区域"非常有限。但是人类自由流动的天性又是非常渴望能够到达更广泛的生活世界,渴求在更短的时间内到达更远的空间。然而,单靠人类的身体与感官本身,无技术和种种人造物品的辅助,

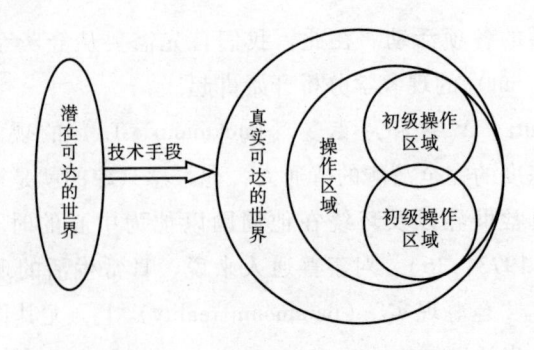

图 5-2　生活世界的空间安排

肯定无法支持目前的社会运作和人际交往的方式（王志弘，1998b：233）。因而人类总会想方设法借助技术手段来拓展自己的"操作区域"。于是，有生理限制的身体以及受身体所限的意识思维，在个体从事横跨时空的社会活动的需求下，如何与技术及其产物发生关联，来履行种种社会关系和过程，就成为一个重要的议题了（王志弘，1998b：234）。

（二）汽车与生活世界的空间安排

汽车作为个体空间实践的一种方式，凭借其自由、快速、便捷的特征，成为实现由"潜在可达的世界"向"真实可达的世界"的一个最为重要的现代技术手段，也是个体通过直接行动来扩展"操作区域"的重要工具。汽车拓宽人们的活动半径，改变了原有的空间安排，个体可以直接操作的区域变得更大了，不仅使日常生活更加方便，而且也改变了人的思维方式。万先生在访谈中说：

> 有车之后，感觉对我的变化最大的就是人的活动半径变大了，这是很明显的。我想你问其他人，他们也都会这么回答……以前，没有车的时候，不管是打的也好，还是坐公共汽车也好，你的活动范围会有一个客观上的限制，就算你打的可以实报实销，那感觉还是不一样的。你有车之后，活动范围扩大了，思维肯定就不一样了，或者说你看待社会的视角就会不一样。比如说，我经常走琶洲，几年前那是荒地啊，现在那么漂亮，或者不用说琶洲，就是花都，有的朋友跑到那边买房了，他们说花都很近嘛，那如果没有车的话，就会觉得花都很遥远，对不对？（访谈资料：14-M-W）

第五章　汽车与生活世界的空间转型

的确如万先生所说的，在访谈中，当问及汽车对受访者个人带来的最大的变化是什么时，大多数人的回答是"活动半径"变大了。例如，梁先生（一位国企高工）在访谈中说道：

> （车）带来的最大的变化就是活动半径扩大了很多。包括你的家庭生活，或者说一些业余的休闲方式，你会走得更远。比如说你要去钓鱼，你去哪里钓鱼？去池塘钓也是钓，去海边钓也是钓，去小鱼塘肯定是没有意思了，去海边钓肯定是有车更方便了。以前有个朋友是摄影爱好者，他的车就是全部装满那种摄影器材，没有（车）的话，他就得提个相机在街上逛来逛去，但他有车之后，他就三更半夜跑出去拍日出啊，晚上的风景啊，整个生活发生了很大的变化。

人们之所以会如此珍视汽车给人带来的自由与方便，是因为汽车突破了时空的约束与压制，可以帮助人们实现自由流动。约翰·厄里曾在一篇文章中指出，汽车代表着自由，一种"道路上的自由"。在西方社会，汽车的便利使得"人—车"可以在任何时间、任何路线沿着连接大多数家庭、单位和休闲地点的复杂的道路系统而快速旅行。汽车因此而延伸了人们所能到达的地方和提高了人们的办事能力。如果少了汽车及其每天 24 小时提供的便利服务，很多人现在过的"社交生活"（social life）将难以为继（Urry, 2006: 19）。汽车的便利特性，不仅改变了人们出行空间范围，而且改变了人们的生活方式、思维方式，这也就是我们说的更深层次上的有了车更"方便"。在调查过程中，我们遇到了一位非常难得的个案，受访者何先生是一所高校的老师，目前还在广州在职攻读博士学位，他讲述了一段他当年历尽艰辛的考博历程和与汽车的故事：

> 这三年，我觉得最大的改变，（是）原来没有买车的时候，没想那么多，也不可能体验那么多。确确实实买车了以后，在时空这两个方面改变了很多，对我们的生活改变很大。这是看得见的。另外看不见的，是由于车把你的工作、生活、时空改变了之后，可能你的生活方式、工作方式、学习方式也发生了很大的变化，以前你不去想、做不到的事情呢，你就会去想，而且想了又可以做到。
>
> 当时（我）不是因为考武汉大学没有考上嘛，然后买了车以后，

129

通过半年的修整，就把考博失败的心情给修复了，然后那半年就经常玩车，恢复得很好。恢复了就有新的想法，新的想法就是继续考。当时我就是想，哪怕我是再考到武汉，我也要把车开过去，有这种想法。后来继续考呢，我就在广州考了两个学校，一个是中大，一个华南师大，为什么可以考两个学校呢？因为有车，我讲的这是真心话，因为有车，我了解情况、报名、考试就能够很方便。客观上是时间、时空改变了，另一方面实际上也是影响了心态。其实你搭车的话也是差不多的，但是那样的话，我就不愿意考两个学校了。就觉得太麻烦了吧，有一种太过于奔波的那种（感觉），哎，因为有了车，我就可以考两个，这就是我刚才说的，把原来不想的，现在想了就可以做到，客观地说，这会影响到你的心态。

我的录取过程当时也是比较曲折的，大概也是有了车，后来才录取的。要不是因为车的话，可能就没办法被录取。为什么呢？我考的那个导师当时不在学校，在深圳，当时因为情况比较特殊，我是安排在"五一"之后，最后一个复试，别的都是安排在"五一"之前嘛，我是5月12日。复试之后呢，能不能录取呢，当时导师在深圳，时间很紧，学校要等我最后一个复试的结果，然后要找导师决定要还是不要，就在这两天时间就要决定，就要把名单报上去还是不报上去，当时我就毫不犹豫地决定开车（去深圳找导师），因为有车，所以心里就有了个支柱了嘛，因为我就可以马上和导师取得联系啊，他说他在深圳嘛，那些表格要拿过去给他签字。当时很紧张很紧张，当时呢我开车（从江门）到中大，把那些资料，还有表格啊，拿了一下，然后马上又开车到深圳，在半天之内就要从江门到中大，再从中大到深圳，深圳完了以后马上就得跑回中大，交到研究生院。所以，这个过程大概一天时间就完成了，所以，这么紧张，我敢答应去，最后也做到了，就是因为有车的方便，就是把江门、广州、深圳，每一个线两点之间的一百多公里，差不多一个三角形，我在一天之内办成了。这真的就是因为我有了车，改变了我的做事方式，促使我把以前不敢想的事情做大了（访谈资料：20 - M - H）。

何先生在访谈过程中是用一种略带激动的口吻一口气讲完上述经历的，这次访谈给笔者留下了深刻的印象。本节之所以如此不惜笔墨地把他的经历

第五章 汽车与生活世界的空间转型

呈现出来,正是想详细说明汽车是如何帮助他突破空间障碍、提高他的行事效率和流动能力的。他在访谈中提到的三件事,一是博士的报名和考试过程,二是录取的过程,三是读博期间的家庭生活与工作,这些都与汽车有着紧密的联系。尤其是他在最后录取的过程中,一天之内必须在广州、江门和深圳这三个各相距一百多公里的地方来回,时间非常紧迫,他的心情也非常紧张,如果没有自己的汽车,这个过程是不可能这么顺利的,按他自己的话说,正是因为自己有车,心里才觉得有个"支柱",才会更有信心。他把他现如今的生活方式都归功于汽车给他带来的便利,正如他自己说的,有了车以后,以前不去想、做不到的事情,现在就会去想,而且想了又可以做到。他的叙述非常清晰地告诉我们,在受到特定时空条件的限制之下,人们是如何通过汽车来组织他们的日常生活。正如肖芙和厄里所说的,汽车是另一种现代社会的"便利装置"(convenience devices),这种装置能够使复杂的、忙碌的社会生活方式变得可能,至少对这些有车的人来说是如此(Shove,1998:10;Urry,2006:19)。

在广州这样的大城市,工作与生活的节奏越来越快,人们活动的空间范围也越来越大,日常生活中的交通需求大量增长,什么样的交通工具便捷,人们就会选择什么样的交通工具。我们在访谈中发现,当问及"为什么要买车"时,绝大多数的回答是"方便"两个字,当问及"汽车给您的日常生活带来最大的变化是什么",大多数人的回答仍然是:"当然是更方便啦。""方便"成为消费者买车的一个关键词(王宁,2009:336)。在访谈对象中,汽车对他们来说基本上已经成为了日常生活中一种不可或缺的代步工具,或者,没有车的话,他们的日常生活就会很不方便。我们不妨先了解以下三位受访者的想法:

现在买车主要是为了方便,自己用车不管是上下班啊,还有周末出去啊,都比较方便,代步工具嘛(访谈资料:6-M-G);

主要原因基本上就是说(没车)不方便嘛,上班不方便,很远,有了车以后就方便一些了(访谈资料:4-F-L);

生活需要吧,广州城市太大,没有车,活动半径小很多,有车之后,整个生活半径都大很多,方便了很多(访谈资料:15-M-L)。

清华大学胡小军等人（2007）在一项样本容量近4万的覆盖全国主要省区的问卷调查中，研究了不同教育程度和收入水平的群体对家庭汽车消费意向的影响情况，同样发现了"有车方便"是人们对汽车认知的最基本态度。在调查结果中，不管是对低收入者还是高收入者来说，也不管是对低学历者还是高学历者来说，在对家庭汽车消费认知中，"有车方便"所占的比例都是最高的（参见表5-1）。例如，年收入1万元以下和10万元以上者认为"有车方便"所占的比例分别是75%和79%，差异不算大，但是收入越高者越是认为有车更方便，这或许与他们的工作性质有关；就教育程度来说，高中及以下学历者和硕士及以上学历者分别有74.6%和75.4%的人认为有车方便，这一点在不同教育程度之间的认知差异非常小。此外，认为汽车是"现代生活必需品"的在不同的收入水平和教育程度中所占的比例也是非常高的，在调查中仅次于认为"有车方便"。而且，收入越高者越是认为汽车是生活的必需品。"没有必要开车"，所占的比例也是随着收入水平的提高而下降，即收入越高者越是离不开车。而认为"有车是成功的标志"者却是随着教育程度的上升而下降，这一点在不同的收入水平中所占的比例也不高，而且没有多大差异。可见，认为"有车方便"和汽车是"现代生活必需品"正在成为人们汽车消费的主要认知。

表5-1 收入水平和教育程度对家庭汽车消费认知的影响

单位：%

收入水平与教育程度	有车方便	有车是成功的标志	开车感觉好	现代生活必需品	价格太高	没有必要开车	交通不好有车麻烦
1万元以下	75.0	21.8	28.7	39.9	15.8	11.1	16.5
1万~3万元	75.2	19.1	28.0	42.3	15.6	11.1	18.6
3万~5万元	77.3	19.4	27.3	44.6	11.3	9.3	18.1
5万~10万元	78.4	26.7	27.3	49.4	7.7	7.9	17.4
10万元以上	79.0	19.5	28.4	53.9	6.4	5.5	14.7
高中及以下	74.6	22.5	29.6	33.1	23.7	13.6	17.2
大专	77.6	19.4	31.6	45.4	17.3	9.0	15.9
本科	75.8	17.7	26.3	43.0	13.3	10.0	19.2
硕士及以上	75.4	14.4	18.5	40.5	9.2	11.8	24.9

资料来源：胡小军、张希良、何建坤：《家庭汽车消费意向调查及影响因素分析》，《消费经济》2007年第3期。

第五章 汽车与生活世界的空间转型

上面的数据以及诸多的事例表明，有了车，可以达到的空间范围更大，活动空间和社会能力都得到了提升，生活将会变得更方便。而没有车的话，活动空间受到很大的限制，生活中就会有很多"不便"之处，这是大多数人对汽车与生活的关系的一般看法。但是，在这里我们需要反思的是：为什么没有车就不方便了呢？这种"不便"是如何产生的呢？

造成生活不便的原因是多方面的，但是正如我们对生活世界的空间安排的分析指出的，对于个体而言，他最感兴趣的就是在他可触及范围之内的那部分日常世界以及环绕在他周围以他为中心的空间安排。但是，现代社会的发展使个人生活世界的空间安排发生剧烈的转型，本章的主要目的就是探讨这种转型对于汽车消费作为一种生活需要产生了什么样的影响。我们接下来所要着重探讨的是，我们的城市空间结构到底历经了一个怎么样的变化才会让人们的出行如此的不便？这种空间转型又是如何约束着人们选择汽车作为交通工具？

第二节　生活世界的空间错位

中国在从计划经济走向市场经济的转型过程中，个体的生活空间也发生了剧烈的转型。从居住与就业的关系来看，在计划经济时代，城市住房是制度安排的结果，个体没有太多的自主权，工作地点与居住地点通常是就近安排的，两者在空间上相对匹配，对于上下班的交通需求不是非常明显。然而，20世纪90年代以来，随着单位制的解体、住房改革的深入以及就业政策的变化，城市居民的居住地与就业地出现了"空间错位"，很多人在一个社区内工作，却居住在城市的另一个区域，由此产生了大量的交通需求。本节所要讨论的正是在这种空间转型的背景下，居住与就业的"空间错位"是如何影响到私人汽车消费的。

（一）居住与就业的空间错位

城市空间各个部位的结构如何与其功能保持协调一致，是城市规划研究的一个重要问题。早在1933年，现代主义城市规划的纲领性文件——《雅典宪章》就曾明确地提出，城市规划的目的是解决居住、工作、游憩与交通四大功能活动如何正常进行的问题，它强调通过合理的功能分区"有计划地确定工业与居住的关系"。虽然这一主张曾在20世纪六七十年代遭到了著名城市规划学家简·雅各布斯等人的强烈批判，但是，作为一种现代主义的规划理念，功能分区的理论与实践在世界各大城市的发展建设中产生了深远的影响。作为城市空间功能分区的两大组成要素，就业空间和居住空间的组织和关联一直受到城市地理学和城市社会学研究的重视。

空间错位理论（Spatial Mismatch Theory）[①] 就是在 20 世纪 60 年代后期由美国学者凯恩（F. J. Kain）针对这一问题在上最早提出的"空间错位假设"（HMS）的基础上形成的一种理论。20 世纪 90 年代以后，随着世界各大城市空间规模的普遍扩展，空间错位的研究领域已经拓展至社会福利、公共政策、城市住房、就业机会等多个方面。到目前为止，国内外对空间错位理论的争论仍然持续不断，并没有形成统一的概念。但是，按照一般的理解，空间错位是城市社会阶层就业地与居住地之间存在较长距离基础上的非对偶状态。从空间维度解析就是居住地至工作地之间的通勤距离，是通过步行或借助交通工具行径的实际距离；从时间维度解析，就是从居住地到就业地所花费的通勤时间（郭永昌，2008：39）。

由于历史的原因，长期以来我国城市实行的是住房福利制度，在就业地和居住地就近安排的城市规划方针指导下，通勤现象不十分明显，也没有严重的通勤问题（柴彦威，2000：131）。新中国成立后的几十年间我国城市主要的出行方式是步行和自行车，基本生活服务设施以就近安排为主，大院式的布局有利于人们通过步行到达工作场所，多年的磨合形成了与计划经济和低生活水平相适应的城市空间结构。城市实际上退化为一个个"工业村落"组成的聚合体（潘海啸，2005：42）。

美国著名的中国问题研究专家魏昂德（A. Walder）在 1989 年发表的《中国革命后的社会变迁》一文中发现，户籍制度和单位制度是中国社会结构的两大显著特征：第一大特征是显著缺乏居住流动和工作流动。20 世纪 60 年代和 70 年代，严格的户籍制度和食物定量配给把农民绑在农村，把城

[①] 空间错位（Spatial Mismatch）在国内也有人译作"空间不协调"、"空间失配"、"空间不匹配"、"空间错配"等。尽管译名不一样，但所表达的含义基本是一致的，即研究对象在空间这一视野下，就业地与居住地之间的空间非对偶状态。由于"空间错位"理论不是本文想要阐发的主旨，而主要是想借助"空间错位"这一概念来说明居住地和就业地的分离给城市交通工具的选择带来的影响，故对这一理论不再详细论述。国外研究"空间错位"的参考文献非常多，国内这一领域的理论综述做的比较全面的请参考郭永昌的《大城市社会阶层空间错位：以上海为例》（2008）。

市居民限定在街坊邻里。这套系统有效地制约了农民向城市的流动，并使当局得以将一千六百万城里的年轻人安置到农村去。第二大特征是工作场所与居住场所的紧密结合。农村的生产队自然完全结合了工作场所和居住场所。在城市里，单位拥有的住房占中国城市房源的30%至40%。单位分房是单位职工获得新房的主要途径。许多大型企业，特别是在城市边缘的大型工厂，是集医院、学校、政府机构于一体的社区，大部分职工都住在工厂的住宅区以内（Walder，1989：410）。美国学者戴慧思（Deborah S. Davis）也曾指出，在改革开放前，缺乏选择工作的自由和企业间挑选最合格雇员的竞争。企业间的工作受到有意识的控制，工作变动往往是管理安排的结果（戴慧思，2002：348）。在这种体制之下，作为制度安排的结果，就业地和居住地之间没有隔离，从整个城市日常交通需求的角度来看，这种空间结构处于比较协调的状态。

但是，随着改革开放后城市就业制度和住房制度改革的全面深入，城市居民择业、择居的自由度越来越大，原来工作与居住在同一个单位内的情况逐渐发生了重大的变化，劳动力的自由流动与货币化的购房模式使城市出现了明显的就业地与居住地的"空间错位"状况。我国政府自1998年推行城市住房改革的最终目的是实现住房商品化和货币化，获得住房的逻辑从原先的福利分房逐步转变为现在的货币分房（张杨波，2008：78）。这也就意味着，只要拥有足够的经济条件，便可以自由选择居住地。对于城镇单位职工来说，单位分房已不再是获得新房的主要途径。

根据香港科技大学调查研究中心和中国人民大学社会学系开展的2005年全国城乡居民生活综合研究的调查数据，2005年，在城镇常住户口中，租住单位房和公房的比例分别为3.6%和8.2%，两者总加起来不到12%；而城镇居民自有私房（继承与自建）、已购房（部分/有限/居住产权）和已购房（全部产权）的比例分别达到20.7%、12.9%、46.1%，三者总共占住房获得的79.7%，这里还没有包括拥有当地有效城镇户口的数据（见表5-2），但已经显示出了与住房制度改革前的住房获得方式的巨大差异，也表明了人们的居住流动有了更大的自由，同时也意味着城镇居民的居住地和就业地的空间离散度进一步扩大。据统计，当前我国大城市社区居民在社区外工作的比例约为89.9%，且出行方向单一，就业与居住分离的严重性非常明显（郭永昌，2008：11）。

表 5-2　2005 年城乡居民住房产权与租赁情况

单位：%

	城镇常住户口	当地有效城镇户口	农业户口	其他	总计
租住单位房	3.6	2.8	0.6	2.4	2.3
租住公房	8.2	6.1	0.5	6.9	4.8
租住私房	7.3	12.7	6.0	51.7	7.0
自有私房(继承与自建)	20.7	26.0	85.4	17.2	49.3
已购房(部分/有限/居住产权)	12.9	6.1	0.9	3.4	7.4
已购房(全部产权)	46.1	45.2	5.8	17.2	28.3
住亲友住房,无须租金	0.3	0.6	0.3	0.0	0.3
住公房,无须租金	0.2	0.0	0.0	0.0	0.1
其他	0.6	0.6	0.4	0.0	0.5
总　计	100	100	100	100	100

资料来源：《2005年全国城乡居民生活综合研究》(CGSS2005)。

(二) 空间错位下的日常交通

诚然，就业地与居住地在一定程度内的分离是保持城市活力的体现，但分离一旦超越应有限度，就会使通勤大量增加，以通勤交通为代表的城市空间也日益严重和复杂（柴彦威，2000：131）。同时，就业与居住空间的过度分散不仅降低了城市运行效率，造成了城市交通难以调配以及交通拥挤等问题，而且也延长了城市社会各个阶层的通勤时间，增加了城市运行的成本（郭永昌，2008：6）。

从表 5-3 中可以看出，改革开放之初的 1980 年，在广州市城市居民家庭消费性支出情况统计中，交通与通信①的支出仅占所有消费性支出的 0.98%，是所有消费性支出中最少的一部分。然而，自 20 世纪 90 年代后，随着广州急剧的城市化进程，城市空间结构发生了巨大的变化，人们出行的空间距离越来越长，导致了交通费用日益增加，并已成为人们日常消费中的一项很大的负担。从 2002 年起，交通和通信费用已经超过了住房消费（占

---

① 由于统计年鉴中一般没有单独将交通消费支出列出，而都是和通信支出合计在一起的，所以我们无法分离出交通消费支出的具体费用。不过，作为"交通和通信"消费支出中的一个很大部分，"交通和通信"消费支出比例的连年增加基本上也可以用来说明交通费用的变化情况。

9.2%）项目的支出，占11.1%，2005年又超过了教育文化娱乐服务（占16.1%）这一项的支出，占到全部消费性支出的17.22%，成为了仅次于食品消费（占37.31%）的第二大支出。"九五"时期和"十五"时期，交通和通信消费支出年均增长分别达到16.8%和17.3%。各项消费项目比例发生的变化，一方面反映了广州城镇居民生活水平的提高（恩格尔系数不断下降），另一方面也反映了交通消费越来越成为广州城镇居民的一项生活负担。

表5-3　广州市主要年份城市居民家庭人均消费性支出情况统计（1980～2006）

单位：元，%

项目＼年份	1980	1985	1990	1995	2000	2005	2006
人均全年可支配收入	606	1100	2749	9038	13967	18287	19851
人均消费性支出	521	1011	2410	7602	11349	14468	15445
食品	70.35	62.50	60.65	50.20	42.61	37.31	37.05
衣着	9.42	6.46	6.40	6.55	5.17	6.23	6.19
家庭设备用品及服务	4.60	8.58	7.23	9.09	7.16	5.16	5.11
医疗保健	1.22	1.31	1.66	3.22	3.92	5.79	5.94
交通和通信	0.98	3.11	3.03	6.26	9.11	17.22	17.14
教育文化娱乐服务	4.54	7.80	8.03	9.66	12.72	16.10	16.39
居住	4.56	5.19	8.00	8.67	12.99	8.85	8.82
杂项商品和服务	4.32	5.06	4.99	6.35	6.33	3.35	3.36
合计	100	100	100	100	100	100	100

资料来源：《广州统计年鉴（2003）》、《广州统计年鉴（2005）》、《广州统计年鉴（2006）》（中国资讯行）。

由于居住在一个地方，又在另一个地方上班，人们需要借助更为便捷的交通工具把分散在不同地点的居住、工作、学习等活动联系起来。在2007年广州实行"禁摩"政策之后，市区内骑摩托车已变得不可能了。家庭汽车不仅是最能体现生活质量提高的一种私人交通工具，而且又解决了日常生活中的实际交通需要。举两个例子来看，两位在大学城上班的护士在访谈中讲述了她们不得不买车的原因：

现在是没办法，逼迫自己一定要买，不买的话太不方便了。原来为什么没买呢，有个原因是因为我住在校内，就没必要，用车的机会几乎很少，住在学校，又在学校上班，当时买车就没有很大的动力。但是现

在不一样了，因为，我们住的"雅居乐"，（乘公交）车不方便，自己不买车真的是不方便。（访谈资料：4-F-L）

我们有一个比较特殊的情况，搬家之后，小孩上学就非常远了，小孩是在桂花岗那边读书，我们又是住在教师村那边。我觉得我们买车的一个很大动机为了方便小孩上学，送小孩上学呗。（访谈资料：5-F-Y）

郑也夫指出，工业时代的城市的一个基本布局特征是人们的住所与工作地点的分离。这个特征应该说是超民族、超种族、超文化、超越社会制度的非常之普遍的一个特征（郑也夫，2002：69）。正在经历工业化和城市化洗练的广州城市自然也不能例外。1989年，广州市率先实行住房制度改革，逐步取消住房实物分配体制而代之以货币补贴为主的住房货币分配制度，近十年来房地产业发展迅速，形成了城市居住空间的"马赛克"式的镶嵌图（王兴中，2000：15）。房改之后，人们拥有了更多的居住选择自由，但同时也面临着更多的通勤压力。上面提到的颜女士在访谈中说她们家的情况比较特殊，所以不得不买车，但其实这是当前一个较为普遍的现象，例如郭先生在访谈中说：

我是房子买完之后再买车的，我想大概很多人都是这样的吧。买车嘛，主要还是为了上班方便，因为我房子买的比较偏一点，坐公交车不怎么方便。然后呢，周末要出去一下也不太方便。像原来呢都是在广州市内，现在周末也可以走得远一点，呵呵（访谈资料：6-M-G）。

再如，陈先生是一名国家公务员，刚来单位上班时，单位只提供了一个简易的单人宿舍，结婚之后房子买在天河区和白云区交界处，离上班的地方有11公里的距离，没有直达的公交车，附近的地铁站也尚未修建好，对他来说，为了节省交通时间，提高生活效率，买车是个不得不作出的选择。

从单位门口到家门口，总共大概有11公里多吧，（坐公交）算起来要五十多分钟，有时候公交路线堵起来的话，也会超过一个小时多。现在自己开车，基本上三十多分钟就到了。骑自行车，不大可能吧，因为太远了，等你骑过来了，今天就不用上班了，累趴了。摩托车我也没

第五章　汽车与生活世界的空间转型

骑过，我觉得很不安全，你看路上全是汽车，一不小心就完了。所以，当时呢，为了解决这个上下班交通问题，我们就决定买个车了。还有一个就是，老婆当时怀孕嘛，经常去医院检查，(有车)方便一点嘛，怀孕嘛，挤公交车很不方便的，老是打车也不好……自己有车的话，上班时间比较好掌握，也不用太辛苦，因为挤公车的话，往往是太多人，有时候还挤不上去，挤上去后还要提防自己别被偷了。毕竟公交站离家和单位还有一段距离，走一段也挺辛苦的。我以前上班的时候要坐公车，要从电视台那里走到白云宾馆，快步走差不多也要走15分钟，也很辛苦，夏天走过来一身衣服也都湿透了，所以买车主要也是针对上下班问题，现在基本解决了，比较轻松。然后，去同学那里什么的，以前要想去一趟的，也挺辛苦的，因为比较远。现在比较集中一点，什么时候去都可以，回来晚一点也可以，不用考虑没有公车坐。(访谈资料：17-M-C)

在"时空压缩"日趋明显的当代社会，追求速度、讲究效率、快速流动成为了社会发展的一个核心理念，流动的能力因此是在社会中存活的能力(王志弘，1998：151)。对于个体而言，是否具备一定的流动能力成为其是否能够获得相应的社会地位社会资源的一个关键因素。在访谈中，与上面的陈先生类似的案例还有很多，例如，刚刚开了一家公司的余先生在访谈中说：

我自己要开公司了嘛，我这个效率啊各个方面都要提高，再说这个公司也需要(车)当做代步工具。家是住在丽江花园，离我公司大概有十来公里吧。买车之前，主要就是打的，坐巴士。坐巴士上班大概四十分钟左右，如果不塞车的话，自己开车大概二十分钟就到了，一塞车就说不准了，反正，自己有了车，时间就更好把握了，更自由了。(访谈资料：21-M-Y)

据调查，2005年广州市区的平均出行耗时为27.4分钟，原八区的平均出行耗时为28.4分钟，比1984年增加了4.4分钟(潘安、周鹤龙等，2006：236)。这些数据直观地反映出了居住地与就业地的分离给人们的日常生活造成了空间上的障碍，增加了城市交通的时间和成本，成为人们选择交通工具的一种"空间约束"。在公共交通不方便的情况下，汽车的使用被当

139

做是克服这种空间障碍的一种有效工具。通常来说，现在人们大多是以时间的长短来衡量两点距离之间的远近，如五分钟的路程或半个小时的车程，汽车流动在"通过时间消灭空间"方面为我们描绘哈维所说的"时空压缩"这一宏伟蓝图增添了不少色彩，它在"为了排除空间障碍而作出的创新，在资本主义的历史中都是极有意义的"（哈维，2003：290），也是带来"时空压缩"的重要动力之一。在现代碎片式的城市空间中，汽车在整合生活空间中所起的重要作用可见一斑。

广州市交通规划研究所的《2005年广州市居民出行调查样本数据分析报告》（2006：90）数据显示①，在各种交通方式中，步行的平均出行距离最小，仅为1.5公里；自行车次之，为3.4公里，摩托车再次，为5.1公里；公交车、出租车的平均出行距离相当，地铁的出行距离略高于公交车；小汽车（包括公家小汽车、私家车）的平均出行距离在9公里左右，稍高于公共交通工具。当出行空间小于等于2公里时，步行是最为适宜的，在6公里以内，自行车、摩托车、小汽车、出租车以及公共汽车都是比较合适的交通对象，但是，当出行距离大于8公里的时候，小汽车的优势就显现出来了，当出行距离大于15公里时，小汽车成为各种交通工具中使用频率最高的一种（参见表5-4）。

表5-4 几种主要出行方式的出行距离分布

单位：%

方式	≤2公里	2~4公里	4~6公里	6~8公里	8~10公里	10~15公里	>15公里	合计
步 行	80.60	14.60	2.41	0.96	0.27	0.59	0.57	100
自行车	45.59	28.72	13.06	4.67	2.57	3.14	2.24	100
摩托车	38.37	22.03	13.10	7.62	4.99	7.59	6.29	100
小汽车	16.61	17.71	14.30	10.86	8.83	14.61	17.09	100
公共汽车	7.93	20.46	18.46	14.71	11.62	16.75	10.07	100
出租车	14.27	26.98	19.63	14.17	8.11	9.83	7.02	100

资料来源：广州市交通规划研究所：《2005年广州市居民出行调查样本数据分析报告》，2006年2月。

而且，相对于公共交通工具来说，私人汽车有着许多无法比拟的优势。私人汽车提供了一个私人的空间，这比公共交通要方便、安全、卫生得多，

---

① 这份资料是从中山大学社会学与社会工作系李若建教授那里获得的，特此致谢！

第五章 汽车与生活世界的空间转型

许多人购买家庭汽车会考虑到这一点。例如,2003年"非典"过后,广州曾出现一次购车小高潮。麦女士家的"伊兰特"汽车就是在那个时候买的,她如是说:

> 坐公交不太方便,两个人(她和他爱人)住在西边,然后上班都在东边。很耗时的,上班的话从那里到这边还可以,下班的话就很拥挤了,而且时间比较长,而且有的时候家里要是突然有点事要赶回去,打的都要三十块钱,我就想着还不如买个车……那个时候2003年"非典"刚刚过去,公共场所的卫生啊,出租车也经常挂着"今日已消毒"的字样,心想是不是细菌特别多啊,呵呵,大人那个时候倒觉得没什么,但是小孩那个时候才几个月大,抱着她坐出租车也不安全。当时就想,还不如自己买个车,自己的车安全一些嘛。那个时候主要是这样考虑的。(访谈资料:7-F-M)

出租车也是一种较为便利的交通工具,有一些人认为"买车不如打的"划算,养车还要花很多钱。但是尽管如此,越来越多的人还是愿意自己购车。这当然不是纯粹出于经济上的原因,而是自己有车确实能够比打的更方便,更不受时间限制。在广州,"打的难"也日渐成为人们经常抱怨的问题了。赵先生就是这么认为的:

> 我知道开车的费用加起来肯定超过打的的费用了,别人也这么跟我说,但是呢,为了方便嘛,自己有车随时都可以出发,想走就走,没有车的话,有时候等了很久还等不到一辆的士。(访谈资料:26-M-Z)

在现代城市交通的方式越来越多样化的情况下(如自行车、摩托车、公共汽车、地铁、的士、公司巴士等),人们还是会特别热衷于选择小汽车作为出行工具,原因自然在于小汽车有着其他交通方式不可比拟的优势。Gardner 和 Abraham 在英国城市中作的一项关于人们为什么选择自己开车去上班的扎根理论研究表明,以下六个因素起到了非常重要的作用:①出行时间的考虑,自己开车可以自由把握时间,比公共交通要快和准时,不会像公共交通那样会经常晚点或迟到;②出行效果的考虑,自己开车是一种享受,更为安全和舒适,而乘坐公共交通工具却要面对拥挤和一些不愉快的影响;

141

③自己开车省力、方便，乘坐公共交通工具还要走一段路，有时候还需要换乘；④个人空间的考虑，小汽车为个人提供了一个安全自在的空间，可以避免和不想见面的人接触；⑤成本考虑，自己开车的费用虽然很高，但是在开车上班的过程中很少有人在考虑其成本，因为许多费用，如油费、保险费、路费等，都已经一次性交清，不用每次都交，因而是一种隐性消费，而乘坐公共交通却要每次都掏钱包，是一种显性消费；⑥控制的欲望（desire for control），自己开车可以自由决定什么时候去哪里，想快就快，想慢就慢，可以自己掌控自己的出行欲望，而乘坐公共交通则个人的主动性在很多方面都受到限制（Gardner & Abraham，2006：187-194）。在西方国家，汽车已经成为了日常生活中一种离不开的代步工具，曾获诺贝尔经济学奖的美国华盛顿大学的道格拉斯·诺斯教授1995年3月在北京说过："在美国会开车是一种需要，否则你将寸步难行。"① 在广州这样的大城市中，随着城市空间格局的变化和生活节奏的提高，人们对汽车的依赖也日益加深，从我们上面诸多的访谈案例中，已经可以很清楚地看到这一点了。

第三节 城市空间的汽车化

在上一节中，我们分析了居住与就业的空间错位对于城市交通的影响，实际上指出了汽车消费作为现代生活的一种需要很大程度上是在空间转型的背景下，为了满足城市交通的需要而产生的。当然，从空间转型的角度来，居住与就业的空间错位只是其中的一个原因，还有一个很明显的原因在于，我们的城市在从步行城市向汽车城市变迁的过程中，逐渐形成了"汽车化空间"，在汽车化的空间逻辑下，汽车亦成为了现代生活中非常重要的一种代步工具。

现代社会的一个突出现象，就是大城市的形成和发展。随着城市化进程的加速，城市空间结构已经发生了剧烈的转型。在这种变化背后，政治、经济、文化以及现代交通技术等诸要素都起到重大的推动作用。与其他因素相比，现代交通技术在推动城市发展过程中所起的作用似乎一点都不逊色，甚至可以说，正是包括汽车在内的现代交通技术使城市向郊区的蔓延成为可能。而在汽车促进城市空间扩展的同时，又使城市呈现出一种汽车化的空间

---

① 周艳秋：《诺贝尔奖得主谈车》，1995年4月6日《中国青年报》。

第五章　汽车与生活世界的空间转型

逻辑，在本书中，我们将当前城市空间形态称为"汽车化空间"。接下来，我们将从交通方式的历史演进与城市空间形态的变迁、汽车的普遍使用与城市空间的重构这两方面来说明汽车化的城市空间是如何形成的，以及汽车化空间是如何对人们的日常交通产生影响的。

（一）城市交通与城市空间

在过去漫长的几千年里，人类主要是步行和把马车作为主要的交通工具，因而从空间尺度上来说，古代城市与现代城市有着极大的差别。即使是作为当时世界上最大帝国的首都的古罗马城市，其半径也只有4公里（面积为50平方公里左右），仍不及现在罗马市区面积的四分之一。而工业革命以来，人类的交通速度已经发生了翻天覆地的变化。芒福德（2005：36）指出，交通"技术的爆炸性发展，也引发了城市本身发生类似的爆炸：城市开始炸裂开来，并将其繁杂的机构、组织等散布到整个大地上"。随着公共马车、火车和电车的发明，城市规模的大小不再受步行距离的限制，城市扩大的步伐加快了，因为它不再是从市中心一条大街一条大街或一个街区一个街区地向外延伸或扩展，而是从市中心区沿着一条条铁路线或向郊区四面八方扩大（芒福德，2005：445）。

从图5-3中我们可以看出，在步行和马车时代，由于交通工具落后，城市半径非常狭小，城市空间呈现出一种紧凑的心圆形态，城市外围多呈现团状，这种形态一直延续了几千年；随着蒸汽机的发明和应用，新的交通工具给城市发展注入了新的活力，铁路运输改变了工厂必须依靠水运布置在河流沿岸的原则，人类进入了通勤电车火车时代，城市空间呈现出放射性的定向指状扩展形态，城市内部不同区位开始形成均质的区域；20世纪以来，随着私人汽车的普及，西方社会进入了游憩型汽车时代，城市以非常快的速度向郊区蔓延。由于汽车交通不受轨道限制，早期放射性扩展之间的空地迅速发展成为新的城市用地，这使得城市外部空间形态又向集中型的团状形态发展，人类生活方式开始发生重大的变化；20世纪中后期以来，我们迎来了高速公路时代，通畅、发达的快速交通网络日渐形成，城市空间出现了更松散的城市化区域形态。

我们以广州为例来看看交通技术的进步是如何对城市空间形态产生影响的。大体上，广州城市交通方式的改进经历了步行—马车、人力车、船运—铁路—自行车—公共汽车—摩托车—私人汽车—地铁等几个发展阶段。在步

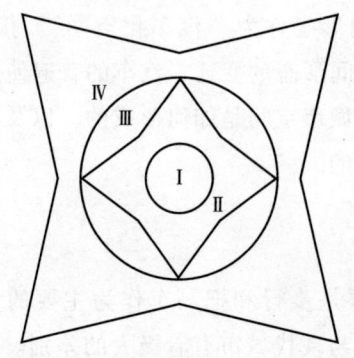

Ⅰ 步行和马车时代（紧凑的心圆形态）
Ⅱ 通勤电车火车时代（定向指状扩展形态）
Ⅲ 游憩型汽车时代（郊区化蔓延形态）
Ⅳ 高速公路时代（更松散的城市化区域形态）

图 5-3　交通技术对城市空间形态的影响

资料来源：（柴彦威，2000：144）。

行和马车时代，交通速度相对较低，广州古代城市空间结构在过去两千多年的漫长时期中的演变是相对稳定的。由于交通工具落后，人们在一定时间内所能达到的空间范围非常有限，这导致城市用地高度集中，城市的工业、商业和住宅等多项功能都密集于北京路一带的核心区，城市空间格局呈现出明显的高密度团状特征，广州在城墙以内或围绕城墙在相当有限的范围内发展。而近代工业交通的发展，使城市空间结构发生了质的变化，城墙消失了，新式马路被修建出来了，城市空间从封闭走向开放。法国学者马克·韦尔认为，这种历史形成的按步行交通的逻辑发展起来的城市可以称为"步行城市"；而近代以来，随着汽车交通的发展，城市的空间范围进一步扩大，在中心城市以外的边缘地区按汽车交通的逻辑发展起来的城市化郊区可以称为"汽车城市"。当代城市社会变迁的一个最明显的特征就是城市重心从"步行城市"向"汽车城市"的迁移和过渡（卓健，2005：72）。

现代交通技术大大改变了城市内部和城市之间的联系方式与紧密程度，造成了城市工业空间和居住空间的整体分散与局部集聚（柴彦威，2000：144）。伴随着广州城市交通网络的立体化发展，广州的城市空间格局也由带状组团城市逐渐演化成以旧城中心和天河中心为双核心，由多组团组成，沿珠江轴线，天河中轴线向东向南发展的多组团式半网络化城市（阎小培、周素红、毛蒋兴，2006：33）（见图 5-4）。与此同时，广州城市空间规模也在不断扩大（图 5-5），1990 年广州市建成区面积为 182 平方公里，2000 年是 431 平方公里，2005 年已经达到 735 平方公里，是 1990 年的 4 倍多。

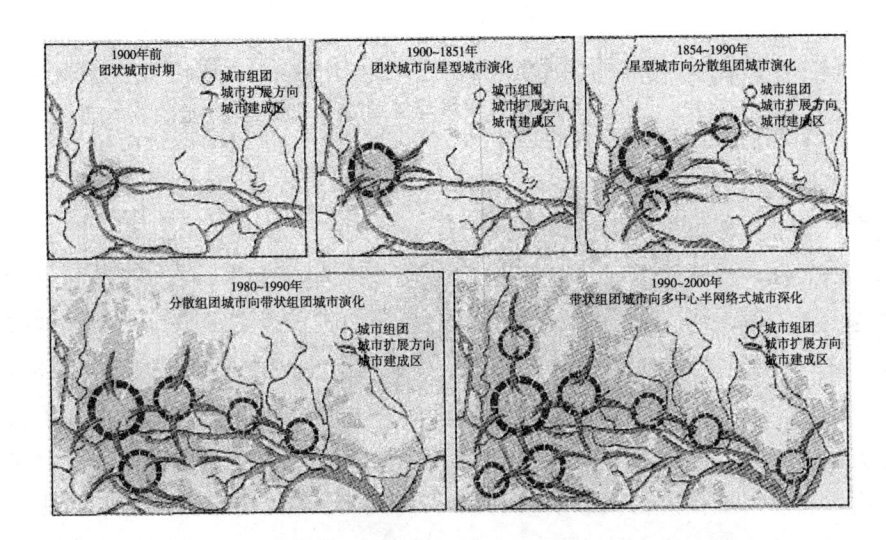

第五章 汽车与生活世界的空间转型

图 5-4 交通方式改进对广州城市空间格局的影响

资料来源：根据《广州市总体发展概念规划》修改而成，转引自阎小培等，2006：32。

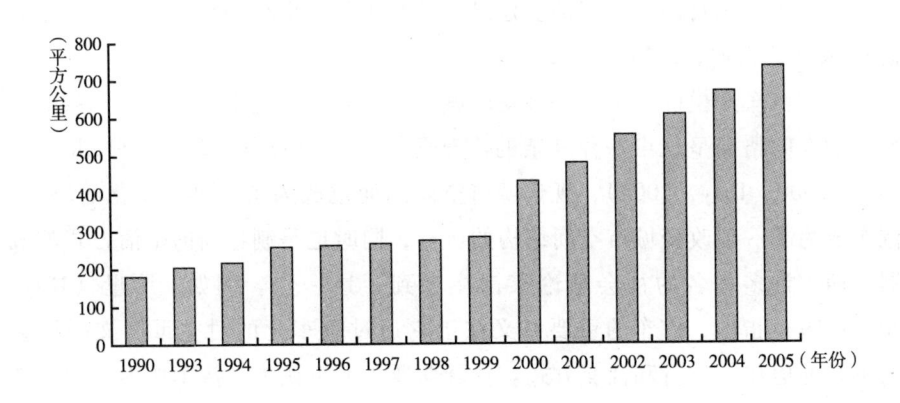

图 5-5 广州市城市建成区面积（1999~2005）

资料来源：1999~2005 年数据源于《中国城市建设统计年鉴》（2000~2006 年），1990~1998 年数据来源于《广州统计年鉴》（1991~1999）。

随着交通工具的不断改进，城市空间规模进一步扩大，城市空间形态也发生了重大的变化。国内外不少研究已经指出，城市交通与城市空间之间存在着耦合性，城市交通与城市空间演化之间存在着动态的、互馈的相互作用关系（例如：阎小培等，2006；王春才，2007；费移山，2003；单刚等，2007；等等）。

145

（二）汽车化空间的形成

上面我们通过简要考察城市交通方式的历史沿革与城市空间格局的变化，了解了城市交通与城市空间之间的互动机制。然而，要说到对城市空间规划产生最大影响作用的交通工具，既不是火车，也不是摩托车，而是汽车。由于私人汽车的出现，空间和流动的关系发生了变化，人们开始将空间视为流动的派生物（桑内特，2008：16）。正如美国著名的城市规划大师约翰·M.利维在专著《现代城市规划》（第五版）的中文版序言中写道的，"如果一个人想对美国20世纪的规划找到一个核心题目的话，那么汽车就是关键词"，该书贯穿始终的一个主题就是美国私人小汽车的普遍拥有对居住模式和规划工作的巨大影响（利维，2003：5）。另一位美国著名的建筑师和规划师莫什·萨夫迪也指出"由城市核心向郊区的运动则是扩张了的交通与铁路带来的便利。当然，最具决定性的因素是汽车"，"每一个新的建筑开发行为在初期即需考虑适当的停车空间，而宽阔的街道也是以便于小汽车通行为特别目的而修建的。建筑及其间距和进出秩序均取决于小汽车的需求"。（萨夫迪，2001，3~5）

随着汽车规模的扩大，一种新的城市文明被建立起来了，绝大多数欧美城市的空间格局呈现出一种复杂的汽车逻辑（Beckmann, 2001; Sheller and Urry, 2000; Urry, 2004），现代城市空间因而也成为了一种汽车化的空间。汽车成为了一部改变城市空间结构的机器，同时也是制造新的生活方式的机器，西方许多著名的社会理论家都注意到了这一点。例如，厄里（Urry, 2000：59）指出，汽车的重要意义在于它通过汽车化的时空重构文明社会的不同的居住、旅行和社交方式。费瑟斯通等人也认为，汽车作为一种大规模生产和大众化消费的关键物（key object），其显著性（visibility）和影响力在道路空间结构、城市规划设计、郊区住房和大型购物中心等方面的影响不可置辩（Featherstone, 2004：1; Kennedy, 2002：459）。苏贾（Soja）以洛杉矶为例指出了许多汽车化的后现代都市化的地理学特征，在他看来，汽车和高速公路就是改变洛杉矶的地理特征的关键（转引自Sheller and Urry, 2000：749）。随着大城市地域空间的不断蔓延，形成了与汽车优势相对应的大都市形态重构，导致了商店、学校、健康服务业和社会设施应当分布在距离居住地步行可达范围内的传统观念的终结（诺克斯、平奇，2005：342）。

第五章　汽车与生活世界的空间转型

在七十多年前，面对"今日城市中和郊外的街道系统多为旧时代的遗产，都是为徒步与行驶马车而设计的"这种情况时，《雅典宪章》极力呼吁："我们实在需要一个新的街道系统，以适应现代交通工具的需要。"从今日的城市空间来看，《雅典宪章》中呼吁建立一个新的街道系统看来已经是实现了，因为"几乎所有的建筑环境现在都是汽车性（automobility）的雄辩证明"（Thrift，2004：46）。从大大小小的停车场到遍布各地的加油站，从鳞次栉比的立交桥到星罗棋布的红绿灯，到密密麻麻的道路网络系统，无一不在满足汽车流动的需要。然而，今天当我们面对一个完全汽车化的城市空间逻辑时，或许我们可以把《雅典宪章》的这个呼吁改为"我们实在需要一个新的交通工具，以适应现代街道系统的需要"。这种新的交通工具，就是汽车。

诚如北村隆一和大矢正树（2006：3）所说的，"美国的城市交通的进化以最单纯的形式表现了汽车化的过程和归宿，在美国发生过的现象伴随着时间的错位不断地在其他国家重复"。我国的汽车发展与城市化进程也将不可避免地与美国的经历有一些相似之处。我国城市规划学者程道平（2004：66~67）归纳了私人汽车的发展将给城市空间带来的影响，主要表现在以下几个方面：①私人汽车的增加促进了住宅郊区化的发展，使城市形态趋于分散。私人汽车缩短了上下班时间，提高了生活节奏，使人们工作在市区居住在郊区成为可能。②私人汽车的快速发展，使我国大多数城市的道路面临日益增加的交通压力。城市交通拥塞已成为大城市越来越严重的发展障碍。③私人汽车迅速增加，不仅占用道路，还需要大量的停车场所，造成停车场（库）的建设面临着巨大的压力。而我国城市的停车场所严重不足，致使占道停车严重挤压公共空间。④在住宅郊区化带动下，一些服务于居民生活的大型超市、商场、购物中心、专业市场等开始由城市的一级商业中心向次级商业中心甚至城市郊区转引。⑤城市交通影响城市的视觉景观。汽车的发展使得在城市设计时不得不考虑建设立体化的交通网络，如主干道交叉路口的立交桥、高架路以及大量的过街天桥等，以及道路两侧设立大量的宣传或警示标志，这些都成为了城市景观的一部分。

统计数字显示，在世界范围内，至少有1/3的发达国家的城市土地是为适应公路、大规模停车和与机动车相关而开发的。尤其是第二次世界大战之后的开发过程更是如此。在高度城市化的美国，留给机动车的空间——街道、高速公路、停车场——几乎占据了近一半的城市区域；在洛杉矶，这个数字估计是三分之二。仅街道和高速公路的道路红线一项——不包括街边停车区域，就占据了诸如伯克利和洛杉矶这类城市的26%的土地面积（索斯沃斯、本-约瑟夫，2006：5）；在美国，每辆汽车平均需要使用0.07公顷（0.18英亩）的公路和停车场所，每增加5辆汽车，就得有一块足球场大小的土地被铺上沥青。美国现有2.14亿辆机动车辆，已经铺设了630万公里道路，足以围绕地球赤道157圈，总计起来，美国用于道路和停车场的土地面积估计为1600万公顷（3900万英亩），几乎和美国农民用于种植小麦的耕地面积——2000万公顷差不多（布朗，2003：44~45）。汽车不仅占用了大量的城市面积，而且也导致了大量的耕地流失，国外有不少的专家学者建议我们应该慎重对待汽车的道路的发展。

但是，为了满足汽车交通的需要，广州城市中大量的空间被道路挤占。广州市从1990年以后兴建了东豪高架快速路、北环高速公路及内环高速公路，初步形成了高速公路快速网。其中，1999年4月8日动工，2000年1月28日建成通车的内环路工程是当时广州市除地铁1号线外最大的市政工程，总投资约87亿元，总建筑面积为68.9万平方米，全长26.7公里，其中高架路段占75.8%。随着内环路、东南西环高速公路、北二环高速公路、华南快速干线、广园东快速路、解放大桥、江湾大桥、沙河立交、昌岗立交等重大道路工程的建设，广州以内环快速路为内核，内环、外环、三环（又称珠三环）为基础的环形放射如方格网的主骨架路网络体系已初具规模（潘安、周鹤龙等，2006：80）。这些交通基础设施的建成，基本上重构了广州城市的空间格局。

汽车化空间的一个重要特征就是城市中大量的建筑设施是与汽车交通有关的，如道路、立交桥、高架桥、路灯等大量的交通基础设施横亘在城市空间之中，这些建筑使城市景观发生了巨大的变化。我们再以广州为例，从表5-5中可以看出，自改革开放以来，广州城市建设投资数额的增长相当惊人，1985年只有1.72亿元，2000年为142.8亿元，到2005年时已经达到了256亿元，年均增长15.7%（潘安、周鹤龙等，2006：134）。随着汽车保有量的日益增多，广州市几乎所有的市政设施都增长了好几倍。道路长度从1978年的390千米增加到2006年的5208千米，翻了12倍多；道路总面积也从342万平方米上升到8663万平方米，几乎增长24倍之多；人均道路面积由1990年的3.7平方米增长到2006年的13.85平方米；桥梁数（含立交桥）的数量也从1978年的140座发展到2006年的1216座，整个城市仿佛变成了一张以道路为线条、以桥梁为节点的巨大网络。汽车以及与汽车有关的城市设施不仅已经占用了大量的城市空间面积，而且已经成为了城市空间规划中的主导性因素，正如英国著名的汽车问题研究专家肖芙所指出的："是汽车，而不是城市社区，主导着规划会议上的讨论，并成为了真正受关注的焦点。"（Shove，1998：9）

表5-5 广州历年市政设施增长统计（1978~2006年）

年份	民用汽车拥有量（辆）	道路长度（千米）	道路面积（平方万米）	人行道面积（平方万米）	桥梁数（座）	立交桥（座）	路灯数（盏）	人均道路面积（平方米）	城市建设投资（亿元）
1978	—	390	342	—	140	5	23717	—	—
1980	—	391	349	—	144	5	25042	—	—
1985	—	415	447	—	165	13	29560	—	1.72
1990	102915	945	1085	—	265	24	39138	3.70	6.4
1995	244656	1809	1983	—	524	52	59643	6.30	66.1
2000	395773	2053	2805	355	685	100	92279	8.16	142.8
2001	430373	4210	5899	629	919	124	154940	10.22	—
2002	487556	4447	6194	676	934	124	181751	10.61	—
2003	577241	4571	6563	780	1002	134	188201	11.16	—
2004	682444	4864	7706	1031	1097	144	210801	12.84	—
2005	761521	5076	8325	1190	1142	149	230000	13.49	256
2006	889132	5208	8663	1266	1216	166	162000	13.85	—

资料来源：根据1990~2007年《广州统计年鉴》相关数据整理而成。其中，城市建设投资数据来源于潘安等编著《城市交通之路——广州交通规划与实践》，中国建筑工业出版社，2006。

第四节 空间约束与汽车消费

从上述两节的分析可见，城市空间转型实际上是国家制度变迁和资本力量共谋的产物。汽车一步一步吞噬并支配着城市空间的发展格局，致使现代城市交通系统都是为了汽车而不是人而设计的（Shove，1998：9）。汽车流动性被看做是一个"作法自毙的怪物"（Frankenstein-monster），它扩大了个体自由和方便的领域，但同时也建构和束缚着汽车使用者过着一种非常特殊的时间压缩（time-compressed）的生活（Urry，1999：8）。我们前面所详细阐释的城市空间转型，对于城市居民的日常交通来说已经变成了一种"空间约束"。

汽车梦的社会建构

越多的自由意味着越少的选择，随着交通行程的增加及其所带来的城市空间范围的进一步扩大，人们对如此庞大而拥挤的城市感到极大的不方便。芒福德（2005：446）也惊讶地发现："采用快速的公共交通，原应减少人们上班的路程时间，但实际上却扩大了城市范围，增加了上班路程的距离和交通费，而交通时间却一点都不省。"我们也可以把这看做是芒福德对近现代以来西方城市化发展的一个反思，城市原初是人们聚集而形成的，但现代城市的发展却使人们的相聚沟通越来越难。卢先生，一位住在海珠区、上班地点在天河区的公务员在访谈中说：

> 广州这个城市太大了，每次出门基本上都要半个小时以上，有时候是一个多小时，我是说坐公交。你看，我从家里出来，到公交站就要十多分钟，再从公交站到天河那个站要二十多分钟，还不算等车的时间，然后从公交站到我单位至少又要走七八分钟，你算算一趟下来要多少时间？以前自己骑摩托车还可以不用等，但现在不让骑了，那最方便的就只能去买汽车了，我这个车就是"禁摩"后不久买的。现在我每天早上去上班如果不堵车的话一般不到二十分钟就到了（访谈资料：9-M-L）。

城市看似被交通网络紧紧地联系在一起，但实际上已经是被"碎片化"了，被各种功能性的建筑分割得支离破碎，城市已经变得不再是一个适合步行的地方了，而是变成了一个盲目蔓延、路网复杂、车流不息、分区林立、危险丛生的地方。人们常常感慨，如果不是因为纵横交错的道路以及川流不息的车辆，我们在街上的行走将会方便很多，原本可以面对面直通的地方，却要因为马路边上的栅栏而穿越好几条街道才能到达。要想回到过去小孩可以放心地在街道上嬉戏、人们可以自由穿行马路的年代，那已是不可能了。因为，在为汽车的便利通行而设计的街道系统上，只有汽车才是主人，只有依靠汽车才能满足人们的出行需求。芒福德对城市发展史的研究指出："盲目蔓延的郊区，不是依靠综合的交通系统、不同速度的交通工具和线路来适应人们的不同需要，而是不得不完全依赖私人小汽车这一交通工具。"（芒福德，2005：519）一位在广州某公司上班多年的张小姐说：

> 我每次出门，最怕的就是过马路了，车太多了，从这边到对面可能不到15米，但是却要等好久，有些路口它没有人行天桥嘛，有的话也

第五章 汽车与生活世界的空间转型

要绕一大圈。还有那些立交桥，我坐在车上往下看就会晕，更不用说走在桥下了。说真的，要是没有车的话，在这边生活还真的挺不容易的。因为车多了，你也骑不了自行车啊，骑自行车更危险，现在马路都是给汽车开的，人走着都困难了，很危险，嗯。所以说，不开车的确挺不方便（访谈资料：39 - F - Z）。

本章运用"空间约束"这一概念想要说明的是，在这种汽车导向型的社会当中，现代汽车交通的发展已经深刻地改变了城市的空间结构，城市空间的汽车化反过来又影响到人们对交通工具的选择，而日常生活中的流动性已经完全服从于汽车流动的逻辑，致使人们在组织日常活动时也只能服从汽车社会的运行逻辑，选择汽车作为最便利的交通工具。或者，我们也可以这么理解，即：在特定的城市空间环境中，作为一种行动，行动者对实现空间流动的追求引发了现代交通工具的变革，而现代交通工具（尤其是汽车）的广泛运用的一个重大后果就是它深刻地改变了行动的环境——城市空间结构，城市空间结构作为行动的环境又反过来制约和影响着行动者的行动。这样周而复始，城市空间结构既是流动性的中介，又是流动性的结果，两者在持续互动的过程中都发生了重大的变化。

"空间约束"这一概念深受吉登斯的"结构化"理论的启发。结构化理论的关键是"结构二重性"。吉登斯（1998a：89）指出，行动者和结构二者的构成并不是彼此独立的两个既定现象系列，即某种二元论，而是体现着一种二重性。在结构二重性观点看来，社会系统的结构性特征对于它们反复组织起来的实践来说，既是后者的中介，又是它的结果；社会系统的结构性特征并不外在于行动，而是反复不断地卷入行动的生产与再生产。吉登斯（1998a：89 - 90）又指出，不应将结构等同于制约，结构总是同时具有制约性和使动性（constraining and enabling）。这对于我们理解汽车流动与空间结构的关系来说是大有裨益的，套用吉登斯的话来说，汽车化的城市空间总是同时具有制约性和使动性：它一方面促动空间结构本身的改变，另一方面其产生的结果又约束着人们的流动选择。

郑也夫（2002）教授曾用"锁定"这个概念来形容汽车成为主导交通工具的过程，这与我们所说的"空间约束"的意义大体上是一致。郑也夫指出，我们有时是被社会上的强大力量约束和锁定的，它使我们自己没有了我们认为最满意的选择方式，虽然这并非必然如此的。在有些时刻，我们选

151

择的余地较小，而在有些时刻，我们的选择余地较大。当我们作出第一个重大选择之后，就不再有之前那样宽阔的选择余地了。这就是一个锁定的过程。例如在美国，汽车社会高度发达，整个社会的流动运转完全依赖于汽车，做一个普通的上班族成员，就没有什么选择余地了，而必须屈从于主流的交通方式，即只能选择汽车作为交通工具了（郑也夫，2002：154~155）。这就是说，一个社会选择的结果，将会形成一个结构性的约束，成为个体再次选择的前提。吉登斯意义上的"结构的制约性和使动性"和郑也夫意义上的"锁定"，均可以用来说明我们当前汽车消费过程中的"空间约束"这一现象。

图5-6向我们展示"空间约束"下流动性的形成机制。简单地说，由于汽车的流动性特征给我们带来了极大的"方便"，扩展了空间可达性的范围，进一步延伸了人们的活动空间，人们就可以在更广阔的空间范围内组织自己的生活与工作，当越来越多的人把汽车当做主要的交通工具时，就会导致城市空间格局朝着汽车化的方向发展，使城市空间日趋扩大，导致人们交通需求特征发生变化，需要一种更加便利的交通工具来提高日常流动的效率问题，而汽车的便利性正好满足了这一需求，致使汽车成为主导性的交通工具，而随着汽车数量的日益增多，又将导致城市空间格局的进一步演变。这样持续循环，城市空间成为了流动性选择的"空间约束"，人们只能越来越依赖于汽车的流动性了。因而，通过上述分析，本章得出的基本结论是：作为一种结构性的力量，城市生活世界的空间转型是把汽车建构成为现代城市生活的一种需要的重要因素。

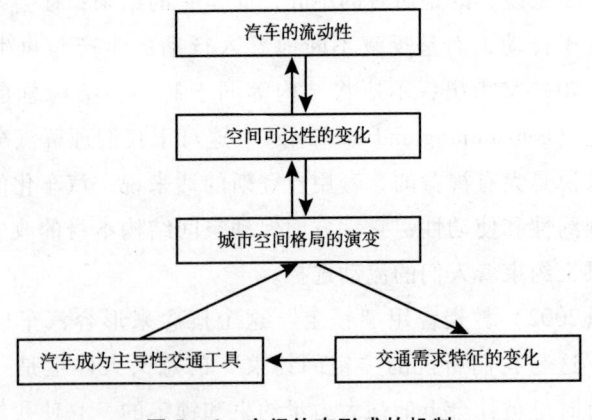

图5-6 空间约束形成的机制

Part 6 第六章
消费主义与汽车梦的神话

我们知道，布希亚在揭示"需要的意识形态生成"时，先是从对"物"的分析开始，接着对"使用价值拜物教"进行了深入的批判，然后走向对符号的政治经济学批判，并通过对符号价值的差异性逻辑的分析揭露了消费社会中"需要"生成的意识形态根源。第五章从使用价值的层面分析了汽车作为一种功能性的需要是如何在城市空间结构转型的背景下被建构出来的，因此，秉承着本书的分析逻辑，在这一章中，我们将从汽车的符号价值层面入手，探讨消费主义意识形态是如何通过广告对汽车的符号进行操纵，并为日常生活建构了一个象征幸福生活的"汽车梦"，最终实现对需要的操纵。

我们在第五章中已经论述了在城市空间转型的背景下，人们只能越来越依赖于汽车，很多人宣称买车是为了使生活更加"方便"。然而，在面对城市日益严重的交通拥堵和"停车难"等问题时，自己驾驶汽车真的还很方便吗？实际上，我们在访谈中已经听到很多受访者的抱怨。那么，在目前的交通环境已经使汽车的方便性大为降低的情况下，为什么人们还是如此热衷于汽车消费呢？是什么力量在诱导着人们坚持声称汽车的自由与方便呢？

本章认为，汽车消费需要的生成不仅在于人们对汽车使用价值的渴求，从深层次上讲，人们对汽车的梦想的很大程度上是源于一种隐秘的欲望。正如鲍曼所说的，在消费社会中，社会成员的需要是以欲望的形式表现出来的（鲍曼，2005b：190）。然而，这种欲望又是被消费主义意识形态所不断建构出来的，尤其是承担着意识形态功能的汽车广告在刺激人们的消费欲望、制造人们对汽车的需要方面发挥了重要的作用。汽车广告不断地将汽车抽象为一种符号，在对符号的操纵中将汽车塑造成为现代生活的一个"高级神话"。本章以国内具有重要影响的报刊——《南方周末》上出现的汽车广告为例进行内容分析，揭示汽车广告是如何以"个体享乐性想象认同"和"社会参照性成功认同"的"认同策略"建构出"汽车梦"的。最后，本章将进一步通过消费者对广告的反应来分析汽车广告是如何对人们的消费需要进行"启蒙"和操纵的。本书认为，"汽车梦"是消费主义时代的一个新的社会整合机制，它通过汽车广告这一深具诱惑性的意识形态力量而非镇压性的国家机器为整个社会共同营造了一个象征幸福生活的梦想，进而为消费社会建构了一个看似自由、完美、和谐的新秩序，而实际上却是一个充满消费欺骗性的陷阱。

本章汽车广告内容分析部分的主体框架见图6-1。

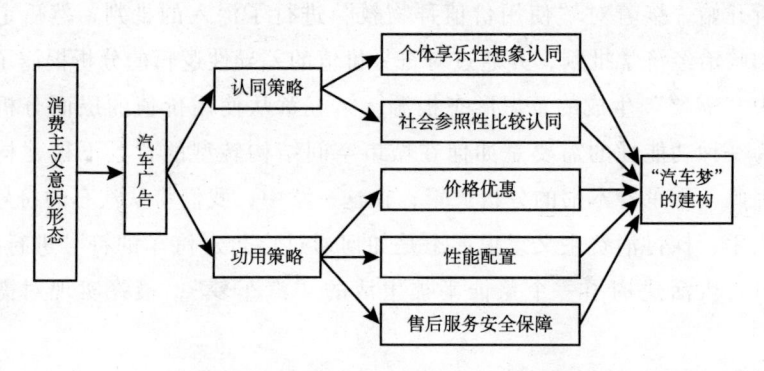

图6-1 汽车广告与"汽车梦"的建构

第一节 "方便"之外

本节的内容可以说是一个引子。我们在前面的章节中已经提到过，很多受访者在访谈中把买车的动机归结为"方便"，然而，我们也发现了汽车其实并不是想象中的那么"方便"。"因为，在带来自由的同时汽车恰恰也带来了它原本想要解决的问题"（Shove, 1998: 7）。交通拥挤、停车难、加油难等问题已经使汽车的方便性大打折扣。因此，我们不能仅仅从汽车的功能性特征来寻找需要是如何被建构的，人们对汽车的需要很大一部分是源于心理的需要，而心理的需要又是极易受到消费主义意识形态的操纵的。

第六章 消费主义与汽车梦的神话

(一) 陷入泥潭的汽车

就汽车本身而言,它的优势是不言而喻的:它兼具了火车的速度、自行车的灵活和私人马车的私密性,同时还比火车更自由、比自行车更轻松、比摩托车更安全、比公共交通工具更卫生。正是汽车的这些优势,使其一开始就受到了消费者的欢迎。作为现代文明的一种象征,近百年来世界各地的汽车的数量急遽上升。然而,就整个城市的交通状况而言,个人理性的交通选择行为造成了集体的非理性后果,使原本便捷的汽车也陷入了"不便"的境地。这里我们主要以交通拥堵和停车难这两个方面的例子,来看汽车的方便是如何陷于困境之中的。

1. 交通拥堵

随着汽车保有量的急剧增长,交通拥堵成为了全球各大城市一个挥之不去的痼疾。交通拥堵所带来的后果不仅使汽车快捷、自由、方便的特性荡然无存,而且大大降低了城市机动性的效率。美国城市研究之父芒福德曾举过一个非常有趣的例子来说明交通拥堵所带来的城市运转的低效率。他说,在一个小城市运送10万人,最快的方法是让大家步行,最慢的方法是把这10万人都用小汽车运送(转引自郑也夫,1994)。

我国汽车进入家庭的时间比发达国家要晚得多,但最近几年汽车消费的"井喷"发展,也带来了日益严重的城市交通拥堵问题,北京、上海、广州等大城市尤为明显。人们驾驶私人轿车出行,原本是想享受舒适和节约时间的,但碰到交通高峰期,汽车却成了马路中的铁笼。据统计,目前部分大城市中心区车道高峰饱和度达95%,全天饱和度逾70%,这种饱和度非常容易造成交通拥堵。北京交通拥堵是目前中国城市交通状况的典型缩影,道路越修越宽,环路已经修到了七环,堵车现象却日益严重。二环路以内的城市中心区的一些路段车速下降到时速10公里左右,甚至个别路段已降到每小时5公里以下,有时甚至比步行还缓慢(杜蕾,2006:198)。交通拥堵消耗的不仅仅是人们的时间,还造成社会资源的巨大浪费。据测算,车路矛盾造成的时间消费和行车成本损失约占国民生产总值的1%,北京一年堵车就大概造成60亿美元的直接损失(陈清泰等,2004:146)。另据中国社会科学研究院数量经济与技术经济研究所张国初计算,北京市堵车造成的社会成本一天是4000万元,一年相当于146亿元。全国一年交通拥堵造成的损失是1700亿元人民币。而美国交通拥堵带来的直接和间接经济损失每年达 1200 亿美元（杜蕾，2006：198~199）。

严重的交通拥堵几乎使车辆陷于泥潭之中，汽车行驶堪比蜗爬行，汽车由一种"便利装置"变成了一个套住人们的"牢笼"，由"方便"变成了不方便，使坐在车上的人焦急不安。我们在访谈中也了解到了，许多车主对此深有感触，对当前的交通状况极为不满。例如下面一段访谈对话中所说的：

> 广州的交通，用一个字形容："乱"。这我是从整个大的交通系统来说的。这个乱呢，我觉得，第一，机动车和行人不按规矩走；第二，整个交通网络不畅通，主要是这两个方面。你很明显就可以感觉到，有些道上是通的，有些道上车太多，堵得不得了。就像自来水管一样，如果是通的话，就不可能是这个是通的，那个是堵的。开车过来上班的时候，每天都堵。堵啊，刚开始的时候，非常烦躁，现在已经习惯了。每天都在堵，不堵的话反而怪，就是我正常的心态是每天都堵车，不堵哪天反而觉得心情有点不一样。（访谈资料：13 - M - C）

近些年来广州在私人汽车数量不断上升的同时，也在加大公共交通设施的建设力度。然而，尽管新投了很多公共汽车、增开了几条地铁路线，交通拥堵有所改善，但高峰期严重时候的堵车状况还是非常明显。举个例子来看，2007 年的 9 月 25 日傍晚 6 时多，广州市天河路严重堵塞，车辆寸步难行（图 6 - 2）。从当日下午 3 时左右起，整个过程持续了 5 个多小时，公交车站站满了等车回家的市民。这一天是中秋节，广州新旧城区多条主干道出现了同样严重的拥堵，广州大道、天河路、黄埔大道、解放路、中山路均被车龙占领。就连号称"永不塞车"的地铁，当日傍晚也一度"塞车"，拥挤程度导致有人晕倒。①

2. 停车难

与交通拥堵一样，"停车难"也是大城市交通面临的一个严重问题。近几年来，广州的私人汽车消费正在进入高速增长期，然而停车位的数量却远

---

① 《中秋节广州全城塞车 5 小时　地铁中有人晕倒》，2007 年 9 月 25 日《新快报》http：//news.xinhuanet.com/local/2007 - 09/26/content_ 6792722.htm。

第六章　消费主义与汽车梦的神话

图 6-2　2007 年 9 月 25 日中秋节广州天河路堵车状况

资料来源：新华网，http://news.xinhuanet.com/local/2007-09/26/content_6792722.htm。

远满足不了汽车数量增长的需要，供需矛盾非常突出。2004 年底的统计数据显示，广州的汽车拥有量已达到 66.76 万辆，而停车位在 26.34 万个左右（包括非经营性的），平均泊位之后 0.39 泊位/辆。按每辆车配一个停车位计算，绝对缺口 40.42 万个，相对缺口 60%。按国际流行标准每辆车配 1.4 个车位计算，广州汽车泊位需求总量超过 93.5 万个，绝对缺口超过 67 万个，相对缺口 100% 以上（表 6-1），其中还不包括外来车辆对停车位的需求（卢晓媚，2007：237）。

表 6-1　广州停车位需求状况

现有停车位	2004 年汽车保有量	平均泊位	按每辆车配备 1 个车位算		按每辆车配备 1.4 个车位算	
			绝对缺口	相对缺口	绝对缺口	相对缺口
26.34 万个	66.76 万辆	0.39 泊位/辆	40.42 万个	60% 以上	67 多万个	100% 以上

资料来源：卢晓媚《解决广州停车难问题研究》，李江涛等主编《中国广州汽车产业发展报告（2007 年）》，社会科学文献出版社，2007。

停车位的大量缺口给车主带来了极大的不便。汽车不像自行车那样可以随地停放，它的占地面积比较大，随便乱停的话随时都可能招来警察的罚

157

款,而且停车的费用也相当可观。不少车主纷纷抱怨停车难已经成为一个最麻烦的问题。一位女性受访者在访谈中说:

> 停车是最麻烦的问题,因为很难停,有时候位又难找。有时候没地方停,就停在路上啊。它路边就竖个牌子,有时候你要买卡,100块,你才能停,想临时停都停不了,它那个电子上显示不了。上次去过医院,就让我停到里面去,里面是要收费的,外面也收费,里面就是倒来倒去的,不方便。收费是肯定要的,而且有时候位子没有,你都没办法。所以我们购物的时候能够不开车,就尽量不开车去。(访谈资料:04-F-L)

汽车是用来开的,但是据统计,一部车只有10%~20%的时间在行走,而有80~90%的时间都在停着①。因此,停车问题实际上是城市交通的一个十分重要问题,路边随便停放,不仅挤占交通主干道,而且会造成交通拥堵,也就是说,停车问题没解决好将会影响到开车。通过我们前面的分析可以知道,停车位的不足是停车难的核心问题,许多人因找不到停车位而"盘旋"在街头,这无形中又增加了交通流量。即使找到了停车位,从停车地点到目的地又产生了一定的距离,造成了更多的不变。下面这位先生也在访谈中抱怨"停车难"的问题:

> 是啊,停车位很难找。在广州,尤其是在市中心,包括天河那个地方,很难停车,要是好好找的话可能也会找到,但是比较麻烦吧。我经常去的一些地方,比如去天河那边买东西,要看看停车场在哪里,如果实在没办法停车,你就找个酒店停一下,可能会比较贵一些,就这样,确实是可能车位也不够,经常就是满的,你就要在那边等,等别人的车开走了你再进去。(访谈资料:17-M-C)

除了上述这两点之外,在目前的汽车消费环境下,不仅购买汽车本身需要花费大额的资金,汽车的使用过程中仍然需要不断的资金投入,因而引起了许多人"买得起,用不起"的感觉。在城市有车家庭的日常生活中,与汽车直接有关的费用开支相当可观,如在购买阶段,消费税、购置税、新车

---

① 杜安娜、郑彬:《城市停车难亟待破题》,2005年7月28日《经济日报》。

检验费和牌证费等占车价的 30%~35%，保有和使用阶段的燃油税、养路费、年度检查费、保险费等方面的支出也非常高，笔者在访谈过程中了解到，一般家庭每个月都要花费 2000 元左右在汽车的使用上。但是他们又表示，为了使生活更加方便，买车也是不得不作出的选择，大多数车主把这些消费看做是日常生活的必要开支，并把这些消费自然化、合理化了。那么，为什么会出现"买得起，用不起"，却又"不得不买"的这种现象呢？我们显然需要继续探讨其背后的深层次原因。

（二）隐秘的欲望：从功能需求到心理需求

以上种种状况表明，在城市里自己开车其实并不是一个很理性的选择。开车不仅要面临交通拥堵的困境，还要做好寻找停车位的准备，大大削弱了汽车的方便性。除此之外，各种大大小小的汽车税费开支也成了自由、方便的羁绊。然而，问题就在这里，为什么大家明明知道乘公共汽车或地铁也能达到目的地、不用在混乱的车流中钻来钻去、不用找停车场停车、更不用付停车费，还是喜欢自己开车呢？

法国社会学家艾德加·莫兰认为，汽车的使用并不完全出自经济上的必要性和生活中纯粹物质上的原因。与表面现象相反，汽车具有一种神秘的功能，比其物质上的使用功能更加深刻。汽车具有真正意义上的情感能力，人对汽车的迷恋披露了一种心理情节。"因为从办公室的窗口看到自己的汽车，他们心里会感到满意。"（莫兰，2001：244~245）希望有一辆汽车的想法是一种内心深处的需要，为了拥有一辆汽车所作的物质上的投入是很大的，但是这种需求更主要的是心理上的，而不是物质上的（莫兰，2001：250）。从根本上说，这是一种隐秘的欲望，是一种占有上的满足感，对汽车的占有已经从功能上的需求转移到了心理上的需求了。如同星野克美（1988）所阐述的观点，消费者的行为已不仅仅停留在物的消费上，而更转化为该物的感性和意象上的消费。在消费主义社会中，作为符号象征的商品，满足人们的并不是实际的需要，而是欲望的满足，是对商品的无止境的占有。著名社会学家鲍曼（2005a：190）也认为："消费社会和消费主义不是关于需要满足的……消费活动的灵魂不是一系列言明的需要，更不是一系列固定的需要，而是一系列的欲望。"

当然，我们没有否认对汽车的功能需求的重要性，我们在第五章中分析的其实大多是关于汽车的功能，即其使用价值所带来的种种便利。但是，汽车的便利功能因交通拥堵和停车难等问题而陷于困境,令人们对它产生兴趣的背后必然有一种隐蔽的力量在牵引着人们的消费欲望。说"汽车具有一种神秘的功能"一点也不过分,这种功能是使用价值之外的符号价值,它能够表征人们的社会地位和身份认同,能够从心理上满足人们的欲求。因此,在种种不便面前,汽车的"方便"实际上也是一种被建构出来的话语,是一种关于"自由"的神话。

社会建构理论认为,社会现象的问题性质,不是或不仅仅是被客观状况所决定,它同时也是被社会性地建构出来的。社会建构论的主张秉承了现象学本体论的一个基本预设,即社会现实是以解释过的事实(而非客观事实)呈现自身的,而对社会现实的解释很大程度上就是在不断地建构着新的社会现实(闫志刚,2006:29)。但是,现象学并没有回答究竟是什么力量在建构新的社会现实。那么,我们需要追问的是,在今天的消费社会中这种社会建构性的力量是什么呢?不言而喻,这种社会建构的力量是多元的。但早有学者敏锐地发现,广告已经成为一种复合的社会建制(谢勒德、伯格森:2005,168),成为了建构社会现实的一种强大的力量。汽车,是一个运输工具,一个被赋予极强功能性的物品,但是透过广告的转化,它所具有的文化意义更深了一层:它成了一个移动的空间,个人形象的展现,社会价值的表征(林俊良,2003:1)。正是广告的无休止传播使一种关于汽车生活的理想神话在人们的心中被建构起来,击中了人们心中的那根软肋——对生活意义的渴望,我们称之为对"汽车梦"的追求。

在消费社会中,商品在广告中被建构成欲望的对象,并依靠隐喻和神话的修饰实现它的效果(转引自西尔弗斯通,2004:186),创造出了一种乌托邦的话语,维持着对社会意义的欲望。傅睿哲(Davis Fraser)认为,广告可以说是"梦",是对另一种生活的建构。广告调和着日常生活中的现实和梦想中的更好世界,这种更好的世界为社会性不满提供了一种基于商品化的解决方法。这个过程靠的是个体欲望及其满足的符号化表达(傅睿哲,2003:37~38)。用杰克逊·利尔斯的话说,广告提供了"充裕的神话"(Lears,1994。转引自傅睿哲,2003:38)。汽车就是这样的一个神话。

第二节 市场转型与消费主义

20世纪70年代,美国社会学家S. Ewen在《意识形态的首领》一书中

第六章 消费主义与汽车梦的神话

开篇就这样问道：谁是今天的意识形态的首领？什么是今天最大的意识形态？他认为，今天意识形态的首领既不是政治家，也不是无冕之王的新闻记者，而是商人，是跨国公司的首领们；今天最大的意识形态，不是任何别的主张，今天这个星球上没有别的意识形态，只有一个，就是消费主义（郑也夫，2002：155）。消费主义的盛行已经在全球范围内愈演愈烈，它是起源于西方发达国家并日益全球化的商业集团为促销他们的商品而通过现代化的传媒手段逐渐向全球传播的一种消费至上的文化—意识形态（陈昕，2003：135）。而在消费主义社会中，正是广告在消费领域里面发挥着一种"意识形态"的功能（Goldman and Papson, 2000：95；陈昕，2003）。广告不仅是一种广为流传的促销手段，更是一种意识形态的传播工具。中国在向市场经济转型的过程中，消费主义也逐渐成为了一种对日常生活产生深远影响的意识形态。

（一）消费主义的兴起

新中国成立以后，国家领导人为了迅速实现强国富民的理想，在经济发展的战略上采取了重工业优先发展的"赶超战略"。而为了适应这一发展战略，相应的制度安排是对经济资源实行集中的计划配置和管理，国家人为地压低重工业发展的成本，形成了全面扭曲产品和要素价格为内容的宏观政策环境，包括对农产品实行低价统购统销和对城镇职工实行低工资的政策（参见林毅夫等，2002）。在传统的计划经济体制下，这种高积累低消费的发展战略使国民消费需求长期处于受压抑的状态。在日常生活的消费领域中，也形成了一种与抑制消费的制度安排和商品极度匮乏相适应的节俭主义消费伦理。

20世纪70年代末以来，我国在从计划经济向市场经济转型的过程中，生产领域和消费领域都发生了剧烈的变化。随着我国从"短缺经济"走向"相对过剩经济"，日常生活中的消费品日益丰富和多样化，国家逐步放松了对居民消费的管制，解除了居民消费欲望的枷锁，并从意识形态上赋予消费以前所未有的合法性。尤其是自20世纪90年代中后期以来，宏观经济中总需求不足成为了影响经济发展的一个重要问题。在这种情况下，国家开始采取扩张性的财政货币政策，不断扩大内需，鼓励投资、消费。国家在消费领域的制度安排上也由抑制消费转向了刺激消费。伴随着市场经济转型的这一过程，城市居民日常生活的消费领域中兴起了一股影响深远的消费主义潮流。

关于消费主义（consumerism）究竟为何物，历来众说纷纭、褒贬不一。国内学者对消费主义的解释是，消费主义产生于第二次世界大战后的欧美发达国家，是在西方发达国家普遍流行的一种消费观念、风气和行为的总称。其主要表现是：人们普遍追求炫耀性、奢侈性和新奇性的消费，追求无节制的物质享受和消遣，并以此作为个人的自我满足和自由，作为生活的目的和人生价值（郑红娥，2006：6，注释1）。可见，国内学者大多从离轨和道德贬义的角度来定义消费主义，并为了更好地达到对消费主义的批评效果而把消费主义看成一种病态。王宁认为，这样定义消费主义的实际效果恰恰会适得其反，因为，消费主义之所以成为现代社会的一种社会力量，正是由于其大众性、"常态性"（或被建构为常态性）和"理所当然化"（王宁，2009：311）。所以，学者们不应从道德谴责的立场来定义消费主义，而应该把它看做是一种系统的时尚，一种建构社会生活的竞技场，一种生活方式（Miles，1998：4；转引自王宁2009：311）。因此，王宁主张应从价值中立的角度出发，把中国出现的消费主义看做是市场化转型以后所出现的一种"准大众化"生活方式和主体意识。本书亦是从这一立场出发来界定消费主义的。在综合国外学者对消费主义特征的描述之后，王宁归纳了消费主义的三个特点：

> 第一，消费欲望的形成不再单纯地由生物因素或经济因素所决定，而是涉及社会、文化等复杂因素（如身份认同、地位、炫耀等）；第二，欲望具有不断增长与膨胀的特点；第三，消费涉及对快乐体验和享乐价值的追求，这种快乐具有短暂性和易变性，并因此而表现为人们对新奇产品和时尚体验的无尽追求（王宁，2009：312）。

在此基础上，王宁教授指出，消费主义其实就是一种现代消费欲望形态，它是现代主体类型的一个重要特征。这一点，著名社会学家鲍曼也有过同样的看法，他说："消费社会和消费主义不是关于需要满足的……消费活动的灵魂不是一系列言明的需要，更不是一系列固定的需要，而是一系列的欲望。"（鲍曼，2005a：190）国内学者黄平也认为："消费主义是指这样一种生活方式：消费的目的已经不是为了实际需要的满足，而是不断追求被制造出来、被刺激起来的欲望的满足。"（黄平，2003：7）由此可见，现代消费主义的一个根本特点就是欲望的不断更新和无节制膨胀（王宁，2009：312）。

随着中国市场经济的发展，以及全球化所带来的影响，消费主义意识形态以文化主导权的形式在我国城市中不断蔓延。陈昕（2003：244）的研究指出，随着消费社会的来临，商品符号象征意义所推动的欲望和"需要"创新在文化主导权的确立过程和形成机制中借助于对"满足"概念的符号控制获得了"道义"上的正当性，使得社会控制形式具有了某种"非意识形态化"的特征。他最后的研究结论认为，正是意识形态的话语转变和商品符号象征意义在消费主义生活方式向中国城乡的扩散过程中担负着主要推动作用（陈昕，2003：245）。这一通过大量实证调查获得的研究结论，为本章分析消费主义是如何建构人们的"汽车梦"提供了一个重要的理论参考。当然，在消费社会中，充当消费主义意识形态旗手的正是不断赋予商品符号意义的现代广告。

（二）作为消费主义意识形态的广告

广告作为一种意识形态，可以从以下几个方面对其进行理解：①它是以社会和文化的方式建构某个世界的话语；②它是掩饰和隐瞒不平等、非正义、非理性和矛盾性的话语；③它是促成以某种规范性视角来审视我们的世界和我们的关系的话语；④它是反映了资本的逻辑的话语。在此意义上，意识形态指的是"我们的社会条件所必须加以制造，并使这些条件永久化的意义"。只要广告建造社会所必要的幻象，并把扭曲的沟通正常化，那么广告就是意识形态性的（Goldman and Papson，2000：95 - 96）。在这种强大的"意识形态"作用的影响下，广告不仅具有社会镜像的功能，它通过描述理想的自我形象，让"我们"对"我们"可以成为的"自己"羡慕不已（Belk and Pollay，1985）。在这里，作为一种意识形态的广告，塑造主体的功能非常明显。

阿尔都塞认为，所有意识形态的功能（这种功能定义了意识形态本身）就在于把具体个人"构成"为主体；所有意识形态都通过主体这个范畴发挥的功能，把具体的个人呼唤或传唤为具体的主体。意识形态"起作用"或"发挥功能"的方式，正是他称之为传唤或呼唤的那种非常明确的作用，在个人中间"招募"主体或把个人改造成为主体（阿尔都塞，2003：361 ~ 364）。阿尔都塞采用了一个隐喻来想象那种作用：警察（或其他人）的呼唤——"嗨！叫你呢！"当被叫的人回过头来，那么他或她已经被召唤了，成为警察论述中的主体。

那么，广告作为一种意识形态，它是如何塑造主体的呢？茱蒂丝·威廉姆森（Judith Williamson）的《解开广告的密码》一书将阿尔都塞的这一主体理论应用在广告的研究中。她指出，像所有的意识形态一样，广告借由召唤来发挥功能：广告塑造了主体，而这些主体转而受制于文化消费的意义与模式。消费者被召唤来制造意义，最后在召唤之下进行购买行为，进行消费，如此循环不已（转引自史都瑞，2005：176）。文化研究学者约翰·史都瑞（John Storey）举了这样一个例子来说明：当广告如此对我说，"像你这样的人"都购买这些或那些商品，我就以两种方式被召唤：首先，我作为一个团体的成员（"像你这样的人"）；其次，该团体中个别的"你"，我被邀请成为广告中召唤的那个想象的"你"（史都瑞，2005：176）。在这一个召唤的过程中，广告意识形态已经发挥功能了，在广告中看到的"你"，其实是广告所创造的"你"，是邀请我们认同的对象。

广告最原始的基本功能是告知某一产品的特性并为它促销，这是告知。但广告很快又从告知"发展成说服，后来又成为'匿名的说服'，这时它的目标为引导性消费：这是对人和他的需要的极权性制约，其所带来的威胁，曾经使人们大为恐慌"（布希亚，2001：188）。广告信息中传播的文化价值会强有力地影响消费者的动机、生活方式和产品选择的形成，它对主体的塑造作用，还在于挑起观众的消费欲望：一方面，广告通过塑造附加在商品上的理想化形象而唤起观众的匮乏感；另一方面，广告又把克服这种匮乏感的消费欲望自然化、合法化和理所当然化（王宁，2009：286）。正如鲍曼（2005a：144）所说的，广告的目的就是创造新的欲望，调整和引导现存的欲望。在广告面前，人永远是匮乏的，它不断地刺激人们的欲望，又不断地说服人们进行消费，把消费当做是一种救赎、当做一条走向广告中所描述的幸福生活的黄金大道。

广告不仅是对产品性能和功用的解说，它已经成为影响日常生活和社会文化的一个重要因素了。广告在推销一种商品的同时，也在推销一种流行的生活方式和传播一种与这种生活方式息息相关的文化价值观念。记得有一个广告策划者说过，如果没有广告，那么可口可乐只是一种糖水，而做了广告之后，可口可乐就不仅仅是一种饮料了，而是成为了美国文化的一个象征。从社会学的层面上看，广告的意义与符号象征实际上是对社会阶层、阶级关系和意识形态价值的潜在的编码反映，但实际上，广告的信息一再告诉我们，根据我们在生产过程中所扮演的角色而形成的阶级区分并不重要，真正重要的是根据特定物品的文化消费所造成的区分。因此，社会认同的关键不在于我们生产了什么，而在于我们消费了什么（史都瑞，2005：176）。

这样的广告无处不在。在《一九八四》这部政治预言小说里，乔治·奥威尔描述了一种十分恐怖的政治意识形态传播策略：电视里永远关闭不了的是领袖的音容笑貌和带领人民从一个胜利走向另一个胜利的政治宣传。人们对"一九八四式"的"宣传联播"与"真理联播"早已心生厌烦。然而，它并没有真正消失，它被另一种更为恐怖的意识形态传播所代替：电视屏幕前永远也关闭不了的是五彩纷呈的广告和广告之中的幸福生活，我们的生活无时不是暴露在广告的屏幕前，一上公交车、一进地铁站，甚至刚迈入电梯中，扑面而来的就是各种各样的广告，更不用说电视、报纸、网络之中的广告了，生活中的每一个角落都被广告包围着。无论是推销轿车还是巧克力，广告总是包围着我们、侵入我们。戴维波特声称，广告是富裕社会的独特机制；梅森格里夫写到，广告是"大众社会的核心机制"（转引自舒德森，2003：125）。

（三）国内汽车市场的广告投放

近几年来，汽车广告的投放总量在急剧增长。有关调查数据表明，2003年国内仅平面广告投放额就超过了 24 亿元人民币，比 2002 年增长了近 3 倍[①]。慧聪网汽车市场研究所数据显示，2004 年国内轿车企业在 559 家平面媒体上投放广告费用为 532431.9 万元，广告频次为 256238 次。与 2003 年相比，广告费用增长 134.4%，广告频次增长 19.8%。2004 年国内轿车企业在 469 家平面媒体上投放文案宣传为 106546 篇，投放字数为 5087.7 万字[②]。汽车广告充斥着电视、广播、报刊和网络，财大气粗的汽车企业对于广告的投放毫不吝啬。2006 年我国汽车类广告投放较 2005 年增长了 38%，

[①] 《汽车广告费的巨额浪费来自整体营销战略的偏差》，http：//www.cmwin.com/CBPResource/StageHtmlPage/A244/A24420071012124816359.htm。

[②] 《2004 年中国轿车广告投放研究分析》，http：//www.226e.net/soft/73557.htm。

其中比较明显的品牌有长安福特蒙迪欧、东风标致、长安福特福克斯、宝马、上海通用、别克、君越等，单品牌投放量均超过了2亿元人民币。一些自主品牌的广告投放量也是与日俱增，如奇瑞汽车的广告投放额增长了近300%[①]。新华社广告中心主任程小玲说，改革开放以来中国的广告业，特别是汽车广告近年来更是有了长足的发展，推动了文化事业的繁荣。据权威机构调查，2008年中国广告收入超过5000亿元，其中汽车广告的开支估计增长30%左右，在整个广告行业中名列前茅。[②] 在汽车工业发达的国家，汽车广告是所有广告中的大户，据德国《每周汽车报》，2007年的全球汽车制造商的广告支出306.5亿美元，若按行业分类，汽车行业的广告支出排在第四位，2007年排在广告支出前三位的是消费品行业、娱乐行业和保健产品行业[③]。

汽车广告对于汽车的生产和销售具有举足轻重的作用。在激烈的汽车市场竞争中，广告成为商家们吸引消费者、提高影响力的主要手段。如此铺天盖地的汽车广告借助于"意识形态"的传播功能，在构建人们的"汽车梦"中发挥了不可忽略的作用，或者说，汽车厂商们如此不惜重金制作广告就在于营造消费者的"汽车梦"，刺激消费者无穷的购车欲望，引导消费者去过一种拥有汽车的现代生活方式。我们接下来就来深入分析一下作为一种消费主义意识形态的汽车广告的建构策略。

第三节　汽车广告的造梦策略

为了揭示消费主义建构"汽车梦"的策略，我们以汽车广告为例来进行考察。我们之所以以汽车广告为例来进行考察，其原因并非把广告本身当成某种营销理论，而是如日本学者堤清二指出的："是广告本身具有经济社会与生活的媒介性质。在这个意义上，它提供了分析消费社会的线索。换言之，广告作为表示消费社会的符号的存在，并发挥其机能。"（堤清二，1998：39）

[①] 鲁妮、汪佩伟：《纽约车展"最有效汽车广告"的启示》，《市场观察·广告主》2007年第8期。http://www.mie168.com/htmlcontent.asp.

[②] 《第二届汽车品牌文化传播与发展论坛》（实录），http://www.worldauto.com.cn/html/sjqc_200812/ztbd/qcpp.pdf.

[③] 《去年全球汽车广告支出减少3.2%，降至306.5亿美元》，http://media.people.com.cn/GB/40606/7255397.html.

第六章 消费主义与汽车梦的神话

本章接下来所要探讨的正是在当下中国城市中,作为意识形态的广告,究竟是如何社会性地建构出人们的"汽车梦"的?也就是说,我们想要探讨的是汽车广告采取了什么样的策略来为消费者建构"汽车梦"。本文尝试提出的基本命题是:"个体享乐性想象认同"和"社会参照性成功认同"是汽车广告用来建构"汽车梦"的两个重要的"认同策略",其影响作用远远超过了汽车广告中的"功用策略"。为此,我们首先提出理论假设,然后以《南方周末》(1998~2007)的汽车广告为例进行内容分析来验证我们的研究假设。

(一)理论与假设

英国社会学家柯林·坎贝尔认为,在浪漫主义伦理与现代消费主义精神之间,正如在马克斯·韦伯所说的新教伦理与现代资本主义精神之间一样,也存在一种"亲和性"。在著名的《浪漫主义伦理与现代消费主义精神》一书中,坎贝尔指出,新教禁欲伦理不足以解释奢侈品的消费,而必然存在着一种中产阶级的消费伦理,方可解释消费革命的发生,这种伦理就是浪漫伦理。他认为,现代消费主义不仅源于工业资本主义的力量,也与获取快感和"白日梦"的浪漫艺术相关(Campbell,1987:2)。"浪漫"一词在牛津英语词典中被认为是那种"罗曼史的,想象的,远离经验的,幻想的,以及高贵或激情或是不寻常美",这看过去似乎和日常生活中无趣平淡的消费行为并没有太大关系。然而,一旦我们认识到有一种重要的现代现象将两者直接相连,事情就变得明晰了,这种现象就是广告(Campbell,1987:1)。从理论上看,广告对欲望的塑造可以从"个体享乐性想象认同"和"社会参照性成功认同"两个维度来分析。

1. "个体享乐性想象认同"

列斐伏尔指出,广告不仅提供了消费意识形态,它更创造了"我"这一消费者的意象,并且在这种消费行动中实现着自己以及自身的理想相一致的"我"。广告奠基于事情的想象上,广告唤醒对事物的想象,陷入了附加在消费艺术和内在于消费艺术想象的华丽言辞和诗歌中(列斐伏尔,2006:209)。广告不断地使用异国情调的、想象的、理想化的浪漫话语,让消费者沉浸在"白日梦"之中进行享乐主义的自我想象(self-illusory)。格罗瑙认为,现代消费是由对快乐的欲望引起的;现代消费者本质上是一个享乐主义者(Gronow,1997:2)。坎贝尔则认为,与传统的享乐主义不同,现代享乐主义的主要特征是想象,消费的快乐源于对新奇性体验的想象,而不是对既有消费经验的记忆。在汽车广告中,这种享乐性的浪漫主义宣言被展现得淋漓尽致,大多数的汽车品牌都会起一个很好听的外国名字,以表明其纯正高贵的异国贵族血统;图片的背景大多是宏伟的高楼大厦或迷人的自然风光,让人产生一种无尽的遐想;尤其是广告词对汽车性能技术的浪漫化表达,含蓄而又深刻地挑起了消费者对新奇的高新技术的消费欲望。现代消费主义的一个核心动力就是个体求新的欲望(坎贝尔,2003:266)。而对欲望的无止境的追求正是现代消费社会最显著的一个特征(Campbell, 1987:37)。广告具有一种神奇的力量,它能让消费者通过想象构造出关于个人幸福生活的现代"神话",又在想象中不断地扩充着自己的消费欲望。它能够让看广告的人觉得自己就置身其中,把自己想象成就是广告中的那个成功人士。如果说"我消费,故我存在"是当代消费主义的一个宣言,那么,这种享乐主义的自我想象正是当代广告建构消费者个体认同的一种十分重要的策略。

2. "社会参照性成功认同"

在消费社会中,人们模仿的对象不再是邻居,而是广告中的成功人士,也就是说,人们消费的参照群体有了去邻里化的特征(Schor, 1998)。汽车广告中的"成功人士"或"精英人士"是现代社会的中产阶级的形象代表,而那些广告词则正是体现中产阶级生活方式的主导话语。在铺天盖地的汽车广告中,厂商不厌其烦地把汽车与一定的身份地位和生活方式联系在一起,不停地宣称某种品牌的汽车象征着某种趣味或品位。趣味或品位在布迪厄看来就是一种选择和偏好的文化模式,是不同阶层的人群在其中建立或提升其社会位置所凭借的一种资源,具有社会区分的功能(Bourdieu, 1984)。趣味的合法性是个关键的问题,具有不同文化资本和经济资本的人会具有不同的趣味,他们会在争夺的过程中建立起某种趣味的合法性。在汽车广告中,生产商和销售商希望通过大肆渲染来建立起趣味或品位的合法性,以此来迎合中产阶级的需要,而这种中产阶级成功人士的形象和品位则成为人们模仿和崇拜的对象,或者说这些形象被广告建构成为了一种参照群体,这种参照群体符号性地象征着社会上层的"成功人士"或"精英人士"的生活方式。正如布希亚(Jean Baudrillard)所言:"广告的大众传播……它参照的并非是某些真实的物品、某个真实的世界或某个参照物,而是让一个符号参照另一个符号、一件物品参照另一件物品、一个消费者参照另一个消费者。"(Baudrillard, 1988)与过去人们把邻居作为攀比的对象不同,现代的人们更多的是"参照"广告媒体宣扬的那一类生活方式（Schor，1998：10-11）。这种把广告媒体中的中产阶级的成功形象和合法品位作为参照的对象，正是当代广告建构新消费者所渴求的社会认同的一种较为隐蔽的重要策略。

3. 认同策略与功用策略

依据上述坎贝尔、布迪厄和布希亚等人的有关理论，消费者所追求的"个体享乐性想象认同"和"社会参照性成功认同"成为了汽车厂商利用广告建构人们"汽车梦"的两个非常重要的认同策略。从个人和社会关系的角度看，个体认同和社会认同构成了人的认同的连续统，消费活动是一种特殊的认同行动，个体的消费行为既是建构认同的原材料，同时又是认同表达的符号和象征（王宁，2001：7~9）。因而上述两种策略归结起来就是一种寻求"认同的策略"，广告则在符号认同方面充当了消费者最为循循善诱的引导者。当然，除了认同策略之外，价格、性能、配置等方面的特征也常出现在汽车广告中，以"功用"方面的优势作为策略来刺激消费者的购买欲望。但是，正如布希亚所说，"要成为消费的对象，物品必须成为符号"（布希亚，2001：223），作为身份象征的汽车，更具有认同符号的特征，汽车广告在建构"汽车梦"的过程中，必然更加注重对其认同符号特征的演绎，而非其功用特征。

为了对上述理论命题进行验证，本章提出了以下两个研究假设：

假设1 在汽车广告中，体现"认同策略"的广告用语所占的比例将随时间而逐渐上升。

假设2 在汽车广告中，体现"功用策略"的广告用语所占的比例将随时间而逐渐下降。

本书将以《南方周末》（1998~2007年）中的汽车广告用语为例，来验证上述两个假设，以揭示汽车广告究竟是如何社会性地建构"汽车梦"的。

（二）研究方法

本章主要是通过对汽车广告的内容分析来揭示"汽车梦"是如何被建构起来的。关于内容分析法，我们在第一章对本书研究方法的介绍中已经谈到过了，这里不再赘述。接下来主要就汽车广告的抽样方法、分析单位、概念操作化与编码方案作一些说明。

1. 抽样方法

（1）为什么选择《南方周末》?《南方周末》是一份在全国甚至在海外

都具有广泛影响的综合性周报。可以说,从1984年2月11日创刊至今,《南方周末》深刻地记录了当代中国二十多年的社会变迁历程。作为最早进行市场化营销的报纸之一,其最高发行量达180万份,期均发行量稳定在100万份以上,连续多年其经营额已超过亿元,实现了经济效益和社会效益的双丰收。《南方周末》还曾获"2003艾菲广告实效奖",2006年,《南方周末》以20亿元的品牌价值位居世界品牌实验室(WBL)公布的《中国500最具价值品牌》中的周报第一名。

本书之所以选择《南方周末》,除了其享有"中国第一周报"的美誉和社会知名度外,还基于以下三点考虑:第一,《南方周末》在公司白领、知识分子、政府公务员等城市中产阶级群体中拥有数量可观和相对固定的读者群,这些"精英群体"具有较强的消费能力,正是他们构成了汽车消费的新生力量,对其进行分析具有一定的代表性;第二,《南方周末》总期数不像日报或都市报那么多,每期版面也相对固定,便于抽样,具有可行性;第三,近年来《南方周末》上刊登的汽车广告数量越来越多,能够较好地揭示本研究所要探讨的问题。

(2)总体与样本。本研究的总体为1998~2007年共十年的《南方周末》报纸(之所以只界定在这十年,是因为1998年以前的《南方周末》甚少刊登汽车广告,详见本章第四节介绍)。抽样框为1998年1月2日(星期五)总第725期到2007年12月27日(星期四)总第1246期,共计522期。抽样方法为,首先在1998年1月的5期(2日、9日、16日、23日、30日)报纸中按随机抽样的原则任选一期,然后再按照等距抽样的方法,抽样间距为5,即每隔5期抽一份,共抽105份。本研究抽到的第一份样本是第726期(1998年1月9日),第二份样本是第731期(1998年2月13日),依此类推,第105份样本是第1246期(2007年12月27日)。《南方周末》每个月4期,偶尔每月5期,抽样间距为5基本上避免了等距抽样中的周期性问题。抽样比率为20.11%。

2. 分析单位、概念操作化与编码方案

本研究以每幅汽车广告用语为分析单位。[①]

[①] 这里的汽车广告主要是指"乘用车"的广告。这十年间《南方周末》的广告中还刊登过一些货车、大型客车和小型客车等商用车之类的汽车广告,由于这些广告不在本研究的范畴之中,故本研究中没有对此类广告进行分析,在抽样时没有采用这类广告。

第六章 消费主义与汽车梦的神话

"认同策略"是指在汽车广告中用来唤起消费者对某种心理、身份或地位符号的认同的一种广告策略,根据上述假设,本研究把这一策略具体分为两个维度,即"个体享乐性想象认同"和"社会参照性成功认同"。

"个体享乐性想象认同"这一维度可以从两个指标来说明:一是享乐性,即有关愉悦、舒适和享受等情感体验方面的描述;二是想象性,即用第一人称或第二人称的词语以唤起读者的自我想象,并设置一种能够引起读者幻想的话语情境。前者如"体验卓越运动性能,领略舒适驾乘感受(BMW5系 Li)"、"奢华,舒适,专享——现皆为标准配置(JEEP 指挥官)",后者如"精准操控及澎湃动力,正如你奔放自由的心,一路驰向无比绚丽的动感天地。福特福克斯现已全速启程,与你一起开辟精彩人生!(福特FOCUS)"。

"社会参照性成功认同"也可以用两个指标来说明:一是成功形象,主要指广告中用以塑造一种理想化的成功人士的生活方式的用语,包括强调其有品位的、格调高雅的生活的用语;二是暗示性比较,指一种暗含着将读者与广告中的成功形象进行比较的用语。前者如"身具王者气度,言必一诺千金(标致607)",后者如"有思想,不盲从的新成功者,从来就是按自己的方式驾驭世界(BMW3系)"。

"功用策略"是指汽车广告中以价格、技术、性能、配置、产品的服务和安全保障等为主要内容的一种宣传策略。为了便于分析,我们从"价格优惠"、"性能配置"和"产品保障"三个维度来区分"功用策略"。

一是"价格优惠",即以醒目的广告用语宣称其购买、使用、维修或保养等价格上的优惠,以刺激消费者购买欲望的一种方式。如"激情澎湃,购车有礼,伊兰特激情特惠就在 8 月"、"14 万价位的索纳塔、11 万价位的伊兰特——超值惊喜,圆您轿车梦想!"等。

二是"性能配置",即以介绍汽车的性能、技术和配置为主的广告。如"高性能安全气囊,安全保障。一步独具匠心的好车,一步物有所值的得意坐驾(富康)"等。

三是"产品服务与安全保障",即强调该品牌的汽车具有优越的产品服务和安全保障体系,如华泰特拉卡汽车的广告语是"学习海尔服务模式,安心与你一路同行"。此外,既包括把顾客奉为上帝、聆听顾客意见之类的广告,也包括声明该品牌获得某种荣誉称号以增加消费者购买信心的广告。前者如福特蒙迪欧在 1998 年的第一条广告就是"听取您的意见是我们生产每一部福特汽车的必经之路",后者如中华轿车(华晨)在2003年3月13日打出的荣膺"年度车2003"的广告。

除了"认同策略"和"功用策略"这两大类主要的汽车广告之外,还有其他的一些广告类型,例如,依托某项活动或利用车展或该品牌"X周年"庆祝之际,隆重推出自己,以进行宣传的一种策略,在本书中一律归为"其他"类。前者如丰田汽车在2004年9月23日以一整版的篇幅打出了"热烈祝贺中国首次举办F1锦标赛"的广告;后者如2007年4月26日奇瑞汽车的广告是以10周年庆典的广告语为主来推广自己的品牌。

需要指出的是,上述分类是一种较为理想的方案。实际上,本人在分析汽车广告时,发现有许多汽车广告用语都同时包含了上述几个方面的维度,在同一条广告中,既有让人浮想联翩的认同策略用语,也有优惠实在的功用策略用语,这给分类造成了一定的麻烦。本书以每幅广告为计数单位,为了提高研究的信度和效度,避免同一广告中同时出现的几个维度被重复计数,本书所采取的策略是,根据每幅广告中出现的最为突出(最显眼、醒目,相关词语最多的)的广告用语维度为标准,计1次。

具体的编码方案见表6-2。

表6-2 汽车广告内容分析的编码方案

策略	维度	指标	操作性定义
认同策略	个体享乐性想象认同	享乐性	有关自由、愉悦、舒适和享受等情感体验方面的描述
		想象性	有关想象的、浪漫的,能引起读者幻想的话语情境
	社会参照性成功认同	成功形象	塑造一种成功人士的理想化、有品位的形象的用语
		暗示比较	将读者与广告中的成功形象进行参照比较的用语
功用策略	价格优惠		打价格牌,以价格优惠策略来吸引读者的用语
	性能配置		以介绍汽车的性能、技术和配置为主的广告用语
	产品服务与安全保障		强调该品牌具有卓越的产品服务和安全保障体系
其他	以举办赛事、车展或活动为依托的广告		
	以"X周年"庆为契机,隆重推出或夸耀自身品牌的广告		

第四节 汽车广告的内容分析

第三节我们已经提出了汽车广告内容分析的基本假设和编码方案,接下

第六章 消费主义与汽车梦的神话

来本节中,我们在对样本进行一个总体的概述之后,将对"认同策略"和"功能策略"、"个体享乐性想象认同"和"社会参照性成功认同"以及不同汽车品牌的广告策略进行详细的统计分析。

(一) 样本概况

在正式对《南方周末》1998~2007年的汽车广告进行抽样之前,笔者也翻阅了1998年之前的《南方周末》,发现在1997年全年总共只有十幅左右的汽车广告,而且基本上都是"神龙富康"这一品牌的。1996年的汽车广告寥寥无几,1995年基本没有找到相关的汽车广告,更不用说1995年以前了。这显然是与我国汽车工业产业的发展状况和汽车政策有关的,我国政府在1994年颁布《汽车工业产业政策》之后,才授予私人以购买及注册轿车的权利。在这之前,不仅汽车品牌种类比较单一,而且私人汽车消费还受到各种各样的限制。在这之后,汽车才得以逐渐进入家庭消费领域,品牌类型遍地开花,汽车广告大战逐渐拉开序幕。

按照上述抽样方案,本研究总共抽出了符合要求的220幅汽车广告,这些广告即是本研究的分析对象。从图5-2可以看出,1998~2001年期间,汽车广告的数量增长缓慢,且相对平稳,总共有22幅广告符合要求,平均每年5.5幅(在这期间,《南方周末》刊登了较多小型客车和货车的广告,如长安汽车、东南得利卡和金杯海狮等,本书主要的分析对象是适合家庭购买的乘用车广告,这些广告不在本书的分析范围之内,故略去)。从2002年开始,汽车广告有了明显的增多,2003~2006年样本中的汽车广告数量增长比较稳定,平均每年31.5幅。在这期间,各种品牌的汽车,如宝马、海马、千里马、丰田、标致、伊然特以及奔驰、凯迪拉克等一大批新车款式开始悉数登场、竞相亮相。2007年的广告数量几乎比2006年翻了一番,平均每期5幅,总数远超其他商品广告。历年汽车广告数量变化参见图6-3。

汽车广告的增加不仅仅反映在数量上,其所占用的版面比例和图案色彩方面也有了非常明显的变化。1998~2002年,大多数汽车广告只占用1/2个或1/4个版面,黑白背景的广告图案占的比例也较大,已超过总数的30%。2003~2007年,出现了较多跨版面或整版的汽车广告,例如,宝马汽车在2005年1月6日第1091期《南方周末》上刊登了整整16版的广告,占用版面之大为历史罕见,丰田、本田、奔驰和凯迪拉克等汽车也常有一整版的广告。这期间汽车广告均以彩色背景的图案为主,所占的比例已达

*汽车梦*的社会建构

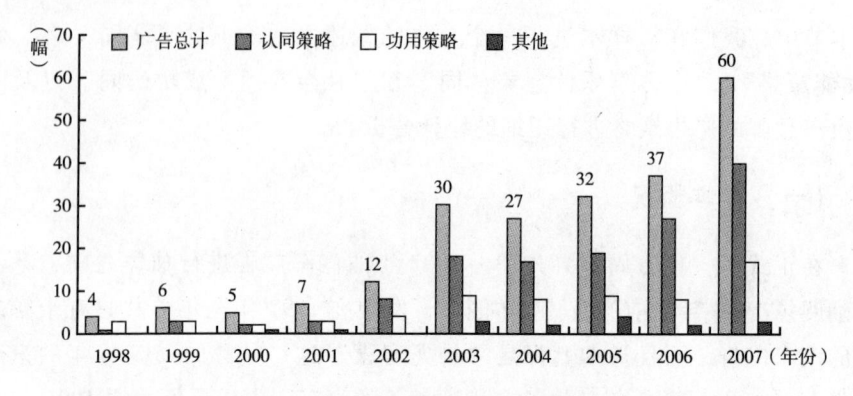

图6-3 1998~2007年《南方周末》抽样样本汽车广告数量统计

90%。广告占用面积的扩大和图案色彩的变化，充分反映了厂商在广告投入中的力度加大，其目的不外乎欲借此吸引读者的眼球，以视觉的冲击来达到宣传的效果。同时，这种变化也反映了汽车广告的竞争越来越激烈。

（二）"认同策略"与"功用策略"的汽车广告

从图6-4可知，随着汽车广告数量的逐年增加，"认同策略"和"功用策略"汽车广告的绝对数量也都呈现增长趋势。1998年，后者的汽车广告要多于前者的广告，1999~2001年，两者相差无几，但2002年之后，"认同策略"的广告就明显地超过了"功用策略"的广告。根据这两种策略的广告在历年汽车广告中所占的比例，在图6-4中我们可以发现，这两者所占的比例虽然各年略有沉浮，但在总体上，功用策略的汽车广告比例呈现逐年下降趋势，而认同策略的汽车广告呈现逐年上升趋势。为了更为详尽地考察这两种汽车广告策略是如何随时间而发生变化的，我们将历年的认同策略广告与功用策略广告的出现比例与年份进行了相关分析（见表6-3）。

从表6-3可以发现，在这十年的汽车广告样本中，"认同策略"所占的广告比例与年份成正相关关系，而"功用策略"所占的广告比例与年份成负相关关系，二者均通过99.9%的置信度检验，可以有效地从样本推断到总体状况。而且研究发现，从"认同策略"和"功用策略"与年份的相关系数绝对值来看，二者均为强相关（前者的皮尔逊相关系数为0.845，后者为0.855）。这表明："认同策略"和"功用策略"的汽车广告所占的比例变化与年份的变化有很大程度的关系，即时间越是往前推移，"认同策略"广告所占的比例就越大，而"功用策略"广告所占的比例就越少。因

第六章 消费主义与汽车梦的神话

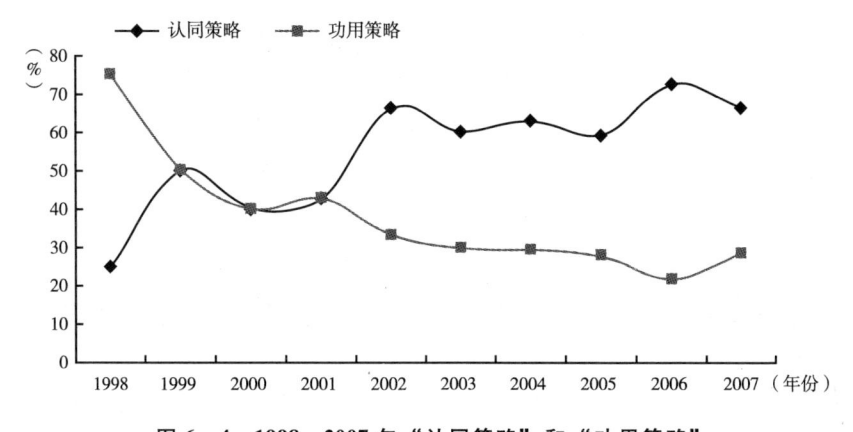

图 6-4　1998~2007 年"认同策略"和"功用策略"
在历年汽车广告中所占的比例

表 6-3　年份与不同广告策略的相关分析

		年　份	认同策略	功用策略
年　份	皮尔逊相关系数	1	0.845**	-0.855**
	显著性		0.002	0.002
认同策略	皮尔逊相关系数	0.845**	1	-0.901**
	显著性	0.002		0.000
功用策略	皮尔逊相关系数	-0.855**	-0.901**	1
	显著性	0.002	0.000	

注：N=10，** 表示 p<0.01（双尾检验）。

此，本书的两个假设可以得到很好的证明，即：在汽车广告中，体现"认同策略"的广告用语所占的比例将随时间而逐渐上升（假设1），而体现"功用策略"的广告用语所占的比例将随时间而逐渐下降（假设2）。

上述分析表明，在当代汽车广告中，生产商和销售商越来越热衷于运用"认同策略"的手段来建构消费者的"汽车梦"，刺激消费者的消费欲望，把汽车与个人自由享乐和社会身份地位联系起来。然而，需要指出的是，虽然我们发现在这两种策略之间存在着非常强的负相关（皮尔逊相关系数为 -0.901），但是这并不排除"功用策略"在建构"汽车梦"过程中的作用。联系到现实情况（根据笔者对汽车消费者所做的四十几个深度访谈），消费者在购买汽车时往往最先考虑的是汽车的安全系数、性能技术、价格等方面的因素，厂商在进行广告宣传的过程中必然也要使用"功用策略"来满足消费者这方面的需求。但是，汽车广告在描绘汽车的性能、技术和安全等功

175

用方面的信息时往往采取的是一种非常浪漫化的表达方式，而不是简单地罗列出其技术构成和参数。这种广告用语其实就是把汽车功用方面的信息转化成了一种符号认同，即制造消费者对享受"新奇技术的渴望"（坎贝尔，2003），因而它不再是一种纯功用的表达，而是把技术"情感化"、"浪漫化"。因此笔者在对广告进行编码的时候，也把这一类的广告用语编入"认同策略"中。

例如，我们可以从宝马汽车的广告中看到，其广告内容大多都在宣扬其优越的操作系统和性能技术，但这方面的信息又总是以驾驶乐趣、豪华享受的描述方式来挑起消费者的购买热情。而之所以出现这两种策略的强负相关，主要原因在于广告编码分类的时候，研究者为了提出一种便于分析的"理想型"的编码方案，通常假定了这两种策略之间的独立状态（除了少量属于其他类）。这种理想型的编码方案在国外学者中常有出现，例如，McIntyre 和 Wei（1998）在对广告的文化价值中就区分了"功能性价值"和"符号性价值"。但这种强负相关并不意味着为了制造符号认同性的需要，就不再提供功能性的需要，而是表明厂商在满足消费者功能性需要的同时，更加强化功能之外的符号认同方面的意义（陈胜，2003：42）。因此，这种符号认同策略在建构"汽车梦"的过程中具有一定的隐秘性。

（三）"个体享乐性想象认同"和"社会参照性成功认同"的汽车广告

在《南方周末》这十年的汽车广告中，表达"认同策略"的广告用语共占了62.73%，表达"功用策略"的广告用语共占了30.00%，其他类的占7.27%。其中，认同策略中关于"个体享乐性想象认同"和"社会参照性成功认同"的广告用语分别占到广告总数的33.18%和29.55%（图6-5），这个比例远超过了功用策略中的价格（7.27%）、性能（15.9%）、服务（6.82%）等维度的广告所占的比例。这正说明了本研究前面所提出的，"个体享乐性想象认同"和"社会参照性成功认同"是建构"汽车梦"的两个最为重要的"认同策略"。

从历年的变化趋势来看，"个体享乐性想象认同"和"社会参照性成功认同"在不同的年份中所占广告总数的比例各有高低（见图6-6），可见，这两个认同策略在建构"汽车梦"的过程中是相辅相成的。但是，从图6-5中我们看到，"个体享乐性想象认同"所占的比例要略高于"社会参照性

第六章 消费主义与汽车梦的神话

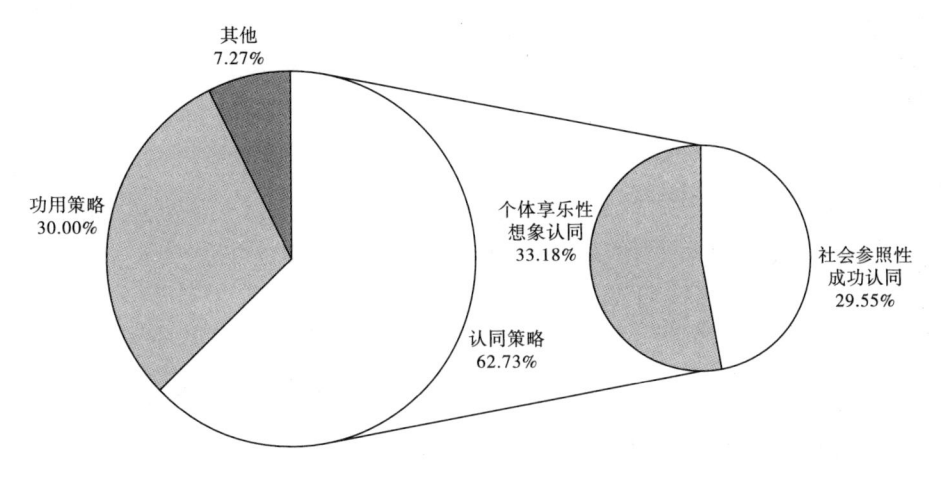

图 6-5 不同广告策略所占的百分比

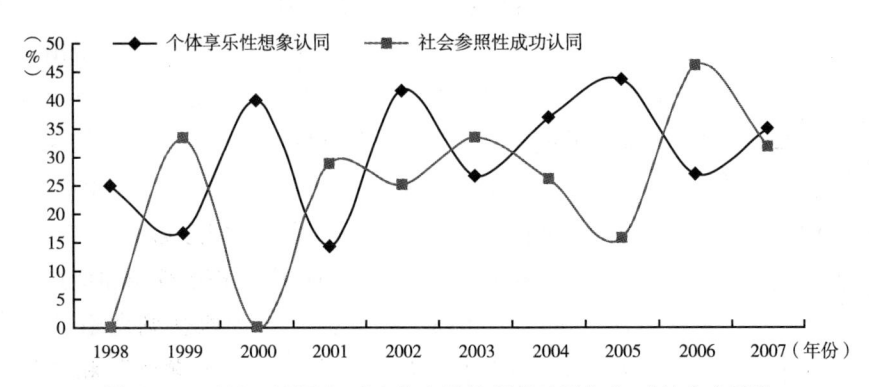

图 6-6 1998~2007 年"个体享乐性想象认同"和"社会参照性成功认同"广告的所占比例的变化

成功认同"所占的比例,这一点与现实情况是相接近的。作为私人消费品的家用汽车,满足的是私人享受、自由和便捷等各方面的需要,在西方发达国家,汽车不仅仅是社会身份地位的象征,而且也是现代民主社会的象征。在过去的一百多年间,汽车从最初作为有钱人的昂贵炫耀品演变成为发达国家现代生活中的一项普通之物,拥有汽车成为了现代民主社会的一项基本目标(Sheller and Urry,2000:742)。在消费日益民主化的今天,汽车越来越成为人们追求舒适、自由和民主的一个象征物。作为消费社会中的个人,不仅能在使用汽车的过程中得到各种感官刺激和肉体的享受,拥有本身就是一种快乐和幸福(王儒年,2007:140)。法国社会学家艾德加·莫兰指出:"他们为什么要选择汽车而不是乘地铁呢?因为从办公室的窗

177

口看到自己的汽车,他们心里会感到满意……汽车代表着他们的自由。"(莫兰,2001:245)这些在"个体享乐性想象认同"的广告中表现得淋漓尽致。试看下面一幅宝马广告词:

> 向往在纷乱俗世中寻觅一个陶然身心的世外桃源,这正是新BMW5系Li永恒追求的美学境界……舒适,精华品质无可言表,营造出专为商务精英准备的私属空间。(第1206期)

在广告的字里行间,我们看到的是个人对自由、对享受以及对私人空间的无尽向往,是一种消费欲望和想象的极力张扬。

当然,作为建构"汽车梦"的一个重要认同策略,"社会参照性成功认同"也为我们揭示了当代消费社会的一些重要特征。一方面,竞争性攀比成为了当代新消费主义的一个显著特征(Schor,1998)。凡勃伦曾指出,在富足的社会,消费成为了人们确立社会地位的工具。为了维护或提升个人的社会地位,人们的消费水平不断地受到了竞争性攀比的驱动,也使越来越多的人感到了攀比的压力(Schor,1998:90)。另一方面,人们攀比的对象已由邻居转变为某种生活风格群体。对于消费者来说,他们感觉满意与否,更多的是取决于社会建构的欲望和期待如何,这种社会建构的欲望和期待成为了一套社会标准和规范(Schor,1998:9)。而广告和媒体则塑造了一个"消费的神话",把无法达到这一社会标准的消费进行"问题化"和"污名化"。这样,广告确立起了某种生活风格群体的合法品位,而广告中出现的成功人士或社会精英则成为了这种合法品位的代言人。在"社会参照性成功认同"的广告用语中,含蓄地将成功人士形象映射到读者的脑海中进行参照比较的并不少见,例如:

> 车如其人,人如其车;人不凡,车不凡……这一点与那些靠正直、勤奋、真诚与智慧取得成功的人士非一般契合,所以他们一样提拔自信,一样远见非凡,一样富有内涵。(第796期)

(四)汽车品牌与广告策略

在对汽车广告进行内容分析的过程中,本章还发现了不同品牌档次的汽

第六章 消费主义与汽车梦的神话

车广告在建构"汽车梦"中是使用"认同策略"还是"功用策略"的广告用语上存在一定的差异。

根据不同汽车品牌的价格水平,本章把汽车品牌分为五个不同的档次,即:高端品牌(30万元以上)、中高端品牌(20万~30万元)、中端品牌(15万~20万元)、中低端品牌(10万~15万元)和低端品牌(10万元以下)。分析表明,《南方周末》这十年间的汽车广告绝大多数是介于中低端到中高端之间的,占总数的64.1%(主要是现代、本田、丰田和别克等品牌的汽车),以宝马、奥迪、凯迪拉克等为代表的高端品牌占22.3%,而以桑塔纳、富康和奇瑞等为代表的低端品牌占13.6%。可见,价位在10万至30万之间的家用汽车成为市场销售的主要产品。从这里可以看出,在中国汽车销售市场上,2.0升以下的轿车排量档次在市场份额占绝大多数。

我们将品牌档次和不同的广告策略进行交叉相关分析,结果显示(见表6-4):品牌档次与"认同策略"存在着正相关关系,而与"功用策略"存在负相关关系,二者均通过99.9%的置信度检验,可见在总体中也存在同样的相关关系。其他类型的广告与品牌档次成负相关关系,但统计检验不显著。以上结果说明,品牌档次越高的汽车,越倾向于采用"认同策略"来进行宣传;品牌档次越低的汽车,越倾向于采用"功用策略"来进行宣传。高档次的汽车品牌采用"认同策略"的广告用语充分体现了包含在该品牌中的符号价值,这一结论与布希亚的符号价值理论是相一致的。布希亚认为,物品只有成为符号之后才能被消费。尤其是越昂贵的物品,越要显现

表6-4 品牌档次与不同广告策略的相关分析

		品牌档次	认同策略	功用策略	其他
品牌档次	皮尔逊相关系数	1	0.253**	-0.204**	-0.111
	显著性		0.000	0.002	0.100
认同策略	皮尔逊相关系数	0.253**	1	-0.849**	-0.363**
	显著性	0.000		0.000	0.000
功用策略	皮尔逊相关系数	-0.204**	-0.849**	1	-0.183
	显著性	0.002	0.000		0.006
其他	皮尔逊相关系数	-0.111	-0.363**	-0.183	1
	显著性	0.100	0.000	0.006	

注:N=220, ** 表示 $p<0.01$(双尾检验)。

出其不凡的符号价值,通过符号特征表现出其差异性,尽管其在功能上也许没有多大差别;低档次的汽车品牌采用"功用策略"的广告用语则彰显了其"物美价廉"的巨大诱惑力。事实上,近年来汽车之所以能够如此大规模地进入家庭消费领域,与汽车价格的不断降低有莫大的关系,这使得汽车由过去的奢侈品转变为今日的一项普通消费品,成为了一般城市中产阶级家庭能够支付得起的一种更为便捷的代步工具。

从这一点上看,不管是"认同策略"的汽车广告,还是"功用策略"的汽车广告,其实都在某种程度上为消费者建构了一个美好的"汽车梦",只是适用的对象有所不同:高档汽车的"认同策略"更能引起高收入阶层的人群社会身份地位的共鸣,而低档汽车的"功用策略"则对中等收入阶层的人群更有吸引力。所以,不管是对高收入阶层,对中等收入阶层,还是对低收入阶层来说,汽车广告所宣扬的对于舒适、愉悦、便捷、安全、自由、民主的追求,被归结成为一种追求幸福生活的理想,通过广告这种巨大的意识形态力量,渗透到整个社会,最终使得拥有和使用汽车几乎成为整个社会共有的梦想。

(五) 内容分析的结论

上面对《南方周末》十年来(1998~2007年)汽车广告的内容分析,为我们揭示出了作为消费主义意识形态的广告是如何为整个社会建构出一个美丽的"汽车梦",研究结果证明了本研究所提出的理论假设,即:由"个体享乐性想象认同"和"社会参照性成功认同"这两个维度构成的"认同策略"的汽车广告用语,在"汽车梦"的建构过程中发挥了十分重要的作用,其影响超过了汽车广告中的"功用策略"。这一结果表明,作为消费主义意识形态的广告,通过对汽车符号价值的操纵,使汽车成为了人们欲望的对象。在广告话语的建构之下,汽车不仅仅是一种具有使用价值的代步工具,而且也是个体追求享乐和身份认同的一种符号象征。广告将人们对汽车的功能性需要转变为一种隐秘的欲望,并大肆宣称有车的生活方式的种种好处,使"汽车梦"成为现代生活的一个高级"神话"。

第五节 汽车梦的神话:从启蒙到操纵

在第四节中,我们通过对《南方周末》汽车广告的内容分析,揭示了

第六章 消费主义与汽车梦的神话

消费主义意识形态建构"汽车梦"的两种策略，其中，在现代社会中起主导作用的是将汽车作为一种符号象征的"认同策略"。那么，被广告的"认同策略"建构出来的"汽车梦"究竟是如何获得了人们的认同呢？或者说，汽车广告的话语建构对人们的汽车消费究竟产生了怎么样的影响呢？接下来，我们将通过对消费者对广告的反应来看看汽车广告所造就的"汽车梦"是如何对人们的消费需要进行启蒙和操纵的。

（一）汽车广告：一种消费启蒙

从1901年算起，汽车进入中国也有一百多年的历史了[①]。当汽车最早出现在上海街头时，国人对这个"怪物"感到非常好奇，问它是否也"吃草"。随着民国以来进口汽车数量的增多，中国人渐渐不再对汽车感到陌生。然而，与西方成熟的汽车文化相比，中国人对汽车文化了解程度的差距实在是太大了，绝大多数人依然难以分清不同汽车的品牌标志，更不用说不同品牌之间的文化差异了。自20世纪90年代以来，汽车行业出现了大量中外合资生产的状况，越来越多的国外汽车品牌进入中国，据统计现在每年市场上新出现的汽车款式就有两百多种，道路上出现了令人眼花缭乱的不同汽车品牌。那么，消费者又是通过什么样的渠道了解这些不同品牌之间的差异的呢？是广告。可以说，广告在日常生活的消费中发挥着"启蒙"的作用，很多人对汽车文化的了解都是从汽车广告开始的。就像其他任何产品的广告一样，汽车广告的首要目标是宣扬产品的特性并让消费者认识它。通过汽车广告，人们被告知哪种款式的汽车性能较好，哪种款式的汽车档次更高，哪种款式的汽车是最适合你的。在当前媒体越来越发达的情况下，汽车广告可谓无孔不入，电视、电影、杂志、报纸、互联网、室外甚至是电梯中，都贴满了汽车广告。现在中国人买车的大多数还是"第一代"的消费者，对汽车的各种知识的了解还不多，而正是广告在这里充当着"牧师"的角色，散播着有关汽车的一切信息。尽管现代人对广告已经感到越来越厌倦，但是在信息相对缺乏的情况下，人们仍然会去翻阅汽车广告，查询相关的信息。我们来看一下下面两段访谈资料：

[①] 1901年，一个叫李恩思的匈牙利人将两辆美国生产的奥兹莫比汽车从香港运到上海，从此中国开始出现汽车（参见宋景芬，2005）。

> 访谈员：当时在买这个车的时候主要是受哪几个方面的影响？
>
> 受访者：我一般是受广告的影响会多一些，因为很多车新出来的时候我们没了解，都不知道嘛，都是通过广告的接触，才了解有这一款新车。有车展的话，我们也会去挤一下，去看一下。像那个时候"奥德塞"出了第二代新款啊，我们也去看了，都是从广告开始接触的。他（指受访者的爱人）当时是在看"爱丽舍"不满意之后，就开始留意一些新款。（访谈资料：7 - F - M）

> 访谈员：在作出购买决策的时候，广告对您有没有影响？
>
> 受访者：我们是通过多方比较之后才定的，不是说它说什么就是什么。买的时候，广告有一点影响的，新款出来的时候，电视啊都会宣传的，也会吸引我们的注意力，我们也会投一些精力去看的，我们也会到网上去看看，这是比较普遍的现象。决定买车之前，也去看了一些车展。（访谈资料：8 - M - Z）

上面这两位受访者虽然都已经有好多年的驾龄了，但他们均坦言对目前的汽车市场仍然不是很了解，因此在他们决定买什么车的时候，广告产生很大的影响，他们正是通过广告才了解到不同的车型。汽车广告总是很及时地告诉消费者，现在最新款的是什么车，最流行的是什么车。在广告中，策划者总是会精心设计出最美的画面，将该款汽车最突出的特征一览无余地呈现在消费者的面前，以吸引消费者的眼球。我们再来看看下面的这一个访谈案例：

> 访问员：您喜欢汽车广告吗？
>
> 受访者：广告啊，谈不上喜欢，不过，我觉得有些汽车广告拍得挺好看的，拍得那种意境啊，景色很美，挺吸引人的，看完之后一般会有一点印象的。反正现在一出门到处都是广告，随时都可以看得到。我们公司的外墙上就有一幅很大的丰田汽车的广告，好像是凯美瑞的。其实我以前读书的时候都不怎么认识车的，你要问我什么车标是什么车，我根本答不出来，现在上班了还好一些，广告看多了嘛，我们老板也经常换车的，什么宝马啊，奥迪啊，还有我们一些同事也有车了，所以看多了，也就知道是什么车了。
>
> 访问员：您刚才说你公司外墙上就有一幅很大的汽车广告，你对它

第六章　消费主义与汽车梦的神话

有什么看法呢？

受访者：什么看法……我觉得，这些广告呢，有的其实蛮夸张的，把车形容得太好了，好像你有了车，你的生活就马上变得怎么样了，什么成功人士啊，什么尊贵豪华啊。那张广告，其实我也不是特别在意，经常是瞄一眼就过了。不过，还是蛮有印象的，至少我已经知道了那款车，我经常跟我同事讲，以后我有钱就去买那个车，呵呵，好像要二十多万元吧。（访谈资料：39－F－Z）

通过对这些受访者的了解，我们知道，汽车广告在告知信息这方面已经取得了很大的成功。因此，我们在上面说了，汽车广告在城市家庭汽车消费中起到了一种"启蒙"的作用，汽车广告通过各种不同的途径推广不同的汽车品牌，达到"广而告之"的目的。然而，告知某一产品的特性并为它促销，这只是广告最原始的基本功能。广告不会仅仅是对产品性能和功用的解说，它的真正目的在于不断刺激人们的消费欲望，不断地唤起观众的匮乏感，不断地说服人们去消费，在广告面前，人永远是匮乏的，只有消费才是一条解脱和救赎之路。

（二）消费主义对需要的操纵

作为一种消费主义意识形态，广告已经成为影响日常生活和社会文化的一个重要因素了。广告在推销商品的同时，不断地向人们展示商品的符号象征意义，宣传一套流行的生活方式和价值观念，从而让大众认为只要消费就可以得到精神上的满足，实现平等和自由等各种精神和价值观上的追求。因此，从制造符号认同角度来看，我们也不难理解汽车厂商通过"认同策略"的广告用语来建构大众"汽车梦"的真实意图：汽车厂商为了自身的商业利益不断推出可以使生活"更方便"、"更美好"、"更幸福"的汽车，实际上是通过广告在不断地创造需要，让人们永远处于不满足的匮乏状态，并不断产生"欲购情结"（陈昕，2003：135）。

我国汽车工业产能过剩的判断早已被多次提出，汽车消费市场也早已从卖方市场转向买方市场，如何使更多的人成为汽车消费者（即消费者的生产）便是消费主义意识形态的主要任务。精明的厂商早已深知，在当前城市交通拥堵问题、停车问题、开车成本等问题越来越显著的背景下，不能仅仅把汽车当做一种交通工具来促销。"如果真正从日常生活需要的立场去

看,那就意味着商品在眼下卖不出去,广告必须把他们引向幻想的爱情和欲望的原野。"(堤清二,1998:43)

在广告中,汽车厂商创造了一种中产阶级幸福生活的神话,这种美好的生活似乎是跟家庭汽车紧紧连在一起的。广告想要告诉我们的无非是,只要你拥有了某某牌家庭汽车,它就会给你带来幸福的家庭生活。这种对生活方式和生活价值观的宣称确实能够起到很大的作用,尤其是对于广告"免疫力"比较差的小孩子来说,广告里面所传播的信息极易被他们所接受,例如,王女士在谈到她们家买车时,就说到了汽车广告对她家小孩的影响:

> 买车之前,我儿子在看电视的时候经常跟我讲,他说妈妈你看,电视里面小朋友的爸爸妈妈都有车啊,我也要坐车,我也要开车。小孩子他们经常看电视嘛,广告又特多,(广告中)都是一家三口开着车去玩啊,车里面装的什么玩具啊,什么吃的啊,好多,看过去很让人羡慕的。对我们大人来说,可能无所谓,但是小孩子,他看到别人有什么东西,他一定也想要。后来,我们觉得,买辆车也不错,周末有空就可以带他(小孩)出去逛逛,他都觉得蛮高兴的。(访谈资料:30-F-W)

我们在本章第四节汽车广告的内容分析中提高了两种认同策略,在"个体享乐性想象认同"广告策略中,报纸、网络及时尚杂志上的汽车广告用各种美好的许诺不断刺激大众消费,使人在看到广告后沉浸于欢乐体验的想象之中。广告的真实性其实也并非取决于它的许诺是否实现,而是取决于消费者的幻想,也就是说,广告最终的作用是营造一种氛围,让消费者进入幻想之中。尤其是对那些比较喜欢汽车的人来说,广告不仅给他们提供了一些性能配置方面的信息,也给他们提供了一个想象的空间,他们未能满足的愿望可以暂时得到实现。小王就是这样的,他从小就喜欢汽车,现在广州一家公司上班,经常开公司的车,平常比较喜欢收藏汽车模型和汽车杂志,汽车广告也看了不少,特别是那些豪华车的广告,用他的话说,他会想象是自己在开那个车,会从中体会到一些乐趣:

> 访谈员:你喜欢什么样的汽车广告?
> 受访者:我一般比较喜欢看汽车杂志上面的,比如那个《汽车之

第六章 消费主义与汽车梦的神话

友》、《汽车杂志》,这一些,图片啊、色彩啊、文字啊,都比较详细。上面什么车的广告都有,太多了,我有时候喜欢比较一下不同车型的配置啊、性能啊,看看有什么差别,(广告)上面比较详细。那么多车型,认真去比较后才知道哪款比较好。

  访谈员:除了车型配置说明之外,你还会留意其他的信息吗?
  受访者:那些广告倒是没什么了,不过网络上的那些(广告),我会去看看别人是怎么评价的,特别是跟驾驶感有关的,因为我比较喜欢开车啦,但是现在我更注重那种开车的感觉,看到那些广告图片,有时候会比较兴奋,我心里想,要是我能开上这个车那多爽,那种感觉很棒。其实就像我们玩游戏那样,赛车啊,玩的时候就好像是你自己在驾驶一样。我们公司有好几部车,我哥(老板之一)让我开那部捷达,他自己开奥迪的,(奥迪)我只开过一两次,那感觉当然比捷达要好多了,可是他又不让我开,郁闷死了。(访谈资料:41-M-W)

  在"社会参照性成功认同"的广告策略中,广告给人们提供了参照的对象,并以一种理想化的生活方式诱导着消费者的想象,暗示消费者追求某种身份认同。通过铺天盖地的宣传,广告建立了一种消费主义意识形态的话语霸权,在社会上推行一种成功人士的理想生活模式,其所标榜的品位或趣味成为了评判现实生活中人们是否具有优越性的一套标准。尽管这里的"成功人士"只是商业广告运作所塑造的一个神话,却对整个社会影响深远。我们在访谈中知道,尽管有些人平常不怎么经常看广告,但广告却能在潜移默化之中影响人们的消费观念。下面是笔者与一位尚在读书的女研究生的访谈对话:

  访谈员:你是如何看汽车广告中所提供的信息的?
  受访者:广告这种东西,你不能全信它,但是,你要说广告对你没影响是不可能的。我没有研究过广告,但是,我觉得,广告对我们的生活观念还是有很大的影响的。比如说,现在报纸或者电视广告中出现的主角都是一些外表帅气的成功男人,然后旁边再出现一个美女,要不就是一家人幸福的样子。让你一看,嗯,你会觉得这个男人有品位,这种生活很幸福。即使你不这么认为,别人也已经这么认为了,你要是开车出去,人家就觉得你有身份,大家普遍已经把汽车跟人的身份地位联系

185

在一起了。所以，我觉得，被人怎么看待你，无形中会影响到你自己的行为方式，你无意识中就会把自己跟广告中的那些人对比一下，然后告诉自己，哎呀，我也该买车了。(访谈资料：38 - F - P)

作为一种视觉文化，广告通过视觉表征广泛地传播关于社会世界的信息，为世界上大多数人提供了一种共同分享的经验和一种对话与互动的参照点（谢勒德、伯格森，2005：168）。今天我们不仅生活在车流之中，而且还生活在汽车广告的幻象之中。现代广告作为一种新型的意识形态符号，具有使人丧失批判能力，把情感"欲"化的"造梦"机制（李思屈，1999）。象征幸福生活的"汽车梦"无异于一种新的社会整合机制，它充满着诱惑性，使人无条件服从于消费社会的新秩序。就像鲍曼和布迪厄所指出的，消费者时代的来临，意味着社会整合的核心统治模式发生了实质性的变化，这种新的统治模式的独特之处在于：以诱惑取代镇压，以公共关系取代警察，以广告取代权威性，以创造出来的需求取代强制性规范。广告可以说是一种最具有诱惑性的社会整合力量，消费市场正是通过广告所建构的诱惑性消费文化而非强制性的国家权力来实现社会整合（仇子明，李兰，2010：译者导言）。尽管汽车已不再是一种奢侈品，但也并非所有的人都能够消费得起。然而，在广告的"循循善诱"之下，拥有和使用汽车却成为了整个社会共同的梦想，人们在想象性的消费中建构起自己虚拟的身份认同。如同巴特所说，"今日之汽车几乎等同于哥特式大教堂（Great Gothic Cathedrals）：一个时代至高无上的创作物……被所有的人在想象中消费——如果不是在使用中消费——他们把汽车当做一个纯粹的想象的物体"（Barthes，1993：88）。最终，消费者成为了汽车广告的同谋，在自己的心中编织着一个象征幸福生活的"汽车梦"，消费社会中的完美秩序似乎也就这样不费国家一枪一炮被整合出来了。

消费主义意识形态通过商品符号象征成功地控制了当代社会的"需要"与"满足"观念，就其对"需要"与"满足"观念的控制能力而言，迄今还没有哪一种文化—意识形态体系能够与之抗衡（陈昕，2003：244）。对于消费者来说，汽车是这场消费革命中最显眼的消费品之一，对于生产者来说，汽车则是由消费主义意识形态操纵的最炙手可热的消费品之一。从进军中国市场的海外汽车集团，到正在崛起的民族汽车品牌，以消费主义的诸手段（如广告）来生产和培育新的消费者皆成为了他们制造汽车之外的又一重大生产任务。通过铺天盖地的汽车广告宣传,他们建构起了广大消费者的"汽车梦",把驾驶汽车演绎成现代城市生活中必须获得满足的"需要"。在消费主义生活方式全球化的背景下,中国人的消费观念发生了重大的变化。

消费主义意识形态对人们"需要"的控制,并不完全意味着把汽车当做一种虚幻的符号消费,它是在创造新的"需要"的同时把这种生活方式合法化,并且排斥了其他竞争性的能够满足"需要"的商品。例如,自行车、公交车也是能够帮助身体流动的便捷交通工具,但是,在汽车广告的冲击之下,只有驾驶汽车才是现代生活方式的象征,才是一个成功的商务人士或其他中产阶级应有的举措,舒适、自由、安全成为汽车广告的最大亮点,享乐和现代性体验被当成了消费的重要目的,由此人们原有的消费观念被改变,过去人们在"生活必需品时代"精打细算的生活方式开始发生重大转变。"形而下"的物质生活取代"形而上"的神圣信仰而成为人们的意义来源,消费生活的体验取代宏大的理想而构成了人们的新追求(王宁,2009:314),占有意识、享乐伦理成为当代消费文化的主要特征。在这个转变的过程中,从流水线上滚滚而下的汽车便飞速进入了已经被"生产"出来的消费者家庭之中,一切被创造出来的需要显得那么的自然化和理性化。

"汽车梦"建构并不是一种停留在广告文案中的孤立现象,广告媒体在市场化的运作中与资本进行联姻,而资本为了自身增值和扩大再生产的需要,借助广告和大众媒体等构成的文化工业,创造了有关"幸福"、"快乐"和"消费"的意识形态和"文化主导权",人为地刺激和制造了各种"虚假"的需要(王宁,2007:3)。

在强大的市场力量的推动之下,汽车承载的不仅是"个人的意识形态"(奥尼尔,1995:95),也是整个社会的意识形态,有关汽车的一切似乎成为了日常生活中占有霸权地位的话语。不仅报纸和电视上的汽车广告让我们目不暇接,而且每年各地的汽车展览和汽车赛事也充斥着我们的眼球。一场由市场、政府和消费者合谋的"汽车梦"已经悄无声息地在笼罩在每个人的心里,汽车已经"不是偶像,而是主宰着人的神"(莫兰,2001:250)。

从社会文化心理来看,传统的节俭消费观念已渐渐被现代的享乐、超前和竞争性的消费观念所取代,消费主义作为一种现代欲望形态已经深刻地改变了人们的日常生活。伴随着中国经济的高速发展,中国城市消费者的欲望水平也同样在膨胀。可以说,伴随着经济起飞,中国城市消费者也在经历着欲望起飞的过程(王宁,2007:3)。欲望起飞既是广告媒体的推波助澜的结果，同时也为广告媒体建构"汽车梦"提供了一个很好的消费环境，因为，"汽车梦"暗合了欲望膨胀的消费心理，致使汽车广告可以利用消费者的这一心理变化，通过运用各种广告策略（尤其是"个体享乐性想象认同"和"社会参照性成功认同"这两个"认同策略"）来满足消费者的这一心理需求。因而，我们可以说，弥漫在当代中国城市里的消费主义正是汽车广告建构"汽车梦"的文化心理基础，欲望起飞为"汽车梦"的生成提供了一张再也合适不过的温床。

然而，梦想终归只是梦想，这种用文字和图案勾勒出的梦想所带来的诸多意外后果也值得人们深思。广告所带来的效应并非总是如坎贝尔所说的那样能够让人感到心理上的满足，布希亚尖锐地指出，"广告提供的既不是一种幻觉式的满足，也不是导向实用的中介：它所引起的心态是一种遭遇失望的微弱意志——未完成的步骤、持续的上升、持续的挫败、物品的初端、欲望的黎明"（布希亚，2001：198）。广告它令人满足也令人失望，在广告的影响氛围中，建立了欲望的自由王朝，但欲望在其中从来没有真正被解放过，欲望只是在形象中被解放，而且其程度只足够反射性地激起和欲望显现相关的焦虑和罪恶感（布希亚，2001：199-200）。汽车广告用各种美好的许诺不断刺激大众消费，使欲望形态不断升级，广告的物化倾向甚至已经改变了人们的价值观念、生活方式和整个社会的思想体系，形成了一种新的"消费意识形态"。

然而，在目前中国现实社会中，一边是有限的购买能力，一边是无限膨胀的消费欲望，这两者的冲突必然造成消费者内心的矛盾和苦闷。当在现实中无法拥有的时候，这种仅靠从自我想象的"白日梦"中获得满足必然是脆弱的，而且会造成巨大的心理落差，导致"有车族"与"无车族"之间的矛盾日益突出。人们一旦将现实的状况与广告中的理想形象进行参照性对比，其结果就容易促成了一种"形象焦虑"。而且，当有车成为了一个公认的身份和地位的符号象征时，无车的人就会感受到米尔斯所说的"地位恐慌"。而要克服"形象焦虑"和"地位恐慌"所造成的自卑感则只有通过满足消费的愿望来补偿（米尔斯，2006：203）。最终，又回到了消费欲望的提升上了，而随着欲望的起飞，新一轮的"竞争性消费"又将出现。

也许，我们不该忘记著名社会学家齐格蒙特·鲍曼在其著作中的反复叮咛：消费自由具有欺骗性，消费欲望所主导的自由、快乐和幸福都是虚假的，而且是永难满足的。也许，我们更不该忘记布希亚曾谆谆告诫过的广告

第六章 消费主义与汽车梦的神话

符号与整体生活价值体制间深层的关联:"广告并不是机械地传递社会的价值,而是更微妙地,透过它的推定功能——那是在占有和剥夺之间,既是命名又指向空虚不在——广告记号才'传递'了社会体制的双重决定机制:恩赏和压制"(布希亚,2001:199)。在消费社会里,有巨大的恩宠,也有一样巨大的压制——透过广告中的形象和论述,我们同时接收了这两者,并使得压制性的现实原则甚至在快乐原则的核心里运作(布希亚,2001:200)。在"汽车梦"的社会建构中,汽车广告同样给我们带来了两样东西:"恩赏"和"压制"——在让我们尽情幻想物质增长带来的极大快乐时,又让我们在消费社会的焦虑和恐慌中感到窒息。

第七章 Part 7
汽车消费与日常生活实践

在前面几章，我们探讨了汽车作为现代生活的一种需要是如何被结构性的力量所建构起来的。其中，国家经济产业化和现代化发展的制度安排是推动汽车进入普通家庭的政策前提，城市生活世界的空间结构转型所导致的出行环境变化是促使汽车成为主导性的交通工具的一个重要因素，而随着消费主义在中国的兴起，消费主义文化意识形态已经把人们对汽车的需要转变成一种生活中必须得到实现的"汽车梦"。在这些结构性因素的影响之下，汽车作为现代生活的需要被建构出来了。然而，我们知道，在结构与行动之间存在互相制约的关系，面对复杂多变的生活环境，消费者并不是只能完全被动地去适应的，而是可以积极、能动地去建构自己的生活世界的。尤其是在流动的现代性中，汽车消费已经成为建构身份认同的重要因素[1]，也是个体提高身体流动能力、获取社会资本、体验空间消费的重要手段。

本章将主要从汽车的符号价值和使用价值两个方面来讨论消费者是如何积极主动地利用汽车来重新组织他们的生活世界，以满足日常生活中的社会性交往的需要和功能性交通的需要。一方面，汽车是具有非常高的符号价值的一项消费品，从消费与认同的关系来看，汽车消费是建构身份认同的重要材料。从个人与社会的关系这个角度来看，人的认同可以分为个人认同和社会（群体）认同这两个维度（王宁，2001：55），汽车作为身份地位的一种符号象征，既可以用来建构个体的身份认同，又可以在群体中确认自己身份边界，寻求一种群体的认同。本章第一节将从汽车品牌等级与个体身份等级的关系来说明个体的身份认同，在第二节中将以一个"车友会"为例来说

---

[1] 关于消费与认同的相关议题，国内讨论的比较深入的有：王宁，2001；伍庆，2007；张杨波，2008；姚建平，2006；等等。

明生活风格的群体认同；另一方面，汽车是一项具有非常高的使用价值的消费品。从汽车作为一种空间实践方式来看，首先，在流动性特征越来越显著的当代社会，如何提高身体流动的能力具有非常重要的社会意义，而汽车作为现代社会的一种"便利装置"，它能够极大地提高人们的流动能力，它就是一种流动性的象征；其次，汽车给个体带来了全新的空间消费体验，如饮食、购物和旅游等；再次，汽车拓宽了人们的社会交往的范围，使人们可以在空间的"共同在场"中获得更多的社会资本。本章后面三节将分别从汽车对于身体流动能力、空间消费体验和社会交往三个方面来说明人们是如何利用汽车来重新组织他们的日常生活的。具体分析框架见图 7-1：

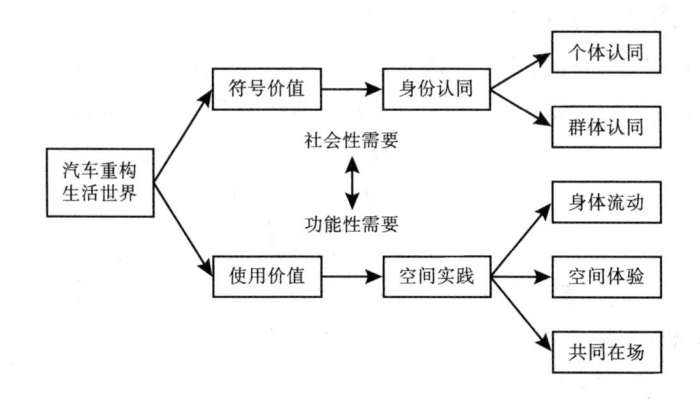

图 7-1 汽车消费与生活世界的重构

第一节 汽车消费与身份认同

消费与认同（identity）的联系是十分明显的事实（王宁，2001：52）。在现代性的认同危机之下，商品的符号价值已经成为消费者主动建构自己的身份认同的重要途径。汽车是一种具有非常高的符号价值的现代商品，本节内容主要就是在消费与认同的理论视角下，考察消费者如何在汽车的符号消费中建构自己的身份认同。

（一）消费、认同与符号

鲍曼认为，在流动的现代性阶段，身份变得越来越不确定和易变，人们只有通过不停的消费才能确定自己的身份。他曾说道："在消费社会中，对消费品的依赖性——对购物的依赖性——是所有个体自由的必要条件;它尤其是保持不同的自由和'获得身份'的自由的前提条件。"(鲍曼,2002:128)在他看来,身份的建构已经越来越依赖于消费了。乔纳森·弗里德曼也持有同样的看法,他说:"在最一般的意义上,消费是创造认同的特定方式,一种在时空的物质重组中的实现方式。就此而言,它是自我建构的一种工具,自我构造本身依赖于将切实可得的物品引导与个人或人们相联系的特定关系中的更高等级的样式。"(弗里德曼,2003:227)

实际上,消费与认同的关系是非常明显又相当复杂的。蒂姆·爱德华兹认为"购物与身份认同之间的关系是很复杂的,它不仅仅是一种单项建构过程,且常常是一种双向的混乱、位移、再定位的过程。对于有些人来说,尤其是那些自尊心较低的人,这完全意味着人要成为某种人就必须购买某种东西"(爱德华兹,2003:164)。可见,消费行为已经成为建构身份认同的重要因素,但是消费与认同又不是独立、单向的。正如王宁教授所指出的:"消费在社会学意义上的重要性之一在于它既是用于建构认同的'原材料',又是认同表达的符号和象征……在世界范围内,多种生存方式和消费方式并存的情况下,人们选择这种而非那种生存方式和消费方式,在很大程度上是由人们的认同所决定的。人们的认同和人们的消费不过是同一个过程的两个方面。"(王宁,2001:52-53)

那么,作为建构身份认同的消费行为何以可能呢?在这里我们要重新理解一下消费的定义。在消费社会中,消费早已不再仅仅是一种单纯的"物质消耗"行为,这一概念已获得了全新的内涵。布希亚认为"消费是一种[建立]关系的主动模式(而且这不只是[人]和物品间的关系,也是[人]和集体与和世界间的关系),它是一种系统性活动的模式,也是一种全面性的回应,在它之上,建立了我们文化体系的整体"(布希亚,2001:222)。布希亚明确地告诉我们,消费的对象,并非物质性的物品和产品:它们只是需要和满足的对象,只是一种事先的必要条件。在他看来,消费并不是一种物质性的实践,也不是"丰产"的现象学,消费的定义,不在于我们所消化的食物,不在于我们身上穿的衣服,不在于我们使用的汽车,也不在于影像和信息的口腔或视觉实质,简单地说,消费是一种符号的系统化操控活动(布希亚,2001:223)。

布希亚认为,一切消费都只是符号的消费,消费所涉及的事情,乃是文化符号以及符号之间的关系。消费建构认同的一个重要前提,就是商品的符

第七章　汽车消费与日常生活实践

号价值使得商品能够成为认同建构的重要素材（伍庆，2007：68）。在这里，符号成为我们理解消费与认同的关键。因为，"要成为消费的对象，物品必须成为符号，也就是外在于一个它只作意义指涉（signifier）的关系"，物品变成了系统中的符号，这种身份转换，同时也包含了人与人之间的关系的转变，它变成了消费关系，因而被消费的就已经不是物品了，而是符号的差异性了（布希亚，2001：223）。消费并不仅是一个经济过程，更是一个社会与文化过程。因此，消费已经进入了认同建构与维持过程当中，从而成为西方资本主义的生活核心（高亚春，2007：73）。星野克美（1988：21）也曾评论道："消费不再只是经济的行为，更转化为在种种符码下，以被差异化了的符码为媒介而如语言活动般的文化行为。"消费的过程不仅是对物质的消耗，也是符号的占有，人们的消费不仅仅是利用商品的实用功能满足基本生活的需要，更重要的是把它作为表达意义的方式，商品所蕴含的符号价值能够转换为消费主体定义自我、展示自我所必需的意义（伍庆，2007：57）。或者说，商品绝不仅仅是对人们生理需要的满足，它更是对某种社会身份的确认，某种生活意义的满足，在这个意义上讲，消费界定了人们的社会关系，成为认同建构的重要前提。

马克思在《资本论》中论述了商品的使用价值和交换价值，而布希亚则认为，商品不再是传统政治经济学定义上的使用价值和交换价值的辩证统一，商品不仅具有使用价值和交换价值，而且具有了第三种价值——符号价值。布希亚在"需要的意识形态生成"中假定了四个不同的价值逻辑及其原则：使用价值的功能性逻辑遵循的是效用原则，交换价值的经济逻辑遵循的是等价原则，符号价值的差异性逻辑遵循的是差异原则，象征交换的逻辑遵循的是矛盾原则（Baudrillard，1988：57）。在消费社会中，物品的极大丰富使我们的日常生活都是围绕着以消费为中心，物品不再仅仅是满足生理需要了，围绕着物品建立起来的现代社会环境已经变成了一种符号系统，当我们在消费物品时，我们就是在消费符号，同时在这个过程中建构我们的身份认同。

布希亚指出，"在今天，消费——如果不是在庸俗经济学所赋予的意义上讲——所界定的恰恰是商品作为符号、作为符号价值被直接生产，以及符号（文化）作为商品被直接生产的阶段"（Baudrillard，1988：80）。那么，符号的价值意义是如何被生产出来的呢？也就是说，如何才能使商品符号化？

这里涉及一个"意义转移"模式，即商品的文化意义、表征意义、象征意义是从文化世界里"转移"过来的。麦克拉肯（McCracken，1990）提出了从文化世界到消费品再到个人的一种意义转移模式，他认为，在意义转移中，有三种意义的位置（location），即文化建构的世界、消费品和个体消费者；同时意义有两种转移场合，即从文化世界到商品，从商品到个人。消费行为作为一种价值转移的过程，将商品的意义转移到消费者身上。

麦克拉肯的意义转移模式影响很大，但伍庆在其博士论文中指出，这仍然是一种单向性的模式，对于消费者作为行动者的能动性没有足够的重视。消费并非意味着商品具有的某种符号价值直接转移到消费者身上，而是消费者通过消费行为利用着商品的符号价值进行新的创造，以实现自己的目的，同时也再创造着商品的符号价值和文化世界。在这一基础上，他提出一种消费建构认同的价值创造模式（详见伍庆，2007：65）。

这种"意义转移"主要通过广告、流行时尚体系、符号设计、品牌等手段来使物品获得象征意义，成为代表某种意义的符号和载体。我们以广告为例，来看看商品的符号价值是如何被生产出来的。作为一种复合的社会建制（谢勒德、伯格森，2005：168），广告在日常生活中发挥着重要的影响作用。当然，广告的作用不只是告知，广告所传递的更多的是某种品牌的符号意义。作为一种消费主义意识形态，广告的目的就是要在文化的意义秩序和物品的符号秩序中找到一致点和结合点（McCracken，1990）。广告赋予商品某种文化意义，使消费品具有了某种象征性的功能，把本来毫不相关的一些意义与商品连接在一起，使消费品成为代表某种文化、品位、身份的符号象征，创造出符号的差异性特征。广告向消费者暗示：拥有了这种商品，你就拥有了某种文化意义和人生价值。因为这种商品就是这种意义和价值的化身，而错失了这种商品，你就将面对一个生活的遗憾。这样，广告以特定的方式构建了商品的文化意义，从而使商品符号化了（李正欢、曾路，2004：54）。

正如我们在第六章对汽车广告的内容分析中所揭示的，汽车广告通过"个体享乐性想象认同"和"社会参照性成功认同"来塑造消费者的汽车梦，将汽车符号化为某种生活方式和社会地位的象征，促使人们的占有欲望越来越强烈，广告从来不会告诉人们汽车只是一种交通工具，而是通过各种浪漫、夸张、想象的手法，赋予汽车丰富的社会文化意义，并且不断暗示人们，汽车消费就是在建构自己的身份认同，致使汽车成为消费社会中的一个"高级神话"。

第七章　汽车消费与日常生活实践

（二）汽车消费作为一种认同符号

通过一系列的符号的系统化操控活动，人们在消费中形成了某种社会关系，从而界定了自己的身份边界，商品的符号化使人们可以通过对符号的占有来显示自我。弗洛姆（1989）认为，重占有的生活方式是当代消费主义社会最重要的一个特征。在占有的消费方式中，商品符号价值直接移植到消费主体身上，消费者用所占有的商品来证明、确立自我，将自己等同于所占有和消费的一切，同时也通过所占有的将自己与他人联系起来（伍庆，2007：81）。在琳琅满目的商品当中，弗洛姆认为"最能反映今天这种消费行为特点的最好例子就是对小汽车的占有关系。我们的整个经济都是围绕着机动车的生产运转的，我们的生活在相当大的程度上也离不开对机动车的消费。我们这个时代可以称作是'汽车时代'"（弗洛姆，1989：78）。

1. 汽车作为身份符号

作为一种高档消费品，轿车具有强烈的地位显示功能，是一种"地位符号"和"身份名片"，人们的"轿车崇拜"不过是"身份崇拜"的代名词（王宁，2005a：170）。我们在访谈的过程中发现，尽管在中国老百姓的心中汽车已经逐渐走下人们膜拜的神坛，然而，将汽车与身份地位联系在一起的观念仍然根深蒂固，以下这段访谈资料可以为例：

> 老实说，这个车，就像你身上的衣服一样，跟你的身份应该说是有某种程度的关联，你开的是什么车，或者说你是从什么车上走下来，那么，会使周围的人自然而然（对你是哪个层次的人）产生某种联想，我觉得呢，从现在来说，当然也不尽然啊，也有可能很有钱的人开着一辆普通的车，也有可能是没有钱的人开着一辆好车，但我觉得基本上能够反映这种状况，你比如说一个千万富翁，他不可能去买一辆十几万的车，我觉得这个在消费观念上会有所反映吧。（访谈资料：11 - M - C）

亨利·列斐伏尔也曾说过："汽车是一种地位的象征，它代表着舒适、权力、威信和速度；除了其实际用途之外，它主要是作为一种符号来被消费的；由于它是消费和消费者的象征，它象征着快乐并以象征物来刺激快乐，所以汽车的各种内涵互相交错、互相强化又互相抵消。"（转引自奥尼尔，1999：96）。列斐伏尔把汽车称为典型"物"，一个"领导物"（leading object)。他认为,汽车这个个案,是源于布尔乔亚文化的特殊消费中的一个子系统。汽车是物质与象征交接的核心:它暗示了从城市规划到给我们带来惊奇感觉的所有事情,并且影响这些元素。它助长了社会的等级制度也刺激着我们的表演欲(我们在这个领域内以汽车来竞争);人们消费它,既把它看做是一个符号,也把它看做是一个代表社会地位的物体(转引自西尔弗斯通,2004:128)。

汽车"助长了社会的等级制度",列斐伏尔的这一句话恰恰说明了汽车的符号价值对个人社会等级的深刻影响。消费者正是利用汽车所展现的符号价值来确认自己的社会等级,从而建构自己在群体中的身份认同,这种身份认同并不一定是刻意地去拔高,更不是刻意地去降低,而就是自己经济社会地位的一种体现。正像弗洛姆(1989:68)说的,"我就是我的占有物。我的财产构成了我和我的身份",人们通过占有汽车来表达自己的身份。

> 我觉得一个人他一定要跟他的这个社会地位、层次相符合。也许,作为一个律师,我可能会赚到很多钱,比如赚到几百万,但是呢,如果你周围的朋友都是开十几万的车,你周围的朋友都是一些很低调的,不愿意太显露,我也不会去买五六十万的。我觉得呢,这个还是要跟你社交的对象有很大关系,你不能太与众不同,这样会使大家都觉得你很标新立异。但是呢,你本身只有一两百万,但是交往的都是那些豪门显贵,他们开的都是很靓的车,那你买车的时候可能要稍微咬咬牙,这样你跟他们在一起,你不会觉得太掉价。我身边的朋友,一般都是开着十几万的车,也有二十几万的,因为现在我看大部分的人都是开这样的车。(访谈资料:11 - M - C)

列斐伏尔同样指出,汽车也"刺激着我们的表演欲"。的确如此,我们曾多次指出,汽车绝不仅仅是一种交通工具,它还是日常生活中的一个道具,人们可以利用汽车来表演自己。作为律师的陈先生,在访谈中侃侃而谈,他的话语例证了列斐伏尔说的这句话,他说:

> 没车的时候,大家都一样,无所谓,不会有那种攀比心理,好像那个时候谈恋爱,跟女朋友一起坐车去哪里,没有车也不会感觉有什么。但是,现在有了车之后,你反过来这样想啊,我觉得跟一个女孩子,再

第七章　汽车消费与日常生活实践

坐公交车去谈恋爱，你会觉得这个太掉价了，哈哈。你会看到别的情侣坐在公交车上，换了你是那个男的，你会觉得很没面子啊。就是说，有车之后，这种攀比心理会随之提高。（访谈资料：11 - M - C）

作为日常生活中的一个表演道具，汽车在"刺激"人们的表演欲时，也会引起旁人其他方面的感情，如羡慕、嫉妒等。以下两位受访者所表露的心声可以说明这一点：

访谈员：您羡慕别人开"宝马"吗？

受访者：会有，我会羡慕，我会想，我什么时候能够开上这样的一部好车？可以这么说吧，生活总要有目标的，我可以为自己的生活创造一些条件。我经济能力有所提高了，我自然就能够买得起我所喜欢的车，可以这么讲，是一种生活目标。（访谈资料：13 - M - C）

受访者：我的车啊，有时候跟朋友一起出去，我会觉得稍微差了一点。开好的车跟开差一点的车，在一起的时候，心情肯定会不一样的，这是毫无疑问的。但是，就看个人，有的人感受强一些，有的人感受淡一些，想到我还是学生，我觉得就差不多了。但是如果我有工作的话，那影响就会非常大。所以，还是个人的角色很重要。（访谈资料：14 - M - W）

弗洛姆认为，对于努力去占有一辆汽车的人来说，汽车是幸福的化身，它能够增强自己能支配某物的统治感，这种体验次数越多，征服感也就越强，自我的权力也就越得到体现。"小汽车不是所迷恋的一个具体的对象，而是自我和我的社会地位的象征，是我的权力的扩展。通过购得一辆小汽车，我实际上也就购得了部分新的自我"（弗洛姆，1989：78）。可以说，汽车作为一种身份符号的象征，往往会引起心理上的躁动，即对汽车这一符号所带来的意义的向往和追逐。法国社会学家艾德加·莫兰说得不无道理：希望有一辆汽车的想法是一种内心深处的需要，为了拥有一辆汽车所作的物质上的投入是很大的，但是这种需求更主要的是心理上的，而不是物质上的（莫兰，2001：250）。

2. 品牌符号等级与身份秩序认同

在封建时代的中国，等级观念非常严格，对于官员来说，什么级别的官员在什么场合坐什么轿子都有严格的规定，甚至样式和颜色都有明确的规定，不同的轿子体现了不同的身份秩序。在今天的消费社会中，这种等级观念仍然非常严重地存在着，虽然交通工具从轿子变为轿车，但体现身份秩序的符号逻辑并没有发生变化，过去抬轿子的人数和今天汽车的品牌将人们的地位区分得清清楚楚。品牌实际上就是一种符号，品牌符号的象征意义已经越来越突出，在符号的能指与所指之间，品牌被消费主义意识形态建构成为一个神话。

汽车作为一种符号象征无疑是最能体现拥有者身份地位的商品之一，但是，并不是所有的汽车都有如此功能，不同汽车品牌、款式有着不同的符号意义。在汽车品牌家族中，有着非常明显的等级序列，例如，劳斯莱斯、法拉利、宾利、迈巴赫、奥迪、奔驰、宝马等高端品牌的汽车在当今社会上可谓声名显赫，在消费者心中的崇高地位非常牢固，能买得起的都是有头有脸的人物，人们通常一看到这些品牌就会将其与车主的高贵的身份地位联系起来，这些品牌就是财富和地位的象征。而一些比较低端和大众化的品牌，在建构身份认同时就没有那样的效果，甚至，这些低端的品牌反而会对拥有者的身份产生负面的影响，例如：

访谈员：您是怎么看国内目前的一些自主品牌？

受访者：一些自主品牌听说过，好像都比较便宜，质量好不到哪里去，到时候总是要修，烦死了。再说了，有些人不是说"车是身份的象征"嘛，你说就五六万，别说我们不是做生意的，做生意的更不能坐这个车了，一点实力都没有，肯定这个人……我们反正五六万的肯定是不会买的，我是无所谓，但是我老公他说宁愿不要，他说"我一个教授就开这个车？"呵呵。（访谈资料：4-F-L）

持有和上述个案中的李女士（护士，35岁）一样想法的人还非常多，品牌的等级效应实际上反映了人们的身份归属。就像李女士的爱人说的，"我一个教授就开这个车？"教授这一职位在职业声望等级中的排名并不低，而五六万元一辆的汽车在汽车品牌等级中却是相对低下，也就是说"教授"这一头衔与这些品牌之间并不匹配。

第七章　汽车消费与日常生活实践

访谈员：您觉得汽车品牌跟身份地位有没有关系？

受访者：那当然有关系，你当然要看看它的出身了，品牌还是很重要的，品牌会让你比较放心。你说宝马、奔驰之类的都是比较高档的，是吧，呵呵。好的车不仅仅是开出去威风，而且性能好。我那个品牌（雪佛兰），我觉得还可以，在大众消费中，我觉得差不多。可能福克斯还会更好一些，当时买的时候福克斯没有现货，要是有的话，我当时就买福克斯了。他要我等啊，等两个月，我等不及了。（访谈资料：6-M-G）

豪华的车让人羡慕，便宜的车让人厌恶。以前社会上流传着这样一句话："开富康的瞧不上开夏利的，开索纳塔的看不起开富康的。"实际上也是这种心理的反映。上面我们曾提到的那位年轻的律师朋友，在访谈中，他也是这么认为的：

我们的客户里面有很多也是比较高端的。我曾经有两个客户是很好的朋友，有一个客户刚刚买了奥迪A6，国产的，3.2升的，就带着我去见另外一位客户。后面这一位客户显然比前面这个客户更加有钱，他还不止一部车，有好几部，其中有一部是A8的，6.0升，十二缸。他就说，买车不要买国产的，国产的那个技术落后，外形老旧，内饰不美观，他们对车的看法就是这样。包括我现在也觉得，又难看，性能又不是很好，它只是迎合了那些没有很多钱又想拥有一部车的人的理想，就老实说吧，我也挺看不上这种车的。（访谈资料：11-M-C）

当然，这里还要指出，从普通百姓的角度来看，豪华汽车确实是可以炫耀的资本，是可以跟财富、地位挂上钩的。而对于豪华车主本人来说，情况也许未必如此，高端品牌对他们来说固然很重要，但他们自己更看重的是高级车的性能、安全和舒适感。笔者有一次在和一个房地产商（这是本书访谈案例中为数不多的豪华车主）进行访谈的时候，他说：

我一直以来都是开奔驰，觉得奔驰操纵起来不错，开起来很舒服，也比较安全。一般来说，人们消费的东西都是随着他的经济情况发生改

199

变。当人的物质生活达到了一定的水平，他就不会去考虑钱的问题，比如油费、保养费等。像我们现在主要考虑的是舒适性和安全性问题，买辆奔驰总比五六万的轿车好吧，对啊，开起来感觉更好，也放心啊。你想想人的命值多少钱？安全第一嘛，好的车它的安全性能当然更高了，所以，我们一般都会选择比较高档次的车，主要还是出于安全和舒适方面考虑，你说对不对？（访谈资料：16-M-H）

不管怎样，汽车的品牌符号与人的身份等级还是具有一种同构的对应关系，即什么样品牌的汽车适合于什么身份地位的人开，而各种身份地位的人又借助于汽车品牌的符号意义来建构自己的身份认同。

此外，对于不同品牌的选择，不仅反映了消费者身份地位的差异，而且也体现了不同的个性风格特征。例如，余先生，一家广告公司的总经理，在访谈中说：

我下次再去买车的时候，我肯定买越野车，不想买轿车了，为什么呢？因为呢，越野车的约束更少了，可以去的地方更多了，轿车有很多地方去不了。我这个人呢，属于运动型的，运动爱好者。我现在事业还是处于打拼的阶段，以后可能就会玩车了，买个越野车，跑趟西藏去玩一下，或者找几个朋友玩一下。现在还没到那个阶段，还不能体现出用车的个性和风格。真正玩车的那些人，要么就是年轻，要么就是那些成功人士。（访谈资料：21-M-Y）

就像爱德华兹说的："购物和消费不断构成身份认同，就是说，人们越来越按照他们的消费模式而得到界定……我们可以同样轻易地指出，个性至少在某种程度上是经由商品而被建构或加强的，尤其是那些显而易见的或容易辨认出来的东西，比如服装、汽车、房屋等。"（爱德华兹，2003：155）由此看来，汽车作为一种具有高符号价值和高使用价值的消费品，不但反映了身份地位的归属，也展示了不同的个性特征，而这一切都源于符号的差异性。正如布希亚（2006）所说的，消费系统并非建立在对需求和享受的迫切要求之上，而是建立在某种符号（物品/符号）和区分的编码之上。

第二节　生活风格的群体认同

在现代城市生活中，汽车已经不仅仅是一种会移动的交通工具了，网络上流传这么一句话："现在买车不需要理由，买什么车才需要理由。"其含义，不言自明，一种与汽车息息相关的生活风格（lifestyle）正在中国大城市中悄然形成。具有共同爱好和特征的生活风格群体已经达到了一定的规模。例如，基于同一个品牌的汽车而结成的"车友会"就是这样一个群体。本节从汽车文化和生活风格入手，来考察人们是如何通过参加"车友会"的活动来寻求群体认同的。

（一）汽车文化与生活风格

人们通常把汽车在制造和使用的过程中所形成的一整套行为、态度、符号、价值观、信念和体制称作汽车文化（曾燕南、刘立群，1996：103）。汽车文化在20世纪经历了三个阶段，每一个阶段都有着特殊的文化逻辑。与之相对应的理论分别是布迪厄的"阶级区隔"理论、法兰克福的大众文化批判理论和后现代主义的文化多元论（Gartman，2004）。在"亚文化差异"阶段，汽车表达的是一个多元化的和多层次的消费文化中的生活风格群体的认同。后现代主义理论家认为，消费品的多样性和个体性通过形成碎片化的亚文化基础，破坏了过去的阶级认同。对他们来说，汽车及其亚文化是伴随着现代性的倒塌的那种自由的"差异"社会的一部分。在后现代主义理论家看来，汽车的制造、购买、使用不是用来表达阶级区分和大众个体性的，而是多种生活风格圈中的身份认同，没有高低优劣之分（詹明信，1997）。在这样的市场上，汽车制造商销售的不仅仅是车本身，还是"品牌"，是对生活的认同、意义或想象。

例如，20世纪六七十年代，美国的汽车制造商推出了大量新型风格的汽车，如紧凑型的、半紧凑型的、适中型的、强劲型的、小型的、运动型的以及个人豪华型的等，每一款式都不是针对广泛的高收入群体，而是针对小规模的、更加独特的市场群体，这些群体是以非阶级的特征如年龄、性别和家庭状况为基础的。20世纪八九十年代，一些新富的"雅皮士"（yappies）涌向汽车市场，寻找能够表达他们个性和能够把他们与老一代的商业人士区分开来的符号特征，不仅仅是为了显示财富，更主要的是显示一种生活风格。于是，市场上出现了大量的各种款式的汽车类型，每一种都验证一种"生活风格的选择"（lifestyle choice）。这样，那些表面上分化了和等级化的但却模糊了真正阶级差别的大众市场，就变成了大量的多层次的有差别的小市场（Gartman, 2004: 191-192）。

在布迪厄的区隔理论中，生活风格是社会阶级结构的附属品；在法兰克福学派中，生活风格又具有欺骗人的性质，是资产阶级操作下的意识形态。但是在后现代主义者眼里，生活风格却是一种多元化的存在。随着社会结构的剧烈转型，当代社会生活风格日趋多样化，使人怀疑生活风格仅由少数几种简单的社会基本框架所决定，因而后现代的解构思潮，获得了越来越多的认同。"伯明翰当代文化研究中心"的 Stuart Hall 和 Dick Hebdige 认为，后现代主义社会"是以多样性、差异化和碎片化为特征的，而非与现代大众社会相一致的同质性、标准化"（Gartman, 2004: 193）。我国台湾学者孙治本（2004: 69）指出："传统现代性框架的崩解，使生活风格概念得以从这些框架中解放出来。生活风格甚至有可能成为（虚拟）空间范围界定和社会分类的标准。"

（二）汽车与生活风格的群体认同：以一个"车友会"为例

本节将以对广州一个"车友会"的考察为例，来分析当代城市青年是如何寻求生活风格的群体认同的。

1. 中国内地"车友会"的发展

车友会的出现应该归功于近年来国内汽车消费的快速发展。自1994年国家颁布《汽车工业产业政策》之后，私人汽车便滚滚驶入普通家庭之中，各种车友会和汽车俱乐部等组织也如雨后春笋般在各地诞生。我国最早出现的汽车俱乐部始于1995年建立的北京大陆汽车救援中心，即现在的北京恩保大陆汽车俱乐部（CAA），而当时离国际上成立最早的美国汽车联盟已经整整一百年了。到2005年，全国以汽车救援为主的汽车俱乐部已达300多家（凌永成，2005: 215），据不完全估计，仅北京就有一百多个车友会。不同的车友会一般以汽车品牌相互区别，并有着非常有特色的名字，如捷办（捷达）、别动队（别克）、夏令营（夏利）、奥委会（奥拓）、富联（富康）等。车友会的成员通过车而相互认识，他们之间主要借助于论坛、QQ 和电台等方式进行联系，并经常召集一些 FB 活动，加深交流，互相帮忙，共同娱乐。

2. SY 车友会简介

SY 车友会成立于 2006 年 10 月,当时是一个比较"年轻"的车友会,也是同一品牌的车主自发组建的一个车友会。该品牌的汽车在 SY 车友会成立前刚下线不久,出产地并不是在本地。起初,只是几个相互认识的朋友较早购买了这一款式的汽车并经常聚在一起,随着驾驶该款汽车的人越来越多,他们商议决定组织一个以共同的兴趣和爱好为主的车友会。在成立之初,参与的人寥寥无几,基本上是他们原来圈子里的人。两个月之后,一下子发展到 50 多个人。随后,规模不断扩大,就目前而言,仅加入车友会 QQ 群的人数就已经达 112 人,经常还有"新人报到"。群里的成员以居住在本地的居多,也有一些外地人,甚至有个来自美国洛杉矶的中国人。群里的气氛比较活跃,几乎每天都有人在交流,同时参与聊天的人数少则两三个,多则十来个,据笔者观察,同时在线的人数每天至少有二十个。聊天涉及的内容不仅和车有关,用 WRWW[①] 的话说就是"吃喝玩乐,什么都有"。除了QQ,网络论坛也是他们主要的交流平台,他们称之为"基地网站"。截至目前,注册的会员总数达 956 人(并非所有的注册会员都是该车友会的成员,有的可能是外省加入的),最高日发帖量为 74 篇。基本上每次活动之后,就会有人在论坛上发表意见或上传活动的照片。但相对 QQ 群而言,论坛上的人气要淡些。

群管理人员有 6 位,创建者是 SS 和 IVY,另外几位管理员分别是 DIO、WRWW、HZH、MAY,核心成员有八九个——他们称之为"元老",这些成员也就是该车友会的发起者和活动的组织者。

3. "FB"活动

车友会在召集活动之前都会在 QQ 群里进行讨论并在公告栏里声明,也会在论坛上发布信息,征求大家的意见,同意参加者采取跟帖方式报名。他们往往把开展的活动称为 FB,几乎每个车友会的论坛里都有个 FB 中心,供大家"交流 FB 经验、分享 FB 心得、提供 FB 资料"。所谓 FB,就是"腐败"一词的拼音缩写,是圈内人自行组织的聚会、娱乐、郊游等活动的代名词(凌永成,2005:217)。至于活动的次数,按照 HZH 的说法就是"大的一个月来一次,小的随时都有可能发生",所有的费用都是 AA 制。归纳起来,SY 车友会成立至今,主要的 FB 活动可以分为以下几种:

---

① 英文字母是其网名的缩写,下同。

一是自驾游。"自驾游"一词出现于20世纪的美国，是早年流行于发达国家的旅游形式。和一般的团体旅游不同，自驾车旅游的方式更加自由灵活，更能满足个性化的旅游需求。在当下中国，自驾游也成为有车族时尚的生活方式，现在几乎每个车友会都会组织会员进行自驾游活动，以结伴同行的方式集体旅行。从SY车友会QQ群和论坛帖子的记录看，至少他们已经组织过五次自驾游活动了，车友会的发起人SS告诉笔者：

> 每次和大家一起开车出去玩，回来都好开心，今年六月份，我们组织了去海边玩，从这里开过去路上花了三个多小时，刚到那里，就被自然风景优美而独特的渔船海岛风情吸引住了，大家都忍不住停车下来拍照留念……回来之后WRWW还在论坛上写了一篇搞笑版的游记，太有意思了。八月份的时候我们也组织了一次去漂流的FB活动，大家玩得都很开心，很难得。（资料来源：2007年10月31日，与"车友会"主要成员访谈记录）

二是聚餐、唱卡拉OK。聚餐的频率在车友会的所有活动中是最高的，差不多每隔一两周都会小聚一次。SY车友会的几个核心成员上班地点相隔不远，下班前他们经常会在网络上商量晚上一起去哪里吃饭，有时候就就近约个地点，更多的时候是专程开车去某个地方品尝那里的饭菜，他们把这当成一种乐趣。当地饮食文化在全国都比较出名，他们聚餐的时候常常会对某道菜进行"点评"。在QQ群和论坛里，常会看到他们说哪里的菜好吃又便宜，哪里的菜不好吃又贵。除了吃晚饭，有时候还会去吃夜宵，或晚饭之后一起去唱卡拉OK。HZH说：

> 有车之后，生活变得丰富多了，就比如说吃饭吧，以前下班后一个人就回家了，在外面吃饭比较少。现在就经常和大家一起吃饭，有时候去吃一些比较有特色的菜，大家聚在一起也比较热闹，吹吹牛啊，七扯八扯的，都是年轻人嘛。（资料来源：2007年10月31日，与"车友会"主要成员访谈记录）

三是体育比赛。这个活动算是SY车友会比较有特色的，他们有好多成员都很喜欢踢足球。2008年8月3日下午，笔者参加他们的一场与另外一

第七章 汽车消费与日常生活实践

个车友会球队的比赛，到场的除了参赛的十几个成员外，还来了好几个女成员充当拉拉队，比赛进行得比较激烈，SY 车友会的球队最终打赢了比赛。HZH 是球队的主力，也是他组织策划了这次比赛。赛后一伙人又去 FB 了（聚餐）。PSW（当日来参赛的另一成员）那天告诉笔者：

> 平时大家都上班，没有什么时间运动，我们几个又都比较喜欢踢波（足球），但是公司又没有场地，只好到公园来租个场地了。这样的比赛挺有意思，平常没踢过这么激烈的，这次是和他们（另一支车友会的球队）比赛嘛，不一样，哈哈，而且我们还有拉拉队呢。（2008 年 8 月 3 日，田野笔记）

车友会的活动是很丰富的，除了以上三种主要的 FB 活动形式外，还有许多其他的方式，比如哪个 4S 店搞促销、免费清洗或汽车知识讲座等活动，他们也会组织一起参加。成员之间的关系也比较融洽，态度非常热情，只要有人在网络上提出与车有关的问题，如维修、保养、理赔等，都会有人热心积极地帮助解答。

FB 活动满足了都市年轻人希望通过车轮拓展自己的社会交往空间、丰富生活内容的心理需求。车友会这个载体，使大家从认识到熟悉，从熟悉到深交，甚至共同探讨生活及事业的互助、合作和发展，从纯粹情趣上的交流到产生出利益上的共享。这也正是车友会吸引年轻人参与、投入其中的主要原因。

4. SY 车友会的组织和管理

总的来说，SY 车友会是一个以共同的兴趣和爱好为基础的组织，成员参与活动的形式比较自由，没有强迫性，大家在一起活动"就是为了好玩"（MAY，访谈资料 2）。但是，这就涉及一个如何管理的问题，如果车友会要想发展壮大，就必须做到规范管理。对此，车友会的几个核心负责人深有同感。SS 坦言：

> 现在是一个瓶颈阶段，我们也想搞大一点，做得更有影响力，但得等基础差不多了才行。现在我们车友会也没有比较严格的章程和规范的管理，主要是大家都没有时间去做，大家都忙着工作。（2007 年 10 月 31 日，与"车友会"主要成员访谈记录）

汽车梦的社会建构

由于缺乏严格的章程和规范的管理，车友会在人员组织上还存在着比较松散的现象，每次活动的人数都有限。据 HZH 介绍：

> 平时开展活动的时候，参加的人主要还是我们这些比较早加入车友会的人，因为我们大家都比较熟悉，我们几个"元老"级的人物凝聚力比较强，哈，有活动都是召之即来。但是其他一些人可不是这样的，我们也希望每次活动的时候人多一点，有时候也会给他们打电话，但他们总是说没空，要加班啊，要照顾小孩啊，人就是不能凑齐。还有的人，比如说，我们上次去漂流，他说他已经去过了，就不想再去了，这也没办法啊。（资料来源：2007年10月31日，与"车友会"主要成员访谈记录）

为了扩大"队伍"，HZH 印制了许多车友会的名片，看到有相同款式的车，他就把名片插到车窗口，希望他们看到后能加入车友会。他说，可能现在还有很多人不知道这个车友会，还需要扩大宣传。但是，有的人即使看到了也未必加入，一方面可能是觉得不熟悉，另一方面可能是觉得没必要。

刚开始成立车友会的时候，他们几个核心人物每个人交了 100 元，作为会务费用，其他人就没有再收过钱了，这些钱现在由 MAY 保管，车友会的人称她是"财务总管"。他们目前没有接受任何汽车制造商或销售商的赞助，每次活动都是采取 AA 制，比如，聚餐的时候，先由某个人结账，然后其他人再把钱给他。她说："这样大家心里都有个数，不会有太大的经济压力。"

至于车友会目标，DIO 说就是要"整合资源"。从以下笔者和他的 QQ 访谈中，可以看出一些想法：

LXS（笔者，下同）：你们想整合的是一些什么资源呢？

DIO：什么都有，只要是对大家有利的，我现在也无法明确告诉你是什么。现在所做的只是初步的，很多事情都有待发展。

LXS：那你觉得车友会将来会朝什么方向发展？

DIO：这个很难预料，不过，我们希望更多的人加进来，共同出主意，把车友会做大做强。车友会不仅仅是个认识和交流的平台，如果是那样，我们早就做到了，我们主要是想通过车友会里不同职业人群的资源整合，让大家都能从车友会中得到好处。（QQ 聊天记录，2007 年 10 月 28 日下午，有删节）

尽管车友会的管理上还存在着一定的问题，但他们并没有受制于目前的困难，而是力求突破"瓶颈"，如 HZH 所说的，几个主要的负责人还是非常有凝聚力的，他们相信，车友会组织总是由小到大，由大到强。

5. 小结

通过对 SY 车友会的个案考察，我们对以年轻人为主体的车友会组织的现状有了一定的了解。当然，随着中国城市以越来越快的速度迈入汽车社会，汽车对人们的影响也势必不断扩大，车友会这一组织也将面临发展过程中的机遇与挑战。

（1）车友会与汽车文化

目前，受汽车消费热潮的影响，国内对于"汽车文化"的研究渐趋热烈，出版或发表了大量关于汽车文化的书籍或文章。然而，这些书籍、文章有不少尽管叫"汽车文化"，但要么带有相当大的局限性，要么是就汽车文化而谈文化，比较空泛，具有实质性内容的资料不多（上海汽车文化节组委会，2007：147）。至于什么是汽车文化，有人认为，汽车文化体现的是伴随着汽车而产生的价值、生活形态、情感需求以及所折射出来的审美取向；还有人从广义和狭义两方面，认为广义上的汽车文化就是反映"汽车改变世界"和"世界改变汽车"的大文化，狭义的则是反映人类实现自主—移动（auto-mobile）的文化；也有人从汽车的文化形态出发，认为汽车文化包括车展、汽车杂志、车牌号码，甚至交通台的兴旺以及车友会的出现等。车友会作为汽车文化的一个载体，在汽车文化的传播和发展过程中起到了越来越重要的作用。可以说，车友会是汽车文化发展的一个产物，而车友会的悄然出现，也为人们体验汽车文化搭建了一个宽阔的平台。通过车友会这个组织，人们在参与活动的时候，可以直接感受到什么是汽车文化，因而，车友会的发展也取决于汽车文化的发展程度。但是，对于我国目前的汽车文化，各方仍然是褒贬不一。

（2）车友会与青年的群体认同

青年文化反映了年轻人特定的生活方式。在物质形式上，青年文化突出表现为与高科技的紧密结合；在价值观念上，则大多呈现为务实化、多元化、个性化的特点，并体现为对特定话语体系的追求。青年人更多地认同非正式组织，而逐渐走向不同的阶层（陆玉林、常晶晶，2003：1）。车友会组织作为新近出现的一种青年文化的形式，是体现青年文化的多样性和阶层性的典型标志，也是青年生活方式的一种群体认同。在现代汽车市场上，每年甚至每个月汽车厂商都会推出大量款式新颖的汽车，这些正是为了满足年轻人对多样性的追求。在20世纪八九十年代，西方一些新富的"雅皮士"（yappies）涌向汽车市场，寻找能够表达他们个性和能够把他们与老一代的商业人士区分开来的符号特征，他们主要不是为了显示财富，而是对一种生活方式的选择，车友会就是这些具有共同生活方式的年轻人选择的结果。虽然中国车友会的出现比西方国家迟了整整一百年，但是在国外发生过的事，现在伴随着时间的错位不断地在中国重复。车友会组织所体现出的这种多层次和多元化的青年文化与汽车文化在后现代主义理论中得到了最好的阐释。"伯明翰当代文化研究中心"的 Stuart Hall 和 Dick Hebdige 认为，后现代主义文化是一种与"后福特主义"相对应的新的生产方式。非阶级的亚群体的多样性的上升使大众市场变得碎片化，因为每一组的人都需要不同的物品来表达其身份认同（Gartman，2004：191－193）。

就车友会而言，正如一些新闻报道所指出的，它在管理上还存在着很大的漏洞，甚至已经成为一种"灰社会"（何丰伦、王骏勇，2007）。例如，通过车友会，一些非法改装就可以通过，靓号也能交易，扣分还能冲销，等等。他们以互联网为召集平台，活跃在公共生活里，但又很少在民政部门登记注册，也缺乏足够的自我管理能力，江湖气息、帮派气息最容易成为这类民间团体的主要氛围（何丰伦、王骏勇，2007）。这对于车友会的发展来说，是一种十分不利的环境，要改变这种状况只有"双管齐下"，一方面，有关部门加强对其引导和管理；另一方面，车友会提高自身的管理水平和法律意识，才能走出这样的误区，车友会才能真正成为推动汽车文化健康发展和满足青年文化多样性需求的和谐的民间组织。在笔者的个案研究中，SY车友会的那群年轻人正是朝着这样的目标前进的。

第三节　汽车消费与身体流动

前面两节我们分析了汽车作为一种符号象征在重构生活世界中所起到的

作用。当然，我们在强调汽车的高符号价值的时候，也不能忽略了汽车的高使用价值。实际上，正是基于汽车自由、便捷的使用价值的基础，我们的生活才发生了巨大的变化。在接下来的三节中，我们要探讨的是，汽车取代了步行而作为一种新的空间实践方式对个体的日常生活产生了怎么样的影响，以及人们如何利用汽车的功能性特征来重新组织碎片化的日常生活。在这一节中，我们主要关注的是，在流动性已经成为现代社会的一个重要特征的情况下，人们如何利用汽车来提高身体的流动能力。

（一）流动性及其现代意义

社会流动（social mobility）是社会学研究中的一个经典议题。然而，以往的社会理论家在考察人们的社会流动时，更关心的往往是职业、地位、阶级和制度等方面的流动状况，而甚少关注"流动性"（mobility）本身（Payne，1987：1）。流动性已经成为现代社会的一个重要特征，并且是当代社会科学中最主要的概念之一（Beckmann，2004：81）。流动性的丰富而深刻的意涵在当代一些社会理论家的著作里都得到了深入的阐述。例如，在著名的芝加哥学派城市社会学家帕克（1987：156）看来，个人的流动性是理解城市生活的中心，正是流动这个事实规定了社会的根本性质；鲍曼（2002）直言，流动[①]的现代性的到来已是无须争辩的事实；贝克也认为，社会上的流动、地理上的流动和日常生活中的流动正在改变人类生活的环境（Beck，2004：42）；厄里则不止一次地指出，流动性是现代社会生活的核心，因此必须成为社会学研究的中心（Urry，2000：18）；而在卡斯特的"网络社会"中，流动性更是起到一种支配性的作用（卡斯特，2006：383）。拉姆勒等人指出，流动性，应当同个体性（individuality）、理性、平等和全球性一样，被看做现代性的一般原则（Rammler，2001；转引自 Bonss and Kesselring，2004：11）。

流动性这一概念所涵盖的属性范围非常大，上述理论家对流动性的阐释也有很大的差异。总体上来说，正如厄里在他的《新流动性范式》（*The New Mobilities Paradigm*）一文中所指出，流动性既包括身体的移动，例如，从行走、攀爬到借助自行车和公交车、小汽车和火车、轮船和飞机等现代科

[①] 鲍曼《流动的现代性》一书标题中的"流动"英文为"liquid"，在前言中，鲍曼说的"流动性"是"fluidity"，强调的是液体和气体的特性。鲍曼的"流动性"概念主要用来说明现代资本主义社会的轻灵、易变和瞬时等特征，以区别于过去沉重和坚固的现代性。

技而实现的移动，也包括本地、本国乃至全球媒介中的信息和图像的流动（Urry，2004b：27）。也就是说，流动性大体上包含着两个层面的含义，一是凭借各种交通技术在时空中实现的"身体流动"，一是借助传播媒介（包括电视、报纸、互联网）而实现的"信息流动"。

本章即是在前一个层面上探讨流动性的。事实上，社会流动在很大程度上是与"身体流动"（physical mobility）连在一起的（Eyerman and Löfgren，1995：54）。身体在空间中的流动不仅为职业和社会地位的流动提供了可能性和基本前提，而且这种流动能力本身也是一种社会权力。鲍曼认为，在资源稀缺和分配不平等的社区中，持续流动的自由很快成为我们晚期现代（late-modern）社会的最主要的社会分层因素。他把流动层次的上升看做现代生活的建构元素，正是这种自我的"流动性程度"决定了其在这一层次体系中的位置。因而，考察社会流动，我们不应当忽略身体流动能力的重要性，而应该把身体流动的能力看做一种影响人们社会流动的重要因素纳入社会流动和社会分层的研究范畴中。就此而言，流动能力可以看做参与社会过程的条件，也是社会权力的表现。掌握了速度与流动能力，形同掌握了社会权力，反过来说，速度与流动能力也正是权力的表现（王志弘，1998a：218）。

随着"流动的现代性"的到来，速度上的差异成为影响人们社会地位的关键变量。追求交通速度，实际上是这个经济社会无法回避的丛林法则。穷人步行，普通人骑自行车、坐公交车和火车（地铁），富人坐私家汽车直至私家飞机，他们挣钱的速度与交通速度成正比。于是谁拥有的交通手段越快捷，他所居的社会地位和未来的预期地位就越高、越有保证（林鹤，2000：58）。保罗·维希里欧（Paul Virilio）指出，随着速度统治型（dromocratic-type）进化的实现，人类不再是各色各样。人类现在只区分为"有希望的人群"以及"绝望的人群"，前者拥有一个希望，在未来的某一天，他们将会达致他们正在积累的速度，这将使他们得以通向一切可能；后者则被低劣的技术交通工具所阻碍，在一个有限的世界里生活和维生（Virilio，1986：47，转引自王志弘，1998a：217）。鲍曼则进一步指出：

> 现在，谁运动和行动得更快，谁在运动和行动上最为接近"瞬时"，谁就可以统治别人。而且，正是那些不能同样迅速地运动的人，更为明显的是，正是那些更为根本不能随意地离开他们的地方的那类人，在被别人统治着。统治存在于自己逃避、退出，到别的地方去的能

力,和决定做所有这些事情的速度的权利之中——然而,同时又将站在被统治一方的人的终止、压制或减慢自己行动速度的能力,剥夺得一干二净。当今的统治之争,是在各自装备有加速和减速武器的力量之间进行的。(鲍曼,2002:188)

因此,对于个体而言,流动能力的提升也就更具有了现实的社会意义,自由的流动成为每个人的梦想。帕克认为,尽管每个人都有一个安家栖息的强烈愿望,但人类"另有一个特有的雄心,即:自由流动,超脱于凡俗世界之外,像纯粹的精灵那样生活在自己的精神和想象世界之中"(帕克,1987:153)。因此,把个人的自由流动看做理解现代城市生活的中心。

(二)汽车与身体流动

由于居住地与就业地的"空间错位",日常生活空间变得碎片化了,这给人们的交通出行带来了很大的麻烦。而且,面对忙碌的生活与工作,人们的时间被分割成为条块状。在这种情况下,个体如何协调好时间与空间的关系就显得非常重要了。实际上,在现实生活中,大多数人都要面对时空分割所带来的种种不便。而汽车正是人们用来重新组织被时空分割的日常生活的重要工具,人们之所以会如此珍视车给人带来的自由与方便,也正是因为汽车突破了时空的约束与压制,可以帮助人们实现身体在空间中的自由流动。

现代社会的流动性与交通和通信技术的发展有密切关系。技术化的交通和通信系统的广泛运用,带来了不可估量的速度潜力,使流动性不断增强,产生了新的时空压缩(Kaufmann,2002:1)。汽车正是被人们当做实现在空间中自由、快速流动的一种非常重要的交通工具,拥有汽车,就拥有更快的流动速度和更强的流动能力,便能够实现自由的梦想。对于大多数美国人来说,不是火车而是汽车象征着现代的流动性梦想;不是铁轨的节奏,而是橡胶轮胎和沥青摩擦的声音奏响了人类自由之歌(Eyerman and Löfgren,1995:55)。在美国,年轻人甚至把领取汽车驾驶执照的年纪看得比获得选举权的年纪更重要(麦克卢汉,2000:271)。甚至于在布希亚看来,今天没有驾照正相当于某种开除教籍(excommunication),或是社会能力阉割(Castration Sociale)(布希亚,2001:76)。

汽车梦的社会建构

私人汽车不仅省去了从家门口到公交站点的行走时间,也免去了到站等候的时间,它提供的是一种点对点的服务。更主要的是,家庭汽车不受固定班车时刻的限制,想什么时候出发就什么时候出发,行动不受约束,时间可由自己自由操控。何先生,一位大学副教授,目前在职攻读博士学位,他在访谈中说:

……现在工作和学习实在是太忙了,确实需要一部车,你看我周一周二要在这边上课(读博的学校),周三还要赶回去给学生上课,周四又要回到这边来。在没有买车之前,每次两地来回都要花掉大半天时间,先要坐公交到车站,然后再坐大巴到江门,太浪费时间了。现在自己有了车,就不用那么赶了,想什么时候走都可以,方便了很多……当然了,我也可以节省更多的时间,用来看书啊,或者看看学生的作业。(访谈资料:20-M-H)

一位女士在谈到他们家当时为什么决定买车时说:

我们家买车是在2000年,当时是因为我先生上班的需要,因为他上班不在广州,在云浮。原来一开始他都是搭公交,可是因为不方便,差不多每次出门都要一天,从家里出发,到汽车站搭公共汽车到他上班的那个县,他那个地方是在县下面的一个镇,所以,到那个镇去中间还需要等车啊,需要时间,所以他那个时候单程都要花大半天。现在他开车大概两个多小时就到了。(访谈资料:27-F-S)

伊丽莎白·肖芙和约翰·厄里认为,汽车是一种现代社会的"便利装置"(convenience devices),这种装置能够使复杂的、忙碌的社会生活方式变得可能,至少对有车的人来说是如此(Shove,1998:10;Urry,2006:19)。厄里在其文章中还指出,汽车代表着自由,一种"道路上的自由"。在西方社会,汽车的便利使得"人—车"可以在任何时间、任何路线沿着连接大多数家庭、单位和休闲地点的复杂的道路系统快速旅行。汽车因此延伸了人们所能到达的地方,提高了人们的办事能力。如果少了汽车及其每天24小时提供的便利服务,很多人现在过的"社交生活"(social life)将难以为继(Urry,2006:19)。因而,在现在城市生活中,人们对汽车的依赖越来越深了，例如，余先生说：

> 有车跟没车实在是太不一样了。我记得我上次拿车去维修店，一下子感觉太不方便了，我就感觉到很焦虑，车不在身边的时候，会感觉到很焦虑，为什么呢，就是不能随心所欲地想去哪里就去哪里。现在我坐公交车或者打车啊，就感觉极不方便，完全成为一种依赖了，依赖得非常强，即使说我这个周末有可能不用车，但是车要是不在我身边，我感觉就是有点不舒服。（访谈资料：21-M-Y）

像余先生上述说的，没有车"一下子感觉太不方便了"、"就感觉很焦虑"，少了车就像少了腿一样，这种感觉其实对于有车族来说是相当普遍的，限于篇幅，我们这里不能引用太多。

现在，对于我们人类来说，驾车变成了第二天性（萨夫迪，2001：117）。弗洛伊德曾说"人类似乎已经变成了某种配戴假肢的上帝（prosthetic God）"（Freud，1962：38）。汽车就是这种作为辅助器官的"假肢"，它就像给人类安上了四个快速运转的轮子一样，使人类的行动不再受到时间和空间上的限制。一位美国学者干脆说道："我们已经变成上帝了，所有上帝能做到的，我们亦可以做到。"（Brandon，2002：2）这正如麦克卢汉所说的，汽车有一个简单而醒目的事实：它把驾车人变成超人，它是社会交际中一种热性的、爆炸性的媒介（麦克卢汉，2000：275）。

由此可见，汽车消费也不仅仅是一种符号消费，而正是汽车的流动性特征赋予了现代人更多的社会能力。当汽车成为日常消费生活的一项必需品时，它的流动性功能也越来越大于符号象征的功能。对空间自由流动的追求使"拥有汽车如同拥有住房一道成为现代民主社会的一项基本目标"。流动能力也就成为一种社会权力，流动能力越强，人们提高社会地位的机遇就越多。因而，消费社会学对"消费"的理解，也要改变传统的将消费视为"一种符号的系统化操控活动"，要更注重消费品使用价值的社会意义。

第四节 汽车消费与空间体验

汽车消费是日常生活空间实践的一种新方式。费瑟斯通指出："汽车使家庭与工作地点的分离、商业与工业的分离、商店与城市中心的分离成为可能，这就鼓励并且要求人们在安排他们的日常生活、工作、家庭和休闲旅行时采用更加灵活的态度，而不是依照一张固定不变的时刻表"。(Featherstone，2004：2）包括居住、社交、出行、购物、饮食、旅游、物流等在内的方方面面，日常生活实践都因为汽车的介入而发生改变。尤其是，汽车在改变生活方式与消费方式的同时，把人们带到了不同的消费空间中，给人们带来了全新的空间消费体验，这正是本节想要着重探讨的问题。

（一）体验经济与消费体验

随着技术创新和劳动生产率的提高，人类社会的经济形态发生了多次的变化。托夫勒在1970年发表的《未来的冲击》一书中就预测了体验经济的到来，他认为，体验经济是继农业经济、制造经济、服务经济等浪潮后的经济形态，"体验经济"是服务经济的更高层次，是以创造个性化生活及商业体验获得利润的。美国学者B. 约瑟夫·派恩和詹姆斯·H. 吉尔摩在《体验经济》（2002）一书中指出，从各种经济提供物上来看，人类社会已经经过了产品经济、商品经济和服务经济阶段，现在进入了体验经济的阶段。体验本身代表一种已经存在但先前并没有被清楚表达的经济产出类型。这四种经济形态的关键属性分别表现为自然的（产品）、标准化的（商品）、定制的（服务）和个性化的（体验）（派恩、吉尔摩，2002：13）。体验是使每个人以个性化的方式参与其中的事件（派恩、吉尔摩，2002：19）。从参与的程度（积极—消极）和联系的类型（或者说是环境上的相关性，吸收—沉浸）来看，他们把体验分成了四个部分：娱乐的体验、教育的体验、逃避现实的体验和审美的体验，这四个方面相互兼容，形成了独特的个人遭遇（派恩、吉尔摩，2002：38）。

消费体验是体验经济时代的一个最主要特征。在体验经济中，人们生活的重心已经从生产与工作转向消费与休闲，消费者更看重的是个体在消费过程中的种种体验和感受，而非消费品本身。正如Firat和Dholakian所说的："对于后现代社会中的消费者来说，消费不仅是消耗、破坏与使用物品的过程，经济活动循环的终点，还是产生消费体验与自我想象的过程……提高生活质量的方法是通过人的感官，让多层次体验理性地被情感感知。消费事实上变成创造消费者愿意浸入的多重体验过程。"（Firat and Dholakian，1998：542）在这种背景之下，消费体验已经成为当今消费社会学研究和消费者行为学研究等领域的前沿问题之一。

社会学视角下的消费体验与消费者行为学和营销学的消费体验有较大的差异。在消费者行为学和营销学当中，消费体验侧重于消费者体验，它所关心的主要是市场中的特定社会联系群体，即个人是消费者，其产生的体验来自消费者与供货商或其他消费者的互动（方征，2007：78）。与此不同，社会学视角下的消费体验是指个人每日生活与消费所形成的体验（这种体验可能与市场有关，也可能与市场无关），Edgell 和 Hetherington 等学者认为，社会学中的消费体验是一种由社会关系所形成的体验，远超出市场所提供的体验，且依照来源的不同可分为四种消费体验：①家庭层级的体验——与家族成员有关的；②朋友层级的体验——存在社群中的互惠关系；③公民层级的体验——与国家有关的；④消费者体验——与市场交易有关的（Edgell and Hetherington，1997。转引自方征，2007：78）。我们这里在分析汽车给人们带来的新的消费体验的时候，主要是侧重于个人日常生活中由汽车导致的消费方式的变化所形成的体验，而不是营销学中侧重的消费者与供货商（市场）的互动所形成的体验。

（二）汽车与消费空间新体验

从社会学的消费体验视角来看，汽车在满足人们的流动性需要的时候，已经不仅仅是一种纯粹的功能性满足了，汽车还会在各个不同的空间领域带来不同的体验，其中主要包括饮食体验、购物体验、旅游体验等。

1. 饮食空间体验

汽车与饮食似乎生来就结下了不解之缘。下面这段材料反映的就是美国早期汽车刚普及的时候人们饮食消费与汽车之间的关系。

> 汽车的普及推动了汽车餐馆的发展。20世纪20年代到30年代，成千上万的汽车快餐店出现在路边。家里有了汽车，人们更经常地全家外出到餐馆吃饭。美国1910~1927年餐馆数增加40%，50年代还出现了大量自助餐，如麦当劳、肯德基等。到60年代中期，全美国大约有35000个汽车小餐馆，汽车最普及的加利福尼亚州和得克萨斯州为数最多（曾南燕、刘立群，1996：91~92）。

广州自古以来便形成了独具特色的饮食文化，并赢得了"食在广州"的美称。改革开放以来，随着人们生活水平的不断提高，广州的饮食文化也发展迅速、开放的社会环境，赋予了广州人开放的思维方式，反映到饮食上就是一种"无所不吃"的开放心态。以"生猛海鲜"著称的粤菜在全国各地也影响巨大，再加上遍布广州街头的南北各地风味的饭店餐馆，几乎全国各大菜系、世界各地风味都可以找到，因此广州留给外人最明显的感觉就是酒家饭店特别多、饮食文化特别发达。在这些酒家饭店门前，总是停满了各种不同品牌的小汽车。对于特别讲究饮食文化的"有车族"来说，汽车在改变他们传统的饮食习惯上发挥了重要的作用，市区内的饮食消费已经满足不了他们的口味了，他们经常驾车到郊区周边的地方寻找更有地方特色的饮食体验。王女士在访谈中非常详细地叙述了他们家买车之后饮食消费上的新体验：

> 我们去的最多的是南海，我妹妹在那边，也不是很远，有高速，我们经常十一点多开车到她那里吃夜宵，吃完之后再回到广州，来回一个多小时就够了。那边比较便宜啊，基本上可以把油费都省下来了……
>
> 其实有了车以后很多消费方式就开始转变了，有车以前，很多东西都是将就的，吃啊、玩啊，就会选择那些最近的地方和最方便的地方，但是现在有车之后就不一样了，就想去最好的地方，最好玩的地方，最有特色的地方。包括去看、去玩、去吃都会这样的。就是说，现在消费没有那种地域的约束了，以前就有。以前打一次的不可能打那么远吧，其实养车的钱比打车的钱要多很多，但人不是这样看问题的，如果天天拿钱出去的话，心里就会觉得很多了，但是如果开车的话，就不会这么想了。所以，（有车后）我们远了很多，我们现在吃饭都不在广州市内吃了，除非要去那些高级的地方，平常吃饭我都选择到佛山、南海、番禺那边去。那边的菜好吃，也便宜很多，我们都算了，去那边吃呢，比起在广州市内吃，来回打的的钱都可以省下来了，有时候还不止呢。所以我们现在大部分都到外面消费了，市区中心少一点。
>
> 我们也会经常流动的，因为经常在一个地方吃，会吃腻的，有车的话，就可以到外面去换换口味，没有车的话，吃得再腻也是在附近吃，因为不方便啊，因为有老人和孩子，走不了多远。那有车的话就方便多了，可以走得远一点，也可以去便宜一点的地方，或者是有特色一点的地方，现在都知道外面很多吃饭的地方了（笑）。(30-F-W)

王女士所描述的饮食消费体验是非常具有典型性的，他们在消费过程中既表现出了理性的一面（开车费用与打的费用的比较，消费价格的比较），又呈现出了感性的一面（追求一种更新鲜的体验）。合理地比较消费过程中的各项费用，充分反映了广州人理性务实的心态。而"经常十一点多开车到她那里吃夜宵"又反映了广州有车族在饮食消费上追求新奇、刺激，甚至冒险的心态。有了汽车，即使是半夜也可以自由外出吃夜宵，而且可以去离家很远的地方，这就不仅仅是为了填饱肚子，寻求快乐的体验成为他们最主要的动机。王宁（2009：351）指出，"改革开放以来，最早体现享乐伦理的日常生活领域之一，就是外出餐饮……不可否认的是，追求享受和快乐是外出餐饮的最重要的动机"。正如王女士自己所说的，在没有汽车之前，很多方面，包括吃的和玩的，都只是将就着，而现在就要去最好、最有特色的地方去，而且经常流动着更换口味，这种体验已经成为饮食消费的最重要一部分了。

当然，这里并不是说没有车就无法体验这种饮食享乐消费，而是说，有了车就可以更直接、更轻松地体验到，汽车也成为饮食体验的一个工具，汽车的便利性使饮食消费的可选择性大大增加，因而也可以使人们有更多的体验，这种体验是调节日常生活的一个手段。一方面，日常饮食消费难免具有程式化和重复性的特点，而外出餐饮恰恰为人们提供了变换口味的选择机会；另一方面，外出餐饮本身成为调节日常生活程式的一项活动（王宁：2009：354）。我们在访谈中碰到不止一个像王女士这样喜欢开车到外面去吃饭的例子，当然，这种体验不一定非得到很远的或很好的饭馆去，就如唐医生一家，他们开着车，在大学城不同高校的食堂中随意挑选，既免除了买菜做饭的琐碎家务，又可以经常更换口味，既实惠又方便。她说：

> 我们开车最大的一个好处就是大学城这边的饭堂我们基本上都吃遍了，他（受访者的爱人）很不喜欢做家务，他觉得饭堂有很多饭菜，可以选择。我们差不多去有三分之二了吧，中医药大学的饭堂我们经常去，包括吃早餐啊，还有华工，中大的饭堂我们也去过。（访谈资料：3-F-T）

2. 购物空间体验

购物（shopping）通常被看做消费社会的关键因素，因为消费主义的整个概念和发展似乎完全依赖于其持续的实践（爱德华兹，2003：139）。在消费社会中，人们对购物的依赖越来越深，就如鲍曼（2001：128）说的，"对购物的依赖症，是所有个体自由的必要条件"。购物却不仅仅是一种购买行为，而已经成为一种消费体验和文化事件了，Humphery 指出："购物，即使是日常用品的购买，现在都已经几乎完全失去了其作为一种活动的地位，而简直变成了一种体验。它失去了一种物质性，成了一种文化事件。"（Humphery，1998：114。转引自爱德华兹，2003：154）。尤其是随着大型购物中心的崛起和汽车社会的来临，开车购物更是成为当代社会生活中的一种特殊体验。

日本学者正司健一指出："汽车化大幅度地增加了我们的消费活动的选择范围，促进了过去稳占垄断地位、旧态依然的商业的淘汰，提供了道路沿途商店和 SC（购物中心）这样的新的空间。"（正司健一，2006：68）随着商品经济的发展，城市中一个很明显的变化是，传统上遍布街头巷尾的小卖店、百货店正在被现代城市中网状分布的大型购物商场所淹没，城市的消费空间已经发生了巨大的变革。正司健一（2006：51）指出，与急剧增加的使用汽车的出行相对应，商业布局的变化是一种必然的现象，这导致了道路沿途商店的形成。拥有大型停车场的郊外购物中心的建设，在日本各地引起了商业中心布局的变化，被认为是使市中心传统商业街衰退的重要原因之一。

虽然中国现在还没有形成像日本那样发达的道路沿途商店，但是这些商业新业态的出现已经开始改变了传统的消费方式。尤其是对于有车族来说，日常生活用品的采购不再是局限于居住周围的杂货店，就近领购式的购物方式正渐渐被开车去商场的购物方式所取代。周先生在谈到汽车与购物方式的改变时说：

> 现在有车之后我们就去大一点的超市，也跟现在的食品安全有关吧。以前呢，买那个日常用品能够就近的就就近了，有了车之后我们就比较统一了，需要买一些什么，比如米啊、油啊，还有其他的生活用品，我们就一起买了，所以有车的确是方便了很多。我们大概半个月多去一次，去"好又多"，在天河路那边的一个广场，购物中心，很大的，一般的话，我们去之前会先点好，列个清单，看大概要买些什么东西，然后就到超市里面转来转去，把要的东西往购物车一扔，然后推到

车库放进车里，就好了，非常方便。（访谈资料：8-M-Z）

周先生在访谈中还谈到，以前没有车的时候，如果去大超市购物，回来时往往要提一大堆东西去挤车，既累又麻烦，所以大多数情况下都是就近采购日常用品。而有车之后，就没有这些烦恼了，不仅可以去离家远一点的、更大的超市，还可以一次性购买更多的东西，反正只要把东西一放在车上就省事了。颜女士，一位家庭主妇，新买的房子离商业中心比较远，在问到她有没有开车去购物的经历时说：

购物那肯定啦，因为我们住的那个地方离超市比较远，所以每次都要开车去"好又多"，买衣服，逛街，我们那个地方也不是很方便，所以都是开车去的。（访谈资料：5-F-Y）

购物方式的变化与现代人的生活节奏和工作节奏的加快有非常大的关系。以前人们买一瓶酱油、一斤醋，也要跑一趟小店，现在往往是十天半个月才去一趟超市，把需要的东西一次性买齐了，回来放在冰箱里储存。而且，超市里面的东西大多是包装分类好的半成品，回来只要简单加工一下即可，这比过去杂货店里出售的东西要简易得多，大大节省了人们的家务时间。还有一点是周先生上面提到的，现在食品安全是一个大家比较关注的焦点，大型购物中心出售的商品因为检查比较严格，质量比周边杂货店里的东西更让人放心，因而现在人们更多的是去购物中心购买所需要的东西。

3. 旅游空间体验

旅游的目的是通过对空间和时间的非日常性体验达成的。旅游使人的身心得到恢复，在体验不同文化的过程中增长见识，达到自我实现，并在精神上获得充实感（土井勉、西井和夫、酒井弘，2006：89）。汽车旅游使个人、家庭、小团体的行动更方便，更可能轻松地前去旅游，它的最大特点是，不受火车、公共汽车等交通工具的时刻表和路线的束缚，旅游者可以自由选择时间和地点。这对减小旅行及巡游的移动距离和时间的制约、增加各种各样的时间体验和空间体验的机会、圆满达成旅游目的很有好处。尤其是公共交通建设尚不充分的地区的旅游，可以说是依靠汽车支撑着的（土井勉、西井和夫、酒井弘，2006：92）。

汽车梦 的社会建构

近年来，随着私家车进入广州城市家庭的速度越来越快，"自驾游"也成为城市居民旅游消费的一大热点。对于一部分人来说，买车就是为了更好地玩、更好地旅游（如唐女士说："我们买车有两个目的：一是旅游，有一阵子不出去玩就会很不舒服，买了车想什么时候出去玩都可以了，二是交通……"，访谈资料：3—F—T）。对于很多上班族来说，由于平常时间忙着工作，一到节假日便是他们组织"自驾游"的好时节。我们前面提到过的何先生，他的自驾旅游体验非常丰富，我们不妨再来看看：

> 我们单位买车的多，遇到国庆（节）、五一（节），还不光是这两个节假日，只要有放假两三天的，都自己组织去自驾游了，广东省内的、隔壁省的一些名胜景点，像周边的黄果树（瀑布）、桂林、阳朔、长沙、岳阳，还有什么井冈山、南昌这些景点，有些同事甚至走得更远，他们是利用长假的时间，就专门走东北这条线，到东北去，下一个暑假就走西北线，到兰州、敦煌去……
>
> 去年暑假，因为她（指受访者的爱人）也考上（研究生）了，为了表示庆贺呢，我就做了一个比较大胆的决定，一直从广州、长沙、武汉、洛阳、西安，最远走到兰州，因为我老家是在兰州下面的一个县，到兰州也有好多同学。然后就是从兰州回来，再到西安，再回来，有时候会走错路。特别搞笑的是一次从洛阳到武汉去的时候，本来是走省际高速，洛阳到南京的一条高速，结果那个路口入错了，因为那个地方很多（路标）都指向可以到武汉，从第一个路口入了以后呢就进了一个省内的高速公路，从洛阳到郑州的一个高速，结果中途走着走着就进入了河南省的旅游高速公路，刚好从嵩山少林寺那个地方路过，我说走错了就算了，我们还没计划专门到嵩山去，因为那个地方比较偏嘛，然后走错路了，走到嵩山少林寺，所以呢，走错了也没有关系，那个是我们从小就向往的，像我们上中学的时候，天天演少林寺，李连杰，多少年来都只是坐火车路过郑州，这一回走错路了居然走到了从小向往的一个迷人地方。（访谈资料：20 - M - H）

何先生在上面讲述了一段意外的旅游体验，即由于开车走错路而到了少林寺，圆了他小时候的一个梦想，可以试想，如果不是自己开车，那是不可能有这样的体验机会的。

第七章　汽车消费与日常生活实践

其实,"自驾游"所带来的体验是可以分为很多种的,第一种就是如何先生这样属于在开车过程中意外发现的旅游体验,这往往是一种感觉很深刻的体验;第二种是与亲人、朋友、同学等一起结伴开车去旅游所体验到的那种真切、自然的感情,旅游过程中的这种融洽的气氛以及那种因彼此熟悉而把心情全部打开的喜悦是这种旅游最大的收获。梁先生(曾为某国企高管)说:

> 哪个地方特别好玩,我们几个人或几家人就会去,像我们,我们班里的活动会多一点,我们几个人玩得很熟的,W(受访者的朋友)有辆车,我有一辆,还有一个朋友有辆车,我们班就这几辆车,都不知道跑了几个地方了,我们去过茂名,将近四百公里,去过肇庆,还有去江西,都是大家一起开车去的,都是一帮同学。那真是太好玩了,我们几个本来就是朋友,有男的有女的,大家非常熟,所以玩得也特别开心,特别放得开,大家有说有笑的,很热闹,我觉得这样去玩是蛮有意思的。(访谈资料:15 - M - L)

这一种旅游体验看重的其实并不是旅游本身,他们是把旅游当做一种增进友情、促进交流的途径,他们所体验到的往往是无车族很难体验到的。

第三种自驾游可以说是一种暂时逃离现实生活、体验"本真"(authenticity)的旅游。现代城市的人,忙碌的生活与工作使他们对城市生活有一种说不出的厌烦。在城市中开车也有着各种各样的烦恼,如对于交通拥挤和污染日益严重的城市环境的不满等,更使他们有了一股逃离现实、投向大自然的冲动。从对麦女士的访谈,我们就可以体会到她的这种感受:

> 给我印象很深的是有一次去"海林岛"(音),就是在阳江那边,玩水的,在岛上开车,感觉跟广州市区完全不一样。在广州市区车的天窗从来就没有开过,很脏的,到外面开车空气很好,道路虽然小但也非常通畅。我就记得买车这么长时间以来就跟车照了一张照片,就是在海林岛,所有的车窗都开着,我们的小孩就趴在天窗那里,我们住的在楼上,从楼上拍(照片)下去,很好看。一大早,七点钟,我们就开车去外面转,去兜风,感觉很舒服。平常工作比较忙,一到那边就什么都忘光了,感觉离生活琐事很远,好自在。(访谈资料:7 - F - M)

自驾车的旅游体验还不止上述三种,因为对于不同的人来说,他们的体验是不同的,我们所收集的访谈资料还没有涵盖所有方面,因而不可避免地会遗漏掉另外一些类型的体验。在这里,我们还需要说明的是,从各种旅游中获得体验并非一定要依赖于自己开车,通过其他方式去旅游同样可以得到很多的体验,但是,自己开车去旅游本身就是一种体验,而且正如这一小节开头讲的,自驾游最大的优点是不受时间和空间的限制,因而不管从体验的方式还是体验的内容来说,都会有很大的不同。

第五节 汽车消费与关系再生产

城市空间结构的变化,使城市居民的出行方式也发生了很大的变化。我们在第五章曾谈到,在居住与就业的"空间错位"以及汽车化的空间之中,汽车逐渐成为具有一定经济基础的人首选的一种交通方式,汽车因而取代了步行成为现代城市中新的空间实践方式。汽车作为代步工具,突破了空间障碍,使人们的生活半径大为扩大。那么,生活半径的扩大对人们来说意味着什么呢?生活世界范围的拓宽仅仅是生活的一种存在形式,突破空间障碍的真正意义在于,随着生活世界中空间层次的向外延伸,人们可操作的区域越来越广,从而使更多的面对面进行互动的"共同在场"成为可能,而在共同在场的交往互动中,个体又从中获得了更为丰富多样的社会关系。

汽车是带来哈维(2003)意义上的"时空压缩"的重要技术工具,也是连接吉登斯(1998a)意义上的"时空伸延"的重要手段,可以迅速实现身体由"不在场"到"共同在场"(Co-presence)的转变。没有汽车,便不容易到达"真实可达的世界"和"操作区域",也难以突破时空的种种限制而实现"共同在场"。面对面的共同在场在日常生活的沟通交往中具有非常重要的意义(吉登斯,1998a:138~142)。

(一) 身体的共同在场

共同在场的社会特征是以身体的空间性为基础的,同时面向他人及经验中的自我(吉登斯,1998a:138)。"共同在场"为什么具有如此重要的意义?吉登斯把共同在场这一概念从戈夫曼的"拟剧理论"中引入他的结构化理论中去,并特别将它与社会整合相对应,他指出,即使是最复杂的社会

第七章 汽车消费与日常生活实践

组织形式,从根本上说也是由日常生活的例行常规构成的。个体在日常活动的过程中,在具体定位的互动情境下,与那些身体和自己共同在场的他人进行着日常接触(吉登斯,1998a:138)。戈夫曼将各种共同在场条件下的关系构成的现象称为日常接触,日常接触包括"空间安排",它一方面指各个身体在面对面交往区域内外彼此相对的位置安排,另一方面是体现在序列性或轮次方面的对日常接触的序列性空间安排(吉登斯,1998a:152)。我们在上面已经对日常生活中不同层次的空间安排作了分析,对于一个普通人来说,日常生活的现实感首先就是源于他可接触的那部分区域,尤其是作为全部现实核心的"操作区域",这种现实感正是"本体性安全"的重要体现。因此,与那些和自己共同在场的人进行日常接触是增强本体性安全、消除焦虑的重要方面。行动者可以借助得体的交往这种机制,再生产出"信任"或本体性安全的状况。吉登斯有一段话可以看做对共同在场的必要性的说明:

> 日常社会生活在正常情况下包含着某种本体性安全,它的基础是可预见的常规以及日常接触中身体方面的自主控制,并随着具体情境变化和个体人格差异而在程度上有所不同。在日常生活可逆时间中,个体遵循着例行化的活动路径,这种例行化特征的"发生",须由个人在共同在场情境下维持的各种对行动的反思性监控来"引发"。(吉登斯,1998a:137~138)

在现代社会中,人际关系越来越复杂,工作也越来越烦琐紧张,在处置这些大量需要亲自应对的情境时,人们往往只能感叹分身无术。但是人类的日常生活领域在日益扩大,社会活动的时空范围日益膨胀。随着交通和通信技术的变化,共同在场的范围和具体表现形式也发生了质的变化,例如,人们可以通过电话、互联网等现代技术实现有意义的沟通。这样,随着现代性的来临,我们的生活世界出现了时空分离,这是吉登斯结构化理论中的一个重要命题。为了更好地说明交通通信技术变革造成的共同在场的质的变化,吉登斯引入了在场可得性(Presence-availability)这一概念,它指的是在具体的社会情境之中彼此发生互动的行动者,他们在怎样的可能程度上,以怎样的具体形式,实现共同在场,从而实现完成意义沟通的互动(李康,1999:232)。

（二）汽车、共同在场与社会关系的再生产

那么，我们应该思考这样一个问题：既然可以通过电视、电话、互联网等现代媒体技术实现虚拟的共同在场，为什么我们还要通过汽车等交通工具来突破空间的限制、实现身体的共同在场？约翰·厄里在一篇讨论流动性和接近性（Mobility and Proximity）的文章中为我们提供了一个很好的解释。他认为，社会是在不同的交往活动中形成的，而交往又需要各种形式的流动，虚拟的和想象的流动都无法简单地取代身体的流动，因为间歇性的身体的共同在场是维持许多社会生活的基础（Urry, 2002：258）。他总结了身体的共同在场的几种重要理由：

①法律的、经济的和家庭的义务，例如不得不参与工作、不得不参加家庭活动（如婚礼、葬礼、圣诞节等）、不得不履行法定的义务、不得不与公共机构打交道（如上法庭、上学、上医院）；

②社会的义务，例如面见某人、观察某人的肢体语言、倾听某人所说、直接地感受某人等；

③时间的义务，例如需要花一定的时间和家人、伙伴、情人或朋友相处；

④亲临地点的要求，如直接感受某个城市、参观特别的建筑、到海边、爬山、在山谷漫步等；

⑤体验现场真实的而非媒介传播的活动，如政治事件、听音乐会、看电影、看比赛等；

⑥目标职责，如必须亲自签合同等。（Urry, 2002：262 - 263）

这些义务和职责都是以与他人身体的面对面互动为前提的，身体的共同在场是履行这些义务和职责的基础。因而，汽车交通在这里就比通过电话、互联网等技术手段（可以实现有效沟通，但却无法亲临现场）显得更有必要了，因为通过汽车可以让人身临其境（当然，其他交通工具也可以用来实现身体的共同在场，但是汽车更具有优势）。一位受访者在访谈中说：

我的老家在白云区，有了车之后，我跟乡下父母的联系就更密切了，这个亲情就更加能够体现出来了，每两个星期我肯定要回去一趟

第七章 汽车消费与日常生活实践

的,人回去一趟,比打十几个电话强多了。另外一个就是加强了跟朋友之间的联系,跟朋友之间的距离就变得更近了。(访谈资料:8-M-Z)

探亲访友是社会生活中的一项基本活动,面对面的社会互动是连接社会关系的纽带,也是建立社会关系的重要途径。尤其是在人际关系日趋复杂化的今天,亲自到来比一个电话或一封邮件显得更为弥足珍贵。尤其是在当今的城市社会中,由于各种现实的原因,很多父母和子女都是各居一处,朋友或同事更是分散在城市的各个角落,空间的阻隔使得平常见一面都不是那么的容易,长时间缺少互动与交流难免会造成彼此关系的疏远。社会关系的维护依靠和不同社会群体间的面对面的流动,缺乏社会互动将会削弱社会资本,造成新形式的社会排斥(Urry,2002:265)。而汽车的便利特性,增加了人们交流的机会。一位三十多岁的家庭主妇在访谈中说,她经常和她的朋友们一起组织家庭自驾游,主要目的就是为了把各自的家人聚到一起,给他们创造一个"共同在场"的机会,加深彼此的互动和交往,她说:

> 我们经常出去(玩),大多数还是跟我们的朋友一起出去的,都是一家子一家子去的,像家庭聚会一样。挺热闹的,反正我们大人主要是创造一种氛围给孩子,让孩子们在一起认识、熟悉,还有就是把那些男人也聚在一起,因为他们在一起的机会比较少,话题也比较少,我们女人嘛,就给他们创造一个交流的机会……
>
> 因为有了车,我跟我妹妹(在佛山)之间的联络就更多了,我们两姐妹是经常来往的,她经常一个人开车来我这边,我也经常一个人开车去她那里,想去就去了。我们父母呢,他们想看女儿的话,半个小时多就可以回来看他女儿了。以前没车的时候,我们虽然偶尔也会打的或坐车去,但是这样很不方便,大家工作都比较忙,一年去不了几次,特别是打的的时候,每次都要掏出一百多,每次都很心疼,所以出去就很没劲了。(访谈资料:30-F-W)

在这里,汽车是维护社会关系的重要工具。对于亲戚、朋友来说,经常走动,无疑会使亲上加亲,关系更加融洽,正如我们在上面的例子中所看到的一样,汽车是缩短他们沟通距离的非常有效的交通工具。而且,通过汽车这样的一个交通工具,人们有了更多的机会结伴在一起旅游或者进行其他的活动，客观上使人们加深了彼此之间的交流，增强了彼此的信任感。何先生讲述了他们学校一些有车的老师共同开车出游回来后的变化：

> 我们学校那些有车的老师，他们经常会利用寒暑假出去自驾游，在出发前都约好，他不是一个人走，而是组成一个"驴友"队，他们都是一家一车结对出行的。回来以后呢，他们的家庭之间的感情啊，关系啊，都不一样了，比平常只在学校中见见面啊，比那种纯粹的工作关系啊，密切多了，更融洽了。因为毕竟他们在路途有些故事啊，或者是出了一些问题啊，或者是中途到了某个老师的老家或工作过的地方，这样之后就增强了相互之间的信任感，回来以后就很不一样了。（访谈资料：20-M-H）。

著名社会学家杨庆堃先生曾说："空间本来是离间人与人的关系的因素。两个地点相离愈远，两地人群的相互关系就愈薄弱，二者之间的组织就愈见散漫。但是空间对于人事的离间作用，是随着交通运输方法而变迁的。两个地方的空间距离可以一样，但两地人群相互关系的密切程度，要视所用的交通运输方法而异。"（杨庆堃，1950：151）。空间的分割确实给人与人之间交流带来了一定的阻碍，而交通工具的改进则使人与人之间跨地域的交流更加方便，因而促进了人群相互关系的密切程度。陈先生在访谈中也谈到了他在有车之前和有车之后的社会交际上的差别，他说：

> 有了车之后，平时很远的你不想走动的朋友，有了车你会去交流，去走动。以前那些认为可来往可不来往的朋友，现在有了车之后，那你来往的机会就更多了，它会在很多地方对你的生活造成影响。（访谈资料：13-M-C）

可见，"共同在场"的互动是维护社会关系、提升社会资本的重要基础。约翰·厄里的研究也指出，从经验上看，驾车及其作为结果而发生的社会交际已经成为大多数社会中维持社会资本的关键，因此，减少开车就可能削弱已经存在的社会资本。驾驶汽车成为获得社会公民权的一个重要因素，而没有车则变得不受欢迎，甚至被排斥（Urry，2002：265）。正如麦克卢汉（2000：275）所说："汽车在抹平空间距离和社会差距中，一直发挥着重要

第七章　汽车消费与日常生活实践

作用。说美国人的汽车是地位的象征,始终忽略了一个基本事实:正是由于汽车的力量才抹平了一切社会差距,只有无车代步的行人才是二等公民。"厄里在另外一篇文章中指出了无车族是如何遭到社会的排斥的,他认为,在"一种越来越以车为中心的城市"中,鉴于那些无车族的生活也被汽车所改变的程度,汽车流动性的压倒性力量几乎是不可抵制的,"无车的城市穷人和日益增多的新移民(他们可能确实希望拥有汽车)常常与(物品价格)更便宜的城外购物、许多只能开车抵达的公共设施,以及大量在城市边缘和'边际城市'中才有的工作机会相隔绝。"(Sheller and Urry,2000:749)

简而言之,对于现代社会中许多人来说,如果没有车的话,生活空间将被局限在一定的范围之内,获取更多资源和机会的可能性相对有车族来说便是处于一种不平等的状态,也就是麦克卢汉所说的"二等公民"。而有车之后,生活半径变得更大了,人的活动空间也更宽阔了,交往的圈子也扩大了,不仅与更多的人和事"共同在场"的可能性更大了,而且可以在更广阔的空间范围内获得生活资源和晋升机会,因而使个人的社会资本获得了提升,社会关系也得到再生产。从这一点来看,汽车消费是现代复杂的生活世界和社会网络中,人们为了提高自身的流动能力以及维护、再生产社会关系的一种自主性的需要,是人们在消费受控社会中主体能动性的一种体现。

第八章 Part 8
结论与讨论

在当代中国大城市中，象征着幸福生活的"汽车梦"究竟是如何生成的？汽车消费作为现代生活的一种需要究竟是如何被建构起来的？它受到哪些因素的影响，又将如何改变我们的日常生活？这些疑问就是本书在导言中提出并想要回答的问题。带着这些疑问，本书从布迪厄结构主义建构论和吉登斯结构化理论所阐述的社会建构论的方法论立场出发，在对布希亚关于"需要的意识形态生成"理论的批判性解读的基础上，通过对大量访谈资料、政策文献、媒体广告和统计数据的分析，在前面四章中从结构性的制约因素（国家消费制度转型、城市空间结构转型、市场转型与消费意识形态的兴起）和行动者的能动性因素（消费者个人对生活世界的重构）这两个层面上分别对汽车的功能性需要（使用价值）和社会性需要（符号价值）是如何被建构出来的进行了深入的探讨。行文至此，本章接下来将对本书的基本结论进行一番总结，将在此基础上，从日常消费实践的双重政治意涵对布希亚等人的需要的社会建构论进行回应，指出消费的自主性及其解放的可能。此外，我们还将在最后两节对本研究中出现的一些关键议题进行更深入的讨论，并对汽车社会学的未来研究进行展望。

第一节 基本结论

通过上述讨论，本书得出的基本结论是：在"汽车梦"的建构过程中，国家、市场及个人是"汽车梦"的共谋者。换言之，汽车之所以成为现代城市生活的一种需要，是由国家、市场等外在的结构性力量和消费者本身自主性行动所共同建构起来的。以现代化为追求目标的国家经济主义意识形态主导下的消费制度转型和市场转型过程中出现的消费主义意识形态都以一种强大的外在力量介入"汽车梦"的建构中,它们通过制度安排和话语建构,将国家和市场的追求目标转变成个人生活的需要和欲望;同时,作为国家和市场转型产物的城市空间结构变迁又进一步促使汽车成为生活世界空间安排中的一种具有约束性的选择。在这三种结构性因素的影响之下,汽车消费被建构成为一种日常生活中理所当然的需要,并且掩盖了"汽车梦"背后的意识形态力量。

本书认为,"汽车梦"是消费主义时代的一个新的社会整合机制,它以诱惑性的意识形态力量而非镇压性的国家机器为社会营造了一个共同的梦想,并建立了新的消费秩序。然而,在消费欲望遭受宰制的同时,我们也惊喜地发现消费实践的双重政治意涵,汽车消费其实也是迈向生活政治的标志之举之一。对消费者来说,在流动性日益增强的现代社会中,面对结构性因素的制约,他们也是积极、能动地参与需要的建构,并将汽车当做重新组织日常生活的一种自主性工具。作为一种生活政治的消费实践,汽车消费需要的产生与满足实际上隐含着受控与自主的双重政治意涵。

图8-1是对上述结论的一个直观概述。接下来,我们将从以下四个方面,对上述研究结论作进一步的归纳。

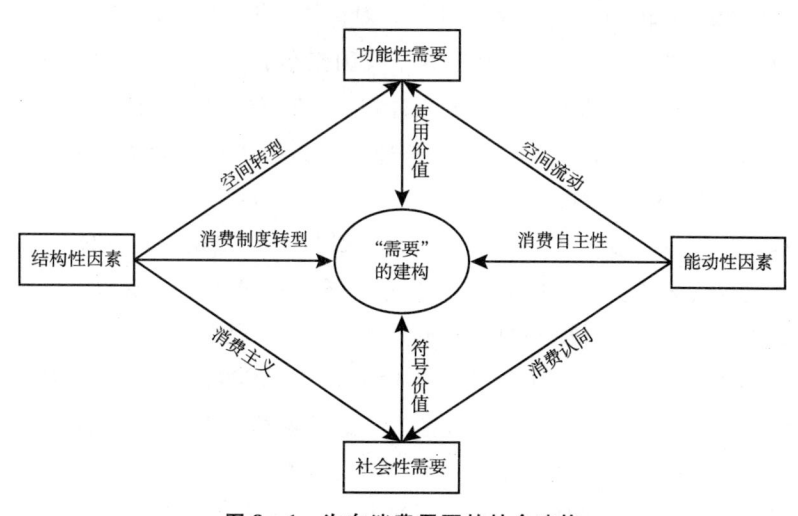

图8-1 汽车消费需要的社会建构

(一)"汽车梦"与国家的现代化

"汽车梦"在某种意义上就是"中国梦",是国家强盛的一个远大理想,

229

是中国驶向现代化的一个理想目标。与西方国家相比，我国进入汽车社会的时间要短得多，但近十多年来发展迅速。详细考察这一转变，不难发现，国家现代化历程中的制度安排发挥了不可估量的作用，在一定程度上甚至是起到主导性的作用。因此，分析国家汽车产业政策和汽车消费制度演变的逻辑，对于我们更加清楚地知道汽车消费需要是如何被建构出来的无疑具有十分重要的作用。

现代汽车虽非诞生于中国，但也较早进入了中国市场，自从20世纪初起，国人就已经对汽车这一现代化、工业化的产物萌发了很大的兴趣，并把发展汽车工业当做一条强国之路。然而，由于历史的缘故，中国在相当长的一段时间几乎没有形成民族汽车工业，中国人的"汽车梦"亦走过了一段艰难的历程。新中国成立之后，为了配合重工业优先发展的"赶超"战略，国家在汽车工业政策上一直是"重卡轻轿"，在汽车消费政策上严格遵循行政级别配给制，再加上国家对国民经济生活采取了抑制消费的政策，汽车作为一种奢侈品与普通百姓根本无缘。但是，自20世纪90年代中期以来，国家的汽车产业政策和汽车消费政策发生了重大的变化，在政策的导向下，中国老百姓被压抑多年的对汽车的需求急剧释放。此后，汽车消费的主体渐渐从行政事业单位转向私人，这一变化，对国人实现"汽车梦"产生了深远的影响。在第四章中，我们详细考察了我国汽车消费政策的变化以及我国汽车从公车消费为主到私车消费为主的过程，并在对1994年的《汽车工业产业政策》和2004年的《汽车产业发展政策》进行了详细分析的基础上，理出了这一政策转型背后的逻辑。

本研究认为，鉴于汽车在国家工业发展和国民日常生活中的广泛影响，汽车产业和汽车消费政策的转型已成为我国经济和社会转型的一个重要部分。影响转型国家消费现象的一个十分关键的条件是国家，国家的影响无处不在地渗透在社会生活和社会结构之中（王宁，2009：14~15）。从国家的角度来说，制定汽车产业政策，鼓励汽车进入家庭，是经济主义意识形态主导下的经济发展战略转型的需要。从产业政策的性质来看，1994年和2004年的两项汽车产业政策是国家对市场进行的主动干预。国家之所以这样做，大体上有以下几个原因：

一是汽车工业具有很长的产业链，把汽车工业建成国民经济支柱产业，对国家经济发展能起到非常重大的影响作用。而要把汽车工业建成支柱产业，销售渠道就不能依赖于集团购车，必须打开广阔的私人购车市场，只有

第八章 结论与讨论

汽车进入家庭，方能实现这一产业目标。在汽车产业政策的推动之下，我国汽车的产量和车型不断增加，客观上为人们实现"汽车梦"提供了更多的选择空间。

二是从20世纪90年代后期起，国内消费疲软、需求不旺成为我国经济发展的一个重要障碍，扩大内需、促进消费成为经济发展的战略方针。随着我国社会从生活必需品阶段转向耐用消费品阶段，汽车作为一种耐用消费品，是居民消费结构升级的重要项目，目前具有广阔的市场空间，从2008年我国应对金融危机的措施明显可以看出，汽车消费是国家拉动内需、促进消费的重要举措，国家所采取的一系列刺激汽车消费的政策是建构汽车消费需要的重要推动力量。

三是我国汽车市场逐步由以公款购车为主转向以私人购车为主的历程与我国从抑制消费到鼓励消费的制度安排有着相似的逻辑，这其中不仅有经济发展的影响因素，也掺杂了不少政治因素。改革开放之后，国家的工作重心转向经济建设，国家不再干预市民的私人生活和消费选择自由，拥有汽车已经成为现代民主社会的一项基本目标，鼓励汽车进入家庭是满足人民生活需要、提高生活质量的基本要求，对国家来说，这是在消费领域让渡民生自由的重要途径，是从解放政治走向生活政治的一个重要台阶，也是日常生活民主化的标志之物。

因此，从上面的分析可以看出，汽车成为现代生活的需要是国家走向现代化的制度转型这一结构性因素的产物，国家汽车产业政策和汽车消费政策的转型是建构汽车成为现代生活需要的制度基础。

（二）空间约束与汽车流动性

对于现代城市的一部分人来说，汽车已经从过去的奢侈品变为现在日常生活中的一项必需品。既然是生活的必需品，那也就意味着如果没有这一项物品，生活会有诸多不便。的确如此，我们在前面的调查研究中指出，当问及为什么要购买汽车时，绝大多数人的回答是，为了使生活更方便一些，例如，汽车作为上下班的代步工具，比公共交通工具要省时省心多了；当问及汽车带来的最大变化是什么时，大多数人的回答仍然是生活更方便了，例如，活动半径扩大了，出行更自由，可以不受时空的约束等。然而，当我们在探讨汽车为什么会成为日常生活的一项必需品时，我们发现，城市空间结构的转型是一个非常重要的影响因素。

城市交通与城市空间演化之间存在着动态的、互馈的相互作用关系，这在城市交通规划、城市地理学等许多其他学科的研究领域里已经得到证实。也就是说，城市空间规模与支配着交通发展水平的技术之间有着密切联系，随着交通工具的演进，我们的城市空间规模越来越大，人们的活动范围也越来越大了。为了使行动更方便、自由，人们也只能越来越依赖于最方便的交通工具了。正如我们在第五章的分析中指出的，在汽车不断地重构我们的城市空间的时候，我们的城市交通也只能越来越依赖于汽车了。

关于城市空间转型对汽车消费的影响，我们在第五章中首先是从生活世界的空间安排出发，以大量的访谈资料说明了汽车是突破空间障碍、实现自由流动的最为便捷的工具。自20世纪90年代以来，我国大城市的空间结构发生了剧烈的转型，第五章主要是从两个方面来说明这一转型的：一是居住地与就业地的"空间错位"，二是"汽车化空间"的形成，这两个方面的空间转型对汽车消费产生了极大的影响。

首先，在住房制度改革和就业制度改革的影响下，人们居住与工作的地点严重分离。据统计，当前我国大城市社区居民在社区外工作的比例约为89.9%，且出行方向单一（郭永昌，2008：11）。在这种情况下，通勤的需求量急剧上升。然而，城市的公共交通却满足不了人们的需求，特别是安全、卫生和自由方面，经常为人诟病，尤其那些生活节奏快、经济基础好的城市白领对此难以忍受。我们在访谈中发现，许多人之所以买车，一个非常重要的原因就是居住与工作的地点相隔太远，乘坐公交或地铁非常不方便，或是不愿意长时间忍受公共交通中拥挤的环境。因此，对他们来说，汽车成为日常生活中的一项必需品，而其背后的一个主要原因，正是我们上面说的居住与就业的"空间错位"。

其次，"汽车化空间"是城市汽车数量持续增长的一个必然现象。大多数发达国家中的大城市早就形成了"汽车化"的空间逻辑，如洛杉矶、东京、巴黎等。广州作为中国沿海最开放发达的城市之一，汽车的保有量在近年来迅速上升，而且本田、丰田和日产三大汽车巨头齐聚广州，广州已然成为中国的"底特律"，汽车产业成为广州市重点支柱产业。随着汽车保有量的增长，与汽车相关的基础设施遍布城市的各个角落，如停车场、立交桥、加油站、收费站以及密密麻麻的道路，使城市空间格局呈现出汽车化的逻辑。这样的一个"汽车化空间"无疑将加深人们对汽车的依赖程度。

第八章 结论与讨论

因此，第五章在最后一节提出"空间约束"这一概念，主要为了说明在"空间错位"和"汽车化空间"的影响之下，以汽车作为代步工具是城市空间约束的结果。在流动性已经成为现代社会的一个主要特征的情况下，能否实现在空间中自由流动对于个人来说具有非常重要的社会意义，而"空间错位"和"汽车化空间"又给人们的自由流动带来了极大的约束，为了提高空间流动的能力，人们只能越来越依赖于汽车了。正是在这个意义上，本研究认为，汽车消费成为现代生活的需要是城市空间约束下的一种流动性选择。

（三）汽车梦：消费社会的神话

汽车固然可以提高人们的流动性，并突破空间的各种障碍，然而，汽车却不仅仅是一件普通的代步工具；具有高使用价值和高符号价值的汽车，满足日常生活中的交通需要只是其一部分功能；人们消费汽车，不仅仅是消费其物理上的使用功能，汽车作为身份地位的一种象征，也以一种社会符号的形式被人们所消费。正如亨利·列斐伏尔所说的："汽车是一种地位的象征，它代表着舒适、权力、威信和速度；除了其实际用途之外，它主要是作为一种符号来被消费的。"（转引自奥尼尔，1999：96）或者像罗兰·巴特所说的，汽车作为"一个时代的超级创造……被所有的人在想象中消费——如果不是在使用中消费——他们把汽车当做一个纯粹的想象的物体"（Barthes，1972：88）。也就是说，人们购买汽车的动机背后，其实还不单纯是解决日常生活中的交通问题，它还隐藏着一层隐秘的欲望，即把汽车当做一种符号来消费，附加在这种符号上的社会文化意义能给人们带来一种心理上的满足。尤其是，当我们细检汽车在现实的城市交通中所遭遇的种种不便（如交通拥堵、停车难、费用高等）时，发现人们对汽车依然情有独钟。可见，购买汽车作为日常交通的代步工具这一说法并不能很好地解释人们为什么对"汽车梦"趋之若鹜。人们对汽车使用价值的崇拜实际上掩盖了隐藏在其背后真正的社会意义，用布希亚的话来说，这是一个物品使用价值的"拜物教"，它正如马克思所揭示的"商品拜物教"隐藏了商品价值背后的社会关系一样，汽车的功能性特征隐藏了汽车所承载的意识形态特征。

我们在第二章中曾谈到布希亚对使用价值拜物教和符号消费的分析，在这里我们简要归纳一下这一理论要点。在布希亚看来，商品的使用价值就是以其有用性来满足人们的需要，这个"有用性"所表征的并非仅仅是人与物的关系，同时还表征着人与人的社会关系，他说："使用价值——实际上就是效用本身——是一种拜物化的社会关系。"（Baudrillard, 1988：64）使用价值拜物教以一种更为隐蔽的方式存在于消费之中，表面上看来，在丰盛的物品面前，对使用价值的消费似乎是人人平等，它变成了在上帝面前人人平等的世俗化，亦即"需要的民主制"。于是，一个消费社会的神话诞生了。"我买它是因为我需要它"是消费社会的神话，"用这种理性神话来解释需求和满足，就像用传统医学来诊治精神生理歇斯底里症状一样，都是天真无助的"（布希亚，2006：47）。布希亚所揭示的消费社会的真相是，在消费社会中，使用价值不再被看做物品的先天功能，而是社会的规定物。在"需要体系"背后隐藏着一个意识形态陷阱，它掩盖了生产系统和交换系统的真相，并把意识形态所创造和强加的需要都自然化、合理化了。通过物品来满足人的基本需要这样的观念其实只是资本主义消费意识形态创造出来的一个"神话"。

布希亚认为，"需要的意识形态生成"假定了四个不同的价值逻辑，其中，符号价值的差异性逻辑是布希亚消费社会批判的重点所在，在他看来，现代社会中的商品系统是一个符号系统，只有符号价值的差异逻辑（或者社会区分的逻辑）才是真正的消费逻辑，丰盛的物已经被凝结为一种符号系统，物和需要本身都被符码编织了，消费就是"一种符号的系统化操控活动"，消费的过程就是一个解码的过程，在这一过程中，需要的意义是由抽象的符号所赋予的，需要的满足成为一种受符号操纵的消费行为。最终被消费的不是它的物质性，而是符号的差异性，这一差异性正是人们对社会意义的欲望。

现代消费并非完全出于生活中的真实需要，而是由对符号意义的欲望所引起的，这一观点已为学术界所认可。著名社会学家鲍曼（2005a, 190）也认为"消费社会和消费主义不是关于需要满足的……消费活动的灵魂不是一系列言明的需要，更不是一系列固定的需要，而是一系列的欲望"。欲望是一种主观心理状态，它表现为某种强烈的愿望和倾向，欲望的形成通常是消费的先导，而对符号的差异性逻辑（即社会区分的逻辑）的追逐，使消费的欲望具有了无限的特质，因而使消费者的欲望极易受到市场的利用，商人们通过广告媒体营造出消费主义的社会文化氛围，挑逗消费者的欲望，制造某种内心的焦虑和不安，使消费者向往自己并不真正需要的东西（舒

第八章 结论与讨论

德森,2003:5)。如前文所述,在城市交通日益拥挤和养车成本高昂的情况下,汽车实际上并不是广州城镇居民最优的选择,但他们购买汽车的欲望却蠢蠢欲动,这很大程度上是源于消费主义意识形态对消费者欲望的建构。威廉·赖斯认为,在一个高强度消费社会里,新的需要不断被制造出来,并采用欺骗手段强加给消费者,更为严重的是,公民对自己的需要是什么失去了把握,也不知道商品在多大程度上能满足自己的需要。个人的选择成倍增加,需要变得"模糊不清了"(Leiss,1976,转引自舒德森,2003:90)。

但是,布希亚和鲍曼等人并不认同马尔库塞对"真实的需要"和"虚假的需要"之间的划分,他们反对站在精英主义的立场上断定什么是人们真正的需要。在他看来,所有的需要都是社会建构的产物,所有的需要都已被消费主义意识形态自然化和理所当然化了。鲍曼认为,"'真正的'或合法的需要同'虚假'的或应谴责的'伪'需要'之间的神圣的界限已经被取消。所有的需要——不管是我们知道的目前的需要,还是我们甚至无法想象的未来的需要——都是真实的,无法想象的需要并不亚于当前被强烈感到的需要"(鲍曼,2005a:144)。布希亚则借助罗兰·巴特对现代神话的符号学分析方法,在商品的交换价值与使用价值和符号的能指与所指之间找到了同构性,并以符号学的方法揭示了现代消费社会的神话是如何诞生的。所谓"神话",是用一种过度正当化的言语来扭曲现实、改变现实,将历史转化为自然,并把现实掏空,"神话"的一个任务就是要赋予某一历史意图以自然化的证明,这个过程正是资产阶级意识形态的过程(Barthes,1972,129–143)。

汽车正是现代社会的一个"高级神话",建构这一神话的是一系列消费主义意识形态的广告话语。广告创造出了一种乌托邦的话语,维持着消费者对社会意义的欲望,汽车在广告中则被建构成为欲望的对象,成为一种象征着现代生活方式和幸福生活的符号,"汽车梦"的形成便是对这一符号的能指与所指的意义产生的认同。我们在第六章中以《南方周末》(1998~2007年)汽车广告的内容分析为例,分析了代表消费主义意识形态的汽车广告如何通过"个体享乐性想象认同"和"社会参照性成功认同"的策略来制造消费者的认同,并在社会中建构了一个色彩斑斓的"汽车梦"。在广告的"汽车梦"建构过程中,"功用策略"让位于"认同策略",汽车的符号意义被"神话"化,隐匿了汽车的"工具本位"。而也正是汽车广告所制造的符号认同(包括"个体享乐性想象认同"和"社会参照性成功认同")拨动了消费者心中那根脆弱的琴弦,使消费者的欲望形态不断上升,并且以一种社会认可(甚至是社会规定)的方式,将欲望的实现合法化,购买汽车的需要也在广告所渲染的那种现代生活方式中自然化和理所当然化。

(四)汽车与日常生活的消费实践

我们原本可以自由地选择其他的交通工具,但是制度约束和空间约束等外在结构性因素的影响,使得私人小汽车成为最普遍的一种交通工具。汽车消费因此看起来多少有点像是一种无奈之举,然而,这样的一个被动选择,其实并不必然导向消费行为的异化。日常生活中的消费实践实际上也是一种主体应对复杂环境的抵制策略,它含有一种强烈的自主性意识,也隐含着以快乐主义为原则的消费体验。

布希亚的"需要的意识形态生成"理论为我们揭示汽车消费作为一种需要是如何被建构起来的提供了一个很好的研究视角,我们上面的结论也验证了汽车消费需要在很大程度上是被经济主义意识形态的国家政策、消费主义意识形态的市场广告和城市空间结构转型等外在力量建构出来的。然而,布希亚在需要的社会建构中却过于强调意识形态的生成作用,把一切需要都看做资本主义经济系统的产物,一切消费都是受到意识形态操纵的,这必然导致他忽略了消费者的能动作用。实际上,随着中国消费文化的兴起,在市场化和商品化的发展过程中,消费者的自主程度越来越高(参见卢汉龙,2003)。实际上,汽车作为一种生活需要,不会仅仅是外部力量建构的结果,也是消费者用来重新组织日常生活的一种自主性选择。

从马斯洛心理学的需要层次理论来看,生理的需要在人类诸种需要中是属于低层次的,位于需要层次金字塔的最底端,而社会的需要和自我实现的需要是高层次的,位于金字塔的顶端(马斯洛,1987:57)。虽然并非只有在低层次的需要得到满足之后,高层次的需要才会产生,但是,只要低层次的需要得到满足,高层次的需要就会更加强烈。在当代城市生活中,随着生活水平的不断提高,越来越多的耐用消费品开始进入家庭,昔日的奢侈品也渐渐成为今日的生活必需品,在"衣、食、住"问题解决之后,如何改善"行"的问题也摆在了家庭议事日程上了。这正如马克思指出的,需要具有历史性和社会性,即个人以什么样的方式、什么样的对象来满足自己的需要受到特定历史条件和社会文化的影响。30年前,人们上下班有一辆自行车,就已经很满足了,15年前,开一辆摩托车去兜风或上下班,也是一件很令

第八章 结论与讨论

人羡慕的事。如今，汽车则是城市中产阶级家庭生活中一项必不可少的耐用消费品。这也是我们常见的消费需要的"阶梯"现象，在生活水平普遍提高的情况下，人们已经摆脱了生理需要的困扰，更多的是在追求一种更高层次的社会性需要和自我实现需要的满足。因此，我们可以把汽车进入家庭看做人们生活质量提高、生活方式现代化的一个重要方面。

在第七章中，我们以大量的访谈资料论述了人们是如何利用汽车来重构自身生活世界的，主要表现在两个层面：

一是从汽车的符号价值层面，即汽车满足人们的社会性需要的角度来看，汽车消费是建构身份认同的重要材料。其实，汽车作为一种耐用消费品，毕竟是万元级以上的物品，目前并不像手机或家电一样在城市家庭中普及，所以，汽车的符号象征价值非常突出。但是，这么说并不意味着购买汽车就一定是炫耀性消费，至少在本次研究的访谈对象中很少有人这么认为。不过，关于汽车与身份地位的内在关联，大多数人的意见还是一致的。尤其是在不同的汽车品牌与身份等级之间，我们发现了其内在的同构性。例如，有一个女受访者的爱人认为，一个教授是不会去开六七万元的小车的。还有一个受访者（某房地产公司老板）说他开的一直是奔驰。在这里，汽车的品牌符号成为个人身份地位的象征。个体除了可以将汽车用来建构身份认同之外，也可以通过汽车的品牌符号寻求一种生活风格的群体认同，本书第七章第二节就是以一个"车友会"为例来说明人们如何通过汽车来追求一种生活风格的群体认同。

二是从汽车的使用价值层面，即汽车满足人们的功能性需要的角度来看，汽车作为一种代步工具，是一种完全不同于步行的空间实践方式。它在提高消费者的空间流动能力之外，也给个体带来了全新的空间消费体验，例如，驾着汽车到不同的地方旅游、购物和聚餐等。通过汽车，人们形成了一种新的生活方式。而且，汽车使人们的活动半径变得大了，拓宽了人们社会交往的范围，使人们可以更方便地实现身体的"共同在场"，而"共同在场"的互动是维护社会关系、提升社会资本的重要基础。

综上所述，在城市家庭中，汽车作为现代生活的一种需要，既是被外在的结构性力量建构起来的，也是消费者出于重构日常生活的目的而建构起来的。在结构性因素和消费者自主、能动因素的共同作用之下，汽车逐渐成为现代社会中的一项生活必需品，"汽车梦"亦成为一个国家、市场以及消费者所共同拥有和营造的生活梦想。

第二节 迈向生活政治的消费实践

从上述对城市家庭汽车消费的分析我们知道,需要的满足从来就不仅仅是个体生理或心理层面上的事,在消费社会中,需要是一种意识形态建构的产物。尤其是,当我们以马克思、马尔库塞和布希亚等人的批判性的视角来看这一问题时,需要已经成为现代社会中一种新的控制形式。满足日常生活需要的消费实践因而染上了浓厚的意识形态色彩,使消费具有了丰富的政治意涵。布希亚批判性的消费理论为我们揭示消费实践的政治意涵作出了重要的贡献。并且,从他的理论中,我们似乎看到了在"与一种生产力高度发达的经济体系的垄断性调整相适应的一种新的特定社会化模式"中(布希亚,2006:52),消费者是如何被生产和驯化出来并无奈地服从于消费主义意识形态的。

然而,从消费实践的历史发展来看,布希亚的消费理论却过于悲观地否定了消费实践所包含的另一种政治意涵,那就是消费者自主性的诞生。国内外已有学者把中国的消费革命看做中国人的"第二次解放"(卢汉龙,2003;赵文词;2003),亦即消费不仅是一种控制的手段,也彰显一种解放的可能性。本节从需要的社会建构出发,来进一步探讨消费实践所包含的受制性和自主性这两种政治意涵,并以此对布希亚的理论作出回应和拓展。

(一) 制造需要:"需要体系"与消费者的生产

需要是人类一切社会活动和经济活动的出发点,在人类创造的物质财富越来越丰富的今天,人们满足需要的方式和对象也越来越多样化,我们的社会也从生产型社会一步一步走向消费型社会。于是,消费逐渐取代了生产的角色,在扩大再生产的过程中发挥着重要的作用,并且已经是现代社会的一种生产力。实际上,正是消费在当代社会中独特的地位,使社会学家们研究社会的视角发生了巨大的变化,布希亚与马克思的一个重要不同之处正在于此。但布希亚与马克思相同之处,正是他们都对现实社会采用了批判性的理论。在布希亚对消费社会的大力鞭挞中,需要是一个关键的概念。在他看来,需要是一种意识形态的编码,需要本身被作为生产力确定下来。消费者的需求和满足都是生产力,它们和其他(比如劳动力)一样受到约束并被合理化（布希亚，2006：53）。他认为，在消费社会中，需要"不是作为消费力被丰裕社会解放出来，而是作为生产力被这个体系的功能要求着，被它的再生产与生存过程要求着。或者说，因为这个体系需要它们，需要才存在"（Baudrillard，1981：82）。

布希亚所说的这个体系正是"需要体系"（The System of Needs）。"需要体系"是资本主义生产体系生产出来的一个同质化、理性化、等级化的子系统，它与资本主义的技术系统、交换模式、生产力等其他子系统一道，共同构成了相互联系、环环相扣的资本主义经济体系（参见罗钢，2003：30）。个人的需要正是由这个"需要体系"生产出来的，正如布希亚所说："如果他吃、喝、住在某处，再生产着自身，这是因为体系为了再生产自身而需要他的自我生产：体系需要人"（Baudrillard，1981：86）。他还说道："这个系统需要有人作为劳动者（有偿劳动）、作为储蓄者（赋税、借贷等），但越来越需要有人作为消费者。今天把个体当做不可替代的需要的领域，就是个体作为消费者的领域。"（布希亚，2006：54）。于是，在消费社会中，人作为消费者就这样被生产出来了，即是说，人作为消费者，是消费社会进行消费培训和社会驯化的结果，是"需要体系"的产物。

在从生产社会向消费社会过渡的过程中，围绕在人们身边的物质产品越来越丰富，消费已不是一般的经济环节，而是推动经济发展的一种动力，消费对生产的影响越来越大。因而，对于资本主义生产体系来说，生产出适应消费社会需要的"消费者"的任务变得越来越紧迫了。对于这一点，著名社会学家费瑟斯通似有同感，他说："资本主义生产的扩张，尤其是世纪之交的科学管理与'福特主义'（Fordism）被广泛接受以后，建构新的市场并通过广告以及其他媒介来把大众'培养'成为消费者，就成为极为必要的事情。"（费瑟斯通，2000：19）。鲍曼也指出："不管成本有多高，受欲望支配的消费者必须被'生产'出来。事实上，消费者的生产挥霍了绝大多数的生产、分配和贸易成本；并且，竞争使得这种成本在不断地加大，而不是缩减。"（鲍曼，2005a：191）。他在另外一本著作中也指出，在现代性的工业阶段，有个事实毋庸置疑：每个个体在具有其他身份前，必须首先是个生产者。而在"第二现代性"（Modernity Mark Two）中，即在消费者现代性中，这个不容怀疑的事实就是，在个体能够思考成为具体的人物前，需要首先成为消费者（鲍曼，2010：65）。在科学技术发展越来越迅速的高度现代性社会中，生产体制本身已经不再构成制约经济发展的关键，对人的需求或欲求的重新发现和深度开发对于经济发展来说显得更加突出。

因而，不管是在西方发达国家，还是在我们这样的转型国家中，把普罗大众培养成"受欲望支配的消费者"对于经济体系的正常运行来说同样显得十分重要。我国自改革开放以来，生产力获得了极大的解放，社会物质产品日益丰富，并很快从"短缺经济"走向"相对过剩经济"。与此同时，消费制度和消费环境也发生了剧烈的变化，抑制消费的制度安排已经被鼓励消费所取代，消费的合法性已经驱赶了曾经贴在消费者身上的道德污名，大批量生产出来的产品急切需要被消费掉以维持和推动社会经济的发展，消费者的角色从来没有像今天这样受到社会的重视。从本研究的分析来看，消费者的生产很大程度上是国家和市场合力共谋的结果。正如王宁教授说的，"改革开放的过程不但是通过鼓励人们追求个人的物质利益的制度设计而解决了劳动动机的激励问题，并因此而把个人转变成'自利人'的过程，而且是通过解除套在消费欲望上的桎梏而把个人转变成现代意义上的消费者的过程"（王宁，2009：310）。在国家逐渐退出对居民日常生活领域的干预之后，消费主义便悄悄地在城市社会中兴起，中国城市社会也开始从苦行者社会转型到消费者社会。

依此看来，不管是来自国家层面的经济主义意识形态还是市场层面的消费主义意识形态，"所有关于消费的话语都想把消费者塑造成普遍的人，塑造成人类物种全面、理想而确定的化身，把消费描绘成一场'人文解放运动'的前奏"（布希亚，2006：55）。当消费成为社会发展的肯定性力量的时候，消费便成为社会中的一种驯化机制，即将社会中的生产者转变为消费者。如布希亚所指出的："消费社会也是进行消费培训、进行面向消费的社会驯化的社会——也就是与新型生产力的出现以及一种生产力高度发达的经济体系的垄断性调整相适应的一种新的特定社会化模式。"（布希亚，2006：52）然而，布希亚同样指出："消费者虽然享受着当今时代的种种丰盛和舒适，但在潜意识中却隐约发觉自己成为新的被剥削者，因此他们便表现出一种'疯狂的自私自利'。不管这种抵抗和这种'自私自利'给这一系统带来了多少不可调和的矛盾，以至于这一系统只能报之以更加强化了的约束，但是它只是证实了消费是一个巨大的政治领域。"（布希亚，2006：55）

第八章 结论与讨论

布希亚在《物体系》(2001：222~223)的结论中是这样界定消费的：消费是一种建立关系的主动模式，而且不仅仅是人和物之间的关系，也是人和集体与世界间的关系，消费是一种符号的系统化操控活动。从这一定义来看，布希亚所认为的消费似乎并不是那么消极和被动，而是具有了"主动"的意涵。然而，从布希亚整个消费社会的理论体系中，我们却很难看到他给予消费者主体一个真正的创造性地位。与其说消费是人对符号的操纵，还不如说是符号体系对消费者的操纵。因而，更确切地说，正如《物体系》的译者林志明在译后记中指出的，布希亚的消费者是"被动性的主动"，体系强加给他们一个符号排列的组合"游戏"，而消费者只不过是游戏规则的产物。

从布希亚的上述话语中，我们看到了消费者是如何被"需要体系"所生产出来的，也看到了消费是如何成为实现社会控制的一种有利因素。在这里，布希亚对消费社会的猛烈批判确实为我们带来了一种理论上的冲击力，然而，从他所展示的消费社会的抑郁图景中，我们体悟到了消费者作为一种社会存在是如何屈服于意识形态的压制之中，也看到了消费异化的进一步延续。因此，在布希亚的理论中，消费实践显得是如此被动，以致失去了消费实践作为一种人性解放的可能性，而在布希亚视野中所消失的消费自主性，正是本书所要通过本土化的经验研究去追回的。

(二) 消费自主性：消费实践的双重政治意涵

如上所述，在布希亚的消费社会理论中，需要的意识形态生成给日常生活中的消费实践带来了不可忽视的压制性影响。然而，作为人类消费行为乃至一切行为的内在驱动力的需要，很大程度上也是消费者在"流动的现代性"背景下重构复杂多变的日常生活中自主创造出来的，满足需要的方式和商品的增多也彰显了消费者从匮乏状态中解放出来的可能性。德赛都 (Michel de Certeau) 在《日常生活的实践》(1984) 一书中就对消费者的主动性作出了相当精彩的论述。他揭示了在各种消费实践中，消费者如何利用既有的资源和材料，在"战术性"的使用过程中颠倒其功能，生产出符合自己利益的实践，并通过这种消费实践挑战既定的社会和文化秩序。与布希亚把需要、使用价值乃至个人都仅仅看做"需要体系"和"商品系统"的一种功能和效果相比，德赛都的观点无疑具有更加积极的政治内涵（德赛都，2003；转引自罗钢，2003：35）。

消费者自主性所体现的积极的政治内涵在中国市场转型的过程中表现得尤为明显。新中国成立之后，国家实行了优先发展重工业的"赶超"战略，在资源严重不足的情况下，为了积累资金，国家在制度安排上对城镇居民的消费生活采取了严格的抑制政策，如对单位实行工资总额控制，长期实行低工资政策。因而，在过去传统的计划经济体制下，这种高积累低消费的发展战略使国民消费需求长期处于受压抑的状态。城镇居民的需要得不到满足除了与国家对消费的抑制和低工资收入相关外，还与当时的生产力水平紧密相关。国家优先发展重工业，民生工业的发展严重滞后，导致日常生活消费用品极度缺乏，国家只能统一采取严格的定量配给制度，各种粮票、油票、布票、米票等票证显得异常珍贵。在这种物质极度匮乏的年代中，城镇居民日常生活中基本的需要有时都难以得到满足，更不用说汽车等大宗奢侈消费品了。为了增强消费者的政治信任感国家改变了以往抑制消费的政策，给予消费者更多的自主性。

"贫穷不是社会主义"，社会主义的本质要求是实现共同富裕。在中国的改革开放之初，邓小平等国家领导人就已经充分认识到了改善居民的生活状况、提高人民的生活水平对于增强民众政治信任感的重要性。在中国由计划经济向市场经济转型的过程中，随着市场经济体制的建立，社会主义的商品经济日益繁荣，人们的消费能力有了很大的提高，国家在消费制度安排上也逐步由抑制消费走向鼓励消费，解除了套在消费者身上的意识形态枷锁，赋予消费者更多的自由和权利。在市场转型中，中国城市实际上正在经历一场史无前例的消费革命。在这场消费革命中，高速的商业化进程不仅增加了消费者的选择余地，提高了物质生活水平，而且打破了国家对社会生活的垄断（戴慧思，2003：3）。

著名中国问题研究专家费正清的高足赵文词（Richard Madsen）教授将中国的这场消费革命称为继1949年革命之后的新解放运动的"第二次革命"，他认为，如同政治革命所带来的解放那样，消费革命已经使人们获得了摆脱饥饿和政治混乱的相对自由。除此之外，还有积极的自由，即：在普通人的经验中，或许最重要的就是消费上的选择自由（赵文词，2003，368~369）。尽管从西方自由主义的观点来看，中国消费革命所带来的社会自由度还远不够充分，但与计划经济时代相比，对于曾经长期遭受物质匮乏和经济停滞之苦的中国人而言，这种堪称为新解放运动的消费选择自由具有相当重要的意义。

第八章 结论与讨论

　　国内学者卢汉龙将这场消费革命中消费选择自由的增加看做消费者自主性的提升。他认为，这场消费革命不只增加了消费者的选择，提高了物质生活水平，同时也打破了过去那种消费者处于被动地位的统一分配方式。商品化发展带来消费者自主性的提升，从而成为改变社会结构，推动社会前进的一种内在的动力（卢汉龙，2003：13）。他认为，所谓"消费者自主性"的增加，指的是市场化的发展使越来越多的交换通过货币消费的形式来实现。商品和服务的品种与范围的扩大使消费者选择程度增加，在消费的过程中花钱的消费者处于主动的地位（卢汉龙，2003：10）。可见，消费者自主性的增强很大程度上受到了货币化、商品化和市场化发展等因素的影响，而随着中国市场化改革进程的日益加速，在日常消费领域中，消费者的自主性必然会得到进一步的提升。

　　消费者自主性的增强使人们可以自由选择自己想要的东西，能够决定什么是自己想要的东西，使每个人的社会自由度都有了很大的增加。消费革命所带来的新自由，使个体有能力"选择在那些有着相同生活方式的人群中过自己的私人生活，并尽量减少与那些与己相异者的联系"（赵文词，2003：369）。在社会转型的过程中，一个很明显的现象是，城市居民的生活方式越来越多样化，消费自主性的提升使人们可以以各种消费品来建构适合自己的生活方式，实现自己的生活梦想。本书在第七章中已经提到过了，消费对于身份认同的建构具有十分重要的意义，"消费在社会学意义上的重要性之一在于它既是用于建构认同的'原材料'，又是认同表达的符号和象征"（王宁，2001：52）。就像鲍曼所认为的，在流动的现代性阶段，身份变得越来越具不确定性和易变，人们只有通过不停的消费才能确定自己的身份。当然，通过消费，人们不仅仅获得某种身份认同，而且可以改变消费者在社会结构中的地位。以汽车消费为例，在流动性特征越来越突出的城市社会中，身体流动的能力不仅是参与社会过程的条件，也是社会权力的表现，掌握了速度与流动能力，形同掌握了社会权力，亦即速度与流动能力也正是权力的表现（王志弘，1998a：218）。随着消费者自主性的提高，通过汽车消费来提高自己身体的流动能力成为人们改变社会地位、提高生活质量、建构生活方式的一个重要选择。用吉登斯的话来说，我们已经从解放政治迈向了生活政治。所谓生活政治，是一种生活方式的政治，它是一种自我实现的政治，一种生活决策的政治（吉登斯，1998b：251～252）。因而，在这个意义上，本书认为，在消费社会中，消费不仅是一种满足需要的社会实践,也是一种生活政治,其中隐含着受控与自主的双重政治意涵。

第三节 几点余论

前面两节总结了本研究的基本结论并对布希亚的"需要的意识形态生成"理论进行了回应。在本书的探讨即将落下帷幕之前,这里还有几个问题值得继续深入讨论和反思:一是在汽车消费过程中,消费者感受最深的一点大概是各种不合理的税费政策以及汽车消费的负外部性影响,从社会发展政策上看,国家究竟鼓励还是限制汽车消费还需要进一步讨论。二是我们已经在书中讨论了城市生活世界的空间转型对日常生活的影响,那么,"汽车化空间"究竟是如何被生产出来的呢?其背后的真正因素,值得我们深思。三是很多人都不喜欢广告,那么广告是如何说服人们,进而建构起一个色彩斑斓的"汽车梦"呢?四是对于有些消费者来说,他们生活中并不需要汽车,也就是说他们的需要并没有被建构出来,对这些反例我们该如何进行解释,还有待于进一步探讨。

(一)国家:鼓励还是限制?

在是否应该"鼓励汽车进入家庭"这个问题上,国内学术界在20世纪90年代中期曾进行过一场较为激烈的争论,直到今天,支持和反对的两种声音还不断交织在媒体之中。然而,不管反对的声音有多大,让汽车进入家庭已成为事实。在这一点上,国家的作用非常明显,正如我们在第四章中看到的,国家的政策安排在汽车消费方面产生了很大的推动作用。但是,国家的汽车消费政策具有两面性,对一个普通的汽车消费者来说,他感受最深刻的也许不是国家的鼓励政策,而是国家在私人汽车消费方面所制定的种种不合理的税费政策。

汽车税费政策的不合理是制约汽车进入家庭的一个重要因素。我国是世界上汽车税费项目最多、税费额最高的国家,据统计,目前在购买、落籍、使用三个环节中,仅省级以上政府批准的税费名称就达50多种。购置环节的收费包括车辆购置附加费、控办费、城市道路增容费等;落籍环节的收费包括牌证费及手续费、安全管理费、入户费、检测费等;使用环节的收费包括养路费(2009年被取消,以燃油税代替)、客货运输附加费、运输管理费、工商管理费、年检年审费、过路过桥费以及不同名称、不同标准的道路建设费等，收费名目繁多，情况十分复杂。"买车容易，养车难"是社会上大多数人对当前汽车消费状况发出的感慨。那么，国家在政策上为什么要一边鼓励汽车消费，又一边限制汽车消费呢？

在汽车进入家庭的速度越来越快的时候，学术界的批评之声也越来越猛烈，因为"汽车梦"带来的不仅仅是个体的幸福生活，还给整个社会带来了一个"汽车社会的梦魇"：交通拥堵、环境污染、能源危机、交通事故、土地浪费等，这些汽车消费外部性问题的出现已经严重破坏了城市生活。作为社会管理者，国家在汽车消费的政策安排方面表现出了两种矛盾的姿态：一边是出于国家经济发展的需要不断鼓励汽车消费，一边是出于应对汽车可能带来的严重危害而提高了汽车消费的门槛，在一定程度上抑制了私人汽车消费需求的增长。

但是，虽然目前仍存在着众多政策性的束缚，国家鼓励汽车消费的总体方向并没有变化。消费升级是我国经济发展的一个必然结果，在扩大消费、拉动内需成为我国经济发展的战略方针的情势下，如何刺激有效需求是一个关键问题。为了配合这一方针，我们也看到了国家最近几年在刺激汽车消费方面所作出的努力，包括废除一些不合理的政策法规，如将争议已久的养路费改成按燃油税收取，等等。而且，从国家的角度来说，民族汽车工业的强大是中国轿车工业健康发展的需要，是国民利益和国家利益的必然要求（杜蕾，2006：92）。从根本上说，尽管一些管理机构出于部门利益对私车主进行乱收费和国家出于环保、能源等问题所采取的措施会对汽车消费造成一定的影响，但是国家汽车消费政策的鼓励和引导在"汽车梦"的建构中所发挥的作用仍然是非常重要的。

（二）汽车化空间：如何生产？

城市的不断蔓延给我们的日常生活造成了新的空间障碍。哈维（2003：290）指出，空间上的各种障碍只有通过创造特殊的空间（铁路、公路、机场、远程运输等）才能被减少。列斐伏尔（2003a：47）也说过，如果未曾生产一个合适的空间，那么"改变生活方式"、"改变社会"等都是空话。"汽车化空间"确实已经改变了我们的社会，成为一个特殊的、合适的空间。汽车导向型的社会致使欧美大多数城市空间格局呈现出一种复杂的汽车逻辑，这种逻辑恰恰蕴涵于"汽车化空间"之中，而汽车化的空间正是城市规划的关键所在。那么，这种"汽车化空间"究竟是如何被生产（规划）出来的？

城市空间的形成显然不是一个自然而然的过程，它是一个各种利益奋力角逐的产物，受到各种意识形态和利益群体的制约与权衡，它是国家权力与市场资本共同谋划的产物。面对城市日益遭受汽车的殖民这一情况，列斐伏尔曾质问道："20世纪60年代的城市规划到底是怎么一回事？"他的回答同样值得深思："（城市规划）是一种巨大而且帷幕重重的操作。以一种令人怀疑的科学追求着它的目标和客观性……城市规划显然是各种制度和意识形态的某种混合。"（列斐伏尔，2003b，69~70）列斐伏尔进一步分析道："空间并不是某种与意识形态和政治保持着遥远距离的科学对象。相反地，它永远是政治性的和策略性的。"（列斐伏尔，2003b：62）。在列斐伏尔看来，空间是一种社会产物，是一束关系，"它真正是一种充斥着各种意识形态的产物"（2003b：62）。那么，在"汽车化空间"生产的背后，究竟隐藏着什么样的力量呢？

有学者指出，人们之所以选择私人汽车作为交通工具并不是自愿选择的结果。著名的城市理论家刘易斯·芒福德认为，人类有很多交通方式可以选择，究竟哪一种交通方式更便捷、更廉价，或者两者兼而有之，这是一种复杂的比较，但是世界上只有一种交通方式最能让商人赚钱，这种方式就是私人汽车。于是商人们勾结了地方政府，把这种交通方式强行推给民众（转引自郑也夫，2002：157）。卢格在《企业集团权势，美国民主，汽车工业》一书中指出"美国人对轿车的依赖并不是因为他们不喜欢别的交通工具，而毋宁说是一场政府主持的包办婚姻的结果"（转引自孟悦，2004：380）。作者指出，三大汽车企业集团（福特、通用和克莱斯勒）通过人事政治网络和金钱实力对政府施加影响，迫使政府把钱更多地投入到与私人交通有关的设施中，而摧毁公共交通系统[①]。芒福德于20世纪60年代就指出，在商业原则的支配下，交通也成为追求利润的目标（甚至连公共交通也是），为方便车辆交通而设计的长长的直线形大街是当时商业规划的一个重要特点。

[①] 这方面最臭名昭著的例子是，通用公司、菲利普石油公司（即后来的标准石油公司）和火石轮胎橡胶公司的共谋毁坏公共电车系统的案例。美国的一些汽车和石油企业为了解决在20世纪30年代已经面临的自身生产过剩和价格过高的危机，串通其他公司和银行，挤垮造价相对廉价的公共电车交通系统而实行了贿赂和违反经济法的互惠手段（参见孟悦，2004：377~379）。

这种商业思想指导下的城市道路规划"过分强调了那些最能赚钱的交通工具的重要性,导致城市规划师们忽视步行的作用,忽视保持公共交通灵活性的需要,而这种灵活性只有步行道路网才能保证;与此同时,还导致后来只能用小汽车来解决私人交通"(芒福德,2005:446~447)。

这种"政府主持的包办婚姻"在中国城市的情况究竟如何,需要我们在今后的研究中,提供更为详尽的资料来进一步探讨。

(三)汽车广告:艰难地说服

广告是市场营销的最主要手段。经常有人认为,广告塑造消费者的欲望,并劝说人们购买他们不需要或不应该拥有的东西。而实际上,尽管广告漫天飞舞,充斥于耳目之间,但是多数人大部分时间都不会特地去看广告的。对于广告中所说的一些话,人们也大都抱着一种不信任的态度,有时甚至是拒斥、反感的态度。在本书的访谈资料中,当问到受访者买车之前会不会去看广告,广告的宣传对于他们买车能起到多大的作用时,也有一部分的受访者表示他们很少关注汽车广告。那么,汽车广告何以能够在人们心中建构"汽车梦"呢?

美国著名的广告学者舒德森认为,广告的威力比广告人和广告批评家所声称的要小得多,对于大多数美国人来说,在多数情况下,想用广告直接影响消费者选择的观点解释消费者为什么会买他们所买的东西,几乎无济于事(舒德森,2003:英文平装版序)。然而,舒德森马上又指出,声称广告没有多大影响的观点是不够坦诚的,"广告主做广告的原因并不是要改变人们的产品选择,而是要改变他们的品牌选择。广告不是争夺消费者心态之战,而是与商业对手争夺市场份额之战"[舒德森(2003:5)]。从市场营销学的角度来看,这似乎是有道理的,在琳琅满目的同类消费品面前,如何让信息有限的消费者作出一个抉择,产品的介绍——广告的作用就非常重要了。作为一种商业性的语言,广告追求的是商品的销售量,它的目的就是如何更好地将产品推销出去。

但是,广告想要把商业话语转化为消费者的行动,就必须发展出影响消费者的观念、不断创造消费者的需要、并保证满足他们需求的话语技术,广告的任务不能停留在单单提供商品的层次上,它还必须提供和推销一套符合广告主利益的观念,进而为消费者提供一个他们乐意接受的世界(王儒年,2007:328)。而当代广告所善于采用的一套话语技术是,对商品的符号意义进行创造和阐发，融入某种抽象的价值观、生活哲学、对社会和生活的普遍观点，通过追寻人们对符号意义的认同来达到商品推销的目的。本书第六章对《南方周末》汽车广告的内容分析已经表明了，广告建构"汽车梦"的话语技术是一种认同性的策略，即"个体享受性想象认同"和"社会参照性成功认同"，而不是对汽车的产品构成及性能等进行推介的"功用策略"。因而，人们对广告所建构的"汽车梦"的认同，与其说是对汽车作为一种交通工具的认同，还不如说是对一种现代生活方式和价值观念的认同。

从更深层次上讲，广告的话语已经不是一种普通的书面语言了，而是一种具有权威性的意识形态。阿尔都塞（2003：362）在《意识形态与意识形态国家机器》一文中指出，所有意识形态的功能就在于把具体的个人"构成"主体，促进个人身份意识的产生与认同。意识形态存在于一系列机构以及相关的实践之中，更具体地说是存在于像家庭、教育制度、教会、大众传媒这些"国家机器"之中。在当代社会，最大的一种意识形态就是消费主义，消费主义意识形态通过各种媒介宣传能够把具体的个人建构成适应市场需要的消费者。而广告之所以能够说服消费者，是因为它具有了意识形态的威力，如美国广告大师詹姆士·韦伯·扬认为：广告实际上是一种"宗教"。就像宗教使人沉浸于神话世界中一样，广告的巨大贡献就在于它使人们沉浸在一个无止境的新产品潮流之中，而在这一过程中，又促成大众行为与欲望——形成了资本主义消费经济中的生力军（西沃卡，1999）。

对社会来说，广告再也不是无足轻重的事物了，已经成为一种复合的社会建制（谢勒德、伯格森：2005，168），成为影响社会文化、制约人们的精神世界和现实生活的具有强大意识形态功能的事物。广告的话语在当代社会具有一种霸权的性质，成为建构社会现实的一种强大的力量。虽然经过艰难的说服，但广告的"循循善诱"已经为整个社会建构起一个让人梦寐以求的"汽车梦"。

（四）消费者：需要还是不需要？

事实上，本书所要探讨的问题是，需要究竟是如何被建构出来的，而不是需要是如何得到满足的。与此相应，本书的研究结论是，汽车作为现代生活的一种需要，既是被外在结构性力量建构出来的，也是消费者基于日常生

第八章 结论与讨论

活的主体实践而建构出来的。但是，在调查研究中，我们也发现了一些反例，即有些人对汽车消费并没有表现出多大的兴趣，他们并不需要车，对他们而言，汽车并不是他们日常生活中的一项必需品。那么，为什么在同样的结构性背景下，有的人需要车，有的人不需要车呢？这仍然是一个值得我们思考的问题。

首先，汽车消费作为一种现代生活的需要被结构性的力量建构出来了，但这并不意味着每个人都会去购买汽车。正如我们所说的，消费主义已经在中国兴起，但并不意味着每个人都有消费主义的倾向，有的仍然保持传统的消费习惯。实际上，在消费社会中，个体的差异性越来越强。这里必须说明的是，需要是有层次性的，随着社会的发展和个人收入的提高，人们的消费需要总是从低层次向高层次递进，在同样的社会文化结构背景下，人们的消费需要带有一些具有普遍意义的倾向性，正是在这个意义上，我们认为，汽车消费被建构成为现代生活中的一种大多数人都期待获得满足的需要。但是这绝不意味着在同样的社会文化结构背景下，人们的消费需要都是出于同一个模式。恰恰相反，在现代社会日常生活中，消费需要的差异性越来越大，人们消费生活的个性化倾向也越来越明显。

其次，我们有必要再交代一下本书的现实背景和研究对象群体。随着汽车正在从奢侈品的地位向普通消费品过渡，汽车神秘的面纱也就渐渐褪去。然而，尽管如此，在众多的耐用消费品中，汽车却还是有点不大一样，也就是说，汽车还没有像其他耐用消费品一样在社会各个阶层中普及开来。对于广大中等收入以下的普通家庭来说，汽车仍然是不可轻易获得的。我们从中国 2010 年度按收入等级分组的城镇居民家庭平均每百户年末耐用消费品的拥有量统计来看（见表 8-1），洗衣机、电冰箱、彩电、摩托车以及移动电话和普通电话等之类的耐用消费品在低收入户、中等偏下收入户、中等收入户、中等偏上收入户和高收入户之间几乎没有较大的差异。也就是说这些耐用品的使用已经没有阶层差异，不管是低收入户还是高收入户，都拥有这些消费品，它们变成了实实在在的生活必需品。但是汽车却不同，低收入户和中等偏下收入户几乎很少拥有家庭汽车，中等收入户也只有不到 10% 左右的家庭拥有汽车，中等偏上收入户和高收入户拥有家庭汽车的比例相对会高一些。客观地说，我们目前的汽车社会还是中高收入阶层的汽车社会。

表8-1 中国2010年按收入等级分城镇居民家庭平均
每百户年底耐用消费品拥有量统计

指 标	总平均	最低收入户(10%)	低收入户(10%)	中等偏下户(20%)	中等收入户(20%)	中等偏上户(20%)	高收入户(20%)	最高收入户(10%)
摩托车(辆)	22.51	19.77	24.44	26.19	24.55	22.28	18.44	15.6
助力车(辆)	28.37	20.23	28.57	29.59	29.83	29.88	28.19	28.35
家用汽车(辆)	13.07	1.96	2.85	4.88	9.41	16.66	24.89	42.47
洗衣机(台)	96.92	86.41	93.34	96.04	97.88	99.38	100.92	103.04
电冰箱(台)	96.61	77.86	89.1	95	97.72	102.08	103.83	107.81
彩色电视机(台)	137.43	112.09	122.32	127.68	134.68	144.98	155.84	174.35
家用电脑(台)	71.16	30.46	46.97	59.73	71.11	84.41	94.92	115.64
组合音响(套)	28.08	12.3	19.05	23.17	28.2	32.05	37.24	48.1
摄像机(架)	8.2	1.32	2.15	3.75	6.92	11	14.41	22.65
照相机(架)	43.7	11.45	20.93	30.39	41.13	55.81	69.48	87.19
钢琴(架)	2.62	0.22	0.53	1.23	2.06	3.53	4.82	7.63
乐器(件)	4.86	1.16	2.59	3.56	4.79	6.38	6.72	9.34
微波炉(台)	59	25.59	39.5	49.7	60.64	71.76	79.93	86.22
空调器(台)	112.07	38.78	63.79	85.07	106.07	135.7	165.28	213.65
淋浴热水器(台)	84.82	54.82	70.67	79.32	86.71	93.62	99.25	108.22
消毒碗柜(台)	19.03	8.09	11.25	13.65	17.41	22.33	28.64	38.08
洗碗机(台)	0.89	0.25	0.58	0.6	0.63	0.96	1.46	2.37
健身器材(套)	4.24	0.44	1.35	1.99	3.34	5.5	7.52	12.44
固定电话(部)	80.94	65.96	73.24	77.38	81.23	86.1	89.21	93.88
移动电话(部)	188.86	138.99	167	183.64	190.62	202.54	212.06	223.19

资料来源：《中国统计年鉴（2011）》、《中国资讯行》。

再次，我们必须区分一下汽车消费者的类型。我们在第一章的概念界定中已经对需要、欲望和需求三者的关联作出了说明，需要是一个由欲望到需求的过程或区间，一个人对某物是否产生需要最初是取决于个人有无主观想法或欲望，而一个人的需要是否能够获得满足则最终取决于市场条件和个人经济能力。因此，在汽车消费市场上，普遍存在这四种人群：想买车又有能力的人、想买车但没有能力的人、不想买车但有能力的人、不想买车也没有能力的人。本书访谈的主要对象是城市中的"有车族"，也有一部分"无车族"。在"无车族"中，有一些是受到收入的约束没有经济能力购买汽车，

第八章 结论与讨论

而有一些则是具备了购车的经济能力，但声称并不想买车。对于他们来说，不买车的理由很多①，有的人认为，现在汽车"买得起，养不起"（如访谈资料 12 - F - Q），即养车费用过高制约了他们购车的意愿；有的人认为，"乘坐公共汽车或地铁更方便，自己开车既麻烦又累，容易堵车"（如访谈资料 33 - F - W）；有的人是因为有单位班车接送或工作地与居住地很近而觉得没有必要买车（如访谈资料 19 - F - J 和 32 - M - C），有的人则是因为本身并不喜欢车（如访谈资料 18 - M - L），也有人认为自己没有必要用汽车来表明自己的身份地位（如访谈资料 37 - M - W），等等。总的来说，对个人而言，不需要车的理由很多，除了经济方面的约束之外，还有个人情感和价值观念方面的影响因素。

需要作为一种匮乏状态，是人们的消费行为以至一切行为的动机和驱动力。当人们没有感知到某种需要的时候，自然就不会有消费的冲动。然而，在现代消费社会中，需要已经成为一种"新的控制形式"，正如马尔库塞说的，"对某种事情是做还是不做，是赞赏还是破坏，是拥有还是拒斥，其可能性是否会成为一种需要，都取决于这样做对现行的社会制度和利益是否可取和必要"（马尔库塞，2006：6）。可见，需要不仅关乎个人生活，还涉及社会制度和利益。汽车成为一种需要或不成为一种需要，从宏观上看，并不只受到个人喜好的左右，还同样受到国家制度和市场利益的影响甚至操纵。尽管个人并无此"需要"，但"需要的意识形态生成"机制无时不在发挥作用，为了市场体系的延续和发展，社会的需求必须转变为个体的需要，满足经济运行方式需要的消费者必须被生产出来。

第四节 创新、不足及未来展望

在介绍未来研究展望之前，我们有必要对本书在研究过程中以及研究结论中的一些创新与缺陷之处做一番坦诚的交代。研究的创新之处，只是本书

---

① 关于不买车的理由，王宁教授的调查研究归纳得比较全面，主要有以下几种：①有些是出于纯粹个人生理或性格方面的原因（例如：晕车、害怕或不喜欢开车）②有些是出于收入约束方面的原因③有些是由于预算约束④有些是由于感知到驾车环境不好⑤有些是由于感知到拥有和维持一辆轿车的成本过高⑥有些是由于存在可替代选择⑦有些是由于价值观念（环境主义的意识）⑧还有些则处于观望和不确定状态（参见王宁，2009：340）。

在研究的道路上所发现的一些微不足道的亮点,在人类知识的海洋中,如果这些亮点能够对推进汽车消费这一领域的相关研究有一点点的贡献,那就是笔者最大的心愿。与此同时,笔者丝毫也不敢隐藏本书中存在的缺陷与不足,尽管有些局限原本是可以克服的,但笔者在奢望得到读者的宽容与理解时,也期盼各位读者能够就此缺陷与不足提出公允的批评与建议。因此,本书权当是汽车社会中的一块"砖头",希望本书的出版能够引出更多的"玉",并一起探讨人类在汽车时代的生存境遇。

(一) 创新与不足

本研究的创新点主要体现在以下三个方面。

第一,与汽车在日常生活中的重要地位相比,学术界尚未对汽车消费的社会学研究给予足够的重视。本研究的创新之处在于,以质性研究方法为主,通过大量的文献、访谈资料和统计数据,从消费社会学的学科视角对中国城市家庭中的"汽车梦"是如何被建构起来的以及汽车是如何改变日常生活进行了探索性分析,这在一定程度上弥补了国内汽车社会学研究的缺失。汽车消费是国内近年来兴起的一种新的消费热点,其在日常生活消费领域中的重要性是毋庸置疑的。但是,国内目前对汽车的研究主要集中在汽车产业、城市交通以及汽车消费的外部性(环境污染、资源浪费、交通事故等)、汽车市场营销等方面,社会学研究领域还缺乏对汽车消费现象的深入探讨,尤其是对于汽车消费现象是如何在中国兴起的缺乏深入的研究,对于汽车是如何改变人们日常生活的研究也大多停留在表面的描述之上。本书则从汽车与国家制度安排、城市空间转型、消费意识形态、身份认同、生活风格、身体流动等日常生活实践的多个层面,深入地分析了汽车消费热点是如何兴起的以及汽车是如何改变我们的日常生活的。

第二,法国著名社会学家布希亚的消费社会理论在国内影响甚广,但其"需要的意识形态生成"理论视角却并没有受到足够的关注。本书以社会建构论为基本方法论立场,以"需要的意识形态生成"为理论视角,分别从汽车消费的制度安排以及汽车的符号价值(社会性需要)和使用价值(功能性需要)两个维度揭示了汽车消费作为一种需要是如何被国家、市场和空间这些结构性因素建构起来的。本书指出了三种结构性的建构力量:国家制度转型中的经济主义意识形态、市场转型中的消费主义意识形态以及城市空间结构的转型。在这三种结构性力量中,本书着重强调了转型时期国家作

第八章 结论与讨论

为一个"宏观的行动者"在城镇居民日常消费领域中的重要影响作用,国家经济意识形态的转型、汽车消费政策和汽车产业政策的演变实际上是把汽车消费建构成为现代生活的一种需要的制度前提。本书通过内容分析的方法,揭示了在市场转型过程中由国家让渡而出现的消费主义意识形态如何通过广告将汽车消费建构成为现代生活的"高级神话"。同时也考察了作为国家制度安排和市场资本运作的共同产物的城市空间结构转型如何将汽车消费建构成为一种"空间约束"下的流动性选择。因而,不论是从理论分析的独特视角还是从实证研究的分析维度来看,本研究都具有一定的创新意义。

第三,本书也指出了布希亚"需要的意识形态生成"理论的一些缺陷,即他过于强调外部结构性力量对需要的建构作用,把一切需要都看做资本主义意识形态的产物,而忽视了消费者自主性的可能。本书指出了汽车消费需要是被国家的经济主义意识形态、市场的消费主义意识形态和城市空间结构转型所建构出来的,而且汽车消费也是消费者用来重构生活世界的一种自主性需要,例如通过汽车消费来获得身份认同、提高身体的流动能力、提高生活质量、获取更多的社会资本等,因而避免了布希亚理论中过于强调意识形态因素的偏颇之处,对消费者需要的自主性给予了充分的肯定。因此,本研究的另一个创新之处在于,作为满足日常生活需要的消费实践蕴涵着双重的政治意涵:消费需要不仅是一种控制的手段和被结构性力量建构的对象,也彰显了一种消费的自主性和解放的可能性,消费实践包含了受制性和自主性两种政治意涵,日常消费实际上也是一种生活政治,从而回应了布希亚"需要的意识形态生成"理论,并对其过于强调结构性的因素作出了修正。

论文的缺陷与不足主要体现在以下几个方面。

第一,汽车消费的社会学研究在国外进展很快,与之相关的跨学科文献资料越来越多。本书一个不足之处在于文献资料收集得不够全面,对现有的一些资料缺乏深入的分析,没有从现有的西方文献中提炼出一个更为清晰的理论框架来梳理这些资料。此外,尽管国内汽车消费的社会学研究相当匮乏,但汽车并非社会学的专属研究领域,一些跨学科或社会学之外的领域也有相关的研究,本书对这类研究文献还缺乏系统的梳理。

第二,汽车消费需要的形成是多元力量建构的结果,本书仅仅分析了消费者个体、作为消费主义意识形态的市场广告、空间转型和国家制度安排这四种力量的作用,还有一些比较重要的结构性因素,如参照群体、群体压力、汽车文化(包括汽车展览、汽车比赛)、汽车工艺、全球汽车市场的影响等方面没有论及。

第三，不同阶层的消费需要是不一样的，本书在访谈样本中尚未对不同阶层群体的汽车消费者进行分类，这也是一个不足之处。因而，应当在今后的研究中进一步区分不同阶层的群体在汽车消费需要中的差异。

（二）汽车社会学：未来的研究展望

汽车社会学所包含的研究范围非常广泛，本书所探讨的问题只是其中一个比较突出的问题，在未来的研究之中，汽车社会学中还有很多值得我们继续探索的领域。例如，私人交通与公共交通之间的矛盾、汽车与身体的关系、汽车与性别的关系、汽车与交通风险的关系，等等。在本书内容行将结束之前，我们简要地来看一看这些值得进一步探讨的领域。

1. 私人交通与公共交通

随着私人交通工具的突飞猛进，公共交通日渐衰落，这种情况曾普遍出现在全球大多数城市之中。公共交通与私人交通之间的矛盾也越来越突出，这种矛盾凸显了一个现代城市社会中的公平与正义的问题，折射出一个社会的主流意识形态、价值观和发展模式。如何既能有效地满足公共交通的需求，又能很好地解决私人交通的扩大带来的各种问题，建立一种"可持续的交通消费模式"是摆在政府和公众面前的一个重要问题（Kennedy, 2002；梅兰，1996；王宁，2005b）。

私人交通工具的发展，必然导致城市道路的扩张。但是从现在的情况看来，城市道路不管如何发展仍然不能满足城市交通的需求，车路之间的矛盾、有车族和无车族之间的矛盾日益严重。私人交通和公共交通都在有限的道路上争夺空间资源，私人交通的过度扩张导致了公共交通的式微。

更值得注意的是，私人交通的发展不仅挤占了公共道路空间，降低了公共交通的效率，同时也产生了新的不平等（蔡禾，2003：155）：一方面，收入水平决定了使用这种工具的能力，也就是说，对于没有能力购买私人汽车的人来说，他们只能使用公共交通工具，但同时也不得不承担私人汽车的增加而带来的拥挤成本和安全问题；另一方面，当城市交通完全依赖于私人交通工具时，那些没有私人交通工具的人的生活是不可想象的（Dant & Martin, 2001：151；Sheller & Urry, 2000：750）。因此，专家们倡议，为了避免这种不公平交通消费模式的进一步恶化，必须实行"公交优先"的原则，以保证普通大众的公共交通利益不受损害。但是，"公交优先"的原则

第八章 结论与讨论

在多大程度上能够实现,还取决于城市交通体制的整体状况,片面的限制私人交通并不是解决问题的好办法,因为,私人汽车也有"平等的权利"(樊纲,1994)。国外也有学者指出,现有的交通政策或者其未预料到的政策影响,其实都是在鼓励私人小汽车而不是公共交通的出行方式(Liu & Guan, 2005;Kenworthy & Townsend,2002)。

2. 汽车与身体流动

汽车对日常生活所产生的影响是不言而喻的,它不仅深刻地改变了人类生活的自然环境和社会环境,而且也改变了人类本身。正如弗洛伊德所言,"人类似乎已经变成了某种佩戴假肢的上帝"(Freud,1962:38)。汽车就是这种作为辅助器官的"假肢",它就像给人类安上了四个快速运转的轮子一样,使人类的行动不再受到时间和空间上的限制。

然而,"佩戴假肢的上帝"既不是物也不是人,而是一个"人—车混合体"(drive-car hybrid),是一个组装的社会生命(assembled social being),它们相互利用、相互依赖(Dant,2004:74)。"人—车"体验已经成为现代性身体体验的一个重要方面。人类期望通过驾驶汽车来实现身体流动的自由,让汽车的每一个操作系统都听从人的指令,并把超过人的体积好几倍的机器驯服成会听人话的工具,反过来,身体也要对汽车的运行作出迅速、及时的反应。因而,产生了一个未曾预料到的后果是,"人的身体却被机器所驯服"(Urry,2004a:31)。汽车虽然如假肢一般,被装在人类的身体上,但"这些器官并未真正生长在他身体之上,所以仍不时让他烦恼不已"(Freud,1962:39)。对于机器(汽车),驾驶者的身体本身变得碎片化和规训化,身体的每一个部位,如眼、耳、手和脚,都被训练成反应快速和一致,甚至想要舒展手脚、改变坐姿、打下瞌睡或向外看看,这些动作都被压制住了。汽车成为驾驶者身体的延伸,带来了由特别规训的"驾驶身体"构成的新的主体(Hawkins,1986;Morse,1998;转引自Urry,2006:24)。可以说,汽车驾驶者的机械化杂合已经深入心灵深处。汽车已经带动出一种力比多经济,个性被作为客体而深深投入汽车之中,汽车本身作为驾驶者欲望和梦想世界的延伸而发生了性别化(Urry,2000:747)。厄里还指出,"Automobility"一词包含双重含义(它不仅指人类本身拥有自动的能力,而且指机器本身也有运动的能力),这双重意义阐明了"人车混合体"是如何把人类活动同机器、道路、建筑物和文化符号汇集在一起的,并且应当把汽车看成一种包含人、车、道路、技术等在内的系统（Urry，2004a：27）。

　　身体社会学家布赖恩·特纳（2000：48）指出，身体与科技之间关系将是社会学探索正在演进的领域中的一个重要方面。汽车作为现代科技的集大成者，理所当然将成为我们从社会学的学科视角出发探索身体与科技之间关系的重要领域，然而，遗憾的是，不管是在国内还是在国外，到目前为止这一领域的研究所受到的重视还远远不够，能收集到的相关文献也寥寥无几。在目前中国城市家庭汽车消费日益普及的背景下，我们的身体是如何适应现代流动性社会的需要，又是如何随着汽车交通的发展而改变的？汽车是如何对现代身体的生成产生重要影响的？这是一个非常有趣又富有挑战性的问题。

3. 汽车与性别秩序

　　社会流动在很大程度上是与"身体流动"（physical mobility）连在一起的（Eyerman and Löfgren，1995：54）。身体在时空中的流动不仅为职业和社会地位的流动提供了可能性和基本前提，而且这种流动能力本身也是社会权力的一种表现。然而，从传统到现代，在父权制意识形态的影响之下，身体流动被烙上了深刻的性别印迹，流动能力遂有了性别上的差异。流动能力的性别差异不仅是文化和社会制度安排下的性别不平等的一个重要体现，也是造成不同性别之间社会地位差异的一个重要因素。

　　随着私人汽车的普及，女性同男性一样拥有了驾车的权力，使女性的生活空间和就业空间越来越大。汽车不再仅仅是一种体现身份地位的奢侈品，而且也成为人们日常生活中越来越重要的代步工具，不管是男性还是女性，均从身体的流动中获得了更多的自由。然而，尽管汽车"已经被普遍认为是民主的交通方式的精粹，但是，实际上汽车对于大部分人而言是不可用或不可获得的，即使是在汽车最饱和的社会里，亦复如此"（Freund，1993：7），对于不同阶层和不同性别的人来说，他们在汽车的使用上存在着很大的差异或不平等。尤其是，在一个男权占主导地位的社会当中，汽车的使用也同样被烙上了性别痕迹。女性总是比男性迟一步坐上驾驶室，女性总是比男性更多地囿于家务之中，女性驾驶的技能总是被刻画成低于男性一等的，等等，女性身体的流动仍然受到较多的限制。因此，从社会性别的角度看，在汽车日益加速进入中国城市家庭的背景下，不同性别之间的汽车使用行为和借助汽车实现的身体流动有什么样的差异仍然是值得我们深入探讨的（林晓珊，2008b）。

4. 汽车与交通风险

从文明的进程理论来看，汽车具有两副面孔：文明化和去文明化（de-civilizing）（Elias，1995：15）。汽车绝不仅仅是可以让人类自由驾驭的温驯良马，它还可能是人类文明的杀手，从它走出制造厂的那一刻起，汽车就对人的生命和身体健康构成了巨大的威胁。美国早期著名的城市规划大师克拉伦斯·斯坦说"美国城市在 20 世纪里当然不是一个安全的地方。汽车是侵入美国城市生活的威胁"（转引自索斯沃斯、本－约瑟夫，2006：66）。世界卫生组织和世界银行 2004 年发布的《世界预防道路交通伤害报告》① 报告了惊人的交通事故死亡人数，这是汽车残忍的"去文明化"的一面。汽车的另一面，则是伴随着交通技术水平的不断进步，而对汽车使用者的"文明化"自我控制能力提出了更高的要求，技术的突飞猛进给人们带来了与新技术相对应的新的文明化水准的凸现。正是"文明化"的进程使得私人汽车成为个体日常生活的一个温驯"助手"。

因此，汽车交通与规则意识、道路安全等方面的研究越来越受关注。埃里亚斯在这方面的研究为后续的研究作出了重要贡献，他对技术化（Technization）和文明化（Civilization）进行了卓越的历程社会学分析（Elias，1995），他指出，随着文明进程的演进，人们不断地将外在的规则内化到意识当中，心理的自我调控（self-regulation）水准愈来愈强，随之出现的是总体上道路死亡人数的比例逐年减少（Elias，1995：24）。当前，汽车交通安全和心理调控问题仍然是个普遍而备受关注的话题，这突出地反映在近年来国外文献中出现的较多的对驾驶者"路怒症"（road rage）现象的研究（Lupton，2002；Burns & Katovich，2003；Roberts & Indermaur，2005；Asbridge，2006；etc.）。这些研究探讨的正是在道路行使过程中驾驶者情绪暴躁、故意伤害、不守规则等交通安全问题，并试图寻找预防或解决问题的出路。

与快速发展的汽车数量相比，国人的交通规则意识还显得相当薄弱，这

---

① 世界卫生组织和世界银行 2004 年发布的《世界预防道路交通伤害报告》显示，根据 75 个国家向世界卫生组织提交的死亡统计数据，全球每年大约有 120 万人死于道路交通事故，每天有 3242 人死亡，而受到交通事故伤害的人数高达 5000 万，相当于全球 5 个最大城市人口的总和，中国机动车导致的死亡率是世界最高的。报告还指出，目前，行人、骑自行车的人和驾驶摩托车的人不但是道路交通安全中的弱势群体，而且还是交通事故死亡的主体。

是一个非常大的道路安全隐患。交通事故的频发已经折射出了城市安全方面存在的深层隐患，它不仅使个体的生命安全陷入风险之中而失去保障，更使城市的文明面临着被残暴的现代交通工具摧毁的可能。因而，城市交通风险是一个应该得到特别关注的社会学问题。诚如德国社会学家卢曼所说，我们生活在一个"除了冒险别无选择的社会"，在道路交通风险已经成为我们生活的重要组成部分时，如何去规避这些风险就成为摆在各国政府面前的一项重要议题。但目前学术界有关汽车交通安全的研究大多集中在城市交通规划、交通科学与工程、道路交通安全管理规划等领域。如：城市交通规划领域从优化城市空间设计的角度提出如何保障交通安全；交通安全工程学中的可靠性理论、事故致因理论和事故预防理论等方面的研究；道路交通安全管理领域基于模糊聚类等理论解释了影响道路安全的关键因素；等等。这些不同学科的研究视角给了我们很大的启发，但防范交通风险毕竟不是一个单纯的技术或规划问题，上述研究未能将汽车交通风险看做一个涉及人、技术与制度三位一体的系统化社会问题，也未将其看做具有不确定性的风险现象，因而无法从社会根源上预防汽车交通事故的频发。因此，如何基于风险社会学的分析视角并从制度、技术与人的因素来综合治理交通风险，保障个体安全成为我国构建和谐社会中必须解决的一个重要问题。

诚如北村隆一和大矢正树所说，"美国的城市交通的进化以最单纯的形式表现了汽车化的过程和归宿，在美国发生过的现象伴随着时间的错位不断地在其他国家重复"（2006：3），在中国的现代化进程中，一步一步走向汽车社会是个不可避免的过程。近几年来汽车消费的持续升温，使汽车成为社会公共生活中的热点话题，国外大城市中发生过的交通拥堵、环境污染、能源危机、公共交通与私人交通的矛盾等问题又一幕幕地被搬到中国的城市中上演，甚至把汽车推向了舆论的风口浪尖。与美、日、欧等一些大城市的汽车发展程度不同，国内城市的"汽车社会"正处于一个初步形成的过程，这个过程比国外的要短暂、快速和复杂得多，因而在这个过程中出现的问题也特别的多。故此，在国内开展汽车社会学的相关研究，不仅在理论上具有重大的意义，而且在现实生活中也非常有必要性。

作为一个新近出现的社会学研究热点，汽车消费的社会学研究把汽车对人类日常生活、社会文化、城市空间和政治经济等各个方面的影响逐渐显露出来，引起了人们的普遍关注。就目前而言，汽车消费研究仍然是一个跨学

第八章 结论与讨论

科的研究领域,它不仅要借鉴工业社会学、消费社会学、城市社会学的视角,还要从技术社会学、产业经济学、消费经济学、城市规划和交通管理等学科内吸取知识养料。汽车消费社会学研究的未来发展需要依赖于这些不同的分支学科的共同进展。而从社会学的领域来看,对汽车消费的研究仍然是一块有待开发的沃土,汽车消费的研究饱含一些异常丰富的社会学概念和理论命题,这不仅仅是因为汽车与人类社会的关系越来越密切,也因为社会学的理论魅力能够深刻地洞察汽车对人类社会所产生的广泛影响,这种理论渗透作用对于建构一种新的富有生命力的社会学理论具有不可忽视的作用。

参考文献

一　中文著作①

奥尼尔，约翰：《身体形态：现代社会的五种身体》，张旭春译，沈阳：春风文艺出版社，1995。

巴比，艾尔：《社会研究方法基础》，邱泽奇译，北京：华夏出版社，2002。

巴特，罗兰：《神话——大众文化诠释》，上海：上海人民出版社，1999。

鲍曼，齐格蒙特：《流动的现代性》，欧阳景根译，上海：三联书店，2002。

鲍曼，齐格蒙特：《被围困的社会》，郇建立译，南京：江苏人民出版社，2005a。

鲍曼，齐格蒙特：《自由》，杨光等译，长春：吉林人民出版社，2005b。

鲍曼，齐格蒙特：《工作、消费、新穷人》，仇子明、李兰译，长春：吉林出版集团有限责任公司，2010。

包亚明：《现代性与空间的生产》，上海：上海教育出版社，2003。

北村隆一：《汽车化与城市生活》，吴戈、石京译，北京：人民交通出版社，2006a。

贝尔，丹尼尔：《资本主义文化矛盾》，严蓓雯译，南京：江苏人民出版社，2007。

伯格，彼得、托马斯·卢克曼：《现实的社会建构》，北京：北京大学

---

① 外国人的姓与名在参考文献中的排序是：第一作者的姓在前，名在后，中间用逗号隔开。如"奥尼尔，约翰"，奥尼尔是姓，约翰是名。第二作者以后的作者姓名排序则是名在前，姓在后，中间用圆点"·"隔开。如"托马斯·卢克曼"。

出版社，2009。

布朗，莱斯特·R：《B模式：拯救地球 延续文明》，林自新，暴永宁等译，北京：东方出版社，2003。

布希亚，尚①：《物体系》，林志明译，上海：上海人民出版社，2001。

布希亚，尚：《消费社会》，刘成富、全志钢译，南京：南京大学出版社，2006。

伯曼，马歇尔：《一切坚固的东西都烟消云散了——现代性体验》，徐大建、张辑译，北京：商务印书馆，2003。

布迪厄，皮埃尔：《男性统治》，刘晖译，深圳：海天出版社，2002。

布迪厄、华康德：《实践与反思——反思社会学导引》，李猛、李康译，北京：中央编译出版社，2004。

蔡禾、张应祥：《城市社会学：理论与视野》，广州：中山大学出版社，2003。

柴彦威：《城市空间》，北京：科学出版社，2000。

程道平：《现代城市规划》，北京：科学出版社，2004。

陈清泰等：《迎接中国汽车社会》，北京：中国发展出版社，2004。

陈向明：《质的研究方法与社会科学研究》，北京：教育科学出版社，2000。

陈昕：《救赎与消费——当代中国日常生活中的消费主义》，南京：江苏人民出版社，2003。

Doyal, Len and Ian Gough.《人类需求：多面向分析》，王庆中、万育维译，台北：洪叶文化事业有限公司，2000。（大陆版本：多亚尔，莱恩、伊恩·高夫：《人的需要理论》，汪淳波，张宝莹译，北京：商务印书馆，2008。）

戴慧思、卢汉龙：《中国城市的消费革命》，上海：上海社会科学院出版社，2003。

堤清二：《消费社会批判》，朱绍文等译校，北京：经济科学出版社，1998。

丁贤勇：《新式交通与社会变迁：以民国浙江为中心》，北京：中国社

---

① 即 J. Baudrillard，中文译名较多，主要有：波德里亚、鲍德里亚、布希亚，为避免混乱，本书统一使用"让·布希亚"这一译法。

261

会科学出版社，2007。

德波，居伊：《景观社会》，王昭风译，南京：南京大学出版社，2006。

杜蕾：《中国轿车工业发展研究》，成都：西南财经大学出版社，2006。

杜宁，艾伦：《多少算够？——消费社会与地球的未来》，毕聿译，长春：吉林人民出版社，1997。

范德比尔特，汤姆：《开车经济学：我们为什么这样开车？》，徐英译，北京：中信出版社，2009。

费瑟斯通，迈克：《消费文化与后现代主义》，刘精明译，南京：译林出版社，2000。

费正清：《观察中国》，傅光明译，北京：世界知识出版社，2002。

菲斯克，约翰：《解读大众文化》，南京：南京大学出版社，2006。

福柯，米歇尔：《规训与惩罚》，刘北成、杨远婴译，北京：三联书店，2007。

弗里德曼，乔纳森：《文化认同与全球性过程》，郭建如译，北京：商务印书馆，2003。

弗洛姆，艾里希：《占有还是生存》，关山译，北京：三联书店，1989。

高亚春：《符号与象征：波德里亚消费社会批判理论研究》，北京：人民出版社，2007。

戈布尔，弗兰克：《第三思潮：马斯洛心理学》，吕明、陈红雯译，上海：上海译文出版社，1987。

谷中原：《交通社会学》，北京：民族出版社，2002。

郭永昌：《大城市社会阶层空间错位：以上海为例》，北京：中国经济出版社，2008。

哈贝马斯，尤尔根：《公共领域的结构转型》，曹卫东等译，上海：学林出版社，1999。

哈维，大卫：《后现代的状况：对文化变迁之缘起的探究》，阎嘉译，北京：商务印书馆，2003。

赫希曼，阿尔伯特：《欲望与利益：资本主义走向胜利前的政治争论》，李新华、朱进东译，上海：上海文艺出版社，2003。

黄金麟：《历史、身体、国家：近代中国的身体形成（1895~1937）》，北京：新星出版社，2006。

吉登斯，安东尼：《社会的构成》，李康、李猛译，王铭铭校，北京：

三联书店，1998a。

吉登斯，安东尼：《现代性与自我认同》，赵旭东、方文译，王铭铭校，北京：三联书店，1998b。

吉登斯，安东尼：《现代性的后果》，田禾译，南京：译林出版社，2000。

吉登斯，安东尼：《社会学方法的新规则》，田佑中、刘江涛译，北京：社会科学文献出版社，2003a。

吉登斯，安东尼：《社会学》（第四版），赵旭东、齐心、王兵、马戎、阎书昌等译，北京：北京大学出版社（2003年12月第1版第1次印刷），2003b。

贾新光：《透析车界》，北京：人民交通出版社，2004。

卡斯特，曼纽尔：《网络社会的崛起》，夏铸九、王志弘等译，北京：社会科学文献出版社，2006。

凯尔纳：《波德利亚：批判性的读本》，陈维振等译，江苏人民出版社，2005。

库茨涅茨，西蒙：《各国的经济增长》，北京：商务印书馆，1985。

李春林、天舒：《走出困惑：中国汽车工业发展问题报告》，沈阳：沈阳出版社，1998。

利维，约翰：《现代城市规划》，孙景秋等译，北京：中国人民大学出版社，2003。

刘泓：《广告社会学》，武汉：武汉大学出版社，2006。

刘世凯，刘宏：《汽车百年史话》，北京：人们交通出版社，2005。

刘维公：《风格社会》，台北：天下杂志出版社，2006。

林毅夫、蔡昉、李周：《中国的奇迹：发展战略与经济改革》，上海：上海人民出版社，2002。

林平：《汽车夜话：汽车社会大观》，北京：电子工业出版社，2005。

凌永成：《现代汽车与汽车文化》，北京，清华大学出版社，2005。

陆扬、王毅：《文化研究导论》，上海：复旦大学出版社，2007。

Marshall & Rossman.《质性研究》，李政贤译，台湾：五南图书出版公司，2006。

Miles, Matthew B., & A. M. Huberman.《质性研究资料分析》，张芬芬译，台湾：双叶书廊有限公司，2006。

马尔库塞，赫伯特：《单向度的人：发达工业社会意识形态研究》，刘继译，上海：译文出版社，2006。

马尔图切利，达尼洛：《现代性社会学：二十世纪的历程》，姜志辉译，南京：译林出版社，2007。

马克思：《马克思恩格斯选集》（第1卷），北京：人民出版社，1960。

马克思：《马克思恩格斯全集》（第13卷），北京：人民出版社，1962。

马克思：《马克思恩格斯全集》（第2卷），北京：人民出版社，1979。

马克思：《1844年经济学哲学手稿》，北京：人民出版社，2000。

马斯洛：《动机与人格》，北京：华夏出版社，1987。

麦克卢汉，马歇尔：《理解媒介》，何道宽译，北京：商务印书馆，2000。

芒福德：《城市发展史：起源、演变和前景》，北京：中国建筑工业出版社，2005。

米尔斯：《社会学的想象力》，北京：三联书店，2001。

米尔斯：《白领：美国的中产阶级》，南京：南京大学出版社，2006。

梅兰，皮埃尔（Merlin，P）：《城市交通》，北京：商务印书馆，1996。

莫兰，艾德加：《社会学思考》，上海：上海人民出版社，2001。

南辰：《汽车社会》，济南：山东人民出版社，2007。

纽曼，劳伦斯：《社会研究方法》，北京：中国人民大学出版社，2007。

诺克斯，保罗、史蒂文·平奇：《城市社会地理学导论》，北京：商务印书馆，2005。

派恩，B·约瑟夫、詹姆斯·H·吉尔摩：《体验经济》，北京：机械工业出版社，2002。

潘安、周鹤龙、贺崇明、王峰：《城市交通之路——广州交通规划与实践》，北京：中国建筑工业出版社，2006。

钱振为：《21世纪中国汽车产业》，北京：北京理工大学出版社，2004。

Strauss and Corbin.《质性研究入门：扎根理论研究方法》，吴芝仪、廖梅花译，台湾：涛石文化事业有限公司，2001。

萨夫迪，莫什：《后汽车时代的城市》，北京：人民文学出版社，2001。

桑内特，理查德：《肉体与石头：西方文明中的身体与城市》，黄煜文译，上海：上海世纪出版集团，上海译文出版社，2006。

桑内特，理查德：《公共人的衰落》，李继宏译，上海：上海译文出版社，2008。

斯蒂格利茨：《经济学》（上册），姚开建等译，北京：中国人民大学出版社，1997。

史都瑞，约翰：《文化消费与日常生活》，台北：巨流图书有限公司，2001。

舒德森，米切尔：《广告：艰难的说服》，陈安全译，北京：华夏出版社，2003。

孙立平：《断裂》，北京：社会科学文献出版社，2003。

孙治本：《个人化与生活风格社群》，台北：唐山出版社，2004。

索斯沃斯，迈客尔、伊万·本—约瑟夫：《街道与城镇的形成》，李凌虹译，北京：中国建筑工业出版社，2006。

宋景芬：《汽车文化》，北京：电子工业出版社，2005。

特纳，布赖恩：《身体与社会》，沈阳：春风文艺出版社，2000。

瓦戈，史蒂文：《社会变迁》，王晓黎等译，北京：北京大学出版社，2007。

王宁：《消费社会学》，北京：社会科学文献出版社，2001。

王宁：《消费的欲望》，广州：南方日报出版社，2005。

王宁：《从苦行者社会到消费者社会：中国城市消费制度、劳动激励与主体结构转型》，北京：社会科学文献出版社，2009。

王蒲生：《轿车交通批判》，北京：清华大学出版社，2001。

王儒年：《欲望的想象》，上海：上海人民出版社，2007。

王兴中：《中国城市社会空间结构研究》，北京：科学出版社，2000。

王再祥、贾永轩：《汽车消费信贷》，北京：机械工业出版社，2006。

魏杰：《如何启动中国经济》，北京：中国经济出版社，2000。

沃麦克等：《改变世界的机器》，沈希瑾等译，北京：商务印书馆，1999。

沃特斯，马尔科姆：《现代社会学理论》，杨善华等译，北京：华夏出版社，2000。

巫仁恕：《品味奢华：晚明的消费社会与士大夫》，北京：中华书局，2008。

西尔弗斯通：《电视与日常生活》，陶庆梅译，南京：江苏人民出版社，2004。

西沃卡，朱丽安：《肥皂剧、性、香烟——美国广告200年经典范例》，北京：光明日报出版社，1999。

下河边淳、管家茂：《现代日本经济事典》，北京：中国社会科学出版社，1982。

夏莹：《消费社会理论及其方法论导论：基于早期鲍德里亚的一种批判

理论建构》，北京：中国社会科学出版社，2007。

星野克美：《符号社会的消费》，台北：远流出版，1988。

雅各布斯，简：《美国大城市的死与生》，金衡山译，南京：译林出版社，2006。

阎勤、张华、林崇建等：《"汽车时代"到来与宁波城市发展》，宁波：宁波出版社，2005。

阎小培、周素红、毛蒋兴：《高密度开发城市交通系统与土地关系——广州案例》，北京：科学出版社，2006。

杨国枢等：《社会及行为科学研究法》，重庆：重庆大学出版社，2006。

仰海峰：《走向后马克思：从生产之镜到符号之镜》，北京：中央编译出版社，2004。

尹世杰：《消费需要论》，长沙：湖南出版社，1993。

伊兹拉莱维奇，埃里克：《当中国改变世界》，北京：中信出版社，2005。

袁国帧：《扩大内需论》，上海：上海社会科学院出版社，2001。

臧旭恒、徐向艺、杨惠馨：《产业经济学》，北京：经济科学出版社，2004。

张承耀等：《汽车消费政策评价》，北京：经济管理出版社，2007。

张仁琪、高汉初、胡子祥：《中国人的轿车梦》，北京：机械工业出版社，1997。

詹明信：《晚期资本主义的文化逻辑》，陈清侨译，北京：三联书店，1997。

曾燕南、刘立群：《汽车文化》，济南：山东教育出版社，1996。

郑红娥：《社会转型与消费革命：中国城市消费观念的变迁》，北京：北京大学出版社，2006。

郑也夫：《城市社会学》，北京：中国城市出版社，2002。

郑也夫等：《轿车大论战》，北京：经济科学出版社，1996。

庄蔚敏、庄继德：《汽车政策法规与汽车产业发展》，北京：北京理工大学出版社，2006。

二 中文论文[①]

阿尔都塞：《意识形态和意识形态国家机器》，陈越编《哲学与政治：阿尔都塞读本》，长春：吉林人民出版社，2003。

[①] 中文论文包含学术期刊论文、硕士博士学位论文、论文集、重要报纸文章和网络文章。

参考文献

爱德华兹，蒂姆：《狂喜还是折磨——购物的当代性质》，罗纲、王中忱编《消费文化读本》，北京：中国社会科学文献出版社，2003。

布希亚：《符号的政治经济学批判》，吴琼、杜予编《形象的修辞》，北京：中国人民大学出版社，2005，。

鲍曼，齐格蒙特：《消费主义的欺骗性》，何佩群编译，《中华读书报》，1998年6月17日。

北村隆一：《创造充足的城市空间——21世纪汽车化时代的城市与交通》，北村隆一编著《汽车化与城市生活》，北京：人民交通出版社，2006b。

北村隆一、大矢正树：《汽车化的发展与停滞》，北村隆一编著《汽车化与城市生活》，北京：人民交通出版社，2006。

伯吉斯：《城市发展：一项研究计划的导言》，帕克、伯吉斯、麦肯齐著《城市社会学》，宋俊岭、吴建华译，北京：华夏出版社，1987。

曹瑞涛：《现代性城市骚乱以及砸汽车》，学术中国网站，2005年11月30日。

陈那波：《海外关于中国市场转型的论争：十五年文献述评》，《社会学研究》2006年第5期。

陈胜：《欲望的渠道——对〈羊城晚报〉20年广告的内容分析》，中山大学社会学系硕士学位论文，2003。

长峰太郎：《快递改变了物流》，北村隆一编著《汽车化与城市生活》，北京：人民交通出版社，2006。

戴慧思：《毛泽东以后中国城市的职业流动：边缘上的增长》，边燕杰主编《市场转型与社会分层：美国学者分析中国》，北京：三联书店，2002。

戴慧思：《导论：一场消费革命》，戴慧思、卢汉龙译著《中国城市的消费革命》，上海：上海社会科学出版社，2003。

德塞托，米歇尔（de Certeau, M.）：《"权宜之计"：使用和战术》，罗钢、王中忱主编《消费文化读本》，北京：中国社会科学出版社，2003。

多恩伯切，S. M.、L. C. 希克曼：《消费品广告中的他人向导：对里斯曼理论的一种检验》，罗斯《当代社会学研究解析》，银川：宁夏人民出版社，1988。

董本云：《我国汽车消费对拉动经济增长的作用研究》，吉林大学博士学位论文，2006。

单刚、王晓原、王凤群：《城市交通与城市空间结构演变》，《城市问题》2007年第9期。

樊纲：《轿车文明辨析》，《光明日报》，1994年11月8日。

范敏：《试析法兰克福学派代表人物——马尔库塞的哲学观点》，《时代文学》，2008年第2期。

方征：《消费体验研究概览》，《湖北教育学院学报》2007年第7期。

费移山：《城市形态与城市交通相关性研究》，东南大学硕士学位论文，2003。

傅睿哲：《打造绿洲：豪华住宅广告与上海居住空间的重建》，戴慧思、卢汉龙译著《中国城市的消费革命》，上海：上海社会科学出版社，2003。

顾晓鸣：《轮子上的人类文化——对汽车文化的深层思考》，上海汽车文化节组委会编《汽车文化2007》，上海：上海交通大学出版社，2007。

何丰伦、王骏勇：《"马六"夹阻"悍马"事件暴露车友会管理漏洞》，《人民公安报·交通安全周刊》，2007年9月18日第3版。

胡小军、张希良、何建坤：《家庭汽车消费意向调查及影响因素分析》，《消费经济》，2007年第3期。

黄平：《私人汽车与消费主义》，郑也夫等著《轿车大论战》，北京：经济科学出版社，1996。

黄平：《生活方式与消费文化》（代序），陈昕著《救赎与消费：当代中国日常生活中的消费主义》，南京：江苏人民出版社，2003。

季明、张泽伟：《公车采购跃增背后》，《瞭望新闻周刊》2006年第35期。

坎贝尔，柯林：《求新的渴望》，罗钢、王中忱主编《消费文化读本》，北京：中国社会科学出版社，2003。

李连友、韩冰：《关于用汽车消费带动我国经济增长的几点思考》，《中央财经大学学报》2003年第8期。

李康：《吉登斯：结构化理论和现代性分析》，杨善华主编《当代西方社会学理论》，北京：北京大学出版社，1999。

李猛：《舒茨和他的现象学社会学》，杨善华主编《当代西方社会学理论》，北京：北京大学出版社，1999。

李培林、张翼：《中国的消费分层：启动经济的一个重要视点》，李培林、李强、孙立平等著《中国社会分层》，北京：社会科学文献出版社，2004。

李思屈：《传媒的"技术权力"与商业广告的"造梦"机制》，《新闻与传播研究》1999年第3期。

李显君、庞丽：《中国汽车产业对经济增长效应的考证》，《汽车工业研究》2008年第8期。

李永均：《中国轿车50年》，《中国经济周刊》2008年第15期。

李正欢、曾路：《符号消费的意义解读》，《重庆邮电学院学报》2004年第6期。

列斐伏尔：《消费被控制的社会》，张一兵主编《社会批判理论纪事（第1辑）》，北京：中央编译出版社，2006。

林鹤：《怀念步行城市》，《读书》2000年第10期。

林俊良：《阅读汽车广告：广告文本的性别与空间分析》，国立台湾大学建筑与城乡研究所硕士论文，2003。

林晓珊：《汽车文化与都市青年：一个"车友会"的考察》，《青年研究》2007年第12期。

林晓珊：《欲望与暴力：轿车消费的社会学解读》，《中国社会导刊》2007年第11期（下）。

林晓珊：《国外汽车消费社会学研究述评》，《社会》2008年第6期。

林晓珊：《身体流动与性别不平等：社会性别视角下的城市家庭汽车消费》，《浙江学刊》2008年第6期。

林晓珊：《"汽车梦"的社会建构：对〈南方周末〉（1998~2007）汽车广告内容的分析》，《社会》2010年第2期。

林晓珊：《汽车消费与城市生活的空间实践》，《学术研究》2010年第11期。

刘方棫：《论投资和消费双拉动》，《人民日报》2003年1月20日。

刘方棫：《关于扩大汽车消费政策环境的研究》，刘方棫著《消费：拉动经济增长的引擎：刘方棫文集1999~2004》，北京：北京大学出版社，2005。

刘红刚：《当前经济增长需要扩大消费需求》，《经济前沿》2004年第9期。

刘喜云：《汽车产业对经济增长贡献的分析》，中国现场统计研究会第十一届学术年会论文集，2003。

刘小稚：《汽车社会的欧美经验与中国状况》，上海汽车文化节组委会编《汽车文化2007》，上海：上海交通大学出版社，2007。

卢汉龙：《消费革命与消费者自主》（中文版序），戴慧思、卢汉龙译著《中国城市的消费革命》，上海：上海社会科学出版社，2003。

卢晓媚：《解决广州停车难问题研究》，李江涛等主编《2007年：中国广州汽车产业发展报告》，社会科学文献出版社，2007。

陆玉林、常晶晶：《我国青年文化的现状与发展趋势简析》，《中国青年政治学院学报》2003年第4期。

罗钢：《探索消费的斯芬克斯之谜》，罗钢、王中忱主编《消费文化读本》，北京：中国社会科学出版社，2003。

毛蒋兴、阎小培：《城市交通系统与城市空间格局互动影响研究——以广州为例》，《城市规划》2005年第5期。

孟悦：《轿车梦酣——"平等"而"发达"的沥青幻境》，罗岗主编《思想文选（2004）》，桂林：广西师范大学出版社，2004。

帕克：《流动工人的意向：关于心理与流动关系的思考》，帕克、伯吉斯、麦肯齐著《城市社会学》，宋俊岭、吴建华译，北京：华夏出版社，1987。

潘海啸：《中国城市机动性20年发展的回顾》，《国外城市规划》2005年第3期。

秋山孝正：《都市圈结构的变化及出行行为的特征》，北村隆一编著《汽车化与城市生活》，北京：人民交通出版社，2006。

仇子明、李兰：《译者导言：现代政治秩序结构的伦理危机》，齐格蒙特·鲍曼著《工作、消费、新穷人》，长春：吉林出版集团有限责任公司，2010。

Rebois, Didier：《离散城市中机动性和城市性的整合》，卓健译《城市规划学刊》2005年第1期。

杜雷，冉—弗朗索瓦：《城市机动性——城市研究的新概念框架》，《城市规划汇刊》2004年第2期。

阮新邦、尹德成：《哈贝马斯的"沟通行动理论"》，杨善华主编《当代西方社会学理论》，北京：北京大学出版社，1999。

苏国勋：《社会学与社会建构论》，《国外社会科学》2002年第1期。

田毅鹏：《轿车文明对城市社会空间的重塑》，《思想战线》2007年第2期。

参考文献

土井勉励、西井和夫、酒井弘：《城市旅游与城市建设》，北村隆一编著《汽车化与城市生活》，北京：人民交通出版社，2006。

王春才：《城市交通与城市空间演化相互作用机制研究》，北京交通大学博士学位论文，2007。

王晶晶、袁健红：《中国汽车产业发展方向追踪：一个基于汽车产业政策的文献计量研究方法》，《时代经贸》2008 年第 6 期。

王宁：《消费与认同：对消费社会学一个分析框架的探索》，《社会学研究》2001 年第 1 期。

王宁：《个体主义与整体主义对立的新思考——社会研究方法论的基本思考之一》，《中山大学学报（社会科学版）》2002 年第 2 期。

王宁：《"轿车热"凸显欲望模式的变化》，王宁著《消费的欲望》，广州：南方日报出版社，2005a。

王宁：《可持续交通模式路在何方？》，王宁著《消费的欲望》，广州：南方日报出版社，2005b。

王宁：《"国家让渡论"：有关中国消费主义成因的新命题》，《中山大学学报（社会科学版）》2007 年第 4 期。

王世军：《汽车社会与城市发展》，《中国城市评论》（第一辑），2005。

王志弘：《速度的性政治——穿越移动能力的性别界分》，王志弘著《流动、空间与社会（1991～1997 论文选）》，台北：田园城市文化事业有限公司，1998a。

王志弘：《分身有术——资讯社会之主体构成及其操演策略》，王志弘著《流动、空间与社会（1991～1997 论文选）》，台北：田园城市文化事业有限公司，1998b。

王晓映：《做健康的社会人——"马六困悍马"的社会心理分析》，《新华日报》2007 年 9 月 6 日第 A06 版。

王雅各：《质性研究导论》，谢卧龙等著《质性研究》，台湾：心理出版社，2004。

伍庆：《消费社会中的认同》，中山大学哲学系博士论文，2007。

谢勒德，E·乔纳森、珍妮特·L·伯格森：《隐秘的欲望：当代广告中的恋物癖、本体论和表征》，吴琼、杜予编《形象的修辞》，北京：中国人民大学出版社，2005。

谢勒尔，米米、约翰·厄里：《城市与汽车》，汪民安、陈永国、马海

271

良主编《城市文化读本》，北京：北京大学出版社，2008。

徐友渔：《轿车文明在中国》，郑也夫等著《轿车大论战》，北京：经济科学出版社，1996。

闫志刚：《社会建构论：社会问题理论研究的新视角》，《社会》2006年第1期。

严先溥：《消费升级为经济增长提供强劲动力》，《消费经济》2004年第1期。

杨帆：《产业政策与中国汽车工业》，《汽车工业研究》2003年第7期。

杨庆堃：《中国近代空间距离之缩短》，《岭南大学学报》1950年第十卷第1期，（转载自广州岭南大学校友会《岭南校友专刊》，《纪念社会学家杨庆堃教授》，2005年3月）。

杨善华、孙飞宇：《作为意义探究的深度访谈》，《社会学研究》2005年第5期。

杨再高：《2006~2007年广州汽车产业发展形势分析与预测》，李江涛、蒋年云、朱名宏主编《2007年：中国广州汽车产业发展报告》，北京：社会科学文献出版社，2007。

张杨波：《住房获得与地方认同——基于广州市新移民的经验研究》，中山大学博士论文，2008。

张祥平：《轿车中的乌托邦》，郑也夫等著《轿车大论战》，北京：经济科学出版社，1996。

赵文词：《第二次解放（结语）》，戴慧思、卢汉龙译著《中国城市的消费革命》，上海：上海社会科学出版社，2003。

郑永年：《中国必须进行一场社会改革的攻坚战》，中国评论新闻网，2009。http://gb.chinareviewnews.com/doc/1008/5/0/7/100850762.html?coluid=5&kindid=23&docid=100850762&mdate=0107145854. 2009年1月7日。

正司健一：《道路沿途商业的发展及其背景》，北村隆一编著《汽车化与城市生活》，北京：人民交通出版社，2006。

郑也夫：《轿车文明批判》，《光明日报》1994年8月9日。

卓健：《运动中的城市：城市规划研究的新视野》，《城市规划汇刊》2004年第1期。

卓健：《从步行城市到汽车城市——马克·韦尔〈汽车与城市〉评介》，

《国外城市规划》2005年第5期。

周叔莲、吕政、卢世琛：《振兴支柱产业是中国跨世纪的战略任务》，《管理世界》1997年第4期。

三　英文部分

Asbridge, M., R. Smart, R. Mann. 2006. "Can We Prevent Road Rage?" *Trauma, Violence, & Abuse*, 7 (2): 109–121.

Audi, Robert (edited). 1999. *The Cambridge Dictionary of Philosophy*. Cambridge University Press. p. 855.

Appadurai, Arjun. 1986. *The Scocial Life of Things: Commodities in Cultural Perspective*. Combridge: Combridge University Press.

Barme, G. R. 2002. "Engines of Revolution: Car Cultures in China". *AutoPia: Cars and Culture*. Eds. by Peter Wollen and Joe Kerr. Reaktion Books Ltd.

Barthes, R. 1993 [1972]. *Mythologies*. London: Vintage.

Baudrillard, J. 1981. *For a Critique of the Political Economy of the Sign*, Trans. Charles Levin, Telos Press.

Baudrillard, J. 1988. *Selected Writings*, edited by Mark Poster. Oxford: Blackwell.

Beckmann, Jörg. 2004. "Mobility & Safety". *Theory, Cultur & Society* 21 (4/5): 81–100.

Belk, R. & Richard Pollay. 1985. "Images of Ourselves: The Good Life in Twentieth Century Advertising", *Journal of Consumer Research*, 11 (march), pp. 887–897.

Best, Amy L. 2006. *Fast Cars, Cool Rides: The Accelerating World of Youth and Their Cars*. NY: New York Universtity Press.

Bourdieu, P. 1984. *Distinction: A Social Critique of the Judgment of Taste*. London: Routledge.

Bonss, W. & S. Kesselring. 2004. *Mobility and the Cosmopolitan Perspective. A Workshop at the Reflexive Modernization Research Centre*. Neubiberg/München: Sonderforschungsbereich 536. pp. 9–23.

Brandon, Ruth. 2002. *Auto Mobile: How the Car Changed Life*. London:

Macmillan.

Brownell, B. A. 1972. "A Symbol of Modernity: Attitudes toward the Automobile in Southern Cities in the 1920s." *American Quarterly* 24 (March): 20 - 44.

Burns. G. R. & M. Katovich 2003. "Examining Road Rage/Aggressive Driving", *Environment & Behavior*, 35 (5): 621 - 636.

Campbell, C. 1987. *The Romantic Ethic and the Spirit of Modern Consumerism*. Oxford: Basil Blackwell.

Carrabine, E. & B. Longhurst. 2002. "Consuming the Car: Anticipation, Use & Meaning in Contemporary Youth Culture". *Sociological Review* 50 (2): 181 - 96.

Dant, Tim. 2004. "The Driver-Car", *Theory, Culture & Society* 21 (4/5): 61 - 79.

Dant, T. & P. Martin. 2001. "By Car: Carrying Modern Society", in A. Warde & J. Grunow (eds) *Ordinary Consumption*. London: Routledge.

Davis, D. 2005. "Urban Consumer Culture". *The China Quarterly*. Vol183. pp. 692 - 709.

de Certeau, M. 1984. *The Practice of Everyday Life*, vol. 1, trans. Steven F. Rendall. Berkeley: University of California Press.

Douglas, M. 1973. *Natural Symbols*. Harmondsworth: Pelican.

Edensor, Tim. 2004. "Automobility and National Identity: Representation, Geography and Driving Practice". *Theory, Culture & Society* 21 (4/5): 101 - 20.

Elias, Norbert. 1995. "Technization and Civilization", *Theory, Culture & Society* 12 (3): 7 - 42.

Eyerman, Ron and Löfgren. 1995. "Romancing the Road: Road Movies and Images of Mobility". *Theory, Culture & Society* 12 (1): pp. 53 - 79.

Featherstone, M. 2004. "Automobilities: An Introduction", *Theory, Culture & Society* 21 (4/5): 1 - 24.

Firat & Dholakian. 1998. *Consuming People: From Political Economy to Theaters of Consumption*, London, Sage.

Freud, S. 1962. *Civilization and Its Discontents*. tr. and ed. James Strachey. New

York: Norton.

Freund, P. 1993. *The Ecology of the Automobile*, Black Rose Books, Montreal and New York.

Gane, Mike (ed.). 1993. *Baudrillard Live: Selectived Interviews*. London.

Gardner, B. & C, Abraham. 2007. What Drives Car Use? A Grounded Theory Analysis of Commuters' Reason for Driving, *Transportation Research* Part F 10, 187-200.

Gartman, David. 2004. "Three Ages of the Automobile: The Cultural Logics of the Car", *Theory, Culture & Society* 21 (4/5): 169-95.

Goldberg, Theodore. 1969. The Automobile: A Social Institution for Adolescents. *Environment and Behavior*. (1). 157

Goldman, Robert & Stephen Papson. 2000. "Advertising in the Age of Accelerated Meaning", in Juliet B. Schor and Douglas B. Holt (eds.) *The Consumer Society Reader*. New York: The New Press, 2000, pp. 95-96

Gronow, Jukka. 1997. *The Sociology of Taste*. London: Routledge.

Handy, S. 2002. "*Accessibility vs. Mobility-Enhancing Strategies for Addressing Automobile Dependence in the U. S.*" Prepared for the European Conference of Ministers of Transport. May 2002. 1-32.

Hawkins, R. 1986. "*A Road Not Taken: Sociology and the Neglect of the Automobile*", California Sociologist 9: 61-79.

Horkheimer, M. & T. Adorno. 1972. *Dialectic of Enlightment*, NY, Herder & Herder.

Inglis, David. 2004. "Auto Couture: Thinking the Car in Post-War France", *Theory, Culture & Society* 21 (4/5): 197-219.

Jain, Sarah S. 2006. Urban Violence: Luxury in Made Space. In. *Mobile Technologies of the City*, edited by Mimi Sheller and John Urry. London and New York: Routledge.

Kaufmann, V. 2002. "*Re-thinking Mobility: Contemporary Sociology*", Ashgate; Publishing Limited.

Kellner, Douglas. 1989. *Jean Baudrillard: From Marxism to Postmodernism and Beyond*. Stanford University Press.

Kennedy, A. C., 2002. "A Comparison of the Sustainability of Public and

Private Transportation Systems: Study of the Greater Toronto Area", *Transportation*, 29: 459 - 493.

Kenworthy, J & Townsend C. 2002. An International Comparative Perspective on Motorization in Urban China: Problems and Prospects Prospects. *IATSS Research*, 26 (2): 99 - 109.

Koshar, Rudy, J. 2004. "Cars and Nations: Anglo-German Perspectives on Automobility Between the World Wars", *Theory, Culture & Society* 21 (4/5): 121 - 44.

Laurier, E. 2004. "Doing Officework on the Motorway", *Theory, Culture & Society* 21 (4/5): 261 - 77.

Lefebvre, H. 1984. *Everyday Life in the Modern World*, trans. Sacha Rabinovitch. New Brunswick (U. S. A) and London (U. K.)

Lefebvre, H. 1991 [1974]. *The Production of Space*, trans. Donald Nicholson-Smith. Oxford: Blackwell.

Liu R. & Guan C. 2005. Mode Biases of Urban Transportation Policies in China and Their Implications. *Journal of Urban Planning and Development.* 131 (2): 58 - 60.

Lowe, Marcia D. 1994. "Reinventing Transport." In Lester R Brown (ed.). *State of the World 1994*. New York: W. W. Norton, pp. 81 - 98.

Lupton. D. 2002. "Road Rage: Drivers' Understandings and Experience", *Journal of Socialogy*, 38 (3): 275 - 290.

Lutz, Catherine & Anne Lutz Fernandez. 2010. *Carjacked: The Culture of the Automobile and Its Effect on Our Culture*. Palgrave Machmillan.

Marsh, P. and P. Collett. 1986. *Driving Passion: The Psychology of the Car*. London: Cape.

McIntyre, T. B & Ran Wei. 1998. "Value Changes in Chinese Advertisements from 1979 to 1995: A Longitudinal Study", *Asian Journal of Communication*, Volume (8), Number (2), 18 - 40.

McCracken, Grant. 1988. *Culture and Consumption: New Approaches to the Symbolic Character of Consumer Goods and Activities*. Bloomington and Indianapolis: India University Press.

Merriman, Peter. 2004. "Driving Places: Marc Augé, Non-Places and the

Geographies of England's M1 Motorway", *Theory, Culture & Society* 21 (4/5): 145 - 67.

Miller, Daniel. 2001. "Driven Societies", in Miller (ed.) *Car Cultures*. Oxford: Berg.

Mishan, Ezra J. 1967. *The Costs of Economic Growth*. New York: Praeger.

Neuendorf, A. Kimberly. 2002. *The Content Analysis Guidebook*, Sage Publications.

O'neill, J. 1986. "The Disciplinary Society: From Weber to Foucault". *The British Journal of Sociology*. 37 (1): 42 - 60.

Payne, Geoff. 1987. *Mobility and Change in Modern Society*. Basingstoke: Macmillan.

Roberts, D. L. & D. Indermaur. 2005. "Social Issues as Media Construction: the Case of 'Road Rage'", *Crime Media Culture*, 1 (3): 301 - 321.

Sachs, Wolfgang. 1984. *For Love of The Automobile: Looking Back into the History of Our Desire"*. Berkeley, Calif.: Univ. of California Press.

Scharff, Virginia. 1991. *Taking the Wheel: Women and the Coming of the Motor Age*. New York: The Free Press.

Schutz, A. & T. Luckmann. 1973. *The Structures of the Life-World*, Heinemann London.

Schor, B. Juliet. 1998. *The Overspent American*. New York: Harper Perennial.

Sheller, Mimi. 2004. "Automotive Emotions: Feeling the Car", *Theory, Culture & Society* 21 (4/5): 221 - 41.

Sheller, M. and J. Urry. 2000. 'The City and the Car", *International Journal of Urban and Regional Research*. 24: 737 - 57.

Shove, Elizabeth. 1998. *Comsuming Automobility*. Scene Sus Tech Discussion Paper. Dublin: Sociology Dept.

Thrift, N. 2004. "Driving in the City", *Theory, Culture & Society* 21 (4/5): 41 - 59.

Turner, B. 1994. *Orientalism, Postmodernism and globalism*. Routledge. London and New York.

Walder, Andrew G.. 1989. "Social Change in Post-Revolution China".

Annual Review of Sociology. 15: 405 - 24.

Walsh, M. 2008. "Gendering Mobility: Women, Work and Automobility in the United States". *History.* Volume 93 Issue 311: 376 - 395.

Urry, John. 1999. "*Automobility, Car Culture and Weightless Travel: A Discussion Paper*", online papers of the Department of Sociology, Lancaster University.

Urry, John. 2000. *Sociology beyond Societies.* London: Routledge.

Urry, John. 2002. "Mobility and Proximity". *Sociology* (36): 255 - 274.

Urry, John. 2004a. "The System of Automobility", *Theory, Culture & Society* 21 (4/5): 25 - 39.

Urry, John. 2004b. *The New Mobilities Paradigm.* in Bonβ, W, S. Kesselring und G. Vogl (Hg.): Mobility and the Cosmopolitan Perspective. A Workshop at the Reflexive Modernization Research Centre. Neubiberg/München: Sonderforschungsbereich 536. pp. 25 - 36.

Urry, John. 2006. "Inhabiting the Car". *The Sociological Review.* 54 (1): 17 - 31.

Young, D. 2001. "The Life and Death of Cars: Private Vehicles on the Pitjantjatjara Lands, South Australia". in Daniel Miller (eds). *Car Cultures.* pp35 - 55. Oxford. New York: Berg.

附 录

一 访谈提纲

1. 您是在什么时候决定买车的？为什么决定买车？请谈谈具体原因。

2. 请谈谈您买车的整个过程。（如从看车经历、试驾到最后决定购买等）

3. 您主要通过哪些渠道了解有关车的信息的？您觉得哪个方面的信息对您的购买决策影响最大？

4. 您在买车时最先考虑的是哪些因素？（如价格、品牌、性能、油耗、外形、安全、售后服务等）请谈谈理由。

5. 您是如何看待汽车与个人身份地位之间的关系的？谈谈生活中的一些例子。

6. 您经常看汽车杂志（报纸）吗？或浏览互联网上的汽车频道？您是怎么看里面的汽车广告的？广告的内容会不会影响您对车的看法？

7. 您买车的主要用途是什么？（如作为上下班代步工具、接送小孩、商业活动的需要、旅游，或仅仅是爱好车。）

8. 有没有加入汽车俱乐部或其他的车友组织呢？有无参加一些车友会的活动呢？能否举些例子？

9. 您是否经常和朋友一起讨论有关车的话题？讨论最多的是什么话题呢？

10. 您是否经常对汽车进行"美容"和装饰呢？有没有对汽车进行过改装？

11. 能否谈谈每年（月）与汽车有关的费用支出？（如汽油、保险、保养、过路费等）您是通过什么方式买车的？（银行贷款、分期付款、向父母朋友借贷、自己的钱一次性付清）

12. 您的月收入是多少？年收入呢？购车养车费用会不会影响您其他方面的开支？您觉得应该"先买房还是先买车"？

13. 您觉得有车之后您的生活发生了哪些变化？车给您带来了哪些好处，哪些麻烦？

14. 如果没有车，你觉得您的生活会是怎么样的？

二　访谈对象基本情况

序号	编号	性别	年龄	教育程度	婚姻状况	职业	职称（职位）	年收入	车型与价格
1	01-F-L	女	24岁	本科	未婚	汽车销售员			
2*	02-M-X	男	43岁	硕士	已婚	大学教师	副教授	11万元	本田思域,19万元
3	03-F-T	女	42岁	本科	已婚	医生	主任	11万元	本田思域,19万元
4	04-F-L	女	35岁	本科	已婚	护士			马自达6
5	05-F-Y	女	36岁	本科	已婚	护士			别克,12.9万元
6	06-M-G	男	40岁	硕士	已婚	工程师	高级	15万元	雪佛兰,17.3万元
7	07-F-M	女	32岁	本科	已婚	公务员	科级干部	10万元	伊兰特,15万元
8	08-M-Z	男	35岁	本科	已婚	公务员	科级干部	12万元	标致307,13万元
9*	09-M-L	男	28岁	本科	未婚	公务员	书记员	10万元	本田思域,20万元
10	10-M-D	男	45岁	本科	已婚	汽车设计师	董事长		奥迪TT,80万元左右
11	11-M-C	男	30岁	大专	已婚	律师		12万元	别克君威,22万元
12	12-F-Q	女	28岁	大专	未婚	外企职员	销售代表		
13	13-M-C	男	32岁	博士	已婚	机关工作人员	办公室主任	10万元	大众POLO,13万元
14	14-M-W	男	35岁	博士	已婚	工程师	中级	10万元	丰田花冠,
15	15-M-L	男	40岁	博士	已婚	国企职员	高级	12万元	丰田凯美瑞,22万元
16	16-M-H	男	40岁	硕士	已婚	房地产老板	董事长		奔驰
17	17-M-C	男	28岁	硕士	已婚	公务员	副主任科员	11万元	尼桑颐达
18	18-M-L	男	30岁	高中	已婚	司机			
19	19-F-J	女	26岁	本科	未婚	公司职员			
20	20-M-H	男	42岁	博士	已婚	大学教师	副教授	16万元	尼桑蓝鸟,18万元
21	21-M-Y	男	36岁	本科	已婚	广告公司总经理			天籁230,29万元
22	22-F-Y	女	42岁	本科	已婚	高校行政人员	中级	14万元	本田思迪,9万元
23	23-F-T	女	39岁	本科	已婚	高校行政人员	中级	12万元	尼桑骊威,12万
24	24-F-C	女	45岁	本科	已婚	高校行政人员	办公室主任		大众POLO
25	25-M-P	男	33岁	硕士	已婚	大学教师	讲师		别克凯越,13万元
26	26-M-Z	男	37岁	博士	已婚	大学教师	讲师	12万元	通用乐风,7万元
27	27-F-S	女	33岁	硕士	已婚	大学教师	副教授	30多万元	大众捷达
28	28-F-L	女	46岁	初中	已婚	传媒公司总经理		30多万元	本田奥德赛

续表

序号	编号	性别	年龄	教育程度	婚姻状况	职业	职称（职位）	年收入	车型与价格
29	29-M-F	男	40岁	高中	已婚	个体户		15万元	夏利2000
30*	30-F-W	女	38岁	大专	已婚	服装生意	市场经理	24万元	东方日产颐达
31*	31-M-W	男	29岁	大专	未婚	钢材生意			大众捷达
32	32-M-C	男	29岁	大专	未婚	电子产品	广州区经理		无车
33	33-F-W	女	26岁	本科	未婚	自由职业者			无车
34	34-F-D	女	25岁	本科	未婚	奥迪售服人员			无车
35	35-M-L	男	32岁	博士	已婚	公务员	主任科员	20万元	丰田花冠
36	36-M-Z	男	36岁	本科	已婚	部队军官	中级军官	15万元	广本雅阁
37	37-M-W	男	40岁	高中	已婚	单位司机		15万元	无车
38*	38-F-P	女	31岁	博士	已婚	在读博士	大学讲师		无车
39	39-F-Z	女	23岁	本科	未婚	证券公司员工		30万元	无车
40	40-F-C	女	24岁	大专	未婚	证券公司员工		10万元	无车
41	41-M-W	男	25岁	大专	未婚	钢材公司员工			大众捷达

注：序号上标 * 者表示进行过第二次访谈。空白处为信息不详，或无此项信息。年收入为受访者在访谈时的估算。

三 车展手记：2008年广州汽车展览田野观察笔记

时间：2008年11月21日

地点：广州琶洲国际会展中心

1. 前言

同学送了我三张车展的门票，我想正好可以趁此机会去参观一下，看看能不能有什么启发。汽车展览，一场可以同时体验视觉、声觉与触觉等感官快感的饕餮盛宴，不管是在国外还是在国内，都是汽车界乃至大部分市民的一件盛事。汽车展览，是厂商建构欲望、市民感受梦想的一个嘉年华。其实，想对车展作一下社会学分析的想法早已有之，去年的车展我也来看了，还碰到了一个汽车设计专家，跟他的聊天颇有收获。昨天我也跟一位师兄在QQ上聊了一些有关车展的想法。后来又在网上查找了许多相关的新闻资料，发觉车展报道的套路都一样，要么隆重介绍新的车型，要么精心盘点美女模特，金融风暴成为大部分报道的一个重要背景，不少新闻冠以"金融风暴下的广州车展"这样的题目，让人闻到了一股肃杀的味道，写得倒是挺慷慨悲壮的，但有深度的报道目前却还没看到。基本上，大多数的报道都把广州车展看做2008年遭受金融风暴袭击的寒冷车市的最后"翻盘"机会，或者喻之为"冬天里的一把火"。究竟广州车展的隆重举行能给金融风暴下的全国乃至全球车市带来什么样的影响，这还需要业内专家的详细分析，但这种背景已经成为本次车展与以前车展的最大的不同之处。那么，人们参观、购车的热情到底有没有或者多大程度上受到金融风暴的影响，我自己也得认真地去看个究竟。

2. 路上见闻

话说今天已经是车展的第4天了。虽然气温较之前日有所下降，但也是不错的好天气，秋高气爽，晴空万里。匆匆吃了早餐，我就出发了。从地铁新港东站下车的时候已经是九点四十分了。刷卡一出站，迎面看到的就是几幅巨型的广本汽车（CITY 锋范）的广告。和我一同走出A出口的人还蛮多的啊，估计都是去看车展的吧，有抱小孩的父母，有手牵手的情侣，也有独自一人前行的。走在我旁边的是一个青年男子，30岁左右，身材与我差不多。同排并行了几步，我试探性地问他："先生，是去看车展的吧？"

"是啊，去看看。"他侧头看了我一下。

"是不是打算买车呢？"我看他没有什么戒备心理，就又问了一个问题。

"呵呵，早就想买了，今天过来看看有什么新车型。"他回答道。

看来还可以跟他再聊下去的，我说："哦，第一次来看车展吗？"

"今年是第一次，去年我也来过一次了。"

"是嘛，我去年也来过了，哈。那你打算最近就买车吗？"

"差不多吧，本来去年就想买的，现在来看看车型，看有什么合适的，打算元旦之前买一辆。年底嘛，可能会便宜一些。"他是个广东人，从口音中我听得出来。

"呵呵，那不错啊，年底好像都有促销吧。……现在报纸、网络上好像天天在谈论什么金融风暴啊，听说买车的人少了很多啊？"

"这个肯定会有影响的啦，不过，怎么说呢，反正该买的时候还是要买嘛。我觉得我有需要的话，我就会去买的……本来我去年就要买的。"

我们已经走到了地下过道入口处，我正想问他为什么去年没买，有一位中年妇女突然出现在我们面前，小声问："要不要票啊？先生，要不要票？"连问了几声，我们没有停下来，她倒是跟了上来。我旁边的这个男子回过头问了一下："多少钱？"

"四十块。"

"四十块？里面也四十块。"今天是公众参观日，票价 40 元。19~20 日是专业观众日，票价 60 元。

"你要的话给你三十块好了。"中年妇女追着说。

"票有没有问题啊？"

"你放心好了，没问题的。"

"那你要带我进去才行啊，要不我买了你的票，等下又进不了，那我找谁去啊。"

"绝对进得了，你放心好了，买一张吧，很便宜的。"她使劲地跟他说。

这位中年妇女，应该就是传说中的"黄牛党"。男的笑了下，不说了，继续往前走，没买。他倒是挺有趣的，不买还跟人家啰唆了好几句。他问我："你有没有票啊？"

我说，有啊，是同学送的。顺便从口袋里亮出票给他看了一下。

"有人送票啊，这么好。"他感慨了一下。

正要再问，已经走到了琶洲展馆入口了，没票的人得先去买票，我就直接往前走了，我们分开了。

我看了下时间，九点五十分，车展已经开始二十分钟了。那边买票的人还挺多的，我正沿着护栏要进去，前面又出现了一位中年妇女，不过，这次不是问我要不要买票，而是问我要不要卖票，"有没有多余的票？二十块一张。"我纳闷了，问我卖票？这是啥意思啊。哦，我明白了，这票是我们班建生同学给的，他们单位每个人都有三张，他同事又送给他两张，这五张要是拿去卖掉的话，也能赚个一百多（但是，建生真是好啊，他把这五张票都给我们了，自己一张不留。本来我只要了两张，另外三张在我们班长那，后来班长又给了我一张）。应该还有很多单位都有赠送的票，参展商一定是把这些公务员群体看做目标客户，想免费让他们参观，以此激发他们的消费欲望。只可惜，他们工作忙，真正有几个人会来参观就不得而知了。于是票贩子便开始打这些赠送的票的主意了，这样转手一卖，也能赚个十几二十块。我抬头看了一下，旁边还有好几个像这个中年妇女一样的人，有一个中年男子正在问另外一位参观者要不要卖票，"二十块卖不卖？""二十五？"前面就是检票口了，可是这些人真是嚣张啊，这明明不是写着"此券严禁倒卖，违者必究"吗？

我发觉我走错路了，其实我走的不是A出口，而是F出口，难怪感觉跟去年走的路不一样，多走了几分钟路程才到检票口，可能是刚才眼睛四处观望没看清楚，也可能是顾着和刚才那个男的聊天给忘了。不过，也没走冤枉路，这不也有所收获嘛。

3. 荣威先生："别走开，礼品马上派发"

从检票口进去后，我直接进入了5.1号展馆。一进去，眼花缭乱、噪声喧嚣的场景让我不知道眼睛该先停留在哪边。已经快十点了，应该是前面有什么活动吧。我顺着中间这条大道往前走，两边各有海马、东方本田、昌河铃木、华泰、荣威的展台，越往里面走，越热闹，可谓人声鼎沸，果然这里正在表演，展台三面围满了人，我也赶紧凑过去看了看。

"各位女士们、先生们，早上好！欢迎您来到上海汽车集团荣威展区……"一位帅哥——我暂且称之为"荣威先生"吧，因为等下还会提到他——正在声情并茂地介绍荣威汽车的各个型号。当然，如果只有一个帅哥站在台上的话，即使再帅，也吸引不了这么多围观的男人。原来，场上还有五位佳丽正在走秀，一个个活色生香，展台周围十面埋伏式的人群高举各式"长枪短炮"，我看他们的镜头都是对准了五位美女模特。前台角落边，还有两个礼仪小姐，手里捧着四种小礼物，荣威先生慢条斯理地介绍了不同礼物的名称和设计，并告诉大家，随后把所有的这些礼品免费送给各位观众，"当然，根据活动规则，礼品派出之前，大家必须举手回答我的一个问题，问题的答案就在我接下来的讲述之中，请大家注意听好了……"看到那些礼品，不知有多少人垂涎三尺、跃跃欲试，又不知道有多少人其实就是为了这些礼品而来参观车展的。

上汽荣威携旗下所有车型集体亮相，全面出击本年末最重要的车坛盛宴，展台上展出了包括3款荣威550改装版在内的7款车型。作为一个自主品牌的汽车，荣威的展台还算是挺大的，设计也极具个性，至少在这一个展馆中是最显眼的，吸引来观看的人也最多。"荣威先生"继续介绍："荣威汽车，源自英国，她继承了英格兰贵族的高贵血统，修长的车身、闪亮的装饰以及椭圆形的内饰，代表了英伦气质的优雅，荣威550……"展台的正前方有一个超大的液晶视频，正在播放荣威的两则广告，精美的画面之外留下了两则广告词："荣威550，品位自在追求"、"世界上只有两种路，一种叫由来，一种叫未来；路上只有两种车，一种由来已久，一种创造未来。创新传塑经典，ROEWE，荣威。"不过，看视频广告的人不多，大家都把目光聚焦在展台上模特的时装表演上。

别具一格的时装、妩媚多姿的模特与动感时尚的汽车一起争夺展台的主角，伴奏的音乐更有一种先声夺人的气势，充斥在每个人的耳边。时尚界与汽车界的联姻由来已久，荣威的宣传文案上说："荣威550工业设计的理性和时尚设计的感性碰撞，在此次车展中成为最大的亮点之一。"到底是用时装表演来吸引看车的人，还是用汽车来吸引看时装表演的人？可能很难分清了。只听得"荣威先生"说，"各位朋友，大家现在看到的三位模特身上的这三款服装，是由国际顶尖的服装设计师吉承、李鸿雁、武学凯三位老师亲自为荣威汽车量身定做的，三位时装设计师将不同的东西方时尚元素共冶一炉，联手为荣威550的内饰进行艺术创作……"他一边说，一边指向不同的车型及依偎在车边的模特，模特也不断变换身姿，做出各种撩人的姿势，非常配合各位摄影爱好者，一时闪光灯四射、咔嚓声四起。

"现在，请大家把目光转向展台的最后方。""荣威先生"用手指一挥，带领着大家的目光齐刷刷地划向了展台的后方，那是一个布置得更为精致的小展厅，一位着装更具动感的模特正倚靠这车门上，随着旋转的展台轻轻转动。"这是荣威汽车最新推出的改装版……"音响的声音实在是太嘈杂了，有许多没有听清楚的地方。"大家先不要着急啊，待会儿大家都有机会上来和这款车以及靓丽的模特一起合影留念。现在，别走开，礼品马上派发。刚才我已经向各位展示荣威汽车为各位朋友精心准备的三件礼物，每个人都有机会获取我们的礼品，我再介绍一遍，它们分别是……"他从旁边一位礼仪小姐手中拿起了一个小礼物，"这是荣威汽车专门请世界著名的设计师为荣威亲自设计的全球限量版锁扣，设计非常精美。"他又拿起了一件，"这一个也是由世界顶级设计师为荣威量身定做的限量版礼品，全球只有2000份。""还有这个大家也都看到了，是两种不同颜色的高尔夫球帽，稍后请各位任意挑选。"

介绍完了三件礼物，他又回到了展台中央，手里提着一个很大很轻的骰子。他继续用他那富有煽动性的嗓音说道："礼物就在这边，等着各位来拿。在派出之前，请允许我再为大家介绍一下，你们现在来到的是2008年广州车展荣威展区。荣威汽车，源自英伦，集个性、中庸、传统、科技于一体，秉承世界先进的造车理念，为国人打造超豪华的中高级轿车……"他又重复了一遍荣威汽车的历史与车型。

"好了，现在礼品马上就要派出了。我再强调一下，这三种精美的礼品都是免费赠送给大家的，当然了，也不能太轻松地就拿走了。我们为大家安排了一个轻松的互动环节，大家看到我身边的这个骰子了吧，除了红色的一面，骰子的其他五面都有一个简单的问题，只要你把骰子一抛，哪一面在最上方，我就问那一个问题，红色的在上方，你就可以无条件把礼品拿走了。每一个问题的答案都在我刚才的讲述之中，每一个问题我都会给大家足够多的提示。现在，请举……"话音未落，参观者就已经把手伸了出来，像一只只招展的彩旗一样，不断地向荣威先生招手，期待能够被选择回答问题。"哇，这么多人想要啊，哈哈，让我好难选择啊，"他用眼睛扫了一遍，然后指着我这边的方向说，"好，我们有请那位戴眼镜的先生来回答我们的第一个问题。"虽然我也戴眼镜，而且我也举手了，但遗憾的是他叫的不是我，他走向了我旁边的一位男士，礼仪小姐已经把骰子给他，扔了。"好，现在请回答，请大声告诉大家你现在来到的是哪一个展区？""荣威！"旁边的人不假思索地回答了，"恭喜您答对了，这一份礼物送给你，谢谢！"

我晕，这也叫问题？太简单了吧。但是正是这样简单的游戏，吸引了大量的观众驻足观望，并一连几天重复上演，观众尝到了甜头，展商也赚足了眼球，没有谁亏损，这是一场双赢的盛典。问答环节持续了几分钟后，模特又开始表演了，荣威展区的气氛达到了高潮。荣威先生说道："亲爱的观众朋友们，我们这一轮的礼品派送就到此为止了。没有拿到礼品的朋友请千万不要灰心，我们每天共有四次礼品派送时间，分别是早上的十点、十一点半，下午的一点半、三点，敬请您的光临。下面，我们为每一位在场的朋友送出一份礼物，那就是——视觉和声觉的饕餮盛宴，请慢慢观赏由世界名模给我们带来的超级表演，谢谢大家！"

谢谢"荣威先生"，他精彩的主持让我印象十分深刻，于是一口气记录下了上面的这些文字。当然，精彩不止这些，这只是我刚刚逛的第一个展区。

4. 梦想加工厂：看看什么叫奢华

许多人去看车展，是冲着那些平时难以一睹芳容的豪华轿车而去的。从5.1号展馆走过去，是4.1号展馆，奢华的阵容如一张斑斓的画卷一下子展现在你的眼前，单从这拥挤的人群当中，你就可以猜到这里展出的车必然与前面那个展馆的车不可同日而语，放眼过去，尽是名车：奔驰、宝马、凯迪拉克、英菲尼迪、沃尔沃、名爵、迈巴赫、萨博，这些品牌哪一个不会让你心动？

附录

　　与前面一个展馆相比,我在这里没有看到大量派发礼品的现场,也少了一点刚才的那份音响喧嚣,但是每一个展台前却都围满了人。看到迈巴赫,你会知道什么叫做震撼。修长的黑色车身,华贵而优雅的造型,让这款迈巴赫 62 的极致豪迈气质尽显无遗。在去年的车展上,迈巴赫这一品牌就给我留下了深刻的印象。我虽然不懂车,但我知道这款车的天价在人们的心里意味着什么,能够拥有他,能够驾驶他,那是一种无与伦比的尊贵与奢华。售价高达 900 多万元的迈巴赫其实远不只是一辆超豪华轿车,它更是一种为社会各界领袖人士所青睐的世界顶级的尊贵汽车生活"独享方案"。

　　再看看前边的英菲尼迪,你会知道什么叫做趋之若鹜;然后再看看旁边的名爵 MG 老爷车,你就会知道什么叫做真正的英伦品位。不说这些车型了,其实我也不会评车。我只有感慨,这些车此刻离我很近,但她们离我的生活太遥远。不过,对于许多人来说,这是一种梦想。我环顾了一下四周,真不知道该怎么来形容这一展馆,简单一点说,这里就是梦想的加工厂,每个来到这里的人,都会萌发起对这些世界顶级名车的爱慕与向往之情。通俗一点说,这里也是一个欲望的熔炉,这些让人艳羡的香车美女无疑就是熔炉中的干柴烈火,噼噼啪啪地燃烧出一种不断升华的欲望。

　　再走到 3.1 号展馆,就更会有这样的一种感受了。莲花跑车、保时捷、宾利、捷豹、斯巴鲁、法拉利、兰博基尼、玛莎拉蒂,等等,我已经找不出更好的词来形容来描述她们了。宾利的车模我昨晚已经在网页上看到了,许多网友对她的评价非常高,果然气质尊贵高雅。斯巴鲁这个品牌是我去年夏天到广州三鹰汽车城去找一个汽车销售员访谈时才知道的,也是一个非常著名的日本品牌。法拉利的展台没有模特,没有表演,或许她的展台根本就不需要法拉利三个字之外的任何东西,周围仔细拍照、滞留不走的黑压压人群足以证明她的非凡吸引力了。

　　参观完这两个展馆,已经明白了为什么媒体老喜欢把车展比喻成饕餮盛宴。车展就是这样的一场饕餮盛宴,只要买得起 40 元一张的门票,就可以亲历这场盛大的宴会,车展是普通老百姓的狂欢节,平常看不到这些车的人此时可以贪婪地注视这些超豪华的顶级轿车,买不起的人此时可以扮作大款不停地向销售人员问一些问题,反正不管你怎么问,销售人员都必须恭恭敬敬地回答,只有这时,你才能体会到作为消费者的尊贵。当然,不像前面那些普通家庭汽车,这些昂贵的汽车很少可以让参观者进去试坐的,你只能在隔离线外眼睁睁地看着、拍着,只有流口水的份,只有做白日梦的份。

从 3.1 号展馆出来,已经快一点了。虽然过足了眼瘾,但也走累了,肚子饿了。我决定去麦当劳餐厅吃点东西。本来可以自己多带点东西进来吃的,但我觉得来这里调查的话,麦当劳就不能不去,因为在展馆里找不到愿意和我聊天的人,每个人都在兴致勃勃地看汽车看美女,哪有空理我?而到麦当劳餐厅去,却是一个聊天的好场所,可以一边吃,一边听他们说,也可以和他们聊。去年我就是在麦当劳认识了一位汽车设计师,从跟他的聊天中我了解到很多的东西。看看今年还能认识一些什么人。

5. 麦当劳里的女生:"我最想要的就是宝马"

我有点后悔走下来了,楼道口都被人堵住了,那人多得啊,跟什么一样。好不容易才买到一个汉堡和一杯可乐,好不容易才找到一个座位⋯⋯

这一桌有四个位置,已经有一个男的坐在旁边了,还占了两个位置,好像在等人。我好累,先坐在那边吃,不说话。过了一会儿,两个学生模样的女生过来了,他们坐在一起开始吃了,我听他们聊了一些内容,跟车展有关的。

我开始插话了,问那个男的说,看上哪些车了?

他说:"看上啊,好多车啊,你没看到有那么多的跑车吗?"他列举了几种。

我说是啊,其实我还真的没注意到有那么多的跑车。我问他想买车吗?

他说买不起啊,等毕业后赚钱了再买。原来他们三个都是学生,旁边的一个女孩子可能是他女朋友(A 女生),另一个是他同班同学(B 女生),三人都是三元里那边一所职业技术学校的大专学生。我告诉他们我也是学生,中大的,正在研究汽车消费的问题,想请他们谈谈参观车展的感受。

他们也来兴趣了,开始跟我聊了。我对面的那个女生(B)还问我读什么专业、这个专业有什么内容,好像很崇拜博士似的。男生说:"我觉得来看看挺不错的,四十元一张票挺值的,看到了很多很震撼的场面。"他学电子技术专业,从说话中可以看出他对汽车是很感兴趣的。

A 女生也这么说,说来一趟挺值得的,看了这么多以前都没听说过的豪车,对车的了解更多了一些。

B 女生所说的话比较有意思,她说:"我最想要的就是宝马,我在上面看了好几款宝马的车型,都好喜欢啊,尤其是那一款 Mini Coupe,太可爱了。"她对宝马的喜欢从她说话的眼神中已经流露出来了,宝马这一品牌在年轻消费者的心目中备受青睐看来不假。她还说:"可惜我现在买不起,不过,我现在也不急着买,等我钱赚够了,我就会去买,先要求不能太高嘛,刚毕业能有一个差不多的车开就行了，以后有钱了再买好一点的车。"

这是一个女学生的梦想，相信也是很多人的梦想。

我问她，为什么这么喜欢宝马？

她说，"谁不喜欢啊？其实我就是觉得，车就是身份的象征，你开什么车人家一看就知道你是什么人了，就像你穿什么衣服一样，人家一看就知道有没有档次。宝马这个车呢，平常大家不是都说，'开宝马、坐奔驰'嘛，而且，开宝马的人看上去都是比较年轻的，比较有钱的，比较有地位吧，我觉得（开宝马）蛮时尚的，又不会太张扬，蛮好的。"

看来对宝马的品牌形象了解得挺多的，尽管曾经发生过多起与宝马有关的恶性事件，她也都从网络上看到过，但并没有破坏宝马在她心中的形象。我觉得，与其说这是她对宝马的喜欢，还不如说这是她对一种有车生活方式的向往。

在那里，还跟他们三个聊了一些比较琐碎的东西，最后互留了联系方式。略过不记。

6. 构筑您的梦想：BYD 的浪漫爱情秀

我进入 2.2 号展馆时，还没到下午三点。

还是一片人头攒动。江淮汽车展区正在派送礼品，观众像一道人墙把整个展台包围了起来，争着要回答问题。这个女主持人可不像"荣威先生"那样提那么简单的问题，要回答正确了才给礼品的，不过题目一点也不难。我看了下，送的礼品有车模、雨伞和帽子。

我发觉，在同一个展馆中，只要哪里声音大，哪里人就多；哪里在派发礼品，哪里就有长长等候的队伍。

在江淮汽车的旁边，是比亚迪的展区，BYD（Build Your Dream）的标志非常显眼。这里也刚刚进行了一轮礼品派送，现在台上的模特正在上演一场浪漫爱情秀。先是一位漂亮的女模特在展台上走了几步，左右顾盼，做出在等人的样子。一会儿，一位帅哥从展台后面走了出来，手捧一束玫瑰，满面笑容地走到那个女模特身边，深情地献上了花。可是，那个女模特有点不高兴，指了指手表，意思是说他迟到了。那个男的先是犹豫了一下，然后指着前边一辆白色的比亚迪汽车，牵起她的手一起走了过去，女的看到那车，果然一下子开心起来了，深情地拥抱了一下男的，然后随着他一起绕着车转了一圈，接着双双迈进车里，展台开始旋转起来，女的不断地向观众和男模特抛媚眼。一会儿，两人从车里出来，各在车门前摆了个

289

Pose，任由观众拍照。

一场浪漫爱情表演，寓意非常明显，这是汽车广告惯用的伎俩。它想要向人们传达的信息是，拥有了比亚迪汽车，就可以给你带来浪漫的爱情，可以实现你的梦想。正如比亚迪的英文：Build Your Dream——构筑您的梦想。

7. 看车展，凑热闹？

走得太累，我到前面大厅的楼梯边坐了下来。一个年纪与我相仿的男子坐在我的旁边，他正在吃自己带的面包，旁边放着一部看上去挺不错的相机。我看了他，笑了笑，准备搭讪，问曰：

"先生，一个人来看车展吗？"

"是啊。"他回答了一下，比较小声，看了我一眼又开始吃他的面包。

"第一次来吗？"

"不是，我每年都来。"

"每年？"

"是啊。"

"那请问你从哪里来的呢？"

"佛山。"

"你是做什么的呢？记者吗？"我问，其实看着他也不像记者。

"不是，汽车爱好者而已。"

"哦，是不是准备买车了？"

"不是，看看而已。"

"有没有看上哪一款啊？"

"哪一款？好多啊，你有没有看到那么多保时捷豪车呢？"

"呵呵，看到了，你喜欢那个啊，想买啊？"

"想啊，可是钱不够多啊，呵，"过了几秒钟，他又补充道，"看车展买车的人不多，大家都只是看看而已，凑凑热闹。"好像也是哦。

看他好像不太爱理我，我也是没有准备访谈的，只是随便聊聊而已。

这时，他看到他左侧刚坐下了几个人，他指着其中一个人手里拿着的台历，问那个人说："你这个是哪个展区拿的？"

他好像对这些赠品很感兴趣，我看他身边放了一个很大的袋子，里面装了很多东西了。那个人告诉他之后，他又开始吃面包喝水。很快，他就起身了，说了一声："再去看看，拍拍照。"

他走后，我又跟旁边的一男一女聊了几句。他们手里提了一大堆的东西，问他们是想要买车了吗，他们也说不是，只是看看，体验一下车展的盛况，感受一下这个氛围，票是别人送的，看了挺值得的。

我刚要走，一个男生走到我面前，说要请我填一份问卷。他说他是给比亚迪公司打工的，目前是某大学的大三学生。他告诉我完整填完问卷就送一份礼物（一把雨伞）。我就一边填，一边跟他聊，也不知道是他调查我，还是我调查他。

几乎每个展台都有精彩的表演，每个展台都有一些很能吸引人的主题，例如，福特汽车的"精彩生活"。还有，广州本田的演出，也是一个大制作，它的主题是"科技与梦想"，很豪华，很壮观，很时尚，很炫酷，演出的过程中有一个机器人非常吸引人，我用手机录了像，但是站得太往后，再加上手机像素不高，录得不清楚，声音很杂，有点遗憾。不过，整个场面给我印象很深刻，但是前面写太多了，现在懒得去详细记录了。

后　记

　　一眨眼，毕业已经快两年半了，但当初端坐电脑前写作论文初稿时的情景却依然历历在目。就像一趟旅行，每一个文字都是一个坚定的步伐，每一个标点都是一次沉重的呼吸，每一个章节都是一个快乐的驿站，写到这里，这趟历时多年的艰苦跋涉也就告一段落了。回望这段曲曲折折的路程，虽然最终到达的地方离最初设想的目的地还有一定的差距，但在哀叹自己力不从心的同时，也难免会对过往披荆斩棘、翻山越岭的快意历程感慨一番。和旅行一样，论文写作自然也是这山望着那山高，有谁敢贸然宣称自己已经到达山的顶峰？想到这里，面对三十多万字的书稿，心中便有几分释然：固然自己还在山中寻路，但总算已是在路上了。于是，写下后记，犹如刻下一块路碑，记录来时的路，作为将来一个新的起点。

　　本书是在我的博士论文的基础上修改完成的。在2010年获得教育部人文社会科学青年基金项目立项（项目批准号：10YJC840043）和浙江省社科联省级社会科学学术著作出版资金资助（编号：2010CBB28）之后，我进一步就博士论文的研究议题展开调查研究，并对前期研究中的一些想法加以修正和深化，调整了博士论文的篇章结构，重新撰写了一些章节。

　　在我看来，书稿的写作过程，不仅是一个严格的学术训练过程，更是一段痛苦的心智磨炼历程。一路走来，如果没有老师的指导、朋友的关爱、同学的鼓励和家人的支持，这段路程将更为漫长和艰辛，走到今天，有太多的人需要感谢！

　　我的导师王宁教授仿佛是我这趟旅行中的一盏明灯，不仅指明了我前进的方向，而且点燃了我的学术信仰之灯，将我引领到一个纯粹的学术天地中。每一次与王老师的交谈都是非常有启发性的，从研究问题的提出、研究

后记

思路的展开、研究方法的运用以及论文框架的形成，每一个环节，王老师都提出了非常宝贵的意见。王老师从来不会苛责学生的不足，而是循循善诱、耐心引导，他不仅给我的论文提供了许多文献资料和指导意见，而且也给我极大的精神鼓舞。同时，还要感谢师母林滨教授，每一次碰面她都会给我们以亲切的微笑。作为学生，只有在学术的道路上不停地追逐，才能不辜负恩师的殷切期待！

中山大学社会学系诸位博学多才的老师，他们也以不同的方式影响着我对社会学的认知。蔡禾教授的学术造诣和为人风范一直以来都让我们仰慕不已，他的理论社会学和城市社会学课程大大地开阔了我的学术视野。从开题报告到预答辩再到正式答辩，蔡老师都给我提出了许多非常宝贵的意见，并激发我不断思索论文的理论对话点。李若建教授是一位学识渊博、治学严谨的老师，他在参加我的开题报告之后，给我提供了一份很有价值的调查数据资料。李伟明教授在预答辩和正式答辩中也提出了许多极有意义的问题，他尖锐的提问方式让我意识到绝不能忽略掉论文的细节之处以及方法论上的思考。黎熙元老师和张和清老师在参加我的开题报告和预答辩时也提出了一些非常有建设性的意见，他们让我进一步思考论文研究的意义与创新点究竟该如何展现。我还要感谢任焰老师，她不仅在开题报告时提出了相当好的建议，而且非常认真地阅读了我的论文初稿，与她的交谈是非常愉快又非常具有启发意义的。

武汉大学周长城教授、中山大学谢礼珊教授、广东商学院郭景萍教授等老师在正式答辩会上也给了我许多建议，在此一并表示感谢！在这里，还要感谢我的硕士导师潘玉腾教授，他总是鼓励和鞭策我。每次回到福州，他都会关切地询问我的学习、生活与工作状况。他给我的不仅是一种学术启蒙，而且是一个为人处世、治学修身的楷模。

感谢罗小锋、张国英、吕涛、杨玲丽、胡蓉、刘米娜、韩全芳、曹志刚、刘敏、戴建生、袁峻和刘晓玲等诸位博士。在与他们同窗的三年中，我们不仅在学业上互相砥砺，在生活中也相处得非常愉快。我要特别感谢杨玲丽、戴建生和袁峻三位同学，我的访谈调查能够顺利完成正是得益于他们三位的积极引介与鼎力相助。

感谢方英师姐、姜彩芬师姐、陈胜师兄和罗天莹师妹，他们帮我联系到了很多受访者，为本书提供丰富了访谈资料。感谢张杨波师兄，与他的交谈，让我收获很大，他对我的几篇论文以及博士论文初稿都提出了很好的意见。感谢孙沛东、伍庆、黄毅、刘录护、叶华、黄晓星、王刚、杨敏琪、秦锐、李娜娜、陈丽坤、黎相宜、漆珊珊、黄晔等同门,他们曾在内部研讨会上给了我不同的启发和丰富的意见,在此一并感谢!

感谢中山大学中文系的仇江老师、钟东老师,他们涵养深厚、为人随和,我从他们身上学到的不仅是太极拳,还包括对传统文化的认识和对人生的感悟。感谢我的好友陈庆超博士、练庆伟博士、周懿瑾博士、陈志兴博士,与他们一起在中山大学求学的时光最令人难忘。感谢林楠、陈美招、柯毅萍、吴军民、梁柠欣、李怀等师姐师兄,他们都曾对我的学业或论文提供过帮助或建议。感谢余意峰博士,她帮我从澳洲查找了几篇重要文献。感谢我的好友陈茂林,从高中到现在我们一直是最好的哥们。感谢中山大学人类学系的余成普博士,多年来我们一直互相鼓励。感谢美国耶鲁大学人类学系的张珺博士,在她回广州做田野调查期间,与她的几次交谈让我了解到国外汽车研究的最新进展。

感谢杭州师范大学政治经济学院的卢福营教授,卢老师为人谦逊和蔼、治学认真严谨,深受我辈敬仰,如果没有他的关怀与支持,本书不可能这么顺利出版。感谢浙江师范大学法政学院的张兆曙教授,他为浙师大社会学学科发展营造了一个非常融洽的学术氛围,他的学术见解往往独到而深刻,与他讨论令人获益匪浅。感谢浙师大法政学院的领导和社会工作系的同仁们,他们对我的信任与支持为我的教研工作提供了一个非常好的环境。同时,我也要特别感谢浙江省社会科学院的王金玲教授对我的帮助与关怀。

感谢四十多位受访者,他们的配合与坦诚使我获取了丰富的调查资料。一些受访者在访谈之后,我们还成为了好朋友,请原谅我无法在此一一具名。

社会科学文献出版社的恽薇主任和责任编辑陶璇女士为本书的编辑出版作出了巨大的贡献,在这里我要对她们的艰辛工作表示深深的感谢!

我还要深深感谢我的父母和亲人。三十多年来,我在心里深深铭刻下了父母的坚强与辛酸!三十多年来,父母为我付出了全部的心血,而我却直到现在仍无以为报。直到现在,父母依然要替我操心,帮我照顾年幼的女儿,想来心中真是羞愧,感激之情难以言表。感谢我年过八旬的爷爷,是他引导我一步步成长的。感谢我的姐姐,她对我的生活与学业都给予了莫大的关心与支持!

后记

　　最后，也是最重要的，我想感谢的是我的妻子。我们相识相爱以来，她总是宽容我的一切不足，总是默默地为我们的家庭奉献一切。在炎热的夏日，她陪我一起到外面做访谈；在她学习与工作的繁忙期间，她依然抽空帮我誊写访谈录音。所有艰难困苦日子，我们都一起走过了；所有美好的未来生活，我们都共同期待着。

　　写到这里，15个月大的小女乐仪正在我身边奶声奶气地哼着"世上只有妈妈好"，还在书房中把我的书搬的满地都是。显然，是爸爸不够好，没有足够多的时间来陪你玩，只愿爸爸的这第一本书，能够陪伴你的快乐成长。献给你，宝贝！

林晓珊

己丑立夏　初稿于康乐园
辛卯小雪　修改于骆家塘

图书在版编目(CIP)数据

汽车梦的社会建构：中国城市家庭汽车消费研究/林晓珊著.
—北京：社会科学文献出版社，2012.6
（中国消费文化研究丛书）
ISBN 978 - 7 - 5097 - 3275 - 5

Ⅰ.①汽… Ⅱ.①林… Ⅲ.①汽车 - 家庭消费 - 研究 - 中国 Ⅳ.①F724.76

中国版本图书馆 CIP 数据核字（2012）第 066798 号

·中国消费文化研究丛书·

汽车梦的社会建构
—— 中国城市家庭汽车消费研究

主　　编 / 王　宁　张敦福
副 主 编 / 张杨波　林晓珊
著　　者 / 林晓珊

出 版 人 / 谢寿光
出 版 者 / 社会科学文献出版社
地　　址 / 北京市西城区北三环中路甲29号院3号楼华龙大厦
邮政编码 / 100029

责任部门 / 财经与管理图书事业部 (010) 59367226　　责任编辑 / 陶　璇
电子信箱 / caijingbu@ ssap. cn　　　　　　　　　　　责任校对 / 师旭光
项目统筹 / 恽　薇　　　　　　　　　　　　　　　　　责任印制 / 岳　阳
总 经 销 / 社会科学文献出版社发行部 (010) 59367081　59367089
读者服务 / 读者服务中心 (010) 59367028

印　　装 / 北京季蜂印刷有限公司
开　　本 / 787mm×1092mm　1/16　　　　　印　张 / 19
版　　次 / 2012 年 6 月第 1 版　　　　　　　字　数 / 329 千字
印　　次 / 2012 年 6 月第 1 次印刷
书　　号 / ISBN 978 - 7 - 5097 - 3275 - 5
定　　价 / 59.00 元

本书如有破损、缺页、装订错误，请与本社读者服务中心联系更换
▲ 版权所有　翻印必究